교양교육 비판

교양교육의 현재와
미래를 위한 실천적 사유

교양교육 비판

교양교육의 현재와 미래를 위한 실천적 사유

2022년 6월 10일 초판 인쇄
2022년 6월 15일 초판 발행

지은이 | 이하준
펴낸이 | 이찬규
펴낸곳 | 북코리아
등록번호 | 제03-01240호
전화 | 02-704-7840
팩스 | 02-704-7848
이메일 | ibookorea@naver.com
홈페이지 | www.북코리아.kr
주소 | 13209 경기도 성남시 중원구 사기막골로 45번길 14
우림2차 A동 1007호
ISBN | 978-89-6324-877-6 (93300)

값 29,000원

교양교육 비판

Kritik der Bildung

교양교육의 현재와 미래를 위한 실천적 사유

이하준 지음

북코리아

머리말

'교양은 계급의 지표다'라는 테제에 반기를 드는 사람들이 있다. 이 사람들은 교양의 민주주의가 교육의 민주주의와 함께 실현되었다고 가정한다. 과연 그러한가? 서구 유럽의 경우 교양은 특수한 계급, 더 정확히 말하면 교양문화 계급이나 문화귀족의 전유물로 이해되어왔다. 근대적 공교육 체제의 확립과 1960년대 후반부터 발생한 대학교육의 대중화 현상이 과연 교양의 민주주의, 다시 말해 교양의 보편적 향상에 기여했다는 점을 부정할 수는 없다. 교육과 교양의 내적 관계는 문화와 취향의 구성과 향유와 영향관계가 있음을 경험연구가 보여준다. 그럼에도 불구하고 여전히 '교양'이 계급의 표식이라는 사실 역시 부정할 수 없다. 보편교양만이 아니라 계급에 따른 특수한 교양이 요구되며 실천되고 있다는 점에서 교양은 계급의 표식 기능을 한다. 이점에서 교양은 지각과 구별의 사회적 기능을 수행하기도 한다.

이 책에서 논자가 문제 삼는 것은 위와 같은 특수한 의미를 가지는 아비투스로서의 교양 개념이 아니라 보편교양과 보편교양 교육이다. 보편교양은 포괄적인 의미에서 인간으로서 갖추어야 할 내적 특성과 자질, 곧 '인간됨'을 의미한다. 보편교양 교육은 '인간됨'을 위한 교육행위 일반을 통칭한다. 교양교육과 관련된 다양한 층위의 행위자 그룹에서 보편교양 개념은 오늘날 일반적으로 통용되는 '교양' 개념과 동일한 의미로 사용된다. 동시에 교양 개념을 재개념화하거나 속류화된 교양 개념을 사용하는 사람들에게는 '전통적 의미의 교양 개념'으로 이해되고 있다. 논자가 볼 때 이론사적 측면에서 만이 아니라 일반적인 차원에서 교양 개념은 다양하게 이해되어왔다. 그에 따라 교양교육은 다르게 구현되었다.

해방 이후에 전개된 대학교육의 측면에서 볼 때 본격적인 의미의 교양교육은 2000년대 초중반에 비로소 시작되었다고 할 수 있다. 이 시기 즈음해 전국 대부분의 대학에서 교양교육을 담당하는 독립기관이 설치·운영되었다. 2011년에 설립된 한국기초교육원은 교양교육에 대한 인식의 전환, 교육과정 및 콘텐츠 연구, 표준적인 교양교육과정의 개발 및 대학별 교양교육 컨설팅을 통해 교양교육 발전의 토대를 제공해왔다. 한국교양교육학회를 포함한 교양교육과 관련된 학회들도 활발히 운영되고 있다. 학문적 측면에서는 교양교육 관련된 연구물이 연간 수백 편에 달하고 있다. 연구흐름과 경향을 간략히 보면, 관련 기관이 설치되던 초기에 교양연구는 교양교육의 이념과 교양교육의 중요성에 대한 논의가 많은 비율을 점유했다.

교양교육기관의 제도화 이후 교양교육 연구는 사례연구가 대부분을 차지했다고 해도 과언이 아니다. 놀랍게도 교양교육에 대한 이론 정립을 위한 연구나 교양교육 제 분야에서의 이론적 논의를 찾아보기 힘들다. 사태의 본질을 잘 드러내기 위해 과장의 수사법을 사용하면 교육실험 보고 형식의 글들이 주를 이룬다.

이와 같은 교양교육의 연구경향에 대한 논자의 비판적 입장과 교양교육 현장이 이 연구서를 쓰게 된 직접적인 동기이다. 논자는 교양교육의 개별 문제를 쟁점화하고 논구하는데 있어 사례 중심의 경험연구, 특수성을 고려하지 않은 환류논제를 넘어서기 위해 교양교육의 이념-원칙-이론-실천전략-방향-영역별 고유 방법론-교육적 실천 사이의 내적 관계에 기초한 통합적 접근을 시도했다.

논자는 먼저 현실의 교양교육 비판을 위한 준거로 교양교육 전반에 대한 철학적·교육철학적 논의를 검토했다. 다음으로 교양교육 영역별 주요쟁점을 명료화하면서 구체적인 대안적 교육과정을 제시하고자 한다. 교양교육에 대한 근본적인 철학적 비판을 수행하기 위해 논자는 개론 수준의 이론 소개와 교육과정 분석에 그치는 방식의 연구를 지양하고 본격적인 철학적 논의와 교육과정 분석의 균형을 맞추고자 노력했다. 교양교육의 개별 문제 개선을 논하는 경우, 논자는 이론과 함께하는 교육실천이라는 모토하에 이론-이론재구성-재구성된 이론에 근거한 문제 해결의 가능성을 탐구했다.

여기에 덧붙여 이론 내적 한계를 넘어서는 실효성 있는 대안을 제시하는 구체성의 사유를 보여주고자 노력했다. 구체성의 사유를 보여주지 못하는, 실천적 전략의 정교함과 방법론적 세련됨을 갖추지 못한 사변적 논변이나 화려한 장식어로 치장된 교양교육 이론은 하늘을 가르는 공허한 도그마나 지루한 후렴구와 다를 바 없기 때문이다. 이 책에서 시도한 '지금-여기-시간'의 교양교육에 대한 철학적 비판은 교육공학주의, 기능주의 지양 이상의 성격을 갖는다.

교양교육의 목적과 방법론들에 대한 다양한 이해의 지형도에서 볼 때 이 책은 소위 교육경영 우선론자들, 편의주의와 실용주의적 가치를 제1원칙으로 삼는 교양교육 행정가들, 교육철학 없는 교육공학 만능론자들, 교양개념의 몰이해에 기초한 실행력있는 교육확신범들의 입장철학적 비판과 기술주의적 비판에 부딪힐 수 있다. 이론적 대결과 긴장은 모든 이론적 논의의 운명이며 마땅히 존중되어야 하고 환영해야 할 일이다. 손쉬운 상대주의의 유혹에 빠지지 않는 미덕을 적극 환영한다. 앞서 언급한 교육학자, 교양교육 행정가, 특수한 교양교육 실천가들만이 아니라 교양과 교양교육에 관심있는 대중들의 논쟁적 문제제기와 이론 생산적이고 실천지향적인 비판을 기대한다.

교양교육 비판을 수행하는 논자가 볼 때 '지금-여기-시간'의 교양교육 현실은 계몽시대에 던졌던 칸트의 질문에 주목해야 한다. 그는 "현재 우리는 계몽의 시대에 살고 있는가"라고 물었다. 교양과 교양교육을 고민하는 사람들, 관련 종사자들은 오늘도 내일도 스스로에게 다음과 같이 물어야 한다. "현재 우리는 교양교육의 계몽시대에 살고 있는가?, 아직 교양과 교양교육에 관한 계몽이 필요한 시대에 살고 있는가?" 이 질문을 멈추는 순간 교양과 교양교육은 속물교양, 사이비교양,

유사교양, 교양으로 오인된 반(反)교양에 빠지거나 제도 속에 갇힌 딱딱하고 건조한 교양교육, 영혼 없는 교육과정의 주인-손님 놀이의 단편 연기자가 될 것이다. 우리 사회에서 누군가가 '교양'을 말하고자 한다면, 그는 먼저 살아 있는 교양과 교양 없는 교양교육 그리고 죽은 교양교육에 대한 사유를 진지하게 시작해야 한다.

2022년

유월의 어느 정원을 거닐며

차례

제1장

'교양'의 이념과 교양교육에 대한 근본적 비판

1

교양교육 이념, 목적, 방향에 관한 사유의 갈래들

1) '교양' 개념의 사전적 의미

국내의 교양교육에 관심이 있는 사람이거나 개별 학교 차원에서 교양교육위원회나 교양교육과정위원회 혹은 학사업무를 총괄하는 교무처 등 교양교육 정책에 직접 관여하는 사람들에게서 흔히 발견될 수 있는 사실은 교양 개념만이 아니라 교양교육에 관한 인식의 차이가 상당하다는 것이다. 이와 같은 사정하에서 교양교육 정책 결정을 하는 경우, 대부분은 다른 곳, 다른 학교의 교양 교육과정의 수선과 보정 차원에서 끝나게 되며 어쩌면 그와 같은 결말은 지극히 자연스럽다고 볼 수 있다. 교양에 관한 몰이해와 오해, 상충하는 이해 사이에서 가장 안전하게 만들어낼 수 있는 결과물이 그것이기 때문이다.

이런 맥락에서 먼저 교양교육 개념의 사전적 의미부터 살펴볼 필요가 있다. 우리 사회에서 흔히 사용하는 교양 개념은 서구에서 온 것이다. 더 정확히 말하면 독일어 'Bildung(빌둥)'의 일본식 번역이다. Bildung의 일본식 번역을 국내에서 사용하게 된 것은 1910년대 무렵부터다. 독일에서 이 단어를 처음으로 사용한 인물은 신에 대한 신비적 체험을 강조하는 신비주의 사상가인 마이스터 에크하르트(Meister Eckhart)였다. 그에게 Bildung은 신의 형상을 모방하는 것을 의미했다. 근대에 들어 칸트, 헤르더, 훔볼트 등에 의해 종교적 의미의 Bildung은 인간화되는데 곧 인간의 형성, 문화화, 도야, 교양화, 교육화와 관련을 갖게 된다. 철학적, 교육철학적 논의에서만이 아니라 현실에서도 Bildung 개념은 위와 같은 다양한 용례로 쓰였다. 독일 근대의 관념론적 전통에서도 사상가에 따라 의미상의 미묘한 차이를 보여주고 있으나, 기본적으로 '자기 형성(Selbstbildung)' 의미라는 공동의 토대를 공유한다는 점을 부인하기는 어렵다. 이와 같은 의미는 앞서 언급한 칸트, 헤르더, 훔볼트, 헤겔 등 관념론적 전통에서만이 아니라 호르크하이머, 아도르노 등의 독일의 현대 사회철학자들에게도 같은 의미로 통용된다. 이때 Bildung, 곧 자기 형성으로서의 Bildung은 '내면적 완전성', '성숙'을 목표로 한다.[1]

현명한 독자라면 내면적 완전성이나 성숙이 단순히 인격성과 동일한 의미가 아니라는 것을 짐작할 수 있을 것이다. 그것은 실존적 의미, 도덕적·인격적인 측면에서 이해될 수 있지만, 다른 한편으로 편견과 억견, 주관성으로 벗어난 학적 인식능력, 독자적이고 독립적인 사고와 판단능력, 자율적이며 책임성 있는 행위능력을 다 포함하는 매우 포괄적인 개념이다. 칸트는 자기 형성을 성숙과 동일한 의미로 사용한다. 다르게 표현하면 "인간이 스스로 책임져야 하는 미성숙의 상태로부터 벗어나는 것"[2]을 의미한다. 이때 성숙은 생물학적 의미, 관습 및 사회적 의미, 법률적 성숙 의미와 아무 관련이 없으며 '이성을 스스로 사용하는 능력', 좀 더 정확히 말하면 '스스로 생각(Selbstdenken)하고, 스스로 행위(Selbsthandlung)하는 능력'을 의미한다.[3]

고전교육적 의미 같은 사유의 전통에서 해석학의 문을 연 가다머(Gadamer)는 '교육은 자기교육이다'라고 말한다.[4] 이것은 '형성은 자기 형

---

1 이종하, 「소외된 교육과 해방의 교육-아도르노의 교육현실 비판」, 『시대와 철학』 16권 2호, 2005, 186쪽 참조.

2 I. Kant, "Beantwortung der Frage: Was ist Aufklaelung?," in: W. Weischedel (Hg.) *Kant Werke* in 10 Bd, Darmstadt, 1983(a), Bd 9, p. 53.

3 이하준, 「성숙과 계몽을 위한 고전교육: 칸트와 아도르노의 성숙개념의 고전교육적 의미」, 『동서철학연구』 87호, 2018, 274쪽 이하 참조.

4 한스 게오르크 가다머, 『교육은 자기교육이다』, 손승남 역, 동문선, 2004, 11쪽.

성이다'라는 의미를 좀 더 전달성 있게 표현(번역)했다고 볼 수 있다. 교양의 의미를 가장 쉽고 명료하게 대중적 차원에서 전달하고 있는 것이 괴테나 실러에서 볼 수 있는 교양소설이다. 한국인이 좋아하는 헤르만 헤세 소설의 상당 부분도 교양소설의 범주에 속한다고 평가된다.

2) '교양교육' 개념 사용의 불일치

국내에서 교양교육에 대한 개념 표기는 과거에는 "general education"과 "liberal education"의 혼용되었다. 혼용의 가장 근본적인 원인은 general education을 일반교육으로 번역하기도 하고 교양교육으로 번역하기도 했기 때문이다. general education을 교양교육으로 번역하는 경우와 liberal education을 자유교육으로 번역하지 않고 교양교육으로 번역하는 경우가 맞물릴 때 두 개념의 의미론적 차이가 무화되고 혼용이 발생할 수밖에 없게 된다. 개념의 용례 변화가 일어난 시점이 2010년 전후다. 이 시기에 교양교육이 강화되고 교양교육을 전담하는 기관이 전국의 대부분 대학에 설치되었다. 이 기관들은 공식 기관명으로 liberal arts college를 사용했다.

이러한 환경에서 general education과 liberal education의 혼용 사태가 종말을 고하게 되고 교양교육을 일괄적으로 liberal education으로 통일적으로 사용하게 되었다. 물론 교육 담당자들이나 교육계에 종사하는 수많은 사람 중에 아직도 교양교육을 일반교육+전통적 의미의 인문교양교육으로 이해하는 사람들이 매우 많다. 교육과정의 편성과 관련해 이와 같은 이해의 기저에는 도구과목의 강화와 인문사회계의 〈~개론〉이나 〈~이해〉 〈~의 초대〉 이름을 가진 기존의 개론 과목들의 유지라는 의미 이외엔 없다. 심지어 예의범절교육=교양교육이라는 교양교육에 대한 몰이해를 갖고 있는 사람들이 교육계 도처에 있다. 교양교육(liberal education)의 어원을 보면 liberal은 라틴어 liberalis에서 유래한다. 리버럴(liberal)은 말 그대로 구속으로 벗어나서 한가하고 여유로우며 자유로운 상태로 그리스적 의미, 특히 아리스토텔레스적 의미를 강하게 담고 있다. 이 맥락에서 교양교육의 개념과 자유교육의 강한 근친성과 심지어 같은 의미를 갖는다고도 해석할 수 있다. 이러한 문제는 교양교육의 다양한 이념들의 상이성을 논하는 곳에서 상론하고자 한다.

3) '교양교육' 이념과 목적의 상이성

교양교육을 어떻게 보고, 궁극적으로 무엇을 지향하고, 구체적인 목적이 무엇인지에 관해서는 관점에 따라 분류가 달라질 수 있으나 논자는 그것을 크게 여섯 가지로 범주화하는 것이 가장 합리적인 분류라고 판단한다. 한 가지씩 살펴보도록 하자.

(1) 자유교육으로서의 교양교육

교양교육이 추구하는 인간상은 한마디로 자유인(free person)이다. 자유인을 육성하는 것이 자유교육[5]이다. 자유라 함은 적극적 추구로서의 자유 개념인 '~에로의 자유'와 흔히 사용하는 용법인 '~으로부터의 자유', 흔히 소극적 자유라는 의미에서의 자유 개념이 있다. '~으로부터의 자유'라는 맥락에서 도피나 회피, 혹은 피동성을 생각할 수 있는데 '~으로부터의 자유'는 저항의 의미와 넘어선다는 의미, 곧 초월한다는 의미의 두 계기성을 다 포함한다. 이는 그렇다면 무엇으로부터의 자유와 '~에로의 자유'인가? 다음과 같이 명료화할 수 있다.

- 무지로부터의 자유
- 편견으로부터의 자유
- 미신으로부터의 자유

---

5 자유교육은 liberal education, liberal arts, liberal disciplines으로 표기된다.

• 정치와 종교 권력으로부터의 자유
• 억압과 속박으로부터의 자유
• 자신의 삶을 창조하려는 적극적 태도로서의 적극적 자유

위에서 언급한 바와 같이 단순 저항적 성격만이 아니라 무지, 편견, 미신 등을 넘어서고 초월하는 의미가 있다.

그런데 위와 같은 자유를 실현하는 데 가장 근본적인 전제조건은 노동으로부터의 자유, 곧 생산자 계급, 노동계급이 아닌 유한계급에 속해야 한다는 점이다. 고대 그리스식으로 표현하면 노예나, 여성, 외국인도 아닌 그리스의 성인 자유인이어야 한다. 아리스토텔레스는 그의 정치학에서 이를 교육의 독트린처럼 표현하고 있다. 그는 자유인을 위한 교육은 실용적이고 유용한 교육이 아니라 오직 선(goodness)을 실현하는 데 도움이 되는 교육이어야 한다고 말한다. 노동이 아닌 '한가함' 속에서 숙고의 삶을 살아감으로써 선에 이르게 된다는 것이 그의 생각이었다. 아리스토텔레스 시각에서 현실에 필요한 기술교육과 직업교육은 노예들을 위한 교육[6]이며 교육학적 개념을 사용하면 '비자유과목(illiberal subjekts)'[7]이다.

그의 입장에서 보면 오늘날 국내 전 대학에서 교양필수과목으로 개설되어 있는 언어와 컴퓨터 관련 도구과목과 교양선택과목으로 흔히 개설되는 〈댄스 스포츠〉 등의 교과목, 〈와인과 생활〉, 〈모의 주식투자〉, 〈취업 인터뷰〉, 〈창업 실전〉과 유사한 류의 교과목은 개설되어서는 안 된다. 여기에 덧붙여 교양으로서 음악교육에 대해 아리스토텔레스는 언

---

6 아리스토텔레스는 노예를 가정경영론적 관점에서 규명한다. 노예는 주인의 가정경영에서 재산이며 살아 움직이는 도구다. 또한 그는 노예에게는 노동을 위해 몸이 필요하며 식량과 필요한 것을 획득하는 기술을 습득하는 것이 가장 좋은 것이라고 주장한다. 아리스토텔레스, 『정치학』, 1권 4장, 김재홍 역, 길, 2018, 39쪽 참조.

7 7개의 자유교과목(septem artes liberales)이 자리 잡은 것은 중세이며 3학(trivium) 4과(quadrivium)를 의미한다. 3학은 문법(grammar), 수사학(rhetoric), 논리학(logic)이며 4과는 산술(arithmetic: 순수수학), 기하학(geometry: 응용수학), 화성학(harmonics: 음악), 천문학(astronomy)이다.

급한다. 그는 스승인 플라톤의 사유를 받아들여 좋은 음악과 나쁜 음악을 구분하면서 좋은 음악은 영혼의 균형미를 더하는 데 매우 필요하지만 피리류나 타악기처럼 감각을 직접적으로 자극하는 음악교육은 삼가야 한다고 말했다. 이러한 아리스토텔레스의 음악교육에 관한 이론적 입장에서 볼 때 교양교육과정에서 〈실용음악 연습〉이니 하는 과목은 적절하지 않다. 하지만 〈클래식 음악의 이해와 감상〉 같은 교과목들은 적극적으로 도입되어야 한다.

그렇다면 오늘날의 관점에서 아리스토텔레스의 자유교육으로서의 교양교육 개념을 어떻게 이해해야 하는가? 대학교육이 엘리트 중심에서 일반 대중으로까지 고등교육의 수혜가 확대되면서 대학에 전문가 양성과 직업수행 능력을 갖출 수 있는 실용주의적 성격이 계속해서 강화되어온 것이 세계적인 추세다. 물론 전통적 의미의 아리스토텔레스식 자유교육을 이념으로 고전교육만을 4년간 실시하는 대학들도 있다. 하지만 전체 대학 대비 차지하는 비율 자체를 언급하는 것 자체가 의미가 없을 정도다. 아리스토텔레스식 자유교육은 소수 엘리트 중심의 대학교육에서는 여전히 유효하지만 모든 대학의 표준적인 교양교육의 모델로서는 한계가 있다. 그럼에도 불구하고 산업대학, 직업전문대학에서 자유교육을 완전히 배제하는 것이 과연 타당한지 묻지 않을 수 없다. 자유교육으로서 교양교육은 '교양 있는 사람', '인간다운 인간', '진선미의 최소 감각'을 갖고 있는 사람을 만들어나가는 교육적 소재와 자료 및 콘텐츠를 제공하기 때문이다.

아리스토텔레스의 자유교육으로서의 교양교육은 사회경제적 환경의 변화로 영향을 받는다. 신자유주의 물결이 세계 도처에 퍼지면서 고용 없는 성장, 노동시장의 개방과 노동 유연화 정책의 일반화, 청년실업률의 일반적 감소 속 국가별 편차의 심각성 등 대학교육을 둘러싼 환경의 변화가 급격하게 일어났다. 국내의 사정을 보면 문제는 좀 더 심각하다. 미래의 직업세계를 준비하는 대학임을 스스로 표방하는 대학들이 속속 등장하며 이들 대학은 취업에 강한 대학임을 홍보의 핵심요소로 인식한다. 학생들 역시 취업률이 높은 대학을 선호한다. '대학이 취업

준비소'가 된 지도 이미 오래된 일이라는 데 동의하지 않는 사람이 없을 정도다. 대학을 둘러싼 환경의 변화와 대학 구성원들의 대학의 역할과 기능에 대한 인식의 변화가 맞물리게 되면서 '국내에서 자유교육으로서 교양교육의 성격은 찾아보기 쉽지 않다'라고 평가할 수 있다.

그런데 역사에서 동시성과 비동시성이 병존하듯 실용주의적 교양교육으로의 성격변화를 요구받는 대외적 환경이 있었고, 2022년 현재에도 그러하지만 한편으론 적어도 고등교육과정에서 교양교육의 중요성이 강화되는 흐름도 나타났다. 그것이 2010년 전후다. 이때 대학의 교양교육은 자유교육, 달리 말해 인문예술 교육교육의 강화 형태로 나타나거나 도구과목과 취업 관련 교과목의 정비의 형태로 나타났다. 인문예술 교육을 강화하는 차원에서의 자유교육에로의 부분적인 회귀현상은 크게 ① 글쓰기 교육 강화, ② 인성교육 강화, ③ 고전 읽기 교육 강화의 형태로 나타났다. 엄밀하게 말해 글쓰기 교육 및 인성교육의 강화는 아리스토텔레스적 의미의 자유인을 위한 교육이 동기가 된 것이 아니다. 오히려 세계화 시대에 의사소통 능력의 강화 차원과 반인륜적 사건 및 폭력사건의 증가추세에 따른 사회적 요구에 대한 교육적 대응이라고 봐야 한다는 점에서 엄밀한 의미에서 순수 자유교육의 이념이 구현된 교양교육이라고 보기는 어렵다.

아리스토텔레스적 의미에서 자유교육으로서의 교양교육은 고대 그리스에서만이 아니라 로마 시대와 르네상스 시대, 계몽주의 시대에도 교육의 목적이었으며, 7 자유교과(seven liberal arts)의 형식으로 교육이 진행되었다. 그러나 민주주의 사회의 도래와 계급의 분화, 고등교육기관의 증가와 대학교육의 대중교육화, 노동자 계급 자녀의 대학진학률의 급격한 성장이 이루어지면서 소수 엘리트 교육에 근간한 자유교육으로서의 교양교육은 새로운 차원을 맞이하게 된다. 대규모 대학화는 대학교육에서 전문인 양성 혹은 사회에 필요한 인적 자원 양성이라는 새로운 사회경제적 요구를 외면할 수 없고 교육과정에 반영된다. 전공 영역만이 아니라 교양교육 영역에서 전통적 의미의 인문예술 교육이 재조정되고 약화되는 현상을 야기했다.

(2) 고전인문교육으로서 교양교육

교양교육의 본질과 궁극적인 목적이 고전인문교육임을 천명하고 실제로 그것을 교육과정화하고 교육적 실천을 한 인물은 항존주의(peremmialism) 교육철학을 대변하는 허친스(Huchins)다.[8] 그가 1929년 시카고대학의 총장이 되면서 운영한 '위대한 저서' 교육 프로그램이 교육적 실천의 대표적 사례다. 이 프로그램의 이름에서 알 수 있듯이 고전 읽기 교육이 교양교육의 핵심이 된 것이다. 이와 같은 허친스의 고전 중심의 교양교육은 미국 대학의 교양교육에 지대한 영향을 미친 것이 주지의 사실이다. 교양교육의 역사적 변화라는 측면에서 보면, 그의 교육관과 '위대한 저서'와 같은 교육적 실천이 그리스적 자유교육으로서 교양교육의 전통에 서 있다는 것은 두말할 여지가 없다. 그는 교양교육의 본질에서 교양교육이 곧 아리스토텔레스적 의미의 자유인을 위한 교육과 다르지 않음을 간접적으로 시사한다.

> 교양교육의 목적은 사적으로 그리고 공적으로(인간은 정치적 동물이기 때문에) 인간으로서 그리고 시민으로서 탁월하게 되는 것이다. 그것은 인간을 수단으로서가 아니라 목적으로 생각하며 인생의 수단이 아닌 목적을 중요시한다. 이러한 이유 때문에 교양교육은 자유인의 교육이다.[9]

그럼 왜 허친스는 교양교육에서 그리스적 교육이념을 따르고 그것을 실천하기 위한 구체적 교육과정으로 '고전교육'을 강조했는가? 그 원인은 크게 두 가지 측면에서 찾을 수 있다. 첫째, 당시 미국대학에서 득세한 실용주의 교육철학과 기술 및 직업교육 중심의 대학교육에 대

8 아들러와 허친스로 대표되는 항존주의 교육철학의 핵심 전제는 인간의 욕구 보편성에 기초한 교육의 보편성과 교육콘텐츠의 동일성을 강조한다. 항존에서 가장 중요한 것은 인류가 추구해야 할 보편적 가치의 항존성이며 이를 위해 위대한 저서로 간주되는 인류의 고전을 교육해야 한다는 것이 항존주의 교육철학의 근간이다.

9 허치슨, 『위대한 대화: 교양교육의 본질』, 신득렬 역, 계명대학교 교육연구소, 1992, 98쪽.

한 비판적 시각이 원인이다. 19세기에 과학기술의 발전과 자본주의의 성장은 실용주의적 교육관을 확산시키게 되었고, 그 결과로 대학교육이 전문화되고 대학에서 고등직업교육을 강화하기에 이른다. 대학교육의 프로그램은 전통적 의미의 교양교육과 직업교육, 기초교육이 혼합적으로 실시되는 상황에 이른다. 허친스는 대학교육이 실용주의 교육철학에 좌지우지되고 실용적 지식, 응용지식의 전달에 초첨을 맞추거나 아예 직업교육화(vocationalization of education)하는 것을 비판했다. 따라서 그는 교육은 없고 실용적 지식교육의 장이 되어버린 대학을 개혁하고자 했다.

둘째, 허친스가 당대 대학교육의 현실을 비판하고 고전 중심의 대학교육을 지향하는 기저에 깔려있던 것이 이른바 그의 '항존주의 교육철학'이다. 간단히 말해 항존주의란 모든 인간의 본질은 같다는 점, 교양교육은 인간이 되기 위한 교육[10]이며 그런 이유로 교양교육을 받아야 한다는 점, 교양교육을 통해 이성능력을 개발하고 자기성찰과 지속적인 학습능력을 기를 수 있다는 점, 인간에게는 시대를 떠나서도 바뀌지 않는 가치, 추구해야 할 가치가 있다는 점에 기초한다. 교양교육은 바로 그와 같은 가치를 가르치는 것이라고 말했다.[11] 이와 같은 그의 생각은 당대에 팽배했던 사회에 대한 적응능력을 키우는 것이 교육의 목적이라는 환경적응론적 시각과 피교육자나 사회가 필요한 것을 교육시키는 이른바 필요-충족이론적 입장을 거부하게끔 만들게 된다. 또 하나는 허친스가 볼 때 듀이와 같은 진보주의 교육론자들에 의해 주장되어온 교육을 통한 사회개혁에 대한 비판적 시각이다.

이렇듯 허친스의 항존주의 교육철학은 교육의 본질을 항존적 가치교육에 두며 그것의 목적이 인간성(humanity) 실현에 있음을 분명히 한다. 이러한 맥락에서 그는 학부교육이 취업을 위한 실용적 교육에 치우쳐서

10 허치슨은 "우리는 완전한 인간이 되기 위해 가능한 한 훌륭한 교양인이 되도록 해야 한다"고 선언한다. 위의 책, 99쪽.

11 천정미·공영권, 「R. M. Hutchins의 교양교육론」, 『교육철학』 21권, 2002 참조.

는 안 되며 그와 같은 교육은 독립적인 직업훈련기관에서 담당해야 한다고 보았다. 그는 '대학이 실용적 인재, 인적자원을 만들어야 한다든가'와 같은 주장들은 한갓 도구주의적 교육관에 불과한 것으로 비판했다. 교육은 오직 교육 그 자체여야 한다는 것이며, 대학교육이 지향해야 하는 것은 명석한 사고능력, 도덕능력, 진리에 대한 사랑, 지적 진실성을 성장시키는 것에 있다고 생각했다. 실용주의 지식관과 도구주의적 교육관을 거부한 허친스는 인간의 인간으로 살아가는 데 필요한 참된 가치교육을 새롭게 설계하고자 했으며 이를 위해 교육과정 자체를 뜯어고치고자 한다.

허친스는 당시에 신생대학이라 할 수 있는 시카고대학에서 20여 년을 총장으로 재직하는 항존주의 교육철학에 입학한 인문고전 중심의 새로운 형식의 자유교육을 실행했다. 그러한 항존주의 교육철학에 근거한 '위대한 저서' 프로그램은 전적으로 아들러 교수의 도움에 의지했으며 두 사람은 협력하에 이 프로그램을 11년간 운영했다.[12] 이 프로그램을 통해 허친스가 학생들에게 심어주고 싶었던 것은, 도구적 지식이 아니라 삶에 대한 가치를 인식하게 하며 지혜를 얻게 하는 것, 도덕성과 함께 살아가는 공동체적 가치를 알게 하는 것, 단순한 기능인이 아니라 자율적이며 주체적인 삶의 주인으로 살아가려는 태도와 습관과 같은 것이었다.[13]

---

12 시카고 프로젝트라 불리는 '위대한 저서' 교육과정이 인문고전 읽기 교육과정의 첫 시작은 아니었다. 뉴욕에 소재한 컬럼비아대학의 얼스킨은 위대한 저서 60권을 선정해 학부 3, 4학년을 대상으로 고전교육을 시행했다. 아들러가 선정한 위대한 저서의 선정기준은 다음과 같다. ① '위대한 저서'는 항구적인 베스트셀러다. ② '위대한 저서'는 현학적이지 않은 일반적인 저서다. ③ '위대한 저서'는 언제나 현대적이다. ④ '위대한 저서'는 가장 읽기 쉬운 책이다. ⑤ '위대한 저서'는 가장 교훈적이며 계몽적인 책이다. ⑥ '위대한 저서'는 영속적으로 해결되지 않는 채로 남아있는 인생 문제들을 다룬다(넬 나딩스, 『21세기의 교육과 민주주의』, 심성보 역, 185쪽 참조). 논자가 볼 때 아들러의 주장과 달리 위대한 저서는 '가장 읽기 쉽지도 않고', '가장 교훈적인 것도 아니다'. 하지만 아들러의 주장처럼 우리가 흔히 고전이라고 말하는 책은 소수에 의해 계속 읽힌다는 점에서 영구적인 베스트셀러이고 현대를 재조명하는 단서를 제공한다. 또 영원히 해결되지 않는 삶의 문제를 다루기도 한다.

13 전일균, 「자유교양교육의 현대적 의미: 허친스의 교양교육론을 중심으로」, 『인문연구』

한국의 대학에서 교양교육이 강화되는 시점에 일어났던 사건은 허친스가 시카고대학에서 실시한 '위대한 저서' 프로그램(54권)의 유사변종의 시도였다. 많은 대학에서 고전 100선, 고전90선 등 고전을 선정하는 졸업인증제를 실시하거나 정규교육과정에 고전 읽기 교육을 실시하다 중단한 대학도 있고 현재도 진행 중인 대학도 있다. 한국대학의 교양 고전에서 고전교육, 넓은 의미에서 인문교육의 강화, 교양이수학점의 상향 조정과 같은 일련의 변화는 대학 당국에서 허친스와 같은 교육과 교양교육에 대한 근본적인 이해의 전환, 더 정확히 말해 소위 "교양교육의 인식에 관한 코페르니쿠스적 전환"이라고 보기 어렵다.

대부분의 대학이 낡아빠진 과거의 교양교과목을 그대로 유지하거나 기껏해야 제목 바꾸기 등의 포장지 교환수준에 머물렀다. '학부교육 선도대학 육성사업'(ACE 사업)에 열을 올린 대학들 중에는 사업선정을 목적으로 인문교육 강화 교육과정을 강화했으나 사업실패 후 원상복귀하는 비교육적인 조치를 단행한 대학들도 있다. 그와 같은 사례는 교양교육에 관한 '천박한 인식'에서 비롯됐다고 볼 수밖에 없다. 허친스의 관점에서 볼 때, 그러한 정책결정론자들이 고전인문 교양교육 시수를 의무적으로 이행하거나 직업교육학교의 행정관으로 자신의 능력을 더 잘 발휘할 수 있는 인물들인 셈이다. 국내대학에서 허친스의 교양교육 개념에 가장 부합하는 교육 프로그램을 운영하는 대학은 단연 경희대다. 이 대학은 2011년 '후마니타스 칼리지(Humanitas College)'를 설립해 고전인문교육을 집중적으로 가르치고 있다. 후마니타스 칼리지의 설립 및 교육목적은 전통적 의미의 자유교육으로서의 교양교육 개념을 구현함과 동시에 교육 프로그램의 실행에 있어서는 허친스의 철학과 방법을 적용하는 특징을 갖고 있다고 평가할 수 있다.

한국대학에서 고전인문학 중심의 교양교육을 실시하기 위해서는 ① 교양에 대한 몰이해로 가득 찬 교양 정책결정론자를 의사결정에서 배제하고 전문가에 의한 의사결정 시스템을 구축해야 한다. 이것은 총

49집, 2005, 37쪽 참조.

장이나 담당 학장의 교체에 따라 야기될 수 있는 정책적 혼선을 피할 수 있다. ② 교양 이수 학점 전공 이수 학점의 최소 40%에 육박해야 한다. 대중화된 대학교육이 더 이상 전문가 양성기능을 제대로 수행하지 못하고 대학원으로 이행된 이상 학부에서 전공주의는 별다른 의미가 없다. 인문사회계 대다수가 공무원 시험에 매달리는 상황에서 전공주의는 편의적인 학과 이기주의의 산물이며 교육 실효성에 대한 방관적 태도의 결과라고 평가할 수 있다. ③ 지식폭발사회, 지식생산과 지식접근 및 소비가 단순 의지와 선택의 문제가 된 새로운 교육 내외적 환경에서 지식전달 목적의 대학교육은 더 이상 의미가 없다. 향후에는 '인공지능 지식 비서'가 오늘날의 현직 교육자보다 더 나은 필요정보를 제공할 것이다. 이 점에서 교양교육은 '인간화' 교육으로 대전환되어야 하며 이를 위해서는 전공 중심의 학점 이수체계에 대한 근본적인 재조정이 불가피하다. ④ 고전인문 중심의 교양교육에서 수업 방법론은 '대화와 토론'에 바탕을 둔 '소크라테스적 방법'을 철저하게 적용해야 한다. 소크라테스적 방법이 판단력, 비판적 사고능력을 기르는 첩경이기 때문이다. 토론과 세미나에 기초하지 않는 고전 인문교육은 또 하나의 지식전달 교과목의 개설에 불과하다.

⑤ 허친스류(流)의 교양교육 개념에서 교육평가는 상대평가를 적용해선 안 된다. 보편적 가치교육은 절대평가 방식을 취하거나 통과/탈락이 가장 이상적이다. 가치체계의 정합성을 점수로 비교 평가하는 것은 '가치'에 대한 평가가 아니라 '논리 구성력' 평가에 지나지 않는다. 이것을 법정에 비유하면 사건의 진실이 문제시되는 것이 아니라 사건에 대한 논리적 설명과 반박에 대한 방어 논리 구사력과 별반 다르지 않은 것이다. ⑥ 대학 내 교양교육담당자들의 문제 중 정규교육과정과 비정규교육 과정, 학교 내 교육과정과 학교 밖 교육과정을 구성하는 교과목에 대한 이해가 편향적이거나 부족하다는 점이다. 앞서 말한 '학부교육 선도대학 육성사업'과 한국교양기초교육원의 교양교육 컨설팅을 통해 많이 개선되긴 했어도, 논자가 볼 때 아직도 소수의 대학의 경우 '과거와 무엇이 달라졌는가'라는 의문을 던지게 만드는 실정이다.

(3) 문화통합교육으로서 교양교육

화이트헤드(Whitehead)의 교양 개념은 전통적인 자유교육으로서의 교양교육이라는 전통에 서 있으면서도 일반교육과 전통적 의미의 자유교육을 통합하려 시도한다는 점에서 미묘한 차이가 있다. 먼저 그의 교양에 대한 정의를 보자.

> 교양(culture)이란 사고력의 활동이며, 아름다움과 인간적 감정에 대한 감성이다. 단편적인 정보는 교양과 아무런 관계가 없다. 우리는 문화와 특수한 전문지식을 갖춘 인간을 육성해야 한다. 전문지식은 인간으로부터 시작해 필요한 장을 제공하며, 교양은 그것들을 철학의 깊이와 예술의 높이로까지 이끌어준다.[14]

김재현이 옳게 지적한 것처럼 문화(culture)를 교양으로 번역하는 데 결정적인 하자를 발견하기 어렵다.[15] 위 인용구에서 보듯이 문화는 철학과 예술을 포함하는 포괄적 개념이다. 다른 한편으로 화이트헤드에게 문화는 전문지식의 보편화와 일반화, 자연과학과 문화과학의 패러다임, 전문지식과 교양지식의 이원론적 대립구도 극복의 결과물이다. 이와 같은 극복이 교육의 궁극적인 목적이라고 화이트헤드가 강조하기 때문에 그 극복은 교육의 성공적인 결과인 교양 혹은 교양문화라고 볼 수 있기 때문이다. 이 점에서 화이트헤드의 교양 개념은 전문지식과 교양의 통합으로서의 교양 개념이며 그것이 교육의 궁극적 목적임을 시사한다. 이런 의미에서 '교육의 궁극적 목적=전문지식+교양=통합으로서의 교양=문화화로서의 교양'이라는 도식이 성립한다.

전문지식과 교양의 통합이라는 그의 교양 개념은 기술교육과 자

---

14 화이트헤드, 『교육의 목적』, 오영환 역, 궁리, 2007, 37쪽.

15 김재현, 「화이트헤드 철학과 교양교육」, 『한국교양교육학회 학술대회 자료집』, 한국교양교육학회, 2001, 64쪽 참조.

유교육 사이의 상호 기여라는 측면을 강조하는 형태로도 표현된다. 화이트헤드는 자유롭지 않은 적절한 기술교육은 있을 수 없고 기술적이지 않은 자유교육도 있을 수 없다는 것을 분명히 한다. 상호 기여를 통한 통합성의 확보를 진정한 의미의 교육목적이자 교양의 성취를 가늠하는 척도로 보는 셈이다. 계속해서 그는 통합교육에 의한 교양의 촉진이라는 측면에서 교과목의 지나친 세분화를 비판했다. 그렇다고 해서 오늘날 한국대학에서 하나의 교양교육 트렌드로 자리 잡은 융복합 교육을 의미한다고 볼 수 없다. 한국대학의 융복합 교육은 형식성 측면에서 융복합의 형식을 취하지만, 실제 강좌 진행에서는 이질적이고 독립적인 강좌의 인위적 조합에 불과한 경우가 허다하다.[16]

위의 인용구에서 우리가 주목해야 하는 것은 "단편적인 정보는 교양과 아무런 관련이 없다"라는 사실이다. 어떤 특정한 사람이나 동물, 사건, 사태에 대한 물리적 정보, 사회적 정보 등 온갖 정보를 다 안다고 해서 사건과 사태의 원인과 본질을 다 알 수 없다. 특정한 사람의 신상 정보를 안다고 해서 그의 인격을 알 수 없기도 하다. 마찬가지로 특정한 사람이 어느 곳을 여행하기 위해 여행지의 자연지리, 인문지리, 역사에 대한 수많은 정보를 머릿속에 가지고 있다 하여 여행지의 내실적 진면목을 알 수 없다. 우리는 흔히 통찰력에 대해 말한다. 통찰력은 정보의 양이나 지식의 양이 전제조건이 아니다. 화이트헤드는 교양이란 "국면 전체를 내다보는 안목"으로 규정한다. 그는 사태, 상황, 사건, 조건 등을 전체적으로 파악하고 제대로 보기 위해서는 관념들 사이의 상호 관련성을 파악할 수 있는 능력을 키워야 하며, 이를 위해 관념의 효력, 관념의 구조에 관한 밀접한 감각을 촉진하는 것이 중요하며, 교양교육이 그것을 할 수 있다고 믿었다.

화이트헤드의 교양에 대한 정의에서 놓쳐서는 안 되는 것은 교양과 예술의 관계, 교양교육에서 예술교육의 위상이다. 이것이 왜 중요한가?

---

16 융복합 개념과 상기한 바와 같은 융복합 교육의 근본적인 문제에 관한 논의는 다음을 참조. 이하준, 「철학과 융복합: 가깝고도 먼 당신 혹은 새로운 신화와 계몽」, 『철학논총』 89집, 2017, 274쪽 이하 참조.

그에게 교양은 사고력의 활동, 이성을 활용한 지적 활동성과 예술적 감수성 능력의 조화로운 조합에서 완성된다. 이 점에서 예술에 대한 이해와 그것을 위한 예술교육은 교양인의 양성에 한 축을 형성한다. 화이트헤드는 심미적 정서, 곧 예술적 감수성 교육은 단순히 한 사람의 문화화에 그치는 것이 아니라 전체 국민의 문화화와 정신문화의 말로 표현할 수 없는 발전의 원동력이라고 말한다. 그는 예술의 발전이 "문명의 길로 나아가는 첫 활동임을 역사가 우리에게 보여주는 교훈"[17]이라고 말할 정도다. 화이트헤드의 관점에서 국내대학의 교양 교육과정에서 예술교육이 차지하는 위상, 가령 주지주의적 교양교육 교과목과 예술 관련 교과목의 비율과 예술교과목의 편성현황을 보면 교양교육에서 예술교육이 매우 취약하다는 것을 알 수 있다. 한마디로 국내대학의 교양교육은 화이트헤드가 말하는 '사고력의 활동'에 집중되어 있다. 진정한 의미의 통합적 인간, 즉 교양적 인간을 육성하기 위한 한 축이 지나치게 빈약한 것이다. 게다가 기술전문인의 육성을 강조하는 대학의 교양교육과정에서 예술교육은 어떤 말도 하기 어려울 정도다.[18] 처음에 제시한 화이트헤드의 교양교육 개념으로서 사고력 교육과 예술적 감수성 노력은 교양교육사적 측면에서 보면 전형적인 자유인을 위한 교육이다. 그러나 통합으로서의 교양교육을 강조하는 그의 논점들은 기존의 자유교육으로서 교양교육 개념을 포기했다고 볼 수 없으며, '기술문명의 발달과 전문화 및 분업화된 현대사회에서 어떻게 교양을 갖출 것인가'에 대한 대답이라고 봐야 한다.

---

17 화이트헤드, 앞의 책, 112쪽.

18 이하준, 「교양예술교육의 목적과 교육과정에 대한 재사유: 실러의 미적 교육론의 관점을 중심으로」, 『동서철학연구』 90집, 2018, 501쪽 이하 참조.

(4) 자기형성교육으로서 교양교육

'교양교육의 궁극적 목적이 무엇인가?'에 대한 대답을 '형성(Bildung)'으로 대답하는 이가 바로 훔볼트다. 그의 Bildung 개념을 한국 교육학계에서는 주로 '도야(陶冶)'로 번역한다. 논자가 볼 때 도덕주의적 관점에서 훔볼트의 빌둥 개념을 이해하기 때문이다. 결국 교육(Bildung)이란 자기형성(Selbstbildung) 교육을 의미한다. 이런 의미에서 자기형성은 자기교육이지 타자에 의한 인위적인 교육학적 방법을 통한 지식 전수나 직업교육을 의미하지 않는다. 그렇다면, 자기교육으로서 자기형성의 궁극적 목적은 무엇인가? 그것은 다름 아닌 '인간다움(Humanität)'이다.[19] 모든 교육과 문화 및 도덕의 내적 목적은 개별 인간의 인간다움의 실현이다. 인간다움이란 인간의 내적 본질(das innere Wesen des Menschen)에 다다르는 과정과 상태를 포괄하는 개념이다.

자기형성에서 '과정'을 중시하는 이유는 훔볼트가 '영원하고 변화 없는 이성에 의해 규정되는 인간의 참된 목적'을 자기화하는 과정으로 이해하기 때문이다.[20] 자기형성은 최종적인 결과가 아니라 인간의 참된 목적인 '인간다움'으로 나아가는 과정인 것이다. 삶 자체가 연속의 과정이기 때문에 자기형성 역시 과정으로 이해되어야 하며 이런 의미에서 자기교육은 중단되지 않는 것이다. 그에 따르면 인간 내면은 어떤 규정될 수 없는 에네르기(Energie)라 비유할 만한 '근원적인 힘(Kraft)'에 의해 작동되며 이것을 최대한 발휘하는 것이 이상적인 의미에서 인격의 완성이며 인류의 차원에서는 인간다움의 실현이다.[21] 애초에 인간 내면에

---

19 19세기 독일어권에서 Bildung은 문화, 교육, 교양, 인간됨, 형성과 같은 의미 층위를 고유했고 동일어나 유사어로 사용되었다. 한국어의 의미체계에서는 맥락에 따라 다른 번역어를 사용할 수밖에 없다.

20 Humboldt, "Theorie der Bildung des Menschen," in: A. Flitner/ K. Giel(Hg.): *Wilhelm von Humboldt. Werke in fünf Bänden.* Bd.1. Darmstadt, 1960, p. 234 이하 참조.

21 정영근, 「훔볼트의 도야이론의 개념과 방법론에 관한 연구」, 『교육연구』 16집 1998, 5쪽 참조.

있는 이 독특한 내적 힘은 '이기적'인 것과 무관하며 중립적인 어떤 에너르기다. 이 점에서 이 힘은 '원초적' 이상의 그 무엇을 갖고 있지 않다. 또한 내적인 힘으로서 이것의 실현은 자기교육의 궁극적 목적만이 아니라 모든 교과교육의 목적이 되어야 한다.[22]

그렇다면 아직 현실화되지 않는 내면의 원초적 힘을 활성화해 실현하려면 가장 필요한 것이 무엇이어야 하는가? 여기에 대한 훔볼트의 대답은 명료하다. 그것은 다름 아닌 '자유'다. 자유는 개인의 자기형성과 인간다움을 실현하는 필수적이며 불가피한 조건이라는 것이다. 여기까지만 봐도 훔볼트가 자유주의자이며 개인주의자적 면모를 가지고 있었다는 것을 알 수 있다. 그렇다고 그가 말하는 자유가 소위 '정신승리'로서의 마음과 관념 속의 자유만을 의미하지 않는다. 그는 개인의 자유를 억압하는 관습으로부터의 자유, 불합리한 규범과 자유로부터의 자유, 자기형성을 무력화하는 물리력과 제도적 개입으로부터의 자유, 인간다움을 위한 자기형성으로서의 자기교육이 아니라 직업을 구하기 위한 교수-학습, 출세와 성공을 위한 교육행위 일체로부터의 자유를 거듭 강조한다. 그가 말하는 자유는 내적·외적 강제력과 억압으로부터의 자유를 말하며 이것을 자기형성과 인간다움을 실현하게끔 하는 요체로 본 것이다. 이런 맥락에서 자기형성의 관점에서 자유는 개별성의 실현, 곧 개성의 완전한 실현을 의미하며 그것의 결과양상이 '다양성'이다. 인간학적·인류적 차원에서 보면 인간다움이 실현된 다양한 사람들로 구성된 자유롭고 인간적인 사회의 실현을 뜻한다.

훔볼트에게 개별성으로써 개인의 개성을 실현하고 인간의 보편적

22 국내 교육학계에서 훔볼트의 Bildung 개념에 관한 연구는 정영근과 조상식에 의해 이루어졌다. 양자는 Kraft를 '힘'과 '능력'으로 다르게 번역했다. 논자가 볼 때 Kraft가 원초적 '에네르기'의 형식을 갖는 '에네르기'라는 점에서 물리적 성격을 배제한 비물리적 에너지라는 점에서 '힘'으로 번역하는 것이 훔볼트의 전체 논의 문맥에 적절한 번역어로 보인다. 조상식의 번역어와 훔볼트 Bildung 개념에 대한 연구로는 「훔볼트의 'Bildung' 개념에 대한 교육학적 이해」, 『헤겔연구』 제16집, 2004, 230쪽 이하 참조; 「훔볼트의 도야이론의 개념과 방법론에 관한 연구」, 『교육연구』 16집, 상명대 교육문제연구소, 1998, 3쪽 참조; 정영근, 「독일 신인본주의 교육사상과 인간 도야의 이념」, 『교육철학』 9호, 1991, 169쪽 이하 참조.

이상으로써 인간다움을 실현하는 것이 자기교육의 목적이자 교육의 목적이다. 이러한 교육의 궁극적 목적은 학교 교육에서의 다양한 영역, 즉 기초교육, 일반교육, 교과교육, 교양교육에서 각각 그 중요도가 다를 리 없고 통일적이며 일관되어야 한다는 것이다. 그러나 훔볼트의 관점에서 볼 때는 근본적으로 범교과에서 교수자 중심의 자기형성교육이 아니라 개인, 학습자 스스로 자기형성을 하는 재료들을 제공하는 것으로 역할이 제한되어야 한다고 볼 수 있다. 이는 교양교육에서도 적용된다. 대학의 교양교육이 직업준비학교의 하위역할을 담당하는 것은 그가 자기교육과 직업교육(Ausbildung)을 구분했다는 점에서 자기형성으로서의 교양교육의 성격을 훼손하는 것이다.

개성의 실현과 교육과 인류의 보편적 가치인 인간다움을 위한 교육은 가치교육을 지향해야 한다. 도구과목, 직업교육을 교양필수로 운영하고 가치교과목을 수많은 선택지인 자유선택의 교과목으로 교육과정을 운영하는 것은 개성과 인간다움, 자기교육을 통한 주체적이고 자립적인 이성적 인간을 양성하는 데 실패하며 사회적 요구에 부합하는 기능적 인간양성에 그칠 수 있다. 오늘날 대학에서 볼 수 있는 실용성과 유용성의 교육적 원칙이 존재하는 곳에서 자기교육으로서의 교육의 이념을 찾을 수 없고 인위적인 교육과 교수방법론에 기초한 '영혼 없는 기능 인간'을 양성할 뿐이다.

AI 시대에 영혼 없는, 자유와 개성의 가치를 모르는 인간은 '노동 없는 잉여인류'로 남는다. 인공지능 기술시대에 인간이 만든 알고리즘에 기초한 인공지능의 자율적 학습능력을 설계하는 인간이 되며 인간적인 로봇을 만들 수 있는 인간이 되기 위해서 모든 교양교육은 자기교육을 지향하는 교육 설계와 교육과정을 운영해야 한다. 교양 교육과정에서 단순학습, 지식전달형 수업방법론, 획일화된 교육공학주의에 의해 설계된 수업운영, 누구나 동일한 기술능력의 소유자를 기르겠다는 실체 없는 역량중심 교육과정, 평가와 측정에만 몰두하는 교육을 재조정하지 않는 이상, 자기교육으로서의 자기형성은 고사하고 훔볼트를 죽이는 죽은 교육의 행진만 계속될 것이다.

자유와 개성, 창의성이라는 교육학적 수사를 앞세우나 실제로는 오락과 취향에 봉사하는 선택교양 교과목들은 진정한 교육이 아닌 생활의 기술에 불과하다. 교양교육이 가치교육, 인격교육, 정체성 교육을 지향할 때 진정한 의미의 자기형성과 인간다움의 길에 다가갈 가능성이 있음을 훔볼트가 알려주고 있다. 자유와 인간다움을 목적으로 하는 교양교육의 이념을 아는 자들이 교양교육의 가치교육 교과목에서조차 상대평가 혹은 절대평가를 버리지 않는 이유는 무엇인지 자문하지 않는 이상, 자기형성으로서 교양교육의 첫발을 뗄 수 없다는 것은 부인할 수 없는 사실이며 사실이 될 것이다.

(5) 일반교육으로서의 교양교육

일반교육(general education)으로서의 교양교육이란 흔히 전공(전문)교육이나 직업교육과 대립하는 개념으로 사용된다. 그런데 일반교양을 이와 같이 이해하는 데는 복잡한 난점이 도사리고 있다. 일반교육 개념을 지나치게 포괄적으로 사용되기 때문이다. 일반교육은 고대 이래 있어온 귀족주의 교육의 반대개념으로 사용된다. 아들러는 누구나 동일한 권리를 가진 인간으로서 교양교육을 받아야 하며 그것은 일반교육으로서 '만인을 위한 만인의 교육'이 되어야 한다고 주장한다.[23] 이러한 그의 생각은 민주주의 사회에서 교육의 공공성과 교육받을 보편권 권리라는 관점에서 제기된 것이다. 또한 실용주의 교육관이 팽배해 인문교육에 소홀한 당대 미국대학의 교육적 병폐를 극복하고 자유로운 삶을 기획하고 관리하는 능력을 함양시키는 교육을 일반교육으로 이해했다. 아들러의 이러한 관점은 수사학적 측면에선 일반교육이라 할 수 있지만, 교육이념상으로는 앞서 살펴봤던 아리스토텔레스의 '자유인 교육'의 이념의 전통을 따른다고 볼 수 있다. 왜냐하면 그가 교육교육은 '성격상 일반적'이라고 말할 때 '일반적'이란 내재적 목적을 가르치며 내재적 목적이

---

23 송선희, 「M. J. Adler의 교양교육론」, 『교육철학』 11집, 1993, 125쪽 참조.

란 직업교육이 아닌 자유교육이기 때문이다.

논자가 볼 때 교양교육의 수혜자를 '귀족'에서 고등교육 수혜자로서의 '대중', 곧 '수혜자 폭의 일반화'에 두었다는 차이뿐이다. 아들러의 일반교육 이념을 제창하기 이전에 19세기 미국에서는 자유교육을 일반교육으로 재정의하는 시도들이 있어왔고 그에 따라 교육목적이 조정되었으며 실생활 중심의 실용주의적 교육 패러다임이 주류를 형성했다. 이와 같은 실용주의적 교육관에서 일반교육은 전공교육이나 전문적 직업교육을 위한 전 단계 교육과정이며 어떤 전공교육이나 직업을 선택하든 누구한테나 전수하고 가르쳐야 할 기초학력 교육을 의미한다. 산업화와 대학교육이 대중화되면서 자유교육에서 일반교육으로의 변화는 불가피한 측면이 있다. 전통적 의미의 자유교육이 자연스럽게 퇴조하고 일반교육은 기초학력 교육의 또 다른 이름으로서 지칭되게 된 것이다. 한국대학의 현장에서 전통적 의미의 자유교육의 부분적 수용과 기초학력 교육을 결합한 것을 일반교육으로 이해하며, 이때 일반교육은 교양교육과 동일한 의미로 사용되기도 한다. 한국교양기초교육원에서 제시하는 교양기초교육의 목표 중에 '학문탐구를 위한 보편적 문해능력 함양'을 기초교육의 범주에 귀속시키는 것은 아들러가 말하는 일반교육의 의미와도 상통한다. 인간, 사회, 자연에 대한 기초 지식과 기술 문명에 대한 이해, 문헌을 파악하고 해석하는 보편적 능력을 기르는 것이 일반교육이기 때문이다.[24]

대학에서 교수자로서 활동하나 교양교육의 이해가 부족한 사람들은 도구과목으로 간주하는 교과목들을 기초학력 교육으로서의 일반교육으로 이해하고 있다. 국내의 특정 기술대학이나 일반대학에서 기초학

24 한국교양기초교육원은 『대학교양기초교육의 표준 모델』에서 '학문탐구를 위한 보편적 문해능력'을 다음과 같이 정의한다. "대학 수학의 근본 목적인 학문적 탐구활동을 위해서는 인간·사회·자연에 관한 기초지식을 습득하고, 나아가 이들을 전하는 문헌을 스스로 독해할 수 있는 보편적 능력이 요구된다. 문헌뿐 아니라 개인적·사회적 삶의 현실, 자연과 기술문명에 관련된 자료나 정보를 해석할 수 있는 능력이 요구된다. 문헌의 이해에는 한국어와 외국어 교육이, 삶의 현실과 자연 및 기술문명의 이해에는 소프트웨어 교육을 포함한 수리·통계적 해석 교육 및 과학교육이 필요하다." http://konige.kr/sub02_08.php 참조.

력교양 중심으로 교양교육과정을 편성한 사례를 어렵지 않게 찾아볼 수 있다. 그런데 교양을 담당하는 '기초교육원'을 둔 대학들은 교양교육과정을 폭넓게 운영하고 있으며 '교양대학'이라는 기관명을 갖고 교양교육을 운영하는 대학보다 자유교육의 이념에 충실하게 교육과정을 운영하고 있다. 서울대가 그 범주에 들어간다고 볼 수 있다. 일반교육 개념과 관련해 한 가지 흥미로운 점은 오늘날 한국의 모든 대학의 교양교육과정에서 필수과목으로 개설되어 있는 글쓰기 교육을 일선의 교육자들이 도구과목이나 기초학력 교육으로 간주하기보다는 일반교육으로 이해하는 때도 많다는 점이다.

글쓰기, 읽기, 말하기, 산수 교육은 기초교육 교과목이지 일반교육으로 보기 어렵다. 글쓰기 교육이나 읽기 교육은 고전 읽기와 고차적인 글의 비평 수준단계에서나 일반교육 범주에 속한다. 기초글쓰기와 낮은 차원의 읽기 교육은 기초교육에 해당된다. 한국교양기초교육원 글쓰기 교육이나 토론교육 일반을 비판적 사고능력, 합리적 의사소통 능력에 귀속시키고 있으며 이것을 기초교육으로 규정한다. 난이도와 수월성을 구분하지 않는 경우 전문적 직업교육이 아닌 이상 모든 교육은 기초교육이 될 수 있으며 동시에 기초교육과 교양교육의 경계가 모호해진다는 사실을 해당 기관은 간과하고 있다고 볼 수 있다.

(6) 소양교육으로서의 교양교육

'소양(素養)교육'은 무엇인가? 네이버 국어사전에서는 소양교육을 "어떤 일을 할 때 필요한 지식이나 마음가짐 따위에 관한 교육"[25]으로 정의한다. 교양교육이 소양교육과 같은 것인가, 아니면 분명한 경계와 차이가 있는가? 소양 개념과 관련해 종종 듣게 되는 인문예술소양, 철학적 소양, 과학적 소양, 문화적 소양, ICT 소양, 생태소양과 같은 개념의 의미는 해당되는 영역의 기초지식을 갖고 있거나 준전문가 수준의

25 https://dict.naver.com/search.nhn?dicQuery=% 참조.

지식 소유와 이해능력을 의미함과 동시에 관련 직무수행능력을 동시에 가르치기도 한다.[26] 또한 이미 자격을 갖춘 사람들을 대상으로 하는 각 기관의 소양교육은 의무, 책임성 등 직무수행에서의 윤리적 태도 교육을 가리키기도 한다. 한국교양기초교육원은 소양교육을 "교양교육을 비롯해 대학에서 학문탐구의 궁극 목적이 되기도 하고 그 전제가 되기도 하는, 포괄적 의미에서의 '인성'을 함양하는 교육"으로 정의한다. 이 기관은 소양교육을 포괄적인 의미에서 '인성교육'으로 정의하고 소양의 핵심요소를 "미적 감수성으로 나타나는 정서적 자질과 공동체적 삶을 가능케 하는 인애(仁愛), 정의, 배려, 정직 등의 도덕성"[27]으로 제시한다.

주목해야 하는 것은 이 기관이 정서적 자질, 정서적 감응능력의 함양에 인성교육과 같은 차원의 중요성을 부여하며, 심지어 이해, 정의, 배려, 정직의 인성 요소를 기르는 데 전제조건으로 간주한다는 것이다. 이 경우 문제가 되는 것은 소양교육과 인성교육 및 교양교육의 경계가 해체되며 양자의 고유성이 모호해진다. 가령 "교양에는 물론 도덕적 규범 및 당위의 실천능력이 또한 매우 중요한 요소로 포함된다"거나 "교양교육은 이렇듯 인식과 행동에 있어서 보편적으로 타당한 '일반적' 원리를 모색하고, 그것을 지-정-의 모든 영역에서 실현하는 전인적 능력의 함양을 지향"[28]하는 것은 인성교육과 동일한 의미로 사용하는 소양교육과 교양교육의 경계를 해체시키는 것과 다르지 않다. 인성교육=소양교육=교양교육의 논리구조에서 각 영역 교육의 근본적 차이와 지향점은 사라지게 된다.

이 기관에서 소양교육을 포괄적인 인성교육으로 정의하는 한, 소양

---

26 소양교육과 관련된 키워드로는 수학적 소양, 고전에 대한 소양, 정보 소양, 환경 소양, 생태 소양, 무용 소양, 생물학적 소양, 과학 소양, 농업 소양, 생명존중 소양, 인문학적 소양, 에너지 소양, 읽기 소양, 통계적 소양 등 수많은 소양이 있다. 이와 같은 소양 개념의 지식, 이해, 능력, 해석, 적용, 활용, 실천 등의 의미요소를 포함한다는 점에서 '자세나 태도'라는 윤리적 차원의 개념이 아니라 인지주의적 개념이다.

27 http://konige.kr/sub02_08.php 참조.

28 http://konige.kr/sub02_08.php

교육에서 '인지적 영역', '~을 위한 지식교육'은 배제되게 되며 정서적 감응능력이 소양교육의 중심이 된다. 또 다른 문제는 정서적 감응능력에 기초한 인성교육은 주지주의적 인성교육 자체를 경시하는 데 그치지 않고 약화시키는 결과를 초래한다. 이것이 의미하는 바는 '도덕 지식 없어도 도덕 감정만으로 도덕 행위는 가능하다'라는 전제를 내포한다. 이 기관에서 〈소양교육〉 집필자는 일시성과 임의성을 벗어나지 못한다는 연민의 도덕론에 관한 도덕의무론적 반론을 간과했으며 정서주의적 인성론자의 입장을 대변한다고 볼 수 있다.

이 기관 〈소양교육〉 집필자와 같이 소양교육=인성교육이라는 인식하에 소양교육 영역에 인성 교과목과 종교 교과목을 편성해 운영하는 대학이 존재한다. 또 많은 대학들이 〈진로설계〉와 같은 과목도 사회적 체험과목이라는 이름하에 소양교육 교과목으로 분류한다. 기초적인 취업준비 교과목이 소양교육으로 둔갑한 것이다. 직업교육을 소양교육의 한 부분인 것으로 간주하는 셈이다. 이와 같이 소양교육을 포괄적으로 이해하는 이상, 직업교육, 인성교육, 종교교육의 고유성이 사멸되며 무엇이든 소양교육이 될 수 있다.[29] 심지어 특정 대학은 정서적 체험에 기초한 실용교양 교과목, 군사학 교과목, 체육 관련 교과목, 지역 특화 교과목, 글로컬 문화언어 교과목, 취·창업 교과목을 소양교육으로 간주한다. 이 대학의 〈교양교육과정 이수체계〉에 따르면 모든 실용 교과목=소양교과목이 되는 셈이다. 특수목적형 교과목과 일반 실용형 교과목의 구분 없이 실용교육은 모두 소양교육이 되는 것이다. 이 이수체계표에 근거해 판단한다면, 이 대학이 교양교육의 범주로 분류한 인문학, 사회과학, 자연과학은 '실용성'과 관련성이 없는 순수이론 영역인 것이다. 과연 그런가? 이 대학의 이수체계에서 소양교육은 취업준비 교육과 생활세계 적응교육인 것이며 한국교양기초교육원의 포괄적 의미의 인성교육으로서 소양교육 개념과 거리가 멀다고 판단된다.

한국교양기초교육원에서만이 아니라 대학의 교육과정 설계에서 볼

29 http://tlac.hannam.ac.kr/contents/refinement/refinement_010000.html

수 있듯이 소양교육에 관한 이해는 상이하다. 심지어 대학 현장 종사자나 일반인들 사이에서의 소양교육에 관한 이해도 천차만별이다. 어떤 사람은 소양교육=예절교육으로 이해하며 어떤 사람은 인성교양과 기초학력 교육을 소양교육으로 이해한다. 혹자는 기초학력 교육과 소양교육을 동일한 의미로 사용하기도 한다. 또 다른 사람은 직무이해 능력과 수행능력을 포함한 포괄적인 직업능력의 함양을 소양교육으로 이해한다. 애초에 우리가 문제 삼았던 소양교육으로서의 교양교육은 교양교육의 개념을 지나치게 협소화시킨 것이며 그 개념의 다양한 규정과 이해의 다양성으로 인해 교육목적-교육과정-교과운영의 상이성을 노정할 수밖에 없다. 결국 소양교육은 귀족교육과 차별성이 있는 일반교육의 성격을 갖고 있지만, 전통적인 의미의 교양교육을 퇴색시키고 직업교육, 실용교육의 한 형식이라고 볼 수 있다. 한국교양기초교육원에서 밝히고 있는 포괄적 의미의 인성교육으로서 소양교육은 첫째, 범교과목에 인성교육적 관점을 관철하지 않는 이상, 혹은 정규교과와 비정규교과에서 인성교육 교과목을 확대 운영하지 않는 이상 소양교육으로서 교양교육은 이념적으로나 실천적 차원에서 의미 없는 논제다.

(7) 시민교육으로서의 교양교육

대학의 교양교육을 시민교육(citizenship education)의 일환으로 이해하는 일련의 흐름이 있다. 먼저 시민교육이 무엇인지 따져본다. 영국 런던에 소재하는 시민재단에서 운영하는 '청년 시민'이라는 사이트에서는 시민교육을 "사람들에게 정치, 언론, 시민사회, 경제, 법률을 포함한 민주사회를 이해하고 문제 삼으며 관여할 수 있는 지식과 기술"[30]을 함양하는 것으로 정의한다. 시민교육이란 한마디로 시민으로서 지역사회와 세계를 이해하고 책임성을 가지며 기여하는 역량을 키우는 교육이라 할 수 있다. 세계화가 진행되면서 국내대학의 인재상이나 핵심역량 설계에

30 https://www.youngcitizens.org/importance-of-citizenship-education

서 빠지지 않고 항상 등장하는 역량이 글로벌 역량과 글로컬 역량교육이다. 이것은 시민으로서 세계와 지역사회의 의제와 이슈들에 직간접적으로 참여하고 세계와 지역사회에 시민의 권리와 의무를 성실히 수행하는 역량을 함양하는 것을 목표로 한다. 이를 키우기 위한 교과목으로 세계의 문화와 언어만이 아니라 세계적인 이슈들을 주제로 다루는 교과목들이 개설 운영되고 있다.

역사적으로 시민 개념은 그리스에서 시작됐다고 할 수 있으나 당시의 시민은 성인 남성 자유인이라는 신분에 바탕을 두고 있으며 시민교육은 결국 자유민을 대상으로 한 자유교육이 곧 시민교육이라 할 수 있다. 이런 맥락에서 보면 오늘날 의미의 시민교육이라 말할 수 없다. 오늘날 의미에서 시민교육에 가장 가까운 개념이 제시된 것은 프랑스 혁명 당시 교육개혁을 주도한 콩도르세(Condorce)라고 해도 과언이 아니다. 그는 『인간 정신 진보의 역사』에서 다음과 같이 시민교육의 구체적 내용을 제시한다. 콩도르세가 말하는 시민교육은 인간교육과 궤를 같이한다. 그는 교육을 통해서 인류를 다양한 수준으로 향상시켜야 하며 이를 위해서는 소수의 부유층과 그들의 자녀만이 아니라 모든 인간이 타고난 재능을 발휘할 기회를 교육을 통해 제공해야 한다고 강조한다.

콩도르세의 인간성 함양과 완성을 향한 신념은 만인평등론에 입각하고 있으며 그 기초에 교육인간형성론을 전개한다. 평등한 교육을 통한 인간성 완성을 지향하는 콩도르세의 인간교육형성론은 교양교육의 이념과 일치한다. 동시에 인간교육형성론의 기저에 시민교육론이 자리잡고 있다. 그의 시민교육론은 단순히 시민으로서 각자의 권리를 알고 보호하며 행사하는 방법과 시민으로서의 의무를 잘 수행하는 방법만이 아니라 앞 세대의 문화를 배우고 운반하는 것, 직업능력과 가정경제를 관리하는 것과 같은 생활인의 능력을 기르는 것, 시민 간의 도덕 감정(Moral Sentiments)의 간극을 해소하기 위한 도덕교육, 미와 예술의 문해력과 예술의 보편적 향유를 위한 교육을 동시에 강조한다는 것이다.[31]

31 흥미로운 점은 콩도르세가 오늘날 시민교육의 교육방향에 대한 이념을 제시하고 있지만,

콩도르세는 1792년 〈공교육의 일반조직에 관한 법령 계획과 보고서〉에서 법률로 보장된 무상의 공교육을 통해 그가 말하는 주인계급과 노예계급을 뛰어넘는 시민을 길러내는 교육을 강조했다. 그의 주장과 제안은 1882년 교육개혁법이 의회에 통과되면서 현실화된다. 그 교육개혁법에서는 초등학교 정규교과목으로 〈시민·도덕교육(éucatio civique et morale)〉이 신설되고 주당 1시간의 의무교육을 실시하도록 명시되어 있다.[32] 오늘날의 시민교육은 국가에 따라 다양한 이름과 방식 및 교육과정으로 운영되고 있다.[33] 사실 콩도르세의 시민교육 이념은 프랑스 혁명의 결과이며 동시에 근대 계몽주의의 산물이다. 그에게 시민교육은 "모든 인간이 알아둘 만한 것이라고 생각되는 것"[34]을 교육함으로써 "인류를 완성시키는 수단"[35]이다. 이것은 다르게 말해 "계몽의 총량을 증대"시키는 것이다. 콩도르세에게 계몽은 '자기의 능력을 자유롭게 발전시켜 나아가는 방법'이나 '자신과 다른 사람의 행동을 판단'하는 냉철한 이성적 판단능력과 주체적 행위능력을 가르치는 것이다. 이것은 마치 칸트가 「계몽이란 무엇인가에 관한 답변」에서 밝히고 있는 계몽개념과 다를 바가 없다.[36]

자신의 주장처럼 10%로의 아동과 시민만 교육 혜택을 받은 상황에서 시민의 보편적 예술향유권을 주장한다는 점이다. 위를 포함한 시민교육의 내용에 대해서는 마르키 드 콩도르세, 『인간 정신의 진보에 관한 역사적 개요』, 장세룡 역, 책세상, 2002, 19쪽 이하 참조.

32 전종윤, 「콩도르세. 프랑스 시민교육과 민중이성의 역할」, 『대동철학』 84집, 2018, 4쪽 이하 참조.

33 한국민주주의연구소, 『시민교육보고서. 시민사회의 시민교육 체계구축 과정 연구. 독일, 프랑스, 스웨덴, 미국, 영국을 중심으로』, 2016, 25쪽 참조. 독일의 시민교육은 정치교육(politische Bildung)이라고 명명되나 교육내용은 민주주의 교육이다. 시민교육을 관리감독하는 독일연방정치교육원이 만들어지기 전에 프랑크푸르트학파의 대표 철학자인 호르크하이머는 미국 유대인협회의 재정 도움을 받아 민주주의 교육센터를 운영했으며 전후 독일 민주주의 교육에 크게 이바지했다. 여기에 대해서는 이종하·조상식, 「호르크하이머의 정치교육론에 대한 이해」, 『교육철학연구』 46집, 2009, 192쪽 이하 참조.

34 마르퀴 드 콩도르세, 『인간 정신의 진보에 관한 역사적 개요』, 장세룡 역, 책세상, 2002, 29쪽.

35 같은 책, 21쪽.

36 Kant, "Beantwortung der Frage: Was ist Aufklaelung?," in: W. Weischedel (Hg.) Kant

이런 맥락에서 볼 때 콩도르세의 시민교육론은 교육대상이 시민 대상이 아니라 시민권을 가진 시민으로서의 필요한 능력과 자질 및 정신적 태도를 의미함과 이성과 감성적 교육을 포함한 인간됨의 교육을 포함한다는 의미에서 '시민교육으로서의 교양교육', '시민교육에 중점을 둔 교양교육'으로 이해되어야 한다. 오늘날과 같은 민주주의 사회에서 시민교육은 교양교육의 중요한 축이라고 해도 과언은 아니다. 국내대학의 교양교육과정에서 고전교육만이 아니라 시민교육에 심혈을 기울이는 대학이 경희대다. 경희대는 2015년부터 시민교육 교과를 교양필수(3학점)과목으로 운영하고 있으며 이론 교과와 실천 교과를 유기적으로 결합해 운영하고 있다. 이 대학의 시민교육 목적은 "좋은 사회를 만들기 위해 타자에 봉사하고 인류와 연대하는 '지구적 실천인' 양성에" 있다. 이를 위해 "시민교육과 사회적 실천행위인 사회봉사를 긴밀히 연결시켜 시민교육과 사회봉사를 하나의 3학점짜리 교과목으로 통합 개설"[37]해 운영한다. 또한 현장활동계획서와 현장활동보고서를 주요 평가항목으로 포함해 이론적 편향성을 지양하며 실천적 측면을 강조하고 있다. 이 대학은 합리적·비판적 민주시민 양성, 따듯한 이웃 양성, 지구사회를 생각하는 세계시민 양성을 목표로 시민교육을 시행한다.[38]

콩도르세의 공교육을 통한 시민교육이 시민교육에 중점을 둔 포괄적인 의미의 교양교육의 성격을 가지고 있다면 경희대의 시민교육은 교양교육의 다양한 중핵영역 중의 한 영역이라고 할 수 있다. 또한 초등 및 중등교육 과정의 사회 교과에서 실시되고 있는 시민교육을 고등교육 과정에서 운영한다는 면에서 의미 있는 교육적 실천이라 할 수 있으며 그 효과도 유의미하다고 판명되었다. 또한 국내대학에서 기존의 인성교육의 일환으로 형식적으로 운영된 사회봉사 이수체계를 지양하고 강제적

Werke in 10 Bd, Darmstadt, 1983, Bd 9.

37 http://hc.khu.ac.kr/v2/02/03_02.php 참조.

38 채진원·벅경숙·김성일, 「경희대 후마니타스 칼리지 시민교육의 현황과 과제」, 『민주주의와 인권』 15권 1호, 72쪽.

성격을 띤 단순 봉사가 아니라 시민성과 공존과 연대의 가치를 학습하는 새로운 교육의 장을 제공한다는 점에서 고등교육에서 시민교육의 한 모델을 보여주고 있다고 평가할 수 있다. 그러나 현재 국내대학의 교양교육의 현실을 고려할 때, 교양교육으로서 시민교육을 포함시키기에는 역부족이다. 단순히 교육자원과 교수자원의 확보문제가 아니라 정상적인 의미의 교양교육 체제도 미완에 머물러 있는 대학이 많으며 교양교육에 대한 인식도 여전히 계몽의 시대를 벗어나지 못하고 있기 때문이다.

2

니체의 교양비판과 교양교육의 미래

1) 교양과 교양교육에 대한 니체의 문제제기의 성격

이 글은 오늘날 한국대학의 교양교육은 제대로 이루어지고 있는가에 대한 대답을 니체의 교양 개념과 교양비판을 토대로 찾아보는 것을 목적으로 한다. 니체는 「우리 교육기관의 미래에 관하여」와 「반시대적 고찰 III. 교육자로서 쇼펜하우어」에서 교양과 교양교육에 관한 비판을 집중적으로 전개한다.[1] 「우리 교육기관의 미래에 관하여」는 1872년 바젤대학 박물관에서 행한 다섯 차례의 강연원고에 기초하고 있다. 니체는 자신의 논의가 바젤의 학교 및 교양교육의 구체적인 개혁프로그램을 제시하거나 "문화민족들의 전체 지평에서 교양과 교양수단에 다가올 미래에 대한 예언"[2]을 하는 것이 아니며 "독일정신의 일반적 혁신과

1 교양교육 및 교육일반에 대한 니체의 영향은 크게 주목받지 못한 것이 사실이다. 독일어로 집필된 『교육사상사 개론』에서 니체의 교육사상을 단독주제로 다루는 경우는 찾아보기 쉽지 않다. 그러나 그가 교양교육이나 교육사상에 미친 영향은 과소평가할 수 없다. 니체의 야만교육과 같은 수사들은 아도르노의 Halbbildung 논의에서만이 아니라 비판이론의 영향을 받은 비판교육이론에서 자주 등장하는 수사다. T. Heyer, *Nietzsche und dir Paedagogik. Werk, Biograhie und Rezeption,* Wuerzburg, 2002; A. Doerpinghaus, A. Poenitsch, L. Wigger, *Einführung in die Theorie der Bildung,* Darmstadt, 2013; Th. W. Adorno, Theorie der Halbbildung in: Gesammelte Schriften, Bd. 8, Soziologische Schriften I, hrsg von R. Tiedemann, Frankfurt a. M. 1998. p. 93 이하 참조.

2 Friedrich Nietzsche, Ueber die Zukunft unserer Bildungsanstalten in: *Kritische Studienausgabe in 15 Einzelbaenden,* Bd.1 G. Colli u. M. Montinari, Berlin/New York,

회복 및 정화"[3]문제와 관련해 현재의 교육기관의 역할과 교양교육 현실의 제 문제를 파헤치는 것임을 천명한다. 이것은 그의 교양비판이 문화비판의 차원에서 제기되는 교양교육의 본질과 방향에 대한 논의임을 시사한다.

니체는 속물 교양이 당대 문화를 지배하고 있으며 그 근본원인이 독일 전역의 교육기관의 역할과 기능 및 수많은 변화의 "상당 부분이 본래의 고귀한 설립 방향에서 벗어난 일탈"[4]에 있다고 평가했다. '일탈'은 자유정신에 입각한 주체적 자기형성교육이라는 설립이념에서 벗어나 국가 및 사회적 요구에 부응하는 교육으로의 전환을 의미한다. 그리스적 교양교육과 자유교육의 이념에 기초해 니체는 실용주의적 지식교육과 직업교육의 혼재, 교양교육에 대한 근본적인 오해와 결핍 등이 진정한 교양의 상실과 교양교육기관의 죽음을 가져왔다고 보았다. 이러한 관점에 기초해 그는 미래 교양교육의 방향에 대한 자신의 큰 그림을 제시했다.

논자는 당대의 교육 특히 교양교육과 관련된 위와 같은 니체의 문제제기와 비판이 한국대학의 교양교육의 현실을 진단하고 비판하는 데 여전히 유효하다고 본다. 논자는 니체적 문제의식의 현재화를 통해 오늘날 한국대학 교양교육에서 보여지는 '교양 없는 교양교육, '속성교양', '절반의 교양과 절반의 교양교육'을 논제화하고 새로운 방향을 모색하고자 한다. 이를 위해 먼저 니체의 문화의 속물화와 교양의 타락, 교양에 대한 몰이해, 교양교육기관의 문제성, 미래의 교양교육에 대한 그의 제안을 비판적으로 검토할 것이다. 이를 토대로 그의 분석이 한국의 교양교육의 현실을 이해하고 비판하는 데 유용하며 동시에 한계가 있음을 보여줄 것이다.

1988, p. 644(이하 KSA로 표기).

3 같은 책, p. 645.

4 같은 책, 같은 면; 이상엽, 「니체, 대학과 교육」, 『한국문화융합학회 전국학술대회집』, 2016, 380쪽 참조.

2) 문화의 근본사상과 교양의 타락

니체는 그의 시대를 '교양이 궁핍한 시대'이자 '교양이 타락한 시대'라고 진단한다. 그의 분석은 속물 교양, 사이비 교양 비판, 교양계급 비판, 교양인과 속물들의 결탁에 관한 비판, 교양교육기관의 종말, 교양교육과정 및 교양교육자 비판 등 다양한 관점에서 수행된다. 니체의 각론적 비판의 배후에는 그것을 배태한 문화의 퇴행을 바라보는 시선이 자리 잡고 있다. 그는 문화의 목적 상실이 교양 타락의 근본원인임을 제시한다. '위대한 것'에 대한 시기와 질투, 또 그가 그토록 경멸하는 속물적 행복에 대한 동경과 열광이 교양 타락의 중심에 있다.

> 지금 천박한 독일에 교양이 타락하여 거리에 나뒹굴고 있다. 모든 위대한 것을 흘겨보는 시기심이 부끄러움을 모른 채 지배하며 행복을 향해 질주하는 사람들의 소란이 어디에서나 귀를 먹게 할 정도로 울려 퍼져 사람들은 여기서 하나의 문화가 생겨나고 있다고 희망할 수 있다.[5]

교양의 타락, 곧 속물 교양의 확산을 가져온 위대한 것에 대한 폄하는 문화의 퇴락에 그 원인이 있다. 그에 따르면 문화의 근본사상은 "우리의 안과 밖에서 철학자, 예술가, 성자"[6]와 같은 위대한 인간, 궁극적인 최고의 인간화, 천재의 탄생에 있다. 따라서 문화는 인간이 행동을 통해 '우리 실존의 최고 실현의 기회를 빼앗는 모든 것들에 대적하여 지치지 않고 투쟁'하도록 촉구한다. 니체가 말하는 위대한 것이란 "자기 자신이 아닌 것과의 싸움"을 하는 것이며 이를 통해 "자기 자신이 되는 것"을 의미한다. 위대인 인간이 되기 위해서는 "세계의 구석구석을 채우고 있는 익숙한 것, 평범한 것, 통속적인 것"과의 실존투쟁을 해야 한다. 왜냐하면 그것들이 위대한 것(das Grosse)이 되려는 것을 "자욱한 연기로 감싸

5 F. Nietzsche, KSA 1, p. 778.

6 Nietzsche, Unzeitgemaesse Betrachtungen III. Schopenhauer als Erzieher, KSA 1, p. 382.

고 방해해 약화시키며 질식, 마비, 기만"[7]하기 때문이다.

니체의 문화퇴행론은 천재론과 밀접한 관련이 있다. 그는 문화를 천재들의 산물로 간주하며 문화의 목적이 '천재의 탄생'임을 주장한다. 문제는 네 가지 잘못된 이기심이 천재의 탄생을 거부하고 방해한다는 데 있다. 그것은 첫째, 무엇인가 얻어내려는 개인의 이기심, 둘째, 국가의 이기심, 셋째, 문화를 아름다운 형식으로 포장하는 위선적인 집단, 넷째, 학문의 이기심과 그것에 종사하는 학자들의 본성이다.[8] 결국 문화의 퇴행이 교양의 상실을 가져왔다는 니체의 인식은 교양의 재건을 통해 문화를 되살리는 전략을 선택한다. 이러한 전략을 구성하기 위해 그는 당대에 퍼져 있는 교양에 대한 그릇된 인식을 검토하는 일부터 시작한다.

3) '교양', 교양교육의 몰이해와 교양의 타락

앞서 문화와 교양의 관계에서 니체가 위대한 것의 산출, 위대한 인간됨으로써의 교양 개념을 제시했다면, 그는 교육의 관점, 더 정확히 말하면 자기교육의 관점에서 교양을 재규정한다. 그에게 교양이란 자기교육과 자기해방을 의미한다.

> 너의 진정한 교육자와 형성자는 네 본질의 진정한 근본 의미와 근본 소재가 무엇인지, 교육할 수 없고 조형할 수 없는 것, 어쨌든 접근하기도 또 위축시키기도 힘든 것이 무엇인지 네게 말해주는 것이다. 너의 교육자는 너

---

7 F. Nietzsche, Uber das Pathos der Wahrheit, KSA 1, p. 756.

8 문화의 근본사상이자 문화의 목적이 천재의 탄생, 위대한 창조적 인간의 육성에 있다고 가정할 때 학자는 천재의 탄생을 방해하는 존재다. 따라서 학자는 문화와 문화발전의 주역이 될 수 없다는 것이 니체의 입장이다. 그는 스승과 지도자에 대한 충성심, 무사유적 진리 감각, 낮은 자기평가와 겸손함, 냉정함과 일관성, 건조한 절제, 모든 본성을 제약하고 분석하는 태도, 우직함과 단순한 것에 대한 학자적 감각, 중립적인 태도 등이 위대한 것, 희귀한 것, 창조적인 것을 만들어내는 문화의 활력과 생기를 제거한다고 본다.

를 해방시키는 사람 이상도 이하도 아니다. 바로 그것이 모든 교양의 비밀이다. 교양은 인조 사지와 밀랍 코, 안경 쓴 눈을 제공하는 것이 아니다. 이 선물을 줄 수 있는 것은 사이비 교육밖에 없다. 교양은 해방이다.[9]

니체는 교양과 교양교육에 대한 그릇된 관념과 그 관념에 기초한 교양교육을 문제 삼는다. 그는 "우리 자신이 스스로 만들었던 교양에 대한 과거의 모든 상상들"[10]의 네 가지 오류를 지적한다. 첫째, "말이나 동작, 장식, 과시나 예절"과 같은 "아름다운 형식"[11]을 갖추는 것이 교양이라는 잘못된 관념이다. 이러한 관념은 니체 당대나 우리 사회, 심지어 일부 교양교육 담당자들에서 발견되는 교양에 관한 가장 일반적인 오해다. 니체에게 수사학적 능력이나 사회적 관계능력 및 형식적 도덕주의를 지향하는 것이 교양이 아니다. 그것을 교양이라고 규정하는 경우 니체의 시각에서는 '속물 교양' 혹은 '사이비 교양'이다.

둘째, 전문교육을 위한 기초교육으로서의 교양이라는 인식을 니체는 교양교육에 대한 몰이해로 간주한다. 위와 같은 교양에 대한 관념은 니체 시대나 한국대학의 교수집단 내에서도 흔히 발견된다. 전공기초나 계열기초 교과목을 교양선택 과목으로 편성하는 것은 위와 같은 그릇된 인식의 산물이다. 자기형성과 자기해방을 교양으로 정의하는 니체에게 "삶과 책에서, 학문의 모든 영역에서 습득한 것"은 한 개인에게 "단지 표현의 색채와 도구"에 불과하다. 기초지식 교육과 교양은 아무 관련이 없으며 오히려 충돌한다는 것이 니체의 생각이다. 이런 관점에서 그는 지식교육이 아닌 "최고의 고귀한 교양"[12]교육을 강조한다.

셋째, 두 번째 비판의 연장선에서 니체는 학문분과주의 혹은 전공제일주의를 비판한다. 그는 학문에서의 분업체계는 '교양의 폐기'와 같

---

9 F. Nietzsche, KSA 1, p. 341.

10 같은 책, p. 727.

11 같은 책, p. 389.

12 같은 책, p. 689.

은 것이며 '학자=교양인'이라는 과거의 등식은 더 이상 통용되지 않는다고 말한다.[13] 왜냐하면 학문연구는 전공 분야의 세부 영역 연구만을 탐구하는 데 그치며 학문통합적 관점을 배제하기 때문이다. 따라서 이렇게 배타적인 전공학자는 "평생 어느 연장을 위한 특정한 나사나 기계 부품인 손잡이 외에는 어떤 다른 것도 만들지 않는 공장 노동자와 유사하다."[14] 니체는 전공주의에 의해 사라진 교양의 자리를 저널리스트가 차지하고 있다고 본다. 저널리스트는 지식의 값싼 중개인이자 속물 교양의 중계자로 간주된다.

넷째, 지성과 소유의 결합을 자연시하는 인식이다. 니체는 "자신이 가진 인식과 지식의 양으로부터 되도록 많은 양의 행복과 이익을 추구"[15]하려는 태도와 그것을 교육의 목적으로 삼는 근대적 교육기관의 교육에 대한 인식을 비판한다. 니체의 이 비판은 실용주의 지식관과 교육관에 대한 비판이라 볼 수 있다. 위와 같은 실용주의적 인식태도는 "돈과 이익을 넘어서는 목적을 설정하며 많은 시간을 소모하는 교양"을 "세련된 이기주의"이거나 "비윤리적 교양-쾌락주의"[16]로 인식하는 태도다. 순수지식의 학습과 지적 쾌락의 추구에 관한 실용주의적 비판은 유

---

13 윤병태는 니체가 언급하고 있는 학자 일반의 속물근성과 철학 교수의 속물성을 집중적으로 주제화하고 있다. 윤병태, 「초기니체사유에서 속물교양비판」, 『인문언어』 12-1, 2010, 13쪽 이하 참조.

14 니체의 주장은 카시러에 의해서도 제기되었으며 그는 전공주의가 '학문의 위기'를 불러올 수 있다는 논제로 나아갔다. 분과주의에 대한 비판과 보편적 가치교육으로서의 교양교육에 대한 논쟁은 19세기 이래로 지속되어 왔다. 분명한 것은 사회가 발전하고 분화하면서 학문의 전문화 전공분과주의 역시 불가피하다는 점이다. 헨티히 같은 독일의 교육학자는 이 점에 근거해 학문의 전문화에서 보편적인 측면들을 학습해야 한다는 입장을 견지했지만, 전공주의에 매몰된 상태에서 그와 같은 접근이 가능한지 의문을 제기한다(정영근, 「독일대학의 교양교육 이념과 현황」, 『대학교육』 63집, 1993, 59쪽 이하 참조). 같은 시각에서 융복합 연구와 교육이 활발한 오늘날의 대학에서 융복합 연구와 교육을 통한 보편교육이 가능한지 역시 의심스럽다. 연구와 교육의 목적과 방법, 수용성, 참여집단의 성격과 규모의 측면을 고려할 때 스노우가 말하는 두 문화의 벽은 상존한다. 스노우, 『두 문화』, 오영환 역, 사이언스북스, 2001, p. 11 이하 참조; 카시러, 『인간이란 무엇인가』, 최명관 역, 창, 2008, p. 16 이하 참조.

15 같은 책, p. 667.

16 같은 책, p. 388.

용한 지식의 축적이 실제적 이익창출, 직업적 성공, 관직 진출과 출세를 가져와야 한다는 믿음에 기초한다. 니체는 수단화된 지식과 교육은 '진정한 교양교육'과 무관함을 천명한다.

> 자 친구여, 이렇게 부드러운 발에 맑은 영혼을 소유한 응석받이 여신을 이따금 '그 교양'이라 부르기는 하지만 생활고, 소득과 궁핍에 봉사하는 지적인 시녀며 조언자인 저 쓸모 있는 하녀와 혼동하지 말아라. 모든 교육, 그 과정의 종점에 가서 하나의 관직이나 생계수단을 약속하는 교육은 우리가 이해하는 의미에서 교양을 위한 교육이 아니네. 그것은 어떤 길을 통하면 생존 경쟁에서 자신의 주체를 구하고 보호할 수 있는가를 알려주는 지시에 불과하지.[17]

니체는 "빨리 돈을 버는 존재가 되기 위한 속성교양, 거기다 아주 많은 돈을 버는 존재가 되기 위한 철저한 교양",[18] 사회적 생존능력을 키워주는 교양교육이야말로 교양과 교양교육에 대한 몰이해의 산물임을 거듭 강조한다.

4) 교양교육기관의 '종말'

교양과 교양교육에 관한 그릇된 인식에 대한 니체의 비판은 교양교육기관의 비판으로 이어진다. 교양에 대한 그릇된 인식에 의해 운영되는 교육기관이 제 기능과 역할을 제대로 하지 못해 사이비 교양인을 양성한다는 의미에서 니체는 "교양을 위한 교육기관의 종말"[19]을 선언한

---

17 같은 책, p. 715.

18 F. Nietzsche, Unzeitgemaesse Betrachtungen III. Schopenhauer als Erzieher, KSA 1, p. 388. 위와 같은 비판은 기본적으로 "교양 계급과 국가는 대단히 천박한 화폐경제에 마음을 빼앗겼다"(p. 366)는 인식의 연장선상에서 전개된다.

19 같은 책, p. 717.

다. 실업학교, 김나지움, 대학의 교양교육기관과 진정한 교양인의 '우스꽝스러운 불균형'을 그는 목격한다.

> 진정한 교양인의 수가 결국 얼마나 적은지, 적을 수밖에 없는지 안다면, 교양을 추구할 사람은 한 사람도 없을 것이라고 당신은 말씀하시곤 합니다. 그런데 이나마 이렇게 소수의 진정한 교양인도 만약 대중의 유혹적인 꼬임에 넘어가 성향에 맞지도 않게 교양에 관여하는 일만 없다면, 존재하지 않을 것이다. 그러므로 진정한 교양인의 수와 엄청나게 큰 교양기구 간의 저 우스꽝스러운 불균형에 관해서는 어떤 것도 공개적으로 발설해서는 안 됩니다. 여기에 바로 교양의 진정한 비밀이 숨어 있습니다. 즉 무수한 사람들이 자신을 위해 그러는 것 같지만 실제로는 몇몇 소수 사람들만이 교양인이 될 수 있도록, 교양을 애쓰고 교양을 위해 일한다는 것입니다.[20]

여기서 중요한 것은 교양교육기관이 '교양교육을 위해 일하지 않는다'는 니체의 지적이다. '일하지 않음'은 소수의 천재 교양인의 육성에 집중하지 않고 "천재의 권리를 민주화"[21]하는 방식으로서 교양교육의 대중화를 꾀하는 것을 의미한다. 니체는 정신의 귀족성을 추구하는 소수 천재를 위한 "소수의 고등교육기관"만이 필요하며 그러한 교육기관이 "위대하고 영원한 일에 적합한 사람들을 위한 교육"[22]에 전념할 것을 요구한다.[23] '일하지 않음'의 또 다른 의미는 교양교육 기관이 본래의 목적에 충실하지 않고 '다른 일', 즉 취업과 진로교육에 매달린다는 것이다. 이는 곧 교양교육 목적성의 일탈과 상실이다.

---

20 같은 책, p. 665.

21 같은 책, p. 666.

22 같은 책, p. 698.

23 박상철은 니체의 교양천재론이 엘리트주의, 귀족주의라고 반드시 비판받을 이유가 없다고 주장하며 니체가 '교육기회의 평등'을 전제한 것으로 가정한다. 그의 해석은 니체의 국민교육 자체에 대한 반론, 학교의 과잉과 교사 과잉에 대한 니체의 비판을 간과한 데서 오는 오독이다. 박상철, 「니체의 학교교육론」, 『도덕교육연구』 26권 1호, 2014, 173쪽 참조.

교양교육기관의 종말을 가져오는 원인 중에 하나는 대학에서의 “김나지움 경향의 확장”[24]현상이다. 이것은 기계적인 지식교육과 그것을 위한 강의식 교수방법을 의미한다. 니체는 대학에서도 김나지움처럼 강의식 교수방법이 그대로 이루어지고 있고 그것이 “교양기계(Bildungsmaschine)”[25]를 양성한다고 말한다. 그는 ‘교양을 위한 모든 교육’에서 강의식 교수법이야말로 자유롭고 주체적인 사유의 기회를 제거하는 죽은 교양교육임을 강조한다, 권위주의적 교수방법론, 지식의 전수를 최우선으로 하는 교수방법론이 교양교육기관의 종말을 야기하며 교양기계를 양산한다는 그의 주장은 한국대학의 교양교육 교수방법론 비판에도 유효하다.[26]

그렇다면 교양교육기관의 종말의 결과는 무엇인가? 니체는 “기형적인 교양인”[27]의 득세라고 답한다. 그는 기형적인 교양인간의 대표적인 사례로 혹세무민하는 언론풍의 작품을 기웃거리거나 더 나아가 한몫 거두는 학자, 정론을 쓰지 않고 소설 같은 언론을 만드는 언론종사자를 제시한다. 니체적 시각에서 볼 때 새로운 정보나 소식을 시장의 언어로 전달하는 속성 지식인, 의미 없는 수다놀이를 하는 방송패널들, 미화와 포장 및 교묘한 간접광고를 대신하는 방송작가, 인문학의 대중화라는 이름으로 감성적 에세이를 쓰는 작가, 모든 주제를 다 다루는 국민강사로 포장된 방송 강연자들, 값싼 위로를 제공하는 힐링인문학 생산자들, 그 밖의 베스트셀러를 목표로 하는 출판기획에 부역하는 대중작가들이

24 F. Nietzsche, KSA 1, p. 741.

25 같은 책, p. 740.

26 〈독서와 토론〉, 〈사고와 표현〉, 〈독서세미나〉 등 교수자-학습자, 학습자-학습자 사이의 상호작용이 필요한 공통교양들이 대학마다 개설되고 있다는 점에서 형식적으로는 니체가 말하는 교양교육기관의 종말과 교양기계의 양산테제에 동의하기 어렵다. 그러나 현직 교강사나 학습자들은 강의식 수업에 익숙하며 그것을 선호한다. 적게는 200개, 많게는 400개가 개설되는 교양강좌 중 PBL, 토론형, 프로젝트형 수업 비율이 매우 낮다는 점이 이를 말해준다. 강의식 수업 선호 현상은 학습자들의 교양에 대한 가벼운 인식태도와 교수자들의 강의평가 인지태도 사이의 상호작용적 산물이다.

27 F. Nietzsche, KSA 1, p. 746.

'기형적인 교양인간'이다. 기형적 교양인간은 "자신이 얼마나 비참하고 형편없는지, 맹수처럼 추구하고 지칠 줄 모르고 수집하며, 얼마나 이기적이고 몰염치하게 향유하는지를 남들이 눈치채지 못하게 하는"[28] 기술의 소유자다. 위와 같은 기형적 교양인은 "교양의 가장 큰 적"[29]이다.

니체는 '교양교육기관의 종말'을 선언한 이후에 자신을 향하는 예상 가능한 비판을 미리 방어한다. 그는 자신이 말하는 진정한 교육기관의 필요성을 "이상적인 요구"이나 이상적이라고 비판하는 것은 "기존의 제도는 비열이고 치욕"이라는 것과 "혹한과 기아처럼 바로 여기에 위급상황"[30]이 있다는 사실을 인식하지 못하기 때문이라고 주장한다. 엄밀한 의미에서 니체의 교양교육기관의 종말 논제는 일하는 교양교육기관으로의 개혁, 기형적인 교양인이 아니라 진정한 교양인의 양성기관으로서의 혁신에 대한 강한 요청의 표현이다.

5) 미래의 교양교육을 위한 니체의 제안

미래의 교양교육에 대한 숙고를 촉구했던 니체는 자기형성으로서 교양교육의 근원적 목표 재설정, 교양교육기관의 정신적 기초로서 자유정신, 교양교육기관 축소 및 과잉인력의 재조정, 교양교육과정의 재편성을 제시한다.[31] 그는 먼저 교양교육의 근원적 목표가 애초에 잘못 설

---

28 같은 책, p. 392.

29 같은 책, p. 366.

30 같은 책, p. 726.

31 니마이어는 니체의 교육사상이 1890년대 1930년대에 발생한 독일 교육개혁운동과 개혁교육학에 지대한 영향을 미쳤다고 주장한다. Ch. Niemeyer, *Nietzsche, die Jugend und die Pädagogik. Eine Einführung.* Weinheim, 2002, p. 144 이하 참조: H. Röhrs: *Die Reformpädagogik, Ursprung und Verlauf in Europa.* Hannover, 1980, p. 43 참조. 인간의 정체성 위기문제에서 출발한 개혁교육학 운동은 교양시민의 양성을 위한 문화, 정신 혁명을 지향했다는 점에서 니체의 영향하에 있다. 전인적인 교양인간의 육성을 위한 교육개혁운동은 노작교육, 예술교육, 발도르프 학교, 몬테소리 교육, 전원기숙사 운동 등 다양한 방식으로 전개되었다.

정되었음을 지적한다. 그는 “모든 교양이 … 복종과 순종, 훈육, 굴종과 함께 시작”[32]되었음을 지적하며 화합, 질서, 조화가 여전히 통용되는 교양교육의 주요 목표라고 주장한다. 니체는 이러한 교양교육의 목표를 폐기하고 “자신이 삶에 대해 요구해야 하는 것이 무엇인지 알 수 있도록 스스로의 값어치를 정확하게 산정”[33]하는 능력의 신장을 교양교육의 새로운 목표로 삼을 것을 제안한다. 자기형성과 자기해방이 진정한 교양교육의 본질이기 때문이다.

> 너의 진정한 교육자와 형성자는 네 본질의 진정한 근본 의미와 기본 소재가 무엇인지, 교육할 수 없고 조형할 수 없는 것, 접근하기도 구속하기도 또 위축시키기도 힘든 것이 무엇인지 네게 말해줄 것이다. 너의 교육자는 너를 해방시키는 사람 그 이상도 이하도 아니다. 그것이 바로 모든 교양의 비밀이다.[34]

교양교육 기관운영과 관련해 니체는 자유정신을 모든 교양교육제도 운영의 정신적 기초로 삼을 것을 재안한다. 그는 먼저 “진정한 교양제도”[35]의 확립하기 위해 진지함, 과묵성, 강건함, 대담함과 같은 남성적 정신이 필요함을 강조하며 그와 같은 정신의 범례를 나폴레옹 침공 당시의 ‘대학생 학우회’에서 발견한다. 니체는 그들에서 조국의 자유를 위해 용맹하게 싸우는 정신, 야만이 아닌 문화화된 인간의 정신적 태도, 순수한 열정과 경건한 활동성의 정신을 보았다. 니체가 남성성으로 통칭하는 그들의 정신은 한마디로 ‘자기창조적인 자유정신’을 의미하며 이것이 새로운 교양교육제도의 정신적 모토가 되어야 한다고 요청한다. 다음으로 니체는 자연 속에서 자신을 재발견하도록 인도하는 교양교육을 제시한다.

---

32 F. Nietzsche, KSA 1, p. 750.

33 같은 책, p. 749.

34 같은 책, p. 341.

35 같은 책, p. 750.

젊은이들을 올바른 교양의 길로 인도하고자 한다면, 자연에 대한 그들의 순진하고 신뢰에 가득 찬, 어느 정도 개인적이고 직접적인 관계를 방해하지 않도록 조심해야 하네. 숲과 바위, 강물과 독수리, 가지가지 꽃들, 나비, 들판과 산비탈이 나름의 목소리를 그들에게 말을 건네지.[36]

니체는 자연과 가까이, 자연 속에서 젊은이를 성장시키는 교양교육을 할 때 "생존경쟁을 위해 키워진 젊은이들이 상상조차 할 수 없는 평온, 일치, 통합과 조화"[37]를 얻게 된다고 강조한다. 위와 같은 니체적 관점은 기초교육 중심의 교양교육과정과 시민교육, 리더십 교육이 주를 이루는 비정규 교양교육과정에 대해 비판적일 수밖에 없다. 정규 교양교육과정이나 비정규 교양교육과정에서 자연과 함께하는 교육 프로그램을 설계하고 운영하는 것은 과잉경쟁 체제와 속물 교양에 항시적으로 노출된 젊은이들에게 정신적 균형을 갖게 하는 데 일조할 것이다. 이것은 니체가 말하듯 자연에 대한 다양한 지식교육을 지양하고 유년기의 명상적 본능의 촉진을 통한 자기발견의 방향을 지향하게 하는 것을 의미한다.

미래의 교양교육을 위한 니체의 제안 중에 주목해야 할 것이 교양교육과정 개편안이다. 그는 철학교육, 예술교육, 고대 그리스와 로마의 정신에 대한 교육이 교양교육과정의 전부이자 마지막이 되어야 함을 제안한다.[38] 그에 따르면 교양의 성공여부는 세 영역의 교양교육의 성취에 달려있다. 철학교육은 이성과 자립성을 갖게 한다는 점에서 반드시 요구된다. 그러나 오늘날 교양교육에서 철학교육의 실태는 어떠한가? 현재 한국대학에서 공통교양으로 〈철학개론〉, 〈철학입문〉에 해당되는 과목을 개설한 학교는 찾아보기 힘들다. 철학과가 있는 대학이나 없는 대학에서도 사정은 마찬가지다.

---

36 같은 책, p. 715.

37 같은 책, p. 716.

38 같은 책, p. 741 참조.

배재대와 같은 대학에서 〈논리학 개론〉을 공통교양 과정으로 운영하고 있다. 〈글쓰기〉 혹은 〈사고와 표현〉, 〈독서와 토론〉 등 소위 의사소통교육의 확대와 더불어 동국대, 부산대 등 일부 대학에서 〈고전읽기〉 혹은 〈명저읽기〉 교육이 확대되면서 철학 관련 과목이 공통교양에서 배제되었으며 선택교양으로 밀려났다. 교양교육의 확대라는 대학교육의 패러다임 전환과정에서 철학 교과목은 오히려 축소되었다는 것이 일반적인 분석이다. 니체적 의미의 실존투쟁을 위한 주체적 사고교육으로서 철학교육은 교육과정 편성에서 학과이기주의와 본부의 교양교육에 대한 이해도와 비판적 사유교육에서 철학의 역할에 대한 이해도에 따라 결정되는 형국이다. 교양교육의 정상화라는 측면에서 니체는 교양교육에서 예술적 사유의 훈련과 예술교육을 제안한다. 그의 시각에서 예술교육이 중요한 이유는 자기몰락의 두려움을 느끼는 속물 교양을 진정한 교양으로 대체하기 위해 진정한 예술과의 교류가 필요하기 때문이다. 교양인의 양성을 위한 예술교육은 단순히 전통적인 의미의 예술교육을 의미하지 않는다. 지식중심의 예술교육이나 체험중심의 예술교육과 관련이 없다. 그가 말하는 예술교육은 아폴론적인 것과 디오니소스적인 것의 결합으로서의 예술교육이다.

니체에게 예술은 "삶의 광학"[39]이자 "인간이 가진 본래적 형이상학적 활동"[40]으로서 "실존의 일상적 제한과 한계를 파괴"[41]하며 생성과 삶의 에너지를 진작시키는 힘으로서의 '창조적 생명력'을 의미한다. 교양으로서의 예술교육은 바로 그러한 생동하는 힘을 자극시키는 것이 과제다. 다시 말해 예술교육의 목적은 자기 삶의 창조자 되기, 삶의 예술가 되기이어야 한다. 한국대학의 현실은 어떠한가? 교양교육에서 예술교육의 중요성을 인식하는 교양교육 관련자들은 많이 있다. 그럼에도 불구하고 대학의 역량설정이나 교양교육 역량설정 시 예술역량을 핵심역

39 F. Nietzsche, Die Geburt der Tragoedie, in: KSA 1, p. 14.

40 같은 책, p. 17.

41 같은 책, p. 56.

량으로 삼는 대학은 찾아보기 힘들다.

국내의 종합대학 중 이화여대가 '문화예술역량'을 대학교육의 핵심 역량으로 설정하고 있는 실정이다.[42] 교양교육에서 예술교육과정은 〈예술과 사상〉, 〈미학개론〉, 〈현대미술의 이해〉, 〈고전음악의 이해〉와 같은 예술기초 교과목 몇 개와 취미생활용 실기과목을 운영하는 것이 전형적인 사례다. 융복합교육이 강조되면서 〈예술과 과학〉, 〈예술 속의 수학〉 등의 강좌를 운영하는 대학도 늘어나는 추세이지만, 단독강좌로 이루어진다는 면에서 볼 때 유사융복합 강좌의 성격이 짙다고 봐야 한다.[43] 다른 한편으로는 창의성 교육, 인성교육 차원에서 예술교육의 중요성이 추상적 차원에서 제기되고 있으나 목적지향적인 교양교육과정 편성으로 나타나는 경우는 매우 드물다. 실존을 위한 창조적 생명력의 활성화를 목표로 주체적인 자기실현의 매개수단을 확보하는 차원에서 교양예술교과와 콘텐츠 구성이 필요하다. 논자의 관점에서 볼 때 니체의 제안 이전에 전체 교양강좌수 대비 예술교과목 비율의 상향조정이 시급하며 그 조건에서 니체적 시각의 교육내용상의 반영이 요구된다.

니체의 교양교육 개편안에서 중요한 축은 고전교육의 제안이다. 그는 철학과 예술에 무지한 자는 교양의 이상적인 고향인 그리스와 로마의 정신에 대한 관심과 인식을 가질 수 없다고 말하면서 고전교육에 힘쓸 것을 강조한다. 교양교육과정에서 철학교육의 퇴조와 함께 나타나는 현상 중에 하나는 고전교육의 강화다.[44] 국내에서 대략 10여 개가 넘는 대학이 고전교육을 다양한 방식으로 공통교양으로 개설운영하고 있

42 http://hokma.ewha.ac.kr/

43 사례로는 서울대 〈테크놀러지와 예술: 전시예술공학〉, 〈예술과 과학〉, 경희대 〈예술과 테크롤리지〉, 〈과학과 예술의 만남〉, 대전대 〈예술과 과학〉, 한남대 〈예술과 수학〉, 가톨릭대 〈그림 속의 과학과 인간〉, 부산대 〈화학과 예술〉 강좌를 들 수 있다.

44 엄인주, 유재봉은 니체가 당대의 문헌학적 고전교육을 비판하면서 고전교육에서 고전언어 학습의 중요성을 왜 강조했는지를 재구성하면서 한국의 고전교육 실태를 비판한다. 엄인주·유재봉, 「교육과정으로서 고전교육의 재음미: 니체의 「우리교육기관의 미래에 대하여」를 중심으로」, 『교육철학연구』 39집 4호, 2017, 93쪽.

으나 전국적 차원의 고전교육의 확대로 보기에는 미흡하다.[45] 서구의 리버럴아츠칼리지의 교육과정이 고전교육으로 편성되어 있으나 국내대학 중 공식명칭으로 리버럴아츠칼리지를 표방하는 대학도 고전교육을 공통교양으로 개설하고 있지 않다.[46] 고전교육이 제대로 이루어지기 위해서는 선택교양이 아닌 공통교양으로 개설되어야 하며 독서교육, 의사소통교육, 인성교육의 일환이나 수단이 아닌 성숙과 자기형성을 위한 고전교육의 순수목적에 충실해야 한다. 니체는 철학교육, 예술교육, 고전교육의 강화를 통해 속물 교양이 아닌 진정한 교양인의 양성을 문화의 목적이자 진보로 보았으며 이와 같은 교육의 강화야말로 '저널리즘으로 타락한 교양', '가볍고 우아한 교양', '힐링하는 교양'을 극복하는 니체적 대안이다.

미래의 교양교육을 위한 니체의 대안 중에서 교육행정가로서의 면모를 보여주는 측면이 교양교육기관의 축소와 교양교육 담당자 재조정에 관한 제안이다. 그는 교양교육기관의 대대적 축소를 제안한다. 이 제안은 문화의 목적이 위대한 것과 천재의 양성이라는 점, 진정한 교양은 괴테, 빙켈만, 부르크하르트, 쇼펜하우어 등 소수자만이 가질 수 있다는 점, 대중을 대상으로 한 속물 교양이 아닌 귀족적 교양교육을 지향해야 한다는 점을 고려한다면 자연스러운 주장이다. 대학생의 급격한 증가와 교양교육 종사자 수의 증가를 목도했던 니체의 눈에 소위 대학교육과 교양교육의 질 저하가 문제였던 것이다. 니체는 교양교육 종사자의

45 이하준, 앞의 글, 2018, 274쪽 이하 참조.

46 한국대학 중 리버럴아츠칼리지의 명칭을 공식적으로 사용하고 있는 대학은 대전대(혜화-리버럴아츠칼리지)와 가천대(가천 리버럴아츠칼리지)다. 이들 대학은 한국형 리버럴아츠칼리지를 지향한다. 한국형 리버럴아츠칼리지의 교육과정을 보면 서구의 리버럴아츠칼리지의 기본축인 고전교육과 예술교육, 철학강좌가 공통교양에 편성되어 있지 않다. 또한 리버럴아츠칼리지를 표방하지 않는 타 대학의 사례와 마찬가지로 글쓰기, 영어 및 제2외국어, 컴퓨팅사고, 진로나 비전탐색과 같은 교과목이 공통과목으로 개설되어 있다. 교육과정에 근거해볼 때 한국형 리버럴아츠칼리지의 성격이 무엇인지 명확치 않다. 다만 전체 교양이수학점이 타 대학에 비해 높다는 점, 기숙형교육을 지향(대전대)하며 인성교육을 공통교양에 편성하고 있다. http://glac.gachon.ac.kr/info/complete, http://www.dju.ac.kr/kor/html/sub.htm?page_code=01030100

과잉문제를 구체적으로 어떻게 해결할 것인가에 대한 대답은 제시하지 않고 있다. 단지 '교양 있는 소수에 의한 교양교육', '생계형 교양교육자의 배제'를 요구한다. 니체는 과잉교원의 일시적 정리가 그가 말하는 교양의 이념에 부합하는 교육행정적 조치인지 아닌지의 문제에 관해서는 침묵한다.

6) 니체 교양교육 비판의 유효성과 한계

니체의 교양비판, 교양교육 비판은 교양에 대한 그릇된 인식과 속물 교양의 현실비판, 한국대학의 교양교육의 현실과 정책을 비판하는 데 현재적 유효성과 동시에 시대적 한계를 노정한다. 여기서는 이 점을 검토한다.

(1) 교양교육 목적의 재설정을 위한 인식의 전환

니체는 교양에 대한 무지의 유형으로 ① 예절이나 에티켓을 교양으로 이해하는 경우, ② 전공교육을 위한 기초교육으로 이해하는 경우, ③ 성공을 위한 진로 및 취업지도 교육과정으로 이해하는 경우를 열거했다. ①, ②의 경우 교양교육 전문가가 아니면서 개별 학교의 교양교육 정책에 관여하는 사람들에게서 종종 발견된다. 이러한 인사들에게 니체는 자기 자신과 자신의 교양을 하나의 척도로 내세워서는 안 되며 자신의 교양을 사소하게 생각하고 경멸할 정도로 충분한 교양을 갖출 것을 요청한다. ②와 같은 인식을 가지고 있는 사람들은 언어교육과 컴퓨팅 사고 등과 같은 도구과목의 시수를 높이려는 시도를 계속하며 동시에 전공기초교과목을 교양교육과정에 편성하는 우를 범한다.

교양교육을 전문으로 담당하는 교육기관이 있으나 교양교육이 제대로 이루어지지 않는 대학의 경우에 위와 같은 사례를 쉽게 찾아볼 수 있다. 성균관대 학부대학은 교육과정을 "인간과 세계에 대한 이해를 깊이 하며 지식정보사회에서 필요한 문제해결능력을 배양하는 교양교육과정과 전공학업의 기초가 되는 기초교육과정으로 구성"[47]했다고 천명한다. 전공학업의 기초교육과정을 교양교육기관에서 가르쳐야 할 타당한 근거를 제시하지 않는 이상 교양교육의 이념에 부합한다고 보기 어려운 교육설계다. 서울대부터 제주대까지 기초교육이라는 이름으로 언어, 물리나 수학교육이 이루어진다는 점에서 실제로 한국대학의 교양교육은 기초교육 중심으로 편성되어 있다. 고전교육, 윤리교육이 공통교양에서 아예 배제되어 있는 대학이 상당수이며 하위요소로 설계되어 있는 대학이 전국대학의 1/3도 안 된다. 이러한 현상은 니체가 비판하는 전공주의에로의 교양교육의 함몰을 보여주는 것이라 평가할 수 있다.

③의 경우 진로 및 취업중심교육과 교양교육은 무관한데 사회적 욕구, 수요자 요구라는 명목으로 수단과 목적의 전도가 교양교육현장에서 벌어지고 있다. 대중교육기관으로서 대학의 위상의 변화, 사회와 시장의 요구를 반영한 학사개편을 내세우는 대학 당국, 취업에 유용한 과목을 집중 수강하는 학생들의 수강태도를 감안하더라도 취업최강대학을 표방하고 목표로 삼는 일반대학의 기술대학화 양상은 교양교육을 말살시킨다. 더 놀라운 것은 '특화교양'이라는 이름으로 취창업교과목의 공통교양화를 정당화시키는 학사행정이다. 서울대 기초교육원이 천명하듯이 "기초교양교육이 보다 깊이 있는 내용으로 활성화될수록 전공영역의 교육, 직업준비교육, 창의적인 지식의 창출, 졸업 후의 사회적 삶에도 영향을 줄 수 있는 깊이와 의미가 더할 수 있을 것"[48]이다.

이 점에서 교양교육과 취업진로교육은 엄격하게 분리되어야 한다. 비교과 교과목으로, 인증제로 운영해도 무방한 교육과정을 필수 교양교과목화할 필연성은 확인되지 않는다. 교양교육과정에서 진로 및 취업교과목의 이수와 취업의 상관관계가 얼마나 있는지에 관한 경험적 근거도 부족하다. 진로 및 취업교육과정을 교양교육과정에서 배제한 해외대학

47 http://hakbu.skku.edu/hakbu/menu_1/sub_01_02.jsp

48 http://liberaledu.snu.ac.kr/index.php?hCode=INTRO_01_02&menuTitle2=비전과 목표

의 경우들을 볼 때 취업과 교양교육에서 관련 과목 이수의 상관성은 크지 않다. 또한 성공을 위한 교양지식의 습득을 비판하는 니체의 관점만이 아니라 고유의 교양교육 개념에서 볼 때 〈모의 주식투자〉나 〈기업가정신과 벤처창업〉 등과 같은 강좌들은 교양강좌에서 배제되어야 한다. 문제는 흥미제일주의 교육과정의 편성원칙, 수요자 중심 교양교육, 취업역량 강화, 성행하는 교육 트렌드라는 미명하에 위와 유사한 교양선택 과목들이 대부분의 대학에서 개설된다는 점이다. ①, ②, ③에 대한 니체의 비판은 오늘날 한국대학의 교양교육 비판에도 여전히 유효하며 교양교육 개혁의 방향을 제시한다.

(2) 교양교육의 목적

앞서 살펴본 바와 같이 니체는 교양교육의 목적을 질서에 순종하는 영혼이 아니라 자기형성과 자기해방을 지향하는 주체적 인간의 양성임을 강조했다. 한국외대는 "올바른 인성과 창의적 지성을 갖춘 세계시민 육성"[49]을 교양교육의 목적으로 설정했다. 이화여대는 "HOKMA 다양한 역량을 갖춘 조화롭고 지혜로운 인간"[50]을 교양교육의 비전으로 제시하고 있다. 두 대학만이 아니라 많은 대학들이 교양교육의 궁극적 목적을 제시하기보다 3~6개 정도의 인재상을 제시하거나 성균관대의 경우처럼 구체적인 교육목표를 제시한다.[51] 구체적인 교육목표의 내용은 대학들이 선정한 핵심역량을 재서술한 경우다.

이와 달리 경희대와 동국대의 경우는 서술상의 차이일 뿐 니체가 서술한 교양교육의 목적과 상당한 유사성을 나타낸다. 경희대 후마니타스 칼리지는 "학부생의 성숙을 돕는 일이 교양교육의 기본목표라면, 교양교육의 최종목표는 한 인간이 삶의 불확실성 앞에서도 의미 있고 행

---

49 http://minerva-college.hufs.ac.kr/

50 http://hokma.ewha.ac.kr/

51 http://hakbu.skku.edu/hakbu/menu_1/sub_01_02.jsp

복한 방식으로 자신의 한 생애를 이끌어나갈 수 있게 할 내적 견고성의 바탕을 길러주는 데 있다. 삶이 안길 수 있는 온갖 어려움과 영욕의 순간에도 한 인간의 삶을 지탱해주고 의미와 가치를 공급해주는 것이 내적 견고성이라는 바탕이다. 이 바탕이 "교양(culture)"[52]임을 선언한다. 동국대 교양교육의 목적은 "인류의 지적, 예술적 유산에 대한 광범위하고 균형 잡힌 이해를 바탕으로 학생이 속한 자연 및 문화의 세계를 깨닫게 하고 아울러 학생 각자가 자신을 반성하고 자주적으로 사고하는 능력을 함양하여 자유롭고 관용적이며 창의적인 인간으로 성장하도록 돕는다"[53]이다. 타 대학과 달리 두 대학은 시대변화에 따른 대학의 위상과 역할요구에도 불구하고 교양교육의 궁극의 목적이 무엇인지를 새롭게 재확인하고 교양교육의 책무를 다하는 것으로 보인다.

오늘날 대학을 둘러싼 동일한 환경적 제약에 대한 대응방식은 크게 본질로의 귀환이냐, 역량중심 교양교육의 강화냐로 나타난다. 자세히 살펴보면 전통적 교양 개념에 충실한 교양교육을 추구하는 대학이 역량중심의 교육과정을 간과하는 것도 아니다. 문제는 교양교육의 본질을 보는 근본적인 철학에 달려 있다. 창의적 문제해결, 융복합 능력, 비판적 판단능력과 리더십 등 천편일률적인 역량설계 뒤에 교양의 본질인 고전교육, 철학교육, 예술교육이 공통교양에 빠져있는 대학을 찾기란 시간을 필요로 하지 않을 정도다. 교양교육에 충실한 교양교육의 목적은 역량교육의 입체화, 체계화 이전에 역량교육의 최종적 목표를 재확인하는 것이다. 이것은 기능인으로 축소되는, 사회적 적응능력으로 수렴되는 협의의 역량교육의 위험에 빠지지 않기 위해 필요하다.

(3) 교양교육기관의 종말 테제와 한국대학 내 교양교육기관의 위상

니체의 교양교육기관의 종말테제는 기형적 교양교육, 교양교육의

52 http://hc.khu.ac.kr/v2/01/02.php

53 https://dharma.dongguk.edu/?page_id=18242

왜곡화 역할을 의미한다. 한국대학에서 교양교육에 대한 새로운 인식이 확산되는 데 결정적인 기여를 한 것이 ACE 국책사업이라는 데 이의를 제기하기 어렵다. 이 국책사업에 독립적인 교양교육기관의 설립여부를 평가항목으로 설정하면서 전국의 대학에서 교양대학, 기초교육원 등 다양한 이름의 교양교육 전담기관이 설립되었다. 교육민주주의가 실현된 현대사회에서 그의 엘리트주의에 입각한 천재들을 위한 교양교육은 더 이상 유효한 테제가 아니다. 교양교육 비판의 입장에서 수행된 교양교육기관의 대폭 축소라는 니체의 대안도 한국의 대학교육 현실에 적용되기 어려운 주장이다. 이 점을 전제하면, 쟁점은 니체가 말했던 '일하지 않는 교양교육기관'을 '일하는 교양교육기관'으로 전환시키는 것이다.

논자가 볼 때 '일하는 교양교육기관으로서 전환'을 모색하기 위해 오늘날 한국의 교양교육기관이 해야 할 일은 니체가 언급하지 않은 인적·행정적 독립성의 성취다. 한국대학 교양의 정상화를 논하는 수많은 비판가와 관련 종사자가 언급하듯이 교양대학 혹은 기초교육원이 형식적으로는 독립되어 운영되고 있다. 하지만 내용적 독립성, 완전한 독립성을 확보하는 데는 아직 갈 길이 멀다. 대부분의 교양대학들의 인적 구성이 학장+비정년 트랙교수, 학장+정년일부+비정년 트랙교수, 학장+비정년 트랙교수+초빙교수의 형태를 띠다 보니 조직의 책임자인 학장이 교양교육기관 소속 정년교수가 아니라 대학 내 정년교수인 경우가 부지기수다. 이런 현상은 '교양교육이 무엇인지 이해할 때쯤 보직이 끝나는 악순환'을 피하기 힘들다. 이와 같은 경우 학장의 이해부족으로 인한 기관독립성 선언에 이르는 데 많은 시간을 요하게 된다.

리버럴아츠칼리지를 표방하는 대학이나 전통교양교육의 강화를 표방하는 대학에서도 외부 자원이 학장을 하는 경우가 있다. 위와 같은 인적 구성에서 교육과정 편성 역시 파행적으로 이루어지는 경우를 배제할 수 없다. 여기서 파행적이란 교양교육과정 편성 시 교양대학 소속교원의 참여가 배제되거나 극소수만 제한적으로 참여해 '의사전달' 역할에 제한되는 경우를 말한다. 행정적 독립성을 완전히 확립한 대학들이 늘어나는 추세임은 분명하나 인적 독립성(정년트랙)과 행정적 독립성이 분리될 수 없다는 점을 간과해서는 안 된다. 교양교육기관의 종말을 막기 위한 선행조건은 인적·행정적 독립성이 우선되어야 하며 교양교육과정의 파행성 문제는 그다음의 문제다. 이 점에서 니체의 교양교육기관의 종말 테제는 시스템에 대한 사유의 부족을 드러낸다.

니체가 언급하고 있는 교양교육기관의 종말로 인한 기형적 교양인의 양산문제와 관련해 그의 분석의 일면성을 지적할 수 있다. 그는 기형적 교양인의 발생적 원인과 조건에 대한 사회문화적 원인을 간과했다. 기형적 교양인은 교양교육기관의 실패한 교육의 산물로만 치부될 수 없다. 사회 전체의 평균적인 교양문화 수준, 교양인간에 대한 사회적 수용성의 정도, 교양교육 교과과정의 우수성 및 교양교육 담당자와 피교육자의 환경과 캐릭터 등 다양한 변수들을 고려해야 한다. 니체가 간과한 점들을 종합적으로 파악하고 대응할 때 기형적 교양인의 양산을 제어할 수 있으며 교양교육기관도 그것을 막기 위한 교육적 전략을 더 면밀하게 구성해낼 수 있다.

(4) 교양교육자의 문제

니체의 교양비판에서 간과하지 말아야 할 지적은 바로 '교양교육을 담당하는 교육자' 문제다. 그는 독일 고등교육제도의 근본목적이 "교육과 교양 형성 자체"임을 제시하면서 그와 같은 "교육자들의 결함"[54]을 문제 삼는다. 이 지적이 매우 중요한 것은 가치형성교육으로서 교양교육 개념이 없는 '교양교육 기술자'들이 넘쳐나기 때문이다. 어학, 글쓰기, 컴퓨팅 사고 등 기초교육 담당 교수자만이 아니라 비판적 사고교육을 담당하는 교수자들 중에서 상당수가 교양교육의 궁극적 목적을 망각한 채 교수학습 기법의 터득과 강의평가 고득점 노하우를 익히는 데 자신의 교육적 열정을 낭비한다.

---

54 F. Nietzsche, Goetzen-Daemmerung, in: Kritische Studienausgabe in 15 Einzelbaenden, Bd. 6, G. Colli u. M. Montinari, Berlin/New York 1988, p. 107.

'우수 강의교원 보상시스템'과 '강의배정 우선권'이 이를 더욱 부추긴다. 이들의 교양교육 관련 연구도 이론연구가 아닌 사례연구에 집중되어 있다.[55] 지식전달의 효과성과 정보학습의 수용성에 초점을 맞춘 교양교육기술은 정신과 가치의 자기형성의 통로를 차단하고 '학원 수준, 학원 수준보다 못한 지식교육'으로 전락할 위험에 항시적으로 노출되어 있다. 주지하다시피 영혼 없는 교양기술의 생산과 재생산은 단순히 기술보유자만의 문제가 아니다. 교양기술자를 만들어내는 교양교육 시스템과 교양교육 환경의 혁신이 교양기술에서 교양교육의 철학으로 이행하는 시발점이 될 것이다.

진정한 교양교육자의 결여를 해결하기 위한 니체의 처방은 내실적이다. 그는 "생계를 위해 교양 선생으로 나서겠다"[56]는 생각을 하지 말 것과 "고대의 고귀한 전범들에 비추어 스스로를 교양 있게 변화시키는"[57] 교양교육자의 노력을 촉구한다. '교양을 가진 자에 의한 교양교육'이라는 니체의 주장은 백번 옳다. 하지만 이미 하나의 직업군으로 자리 잡은 교양교육 담당 교강사에게 생계형 교양 선생을 그만두라는 주장은 현실적인 대안이 아니다. 오히려 쟁점은 그들을 '어떻게 교양 있는 교양교육자가 되게 하느냐'다. CTL 교수법 참여의무화, 강의평가 후 재임용과 보상, 강좌개설 기회 부여 등이 교양교육자의 교양화를 촉진시키지 못한다.

교양교육 내실화를 위해 어느 대학이나 운영되는 위와 같은 제도들은 니체가 말하는 교양교육 기술자, 교수법에 의한 기형적인 교양교육으로 빠질 위험성을 더 가지고 있으며 교양교육에서 교육공학주의의 승리를 앞당길 뿐이다. 자유정신, 자기형성, 자기교육, 자기해방이라는 교양교육의 본질과 정신의 퇴행을 막기 위해서는 교양의 개념, 교양교육의 역사와 변천, 오늘날 세계 교양교육의 흐름과 가르치는 대학의 교양

---

55 이하준, 앞의 글, 2018, 276쪽.

56 F. Nietzsche, KSA 1, p. 29 이하 참조.

57 같은 책, 같은 면.

교육의 개선과 발전방안 등에 대해 정례적인 집중세미나와 윤독회가 더 요구된다. 개별 대학의 교양교육연구소에서 이 일을 지속적으로 해야 한다. 교양담당 교강사 워크숍에서도 '어떻게 가르칠 것인가'에 대한 숙고보다 '무엇을, 왜'에 대한 숙고를 하는 시도가 교양교육자의 교양화에 기여할 것이다.

(5) 천재를 위한 교양교육의 한계

니체의 천재를 위한 교양교육론은 유효한가? 그는 위대한 것, 아름다운 것, 정신적 독립, 자유정신, 자기 창조[58]는 소수의 것이기 때문에 진정한 교양인을 양성하는 교양교육은 "인재의 현명한 선발에 근거한 귀족적인 교양"[59]을 목표로 해야 한다고 주장한다. 위와 같은 니체의 시각에서 오늘날 대학의 교양교육은 "교양 순례자(Bildungskarawane)"[60]의 양산에 그치고 만다. 진정한 교양교육은 위대하고 영원한 일에 적합한[61] 천재교육에 있다. 교육민주주의와 "일반적이며 공동의 것이 되어버린 교양 민주주의"[62]가 현실화된 오늘날 니체의 교양천재 개념, 교양천재 교육론은 더 이상 유효하지 않은 테제다. 니체의 천재 개념, 교양천재 개념을 수월성 교육이라는 측면에서 파악하면 유연한 해석이 가능하다.

서구의 리버럴아츠칼리지나 연구중심대학에서 열린 형태의 대중

---

58 F. Nietzsche, Jenseits von Gut und Boese, in: Kritische Studienausgabe in 15 Einzelbaenden, 〔KSA〕 Bd.5 G. Colliu. M. Montinari, Berlin/New York 1988, p. 47.

59 F. Nietzsche, KSA 1, p. 712.

60 같은 책, p. 713.

61 니체가 천재를 위한 교육, 교양교육을 강조하는 이유는 현실적인 근거가 있다. 니체가 교양교육기관에 대한 연설을 하던 그 바로 직전 시기인 1830~1860년대 독일대학의 대학생 수가 급격하게 증가했다(디터 랑에비세, 「독일 제2제정기의 대학과 근대화」, 『독일연구』 제2집, 2001, 28쪽 참조). 이것은 니체가 소수를 위한 엘리트교육으로서 대학교육이 대중교육으로 전환되는 것을 목격했으며 이를 교육의 하향평준화로 평가했음을 의미한다.

62 Nietzsche, Goetzen-Daemmerung, in: *Kritische Studienausgabe in 15 Einzelbaenden,* Bd. 6G. Colli u. M. Montinari, Berlin/New York 1988, p. 107.

화된 교양천재 교육이 이루어진다고 볼 수 있다. 한국의 연구중심대학이나 교육+연구병행 대학에서는 니체의 교양천재교육론을 낮은 차원에서 변형해 교육할 수 있다.[63] 가령 교양대학에서 고급교양 전문과정의 운영을 생각할 수 있다. 교육 수용성의 관점, 수월성의 관점에서도 동일한 강좌를 저급, 중급, 고급, 원서반으로 편성할 수 있다. 기타 교양과목으로 개설되는 예술과목이나 철학교과도 수준별 교육이 필요하다. 이는 비단 니체적 관점의 교육적 적용을 떠나 교양순례자가 아닌 교양인이 되고자 하는 소수 학습자의 교육 요구를 반영하는 방법이 될 수 있다.[64]

지금까지 살펴본 니체의 교양과 교양교육에 대한 논의는 추상적이라거나 이상적이라고 쉽게 비판받을 수 있다. 개별 대학에서 교양교육 역량설계 및 교육과정 개발자들이나 국가사업수주를 목적으로 하는 사업단에서 교양교육 전반을 설계하는 사람들에게 받을 수 있는 비판이다. 그러나 니체의 주장과 제안이 그들이 비판하는 것만큼 혁신적이거나 이상적인 교양교육 개념이 아니다. 니체의 교양 개념, 교양교육 담론은 자유교육의 이념, 전통적 교양 개념을 상당부분 수용하고 있으며 서구의 리버럴아츠칼리지의 교육과정에 상당부분 반영되어 있기 때문이다. 니체는 '추상적', '이상적', '원론적'이라는 비판에 부딪힐 것을 예측

63 한국교양기초교육원이 제시한 「대학 교양기초교육의 표준 모델」은 교양교육을 자유교육+일반교육의 결합물로 규정하고 졸업학점에 35%를 취득할 것을 권고한다. 이 중 기초교육은 전체 졸업학점에 15% 내외를 권장한다. 동시에 기초교육이 아닌 자유교육 이념에 충실한 교양교육에 대한 주장이 미국에서 제기되고 있음을 간단히 언급한다(http://konige.kr/sub02_08.php). 기존과 다른 종류의 상상력과 창의성이 요구되는 4차 산업혁명 시대에 교양교육은 자유교육의 이념에 기초해 재설계되어야 한다. 일반교육으로서 기초교육 중심 교양교육은 산업시대의 산물이다.

64 교육학자인 강선보와 김영래는 니체 자유정신의 교육적 의미를 탐구하면서 니체식 자유정신이 극단적 자기중심주의와 영웅적 엘리트주의에 빠질 것이며 따라서 인성교육과 역량교육적 의미에서 자유정신을 재구성되어야 한다는 간단한 제안을 하고 있다. 이런 비판은 자유정신을 말살하는 문화, 교양, 교육에 대한 니체적 비판과 해방으로서의 자기형성교육에 대한 표피적인 비판이다. 엘리트주의임은 맞으나 심층적 의미에서 영웅적 엘리트란 자유정신의 실현자이며 요청적 성격이다. 이 점에서 인간의 왜소화에 대한 근본비판이 그것의 자기극복의 요구라는 양대종의 주장은 옳다. 강선보·김영래, 「니체자유정신의 교육적 의미」, 『한국교육학연구』 19권 3호, 2012, 44쪽 참조; 양대종, 「교육적 욕망의 진위에 대하여」, 『철학연구』 44집, 2011, 134쪽 참조.

하고 "메마른 규칙과 아기자기한 도표의 골짜기에 이르는 길을 전부 샅샅이 측량"[65]하는 교육공학적 시선과 교양교육의 특성화, 평가와 환류의 선순환 시스템 구축, 교육의 질 관리와 같은 교육사업단 마인드를 버리고 교양교육의 본질에 충실할 것을 주문한다.

"어느 누구도 우리 교양의 미래와 그와 관련된 우리 교육수단 및 방법에 관한 의견을 예언의 목소리로 말해서는 안 된다"[66]는 니체의 언급은 교양교육에 대한 구체성의 사유가 필요하다는 주장이 아니라 도표의 골짜기, 교육측정 및 평가에 기대는 교육공학적 예측에 근거한 미래의 교양교육 디자인을 경계하라는 의미로 해석되어야 한다. 예측과 예언이 아니라 현재와 미래의 교양교육에 대한 숙고는 교양과 교양교육의 본질에 입각해 수행되어야 함을 니체는 다시 한 번 확인시켜준다. 이 점에서 니체의 교양비판은 '교양과 교양교육의 권리주장'이며 현재 한국 대학의 교양교육에 대한 근본적인 비판이다.

---

65 F. Nietzsche, KSA 1, p. 761.

66 같은 책, p. 645.

3

절반의 교양교육을 넘어서 자기형성교육으로

1) 왜, 지금, 아도르노를 호명해야 하는가?

오늘날 국내대학의 교양교육은 어떠한가? 어떤 모습으로 존재하는가? 다양하지만 특색 없는 교육상품의 진열장들인가? 아니면 실용주의라는 지배적인 시대 정신을 좇는 교양교육의 모습을 하고 있는가? 그것도 아니면 ACE 등과 같은 국책 교양교육사업의 평가지표에 조정되거나 반대로 자유교육으로서 교양교육의 본래성을 회복하려고 시도하고 있는가? 논자의 관점에서 볼 때 교양교육의 내용적 측면 특히 교육과정과 관련해 한국대학 교양교육의 특징적 양상은 '가벼운 교양과 진지한 교양의 혼재', '융복합, 창의성, 인성 강좌 등과 같은 시대변화에 대응하는 중립적 실용주의와 고전교육 강좌와 같이 교양교육의 목적에 부합하는 교육과정의 혼재', '직업 및 도구과목의 확대', '주지주의 중심 교양교육과 체험중심 교양교육의 혼재', '진지한 교양예술교육의 전반적인 빈곤'으로 볼 수 있다.

논자는 이와 같은 한국대학의 교양교육의 현실을 비판적으로 검토하기 위해 아우슈비츠 극복을 위한 교육을 설계하고 가벼운 교양교육을 비판한 아도르노를 불러내고자 한다. 아도르노를 호명하는 근거는 아우슈비츠 극복을 위한 그의 교육적 사유가 일부 아도르노 연구자들이 이해하듯이 단순히 정치교육론으로 귀결되지 않는다는 점, 그의 교육개념은 포괄적인 의미에서의 교육만이 아니라 교양교육 개념과 크게 다르지 않다는 점, 반(反)교육으로서 절반의 교육 개념이 한국대학의 교양교육의 현실을 비판하는 데 여전히 유효하다는 점, 특히 목적이 망각된 교양교육, 가벼운 교양교육의 득세, 적응교육을 위한 교육 공학주의와 기술주의의 승리, 긍정적 교양교육의 지배를 비판함에 있어 그의 사유가 충분한 전거를 제공한다는 데 있다.

이러한 인식을 전제로 논자는 아도르노와 함께 부분적으로 그를 넘어서서 국내대학의 교양교육의 문제성을 쟁점화하고자 한다. 이를 위해 첫째, 아도르노 사유에서 교육적 사유의 역사적 단서와 중요성, 둘째, 탈야만 교육, 성숙을 위한 교육담론과 교양교육 목적과의 상관성, 셋째, 절반의 교육 논제를 포함해 그 밖의 아도르노의 교육적 입장표명에 기초해 국내대학 교양교육과정의 제 문제를 분석할 것이다. 마지막으로 아도르노 교육 논제의 한계와 교양교육과정에서 보완적용의 가능성을 탐색한다.

2) 인간교육의 특수한 형태로서 과거 극복의 교육학과 보편교육학적 사유

아도르노의 전체 철학을 관통하는 주도적인 질문은 “왜 인류는 진정한 인간적인 상태에 들어서기보다 새로운 종류의 야만상태에 빠졌는가”[1]다. 그의 사유는 새로운 야만상태의 상징인 아우슈비츠의 원역사를 밝히는 작업에서 시작해 ‘아직도, 여전히 존재하고 작동하는 야만을 어떻게 극복할 것인가’로 귀착된다. 아우슈비츠는 그에게 문명의 운행사고이거나 일회적 사건이 아니라 보편화된 사회적 억압논리의 일체를 지

1 Th. W. Adorno, Gesammelte Schriften, Bd. 3, *Dialektik der Aufklaerung,* hrsg von R. Tidemann, Frankfurt/M. 1997, 11.(이하 아도르노 전집은 GS로 표기함).

칭하는 수사이며 동시에 '살아 있는 야만'의 동의어다.[2] 이를 해명하기 위한 그의 이론적 전략은 자연지배 논리(계몽의 변증법), 사유 논리(부정의 변증법), 미적 논리(미학 이론)를 재구성하며 교육·문화·사회의 강압 논리(교육학·사회학적 저작)의 분석과 대안의 가능성을 모색·제시하는 것이었다.

따라서 아우슈비츠의 철학이라고 부를 수 있는 그의 철학에서 교육에 대한 사유는 주변부적 문제가 아닌 중요한 위상을 점유한다.[3] 교육에 관한 그의 사유는 "인간성의 객관적 종말"[4]인 아우슈비츠의 재발을 어떻게 막을 수 있는가의 문제에 집중되어 있다.[5] 이러한 그의 사유는 정치적·문화적 차원에서 전후 독일사회의 미진한 과거청산을 목도하면서 촉진되었다. 아도르노는 1954년 독일대학의 민주화를 요구했고 1959년에는 '계몽된 성인교육(Aufklaerenden Erwachenenbildung)'을 촉구했다.[6] 1956~1969년 사이 그는 '오늘의 교육'을 주제로 한 방송물에 여러 번 출연해 당대의 교육문제를 비판했다. 또한 그는 독일 사회학회의 교육사회학 분과위원장을 맡으면서 교육이슈를 다루기도 했다.

아도르노의 교육에 관한 사유는 '과거 극복의 교육학'이라는 특수

---

2 사회적인 측면에서 모든 인간의 자발성을 질식시키고 사이비 활동으로 견인하는 관리되는 세계, 기능연관체제로서 기능수행자로 인간을 소외시키는 세계도 아도르노에게는 야만사회다(GS10.2 p. 797 참조).

3 아도르노 철학 연구사에서 교육사상 연구는 비교적 주변부적 주제였다. 특히 그의 철학과 교육담론의 영향을 받은 비판교육학파와 그 전통과 비교할 때 더더욱 그렇다. 그런데 스토야노프는 아도르노 전체 철학에서 교육사상이 매우 핵심적인 자리를 차지하며 오늘날의 시각에서 그의 다른 어떤 철학보다 의미 있는 단서를 제공한다고 본다. 그는 아도르노 철학의 비관주의, 부정주의적 색채와 달리 아도르노의 교육철학이 긍정적, 구체적이며 올바른 교육적 행위와 교육기관의 개혁을 보여주고 있다고 주장한다. K. Stojanov, *Theodor w. Adorno–education as social critique, Theories of Bildung and Growth,* Rotterdam, 2012, p. 125 이하 참조.

4 GS4, p. 41.

5 GS10.2, p. 680.

6 아도르노는 「독일대학의 민주화에 대하여」에서 교육독점 현상을 비판하며 노동자 자녀에게 고등교육 기회제공, 교수법과 평가방식의 개혁, 교육정책과 정치에 대한 자유로운 입장표명만이 아니라 대학의 민주화와 사회의 민주화의 연동성, 대학의 민주화를 위한 교육으로서 비판적 자의식의 강화 등을 강조한다(GS20. 1, pp. 332-338).

성과 보편교육학적 면모를 동시에 보여준다. 1949년 독일의 건국과 함께 하나의 사회적 의제로 떠오른 것이 바로 과거청산과 극복의 문제였으며 그 문제의 중심부에 있던 인물이 호르크하이머와 아도르노다. 양자에게 과거 극복(Verganenheitsbewaeltigung)과 교육문제는 별개의 문제가 아니었다. 건국 해에 귀국한 아도르노는 과거에 대한 회한과 향수가 남아 있는 사회문화적 분위기, 정치적인 과거청산의 미진함, 권위적인 교육의 현실을 눈여겨보면서 교육문제를 주요한 사유의 대상으로 삼게 된다. 환독 전 그는 호르크하이머, 노이만, 키르히마이허, 마르쿠제가 수행한 전후 독일의 문화와 교육제도에 대한 비밀연구(1942~1949)를 인지하고 있었으며 전후 독일에서 본격화된 교육 영역의 과거 극복 운동으로서 정치교육 중심의 재교육(Reeducation) 프로그램에 대해 익히 알고 있었다. 또한 아도르노는 호르크하이머가 헤센주 정부에 제안한 긴급교육프로그램(Sofort-Erziehungsprogramm)의 주요내용, 즉 권위주의적인 대학 분위기, 교육제도의 후진성, 능력 있고 신뢰할 만한 교사에 의한 교육, 민주주의 교육으로서 정치교육의 필요성에 대한 인식을 공유했다.[7]

호르크하이머가 대학교육 개혁과 정치개혁을 위해 프랑크푸르트 대학의 총장과 민주주의 교육을 위한 미국 연수 프로그램을 추진하는 정치교육연구소를 책임지는 실천적 교육운동을 전개했다면, 아도르노는 교육이론적 측면에서 과거 극복을 논제화했다. 1958년에 발표한 글인 「과거 극복, 무엇을 의미하는가?」는 아도르노 사유의 '교육학적 전회(die paedagogische Wende)'로 평가받기도 한다. 알브레히트는 이 글을 지칭하며 "과거청산 주제를 선취한 최초의 사회학자"[8]가 아도르노라고 주

---

7 프라이가 지적하듯 과거 극복은 전범과 협력자의 처벌이라는 과거청산의 의미만이 아니라 새로운 법률의 제정과 사회, 문화, 교육제도의 개혁 등을 통한 새로운 사회의 건설이라는 의미를 지녔다. N. Frei, *Vergangenheitspolitik. Die Anfaenge der Bundesrepublik und der NS-Vergangenheit,* Muenchen, 1996, 참조; 호르크하이머의 정치교육론과 실천에 대한 논의는 이종하, 『호르크하이머의 비판이론』, 북코리아, 2011, 284쪽 이하 참조.

8 C. Albrecht,"Die Massenmedien und die Frankfurtrt Schule", in: *Die intellektuelle Gruendung der Bundesrepublik. Eine Wirkungsgeschichte der Frankfurter Schule,* Frankfurt/M. 2000, p. 235.

장한다. 아도르노로 하여금 과거 극복의 문제를 교육적 프리즘을 갖고 접근하는 데 큰 자극을 준 사건이 이른바 '하켄크로이츠 낙서사건'이다.

1959년 12월 25일 나치를 추종하는 독일제국당의 두 회원이 새로 문을 연 퀼른의 유대교회에서 낙서를 하고 나치 휘장을 휘두른 사건이 발생했다. 이 사건은 독일을 넘어 국제적인 반유대주의 흐름을 촉발시켰고 국제사회적 이슈로 떠올랐다. 사건이 발생한 이후 극복되지 않은 과거에 대한 사회적·교육적 차원의 반향이 일어났고 민주주의 교육으로서 정치교육의 중요성이 새롭게 부각되었다. 이 사선은 "다른 모든 것에 대한 히틀러적 세계의 분노, 편집증적 광기의 체제"[9]로서 나치즘의 지속생존(Nachleben des Nationalsozialismus)을 아도르노에게 확신시켰으며 그의 사유의 여정을 야만에 대한 역사철학적·문명사적 해명에서 교육적·사회적 해명과 대안의 모색으로 향하게 했다.

발생학적인 측면에서 보면 야만의 청산을 위한 교육은 정치교육을 의미했다. 기존의 정치교육과 다른 정치교육을 위해 아도르노는 교육자 교육만이 아니라 대학에서 사회학 교육의 강화, 사회학과 연동된 학제적 역사연구의 필요성 및 불충분한 재교육 프로그램의 과제를 수행해야 한다는 점을 강조한다.[10] 그는 "민주주의에 반하는 파시즘적 경향의 지속보다 민주주의에서 나치즘의 지속이 잠재적으로 더 위험"[11]하다고 보았기 때문이다. 여기서 주목해야 하는 것은 아도르노가 야만의 청산으로서 민주주의 체제에서 과거 극복을 위한 교육의 역할을 성숙한 인간의 양성에 둔다는 점이다.[12]

이것은 과거 극복을 위한 교육이 민주주의에 대한 교육 그 이상임을 함의한다. 성숙한 인간에 대한 요청은 그로 하여금 네오나치의 조직

---

9 GS10.2, p. 566.

10 같은 책, p. 569 참조.

11 같은 책, p. 556.

12 Adorno, "Erziehung- wozu?", in: *Erziehung zur Muendigkeit. Vortraege und Gespraeche mit Hellmut Becker 1959-1969*, Gerd Kadelbach(Hg), Frankfurt/M. 1970, p. 112 참조.

이나 그들에 의해 야기되는 객관적 야만의 형식보다 민주주의 체제에서 나치즘을 지속시키는 시민적 차원의 주관적 야만에 더 많은 주의를 기울이게 했으며,[13] 그러한 인식 관심은 탈야만화 교육, 성숙을 위한 교육, 절반의 교육론의 변주로 나타난다. 이때 교육은 그의 논의 문맥에서 교육의 궁극적 목적, 문화의 궁극적 목적, 교양(교육)의 궁극적 목적으로서 인간교육의 문제로 수렴된다.

역사적 측면을 강조하면 아도르노의 교육적 사유는 과거 극복의 특수교육학이라 할 수 있다. 하지만 '야만의 보편성'과 그것에 대한 교육적 대응이라는 측면을 고려하면 그의 교육적 사유는 처음부터 인간교육이라는 보편교육학적 탐구였다고 할 수 있으며 이것은 아르노적 맥락의 비판적 자기형성으로서의 교육(Bildung) 및 교양교육의 이념과 크게 다르지 않다.[14]

3) 탈야만화 · 성숙을 위한 교육과 교양교육의 이념

아도르노는 "아우슈비츠가 되풀이되지 않고 그와 유사한 일이 발생하지 않도록 사유하고 행위"[15]하게 하는 것이 교육의 궁극적 목적이자 정언명법임을 반복적으로 강조하며 "교육의 이상에 대한 어떤 논쟁도 아우슈비츠가 반복되지 않아야 한다는 것과 비교해 무의미하거나 중

13 알브레히트는 이러한 아도르노 식의 방식을 "개별화에 의한 도덕 심리학적 내향화"라고 칭한다. C. Albrecht, "Im Schatten des Nationalsozialismus: Die politische Paedagogik der Frankfurter Schule", in: *Die intellektuelle Gruendung der Bundesrepublik. Eine Wirkungsgeschichte der Frankfurter Schule*, Frankfurt/M. 2000, p. 447.

14 김누리는 아도르노의 교육담론이 과거청산의 교육학이라는 측면에서 정치교육론임을 강조한다. 그의 주장은 담론발생의 역사적 특수성과 동기 및 사건으로서의 아우슈비츠에 대한 해석의 과잉이라고 볼 수 있다. 김누리, 「아도르노의 교육담론」, 『독일언어문학』 78집, 2017, 285쪽 이하 참조.

15 GS6, p. 358.

요하지 않다"[16]고 선언한다. 새로운 교육의 정언명법을 실천하는 교육으로 아도르노는 탈야만 교육, 성숙을 위한 교육을 제시한다. 탈야만 교육이 살아남아 있는 야만의 극복이라는 시대문맥적 상황을 상대적으로 더 반영한 교육개념이라면, 성숙을 위한 교육은 보편적 인간교육의 측면이 상대적으로 강조된 개념이다. 그런데 아도르노의 두 교육개념의 이념과 방향은 전통적인 의미의 교양교육의 이념을 충실히 따르고 있다. 먼저 교육에 대한 아도르노의 정의에서 전통적 의미의 교양 개념, 교양교육 개념과 크게 다르지 않음을 찾아낼 수 있다.

> 교육일반에 대해 내가 생각할 수 있는 것은 교육이 흔히 말하듯 인간 만들기가 아니라는 것이다. 왜냐하면 외부로부터 인간을 만들 권리를 그 누구도 갖고 있지 않기 때문이다. 또한 교육은 단순히 지식전달이 아니라 … 올바른 의식을 형성하는 것이다.[17]

인용구에서 아도르노는 교육의 궁극적 목적이 '올바른 의식의 형성'임을 천명한다. 중요한 것은 누가 올바른 의식을 형성하는가다. '권리 없음'에 대한 그의 주장은 타자, 부모, 교사, 교육기관의 권리 없음에 대한 선언이 아니라 누가 주도하냐의 문제이다. 올바른 의식형성의 본질적 주체는 자기 자신이다. 지식의 전수가 교육의 목적이 아니라 올바른 의식의 형성이라는 아도르노의 교육개념은 보편적 가치를 지향하고 실천하는 전인적 인간양성을 교육의 목적으로 삼는 교양교육의 이념과 다르지 않다. 올바른 의식의 형성을 위해 아도르노는 "비판적 자기성찰을 위한 교육",[18] 곧 자기계몽, 스스로 자기를 형성하는 것(Selbstbildung)을 강조한다. 이러한 아도르노의 교육에 대한 기본 입장은 성찰적 자기인

16 GS10.2, p. 674.

17 Adorno, "Erziehung- wozu?", in: *Erziehung zur Mündigkeit. Vortrege und Gespraeche mit Hellmut Becker 1959-1969*, Gerd Kadelbach(Hg), Frankfurt/M. 1970, p. 112 참조.

18 GS10.2, p. 676.

식을 통한 자기실현이라는 인간교육, 교양교육의 이념과 맞닿아 있다.

탈야만화(Entbarbarisierung) 교육의 이념도 교양교육이 추구하는 교육의 이념을 공유한다. 탈야만화 교육은 '인간의 목적에 대한 명확한 성찰'을 요구하는 교육, 과거의 파시즘과 아직 살아 있는 파시즘에 의해서 지워진 자율적 주체성을 회복시키는 교육, 파시즘을 낳은 사회체제가 미성숙 상태로 머물게 하는 것으로부터 벗어나게 하는 교육, 억압의 현혹연관을 파악하도록 하는 교육, 적응의 필연성과 기존의 것 및 주어진 것과의 동일시를 성찰하는 교육이다.[19] 탈야만화 교육이 지향하는 바는 문화적 야만을 극복한 '인간다운 인간' 곧 "인간성의 실현(Verwirkung der Humanität)"[20]에 있다. 탈야만화 교육의 이념과 교양교육이 추구하는 교육적 이념과 동일하다는 것은 탈야만화를 위한 교육내용에서도 확인된다. 아도르노는 탈야만 교육의 핵심이 신체적·물리적 폭력을 포함한 모든 야만에 대한 혐오(Abscheu gegen Barbarei)와 '부끄러움(Scham)'을 알게 하는 것이라고 말한다. 혐오와 부끄러움을 아는 인간은 보편적 인간의 가치를 내면화한 도덕적 인간이며 인간다운 인간이다. 탈야만화를 위한 아도르노의 탈권위적 교육에의 요구는 열린 개방성에 기초한 비판적 정신, 자율적이며 자기성찰적 주체, 성숙한 인간을 지향한다는 교양교육의 이념적 방향과 궤를 같이한다.

〈성숙을 위한 교육〉에서 아도르노가 전통적 교양교육의 이념을 고수하고 있다는 점을 확인할 수 있다. 그가 밝히고 있듯이 성숙개념을 둘러싼 교육학적 논의나 사상사적 논의에서 중대한 당파적 입장의 차이를 발견할 수 없다.[21] 인간학적 측면에서나 교육적 측면에서 성숙(Mündigkeit)은 궁극적인 목적으로 간주되어 왔기 때문이다. 아도르노 역시 성숙이 교육의 궁극적 목적임을 분명히 하며 그 전거를 칸트에서 찾

---

19 같은 책, p. 567 참조.

20 GS20. 1, p. 391.

21 Adorno, "Erziehung zur Mündigkeit", in: *Erziehung zur Mündigkeit. Vortrege und Gespraeche mit Hellmut Becker 1959-1969*, Gerd Kadelbach(Hg), Frankfurt a. M. 1970, p. 143 참조.

는다. 그는 칸트의 성숙개념인 성숙=되어짐의 과정=이성 사용의 능력과 용기=자기계몽=자기형성=스스로 생각함과 자율적 행위=주체형성=인간화라는 도식을 수용한다.

양자의 차이는 사회적 성숙개념을 얼마나 강조하느냐의 차이, 미성숙에 대한 원인분석의 차이 이외에 발견되지 않는다. 교양교육을 포함한 교육의 목적으로서 성숙에 관한 아도르노의 논의에서 성숙되기의 어려움과 다시 미성숙으로 돌아갈 위험에 주목할 필요가 있다. 그는 '미성숙의 메커니즘'으로 무조건적 적응과 역할 수행의 논리, 맹목적인 권위추종과 피상적인 권위비판, 사회의 부자유, 문화산업에 의한 내면의 계획적 조종, 살아 있는 경험의 제약, 수업시간에 상업영화와 대중가요를 분석하며 젊은이를 썩게 만드는 교육(Erziehung des Madigmachens)을 사례로 제시한다.

타율적 존재로 살아가게 만드는 미성숙의 주관적 메커니즘과 사회적 메커니즘의 저항들을 뚫는 아도르노의 대안은 성숙에의 호소가 아니라 "반대와 저항을 위한 교육"[22]이다. 반대와 저항을 위한 교육은 약한 자아(Ich-Schwaeche)를 "주체로 전환(Wende aufs Subjekt)시켜 주체의 자의식과 자아를 강화"[23]시키는 진정한 의미의 주체형성 교육이다. 아도르노는 이것이 성숙을 구체화하는 유일하고 실제적인 방법이라고 간주한다. 성숙을 위한 교육은 곧 비판적 사회의식의 고취, '잘못된 사회의 메커니즘과 그것의 작동원리와 현상을 읽어낼 수 있는 "메커니즘에 대한 일반적 의식을 깨우는 … 노력"[24]이며 잘못된 사회구조에서 '올바른 삶의 가능성'을 모색하는 교육이다. "올바른 사회 속에서만 올바른 삶의 가능성"[25]이 존재한다는 확신에 의한 교육은 반대와 저항을 위한 교육으로 나타나며 진정한 인간학적 의미를 획득하게 된다. 탈야만화를 통한 성

---

22 GS8, p. 571.

23 GS10.2, p. 571.

24 같은 책, p. 676.

25 GS6, p. 388.

숙한 인간의 양성을 추구하는 아도르노의 인간교육론은 결국 교양교육의 근본 목적과 동일한 것이다.

4) 절반의 교육, 절반의 교양 그리고 교양교육

탈야만화 교육, 성숙을 위한 교육이 무엇을 위한 교육인가에 대한 대답이라면 반(反)교육으로서 절반의 교육(Halbbildung)과 절반의 교양에 대한 논의는 '오늘날 교육을 어떻게 할 것인가'에 대한 대답의 단서를 제시한다. 아도르노의 절반의 교육론은 하버마스의 표현을 변형하면 세상에서 가장 어두운 교육적 입장을 표명한 책이다. 왜냐하면 '절반의 교육'은 교육의 위기, 교육 붕괴의 징후를 개념화한 말이지만 학교, 학교교육 관계자, 학생, 교육정책 담당자, 교양계층 등 모든 곳에서 절반의 교육을 확인하기 때문이다. 게다가 절반의 위기 극복이 고립된 교육개혁 정책이나, 사회 없는 교육적 성찰의 의미 없음을 밝히고 있다는 점에서 그렇다. 아도르노는 절반의 교육론 모두에 '사회개혁 없는 교육의 위기로서 절반의 교육 극복은 불가능하다'는 논제를 던진다.[26]

아도르노가 교육위기 극복의 어려움을 주제화하는 데는 절반의 교육이 우리의 '현재적 의식의 지배적인 형식'이 되었다는 데 있다. 절반의 교육은 교육의 결과로서 '다수 대중의 의식이나 인지적 태도'와 그것을 형성한 광범위한 교육적 활동 일반을 지칭한다.[27] 그에 따르면 교육은 문화와 마찬가지로 저항과 적응의 두 계기성을 가지며 교육이 그 정점에 도달할 때 인간성 개념(Humanitätsbegriff)을 성취한다. 그러나 오늘날

---

26 GS8, p. 93 참조.

27 논자가 볼 때 절반의 교육개념은 이중적으로 사용되고 있는 것처럼 보인다. 즉 교육 내적 문제들과 관련해서는 절반의 교육이라는 의미로, 교육 외적인 문제와 관련해서 사용될 때는 절반의 교양이라는 의미를 갖는다. 다수 대중의 의식이나 인지적 태도 혹은 일반 시민의 평균적 의식이라는 측면에서 Halbbildung은 절반의 교양으로 이해되어야 한다.

절반의 교육은 보편적인 것이 되어버렸다.[28] 절반의 교육은 한마디로 주체 없는 교육, 자아 없는 자기유지를 위한 교육, 평균적 가치와 사회적 적응을 우선으로 하는 교육을 통칭한다. 절반의 교육은 교육의 진리내용과 살아 있는 주체들에 대한 생동하는 관계를 희생시켜 사물화된 교육의 관련 내용만이 남게 되며 교육의 이념인 자율성과 자유(Autonomie und Freiheit)는 사라진다. 이런 의미에서 아도르노는 절반의 교양을 "상품물신성에 의해 붙들린 정신"[29]이라고 규정한다.

이와 관련해 그는 교육문화상품들이 "절반의 교양을 갖춘 자들의 욕구(das halbgebildete Beduerfnis)"[30]에 맞추어 생산되고 유통된다는 점에 주목한다. 그에 따르면 높아진 생활수준과 기술 및 사이비 민주주의적 상업이데올로기가 결합해 모든 정신적인 산물을 문화상품으로 전락시켜 '절반의 교양'을 양산한다. 아도르노는 절반의 교양의 현상으로 라디오그룹에서 진지한 음악은 오락음악으로 변질되며 수용의 측면에서 내적비판이 수행되지 않는 점, 절반의 교양상품을 소비함으로써 상류계층으로 파악되길 원하는 욕구의 생산, 고고학이나 박테리아학같이 완전히 학문적인 서적이 거칠고 자극적으로 변형되어 소비되는 경향, 독자에 대한 격려와 위안이 통상적인 것이 되는 것을 들고 있다.[31] 이런 의미에서 "작금의 지배적인 조건하에서 교양의 신선하고 즐거운 확산은 그것의 절멸과 곧바로 일치한다."[32] 동시에 이것은 "교양의 상실과 야만적인 무질서"[33]를 의미한다.

그렇다면 절반의 교육, 절반의 교양의 결과는 구체적으로 무엇인가? 한마디로 요약하면 그것은 "단순히 정신만 제약하는 것이 아니라

---

28 GS8, p. 574 이하 참조.

29 같은 책, p. 108.

30 같은 책, p. 109.

31 같은 책, p. 110 참조.

32 같은 책, 같은 쪽.

33 GS3, p. 183.

감각적 삶도 왜곡"[34]시킴으로써 "절반의 이해자(Halbverstandene)와 절반의 경험자(Halberfahrene)"를 낳는다. 가령 스피노자의 윤리학을 말하는데 데카르트의 실체론과 사고하는 존재와 연장을 가진 사물의 매개상의 문맥의 난점을 파악 못 하는 등 혼란과 절반의 이해에 빠진다. 이것이 아도르노가 말하는 절반의 이해, 엄밀히 말해 이해 없는 이해로서 절반의 이해의 사례다. 음악산업은 표준작품을 즉각 알아차리게 하는 방식을 동원하거나 작품의 객관성을 개인화하고 에피소드를 동원하는 방식으로 음악적 의식을 훼손시킴으로써 절반의 경험, 절반의 예술경험을 양산한다. 아도르노가 평균적 "취향과 결코 일치하지 않는 참된 예술작품"[35]의 이해와 경험을 강조하는 이유는 절반의 이해와 경험이 쉽게 권위의 오류에 빠지고 때론 편견과 미신에 빠지게 한다는 데 있다.

그가 문제 삼는 것은 이해와 경험의 훼손과 왜곡이 가져오는 교양의 보편적 위기다. 그는 여기서 한발 더 나아가 정신분석학적 방법을 동원해 절반의 교양의 심각성을 보여준다. 아도르노는 절반의 교양자들이 소유하기, 대화에 끼기, 전문가인 양하기, 거기-속함이라는 태도로 그들 '모두를 위한 비밀왕국'을 만든다는 점에서 집단적 나르시시즘과 아무런 차이가 없다고 비판한다. 아울러 그는 획일주의가 지배하는 상황에서 절반의 교양 속에 내재한 파괴적인 잠재력이 편집증이나 추적망상으로 변질될 수 있으며 이 경우 절반의 교양은 광기 어린 시스템이 되어 통일되지 않는 것을 통일시키며 기만적인 대체경험들을 동원시킨다고 경고한다.

이런 의미에서 절반의 교양은 '소외된 의식'의 다른 이름이다.[36] 절반의 이해자이자 절반의 경험자로서 절반의 교양자는 "자아 없는 자기유

---

34 GS8, p. 108; Unbildung과 Halbbildung의 차이에 대한 논의는 이종하, 앞의 책, 2005, 188쪽 이하 참조.

35 GS4, p. 259.

36 GS8, p. 115 이하 참조.

지"[37]를 가동시키는 자이며 교양의 전 단계에 있는 자들이 아니라 '교양의 원수'와 같은 존재들이다.[38] 이 주장은 무교양이 절반의 교양보다 성숙의 길에 접어들 가능성이 높다는 그의 인식과 궤를 같이한다. 또한 그가 도구적 이성의 최적화의 사례로 제시한 나치주의자들과 그들의 무비판적 추종자들을 절반의 이해자, 절반의 경험자로 간주하고 있음을 시사한다.

5) 아도르노의 절반의 교육 논제에서 교양교육 문제 비판

(1) 성숙한 인간형성과 교양교육의 목적설정 및 교육과정

여기서는 아도르노의 탈야만화를 위한 교육, 성숙을 위한 교육, 절반의 교육론에 입각해 한국대학의 교양교육의 현실을 진단해보고자 한다. 그의 시각에서 교양교육은 주체로의 전회를 통한 비판적 성찰능력을 가진 성숙한 인간, 주체적인 인간형성을 그 목적으로 삼아야 하며 교육과정도 그 목적에 부합되게 편성되어야 한다. 서울대 교양교육의 이념은 "① 올바른 사고와 실천적 지혜를 갖추고 열린 마음으로 봉사하는 인재를 양성한다. ② 지식기반사회화로 특징지어지는 21세기를 이끌어갈 지식과 기술을 창조하여 학문과 예술의 창달에 기여한다. ③ '겨레의 대학'으로 민족문화를 계승 발전시키고, 나아가 '세계의 대학'으로서 인류 공존의 정신으로 세계문화를 선도한다"[39]이다. 이 대학은 교양교육의 목적을 제시하지 않고 이념을 제시하고 있는데, ②, ③의 이념이 교양교육의 본래적 목적에 부합하는지 의문이다. ②는 사회와 인류에 기여한다는 것이며 ③의 경우 민족문화의 계승발전이라는 특수한 목적 및 세계문화 선도라는 세계사회의 기여를 목적으로 설정되어 있다.

---

37 같은 책, p. 108.

38 같은 책, p. 111 참조.

39 http://liberaledu.snu.ac.kr/index.php?hCode=EDUCATION_02_01

논자가 볼 때 ②, ③은 대학의 설립이념에 더 부합되는 내용이지 성숙한 인간형성으로서의 교양교육에 부합되는 이념설정이 아니다. 서울시립대는 교양교육의 목표를 다음과 같이 제시한다. "① 전문적인 학문을 수행하는 데 필요한 기초 역량을 함양한다. ② 다양한 학문을 통해 폭넓은 지식을 갖춘 지성인을 양성한다. ③ 사회적 통섭 역량과 공익적 인성 역량을 갖춘 시민을 양성한다."[40] 이 대학은 교양교육의 중요요소로 전공기초교육, 다양한 지식교육, 통섭 및 인성역량을 제시한다.

아도르노의 관점에서 성숙한 인간형성을 위한 교육과 관련이 있는 것은 ③이며 ①, ②는 사회적응을 위한, 아도르노식으로 표현하면 자기유지를 위한 지식교육에 해당된다. 이 두 대학만이 아니라 대부분의 대학들이 학교의 교육목표와 교양교육의 목표로 지역과 세계사회에 봉사하는 인재양성을 제시하고 있다. 아도르노 역시 교육에 대한 사회적 요구와 교육의 목표를 일치시키는 것이 결코 쉬운 일이 아님을 인정하지만, 자기형성으로서의 교육, 성숙한 주체의 형성이 교양교육에서 기능적 봉사역량 교육보다 우선되어야 함을 거듭 강조한다.

이들 대학과 달리 경희대의 교양교육 목적설정은 칸트의 『계몽이란 무엇인가』를 현대어로 새롭게 번역한 것처럼 보일 정도이며 아도르노가 주장하는 교육 및 교양교육의 궁극적 목적과 일치한다. 이 대학은 "학부생의 성숙을 돕는 일이 교양교육의 기본 목표"임을 분명히 하며 이는 곧 "자신의 독립된 '정신의 삶'(life of the mind)을 시작"하도록 돕는 일이라고 규정한다. 또한 "정신이 의존상태를 벗어나 독립의 단계로 이동하고 책임지지 않아도 된다고 여겨졌던 것들에 대해서도 책임을 의식한다는 것은 성숙의 조건들 중에서도 결정적으로 중요한 부분"임을 강조한다.

이 대학이 말하는 성숙한 인간개념에는 아도르노가 말한 자율성, 자유, 책임, 독립성, 주체성, 비판적 자기성찰로서의 성숙의 요소들이 잘 드러나 있다. 교양교육의 최종 목표는 "한 인간이 삶의 불확실성 앞에

---

40 http://liberal.uos.ac.kr/liberal/intro/target/target.do?loginCheck=false

서도 의미 있고 행복한 방식으로 자신의 한 생애를 이끌어나갈 수 있게 할 내적 견고성의 바탕을 길러주는 데"[41] 있음을 천명한다. 논자가 볼 때 경희대만큼 인간교육의 이념에 맞게 교양교육의 목적을 설정한 국내 대학은 찾아볼 수 없다. 인하대의 경우 "교양교육과정은 궁극적으로 건강한 가치관과 규범적 판단력 그리고 인간적인 품성을 함양하는 것을 목적"[42]으로 삼고 있으나 공통교양 과정 편성에는 설정된 목적이 반영되어 있다고 보기 어렵다. 타 대학에서 흔히 볼 수 있는 크로스오버 교과융합교육을 공통교양으로 설강한다는 점에서 그렇다.

많은 국내의 대학들이 성숙한 인간을 함양하기 위한 목적으로 인성교육과정을 운영하고 있으며 그중 일부 대학은 공통교양으로 편성하고 있다. 대표적인 경우가 성균관대다. 성균관대는 학부교육의 목표를 "합리성, 도덕성, 책임성을 겸비한 인성함양"에 두고 〈우리들의 세상 논어로 보다〉 교과목을 필수이수 하도록 하고 있다.[43] 경희대의 경우는 성균관대와 달리 서양고전 중심+동양고전과 현대고전 등을 망라한 폭넓은 고전교육 기반 인성교육을 실시하고 있으며 〈인간의 가치탐색〉, 〈우리가 사는 세상〉 두 교과목 6학점을 필수이수 하도록 하고 있다.[44] '인간존중 대학'을 건학이념으로 내세운 가톨릭대는 '인성, 지성, 영성을 갖춘 윤리적 리더의 양성'을 교육목적으로 삼고 〈인간학1〉, 〈인간학2〉 교과목을 필수로 이수하도록 하고 있다.[45] 서울여대의 경우는 타 대학과 달리 총장 직속 산하에 바롬인성교육원을 운영하며 독립건물과 기숙사를 갖고 있다. 또 국내대학 중 선도적으로 바롬인성척도라는 인성지수를 개발해 활용하고 있다.[46] 이 대학만이 아니라 점차 많은 대학들이 선

41 http://hc.khu.ac.kr/v2/01/02.php

42 http://generaledu.inha.ac.kr/curriculum/curr_020101.aspx

43 https://hakbu.skku.edu/hakbu/intro/objective.do

44 http://hc.khu.ac.kr/v2/?pmi-sso-return2=none

45 http://www.catholic.ac.kr/life/04_07_new2.html

46 http://www.swu.ac.kr/www/bahromedu_3.html

언적 차원, 산발적 차원의 인성교육을 강조하는 것을 넘어 교양선택과목에서 인성 관련 교과목을 점차 늘려가고 있다.

문제는 인성교육의 강화가 과연 성숙한 인간형성에 기여하는 방향으로 운영되는가다. 인성교육의 결과 인성지수가 높아졌다고 해서 그것이 곧 성숙함의 지표라고 반드시 말할 수 없다. 성숙을 위한 인간형성 교육이 도덕성 교육으로 환원되지 않기 때문이다. 또 인적자원개발의 차원에서 특수목적화된 인성교육, 예절교육이나 도덕교육으로 축소된 초보적 수준의 인성교육은 아도르노 시각에서 권위주의적 교육, 적응을 위한 교육의 변형된 형식에 불과하다. 그의 시각에서 인성교육을 통한 성숙한 인간형성 교육은 도덕성 교육보다 사회를 조망하고 개혁하려는 사회적 성찰능력에 주안점을 두어야 한다. 그에게 현실성 없는 정신화된 순수도덕 교육, 사회비판 없는 인성교육, 주체 없는 인간화 교육은 사이비 성숙 교육이기 때문이다.

(2) 성숙한 인간교육과 역량기반 교양교육과정

한국대학의 교양교육은 대학에 따라 다양한 인재상과 그 인재상에 따른 필요한 역량을 제시한다. 교육과정 편성은 전국의 대부분 대학이 설계된 역량교육모델에 기반해 운영되고 있으며 진단도구를 개발해 수업설계와 운영도 역량진단결과를 반영하도록 하는 단계에 이르렀다. 이화여대의 경우 지식탐구, 창의융합, 문화예술, 공존공감, 세계시민의 5개 핵심역량을 제시하며 이를 통해 사회적 요청에 부응하는 실용인재, 융복합 능력을 갖춘 창의인재, 공동체의 화합을 주도하는 공감인재를 키우고자 한다.[47] 대학마다 역량우선순위와 역량의 요소만 다를 뿐 모든 교양교과목에서 직무수행능력 평가모델을 활용하고 있다. 사회적 삶에 필요한 부분 능력들을 키우는 교육이라는 의미로 역량교육 개념을 포괄적으로 사용하는 추세지만, 현실의 교양교육에서 역량교육은 사회진출

47 http://hokma.ewha.ac.kr/

이후에 필요한 직무와 역할을 잘 수행하는 데 초점이 맞추어져 있다.

"비판적 자기성찰"[48]에 입각한 올바른 의식의 형성을 통해 인간성의 실현, 곧 성숙한 인간의 양성을 교육의 근본이념으로 삼았던 아도르노의 시각에서 볼 때 어떠한 교육학적 수사로 포장한다 해도 역량교육모델은 전문적 기능인의 양성에 지나지 않는다. 그의 시각에서 인문예술 등 전통적인 교육의 영역까지 협의의 역량교육 개념에 포섭시키는 것은 직업교육 시스템에 의한 교양교육 붕괴의 증상, 혹은 교양교육의 종말, 교육공학주의의 전일화를 의미한다. 인간교육을 역량설계-진단측정-평가-환류의 체계 안에 가두는 것은 인간교육의 불구화이며 완전히 기능화된 사회의 기능화된 성품과 인격을 만들어내는 기능적 인간 만들기에 지나지 않는다.

아도르노의 표현을 빌리면 교양교육에서 역량교육모델은 '최고로 계몽된 교육공학자들에 의해 자행되는 교육에서의 야만'이며 성과중심교육(outcomes-based education)의 또 다른 이름이다. 자율성에 기초한 교육이 아니라 수단의 합리성에 의해 설계된 인간공학적 역량교육이 자율성의 공간을 허용한다 해도 그것은 아도르노에게 '사이비 자율성', '사이비 자기형성 교육'일 뿐이다. '그 누구도 인간을 만들 권리가 없다'는 아도르노의 교육을 바로 보는 근본시각을 기억해야 한다. 아도르노가 좋은 교사, 교육자에 대한 교육, 정당하고 투명한 교육권위, 교육에 대한 사회의 요구에 대한 이해를 가지고 있다는 점을 고려할 때, 위 말은 역량교육모델에 대한 전면적인 부정이라기보다 교육공학주의와 교수-학습 방법론 제일주의, 기능적 목적주의의 전일화를 문제 삼는 것이라고 봐야 한다.

아도르노의 시각에서 분석적 사고역량, 문제해결역량이 증가했다고 해서 성숙한 인간이라고 말할 수 없다. 성숙함은 역량으로 환원될 수 없는 총체적 품성, 인격과 관련된 개념이기 때문이다. 그에게 직무수행을 위한 역량소유자는 사회적 분업체제에서 완전한 의미의 기능수행자

---

48 GS10.2, p. 676.

이며 관리되는 사회의 소외된 자, 타율적인 존재이지 성숙한 인간이 아니다. 성숙한 인간교육은 자기형성적·자기계몽적 교육을 지향해야 하며 그런 의미에서 교육의 주체는 자기 자신이어야 한다. 아도르노가 교육자의 핵심과제로 자신의 역할을 최소화해야 한다는 베커의 주장에 전적으로 동의[49]하는 이유가 여기에 있다. 지금의 역량기반 교양교육에서 성숙을 위한 교양교육을 이행하기 위해서는 교육목적-교육목표-수업설계와 운영-교수법-평가방식에 대한 전면적인 재검토가 요구된다. 이러한 요구는 교양교육의 본래성의 회복이라는 측면에서도 필요하다.

(3) 비판적 성찰을 위한 주체형성교육과 비판적 사고 교양교육과정

아도르노에게 성숙을 위한 교육이 곧 주체형성교육이다. 비판적 자기성찰과 비판적 사유능력은 한 개체로서 성숙함의 조건이다. 이것은 개인의 종말 테제와 관련해 “개인은 사유하는 자로서(als Denkendes) 비로소 개인이 된다”[50]는 주장으로 변주되었던바 그에게 자기비판과 사회비판이 주체형성교육의 궁극적 목적이다. 교양교육의 차원에서 기초적인 사유능력을 기르기 위해 많은 대학에서 논증과 논리분석을 중점적으로 다루는 논리학 강좌를 개설한다. 서울대의 경우처럼 학문의 기초 영역에 〈논리와 비판적 사고〉를 가르치거나 서울시립대의 경우처럼 〈논리와 사고〉 혹은 그 외 대학들이 〈논리학 입문〉 등의 강좌를 선택교양화하고 있다.

이와 같은 전통적인 강좌개설과 달리 논리적 사고 교육과정편성에서 새로이 나타나는 특징은 창의적 사고교육과 글쓰기 교육의 통합 및 대체다. 숙명여대 〈융합적 사고와 글쓰기〉[51], 서울시립대 〈상상력과 창

---

49 Adorno, “Erziehung zur Mündigkeit”, in: *Erziehung zur Mündigkeit. Vorträge und Gespräche mit Hellmut Becker 1959-1969*, Gerd Kadelbach(Hg), Frankfurt a. M. 1970, p. 148 참조.

50 GS6, p. 337.

51 http://gei.sookmyung.ac.kr/

의적 글쓰기〉, 〈논리적 글쓰기〉, 한밭대 〈창의적 사고〉[52], 한국과학기술대 〈창의적 사고와 글쓰기〉[53] 등이 그 사례다. 이화여대는 〈고전읽기와 글쓰기〉, 부산대는 〈고전읽기와 토론〉이라는 공통교양 과목을 편성해 비판적 사고교육을 대체 혹은 보완하고 있다.[54] 부산대와 이화여대의 경우는 글쓰기와 독서토론교육의 심화과정이라는 측면에서 비판적 사고교육에 중점을 두고 있다고 보기 어렵다.

주체형성교육에서 스스로 생각하고 판단하는 힘이 중요하다고 생각한 아도르노의 시각에서 볼 때 위와 같은 교육과정 편성은 개선이 필요하다. 교양 글쓰기 담당자들은 글쓰기야말로 종합적인 사고교육의 중핵교과라고 주장하지만, 교재들이나 수업방식은 과거 대학국어와 큰 차이를 보이지 않는 경우가 많다. 게다가 많은 대학에서 국문학 전공자들에 의해 강좌가 독점되는 상황을 고려한다면, 논증적인 비판적 사고교육을 위한 전문교과를 따로 편성할 필요가 있다. 오류추리나 발견하는 논리학 수업, 요약과 정리 수준의 글쓰기 및 독서교육은 비판적 주체 형성이라는 본래적 목적의 상실을 보여주는 것이며 아도르노식으로 표현하면 "형식적 사고능력"[55]을 길러주는 "지능의 협소화"[56]작업에 지나지 않는다. '왜, 무엇을 위한 논리학이며 글쓰기이고 독서교육인가'에 대한 자기의식이 교재, 수업설계, 교수자의 수업운영에서 확실하게 드러나야 한다. 이런 의미에서 주체형성을 위한 비판적 사유능력 교육은 일반 논리학, 형식논리학의 수업형식을 넘어서는 지문이나 교육내용에서 사회논리학적 성격을 포함한 교과목 개발과 교육과정 운영으로 나타나야 할 것이다.

주체형성을 위한 비판적 사고교육과 관련해 아도르노가 과거 극복

---

52 http://newclass.hanbat.ac.kr/ctnt/liberal/cms.php?mno=03.01.06

53 https://cms3.koreatech.ac.kr/general/1631/subview.do

54 https://culedu.pusan.ac.kr/culedu/14992/subview.do

55 Adorno, "Erziehung- wozu?", in: *Erziehung zur Mündigkeit. Vorträge und Gespräche mit Hellmut Becker 1959-1969*, Gerd Kadelbach(Hg), Frankfurt a. M. 1970, p. 121.

56 같은 책, p. 121.

을 위한 교육적 차원에서 제안한 사회학, 사회학과 역사학의 학제적 교육에 주목해야 한다. 그가 강조하는 사회학은 분과학문으로서 사회학이 아니라 사회의 모순을 총체적 차원에서 다루는 학제적 차원의 비판적 인식태도와 동일한 의미다. 이러한 비판적 학습은 과거의 야만과 현대의 야만, 현존 사회의 모순과 현혹연관을 읽어내는 데 그치지 않고 저항의 힘, '아니오'의 정신과 '다른 가능성'에 대해 모색하는 비판적 의식을 기르는 데 도움이 되며 동시에 '개인의 종말'을 회생시킬 수 있는 교육적 처방이다. 왜냐하면 '오늘날 개인은 저항의 힘의 중심으로서만' 살아남을 수 있기 때문이다.[57]

이것은 탈야만화와 성숙을 위한 교육이 궁극적으로 지향하는 것이다. 저항의 힘, 성숙의 조건으로서 강한 자아를 길러내야 한다는 점에서 사회학적 사유와 상상력을 위한 교과목이 더 많이 개설되어야 함은 명확하다. 그런데 소위 산업대에서 일반대로 변모한 대학들에서 사회학과 사회문제를 다루는 선택교양 강좌들이 상대적으로 적게 발견된다. 그중에서도 경제정의나 사회정의 혹은 불평등의 문제를 교과목명으로 설강한 대학을 찾는 것이 쉽지 않다. 철학전공자의 입장에서 주체형성교육을 위해서는 교양교육과정에서 철학적 윤리이론과 사회문제를 결합시키는 강좌, 곧 '윤리학의 사회학화', '사회학의 윤리학화'된 강좌개발이 요구된다.

(4) 성숙한 인간교육을 위한 교수-학습원리와 평가

성숙한 인간, 주체적인 인간형성 교육을 논하며 교수-학습은 피해갈 수 없는 주제다. 아도르노는 먼저 탈야만화를 위한 교육 문맥에서 교사의 권위와 교수행위를 언급한다. 그는 권위적인 수업이 아닌 투명한 권위, 계몽된 권위를 바탕으로 자율성이 존중되는 수업을 강조한다. 특히 유년기의 학교교육에서 "권위적 태도의 포기, 엄격하고 경직되고 외

57 같은 책, p. 124.

면화된 초자아 교육이 포기”[58]되어야 한다고 강조한다. 그는 충분히 ‘계몽된 권위’를 유년기 아동으로 하여금 경험하게 하는 교육이 탈야만화에 기여하는 교육이며 폭력의 원칙에 따르지 않는 교육이라고 생각한다.[59] 주체로의 전환을 통한 자아의 강화와 권위의 상관성은 비단 유치원 교육에서만이 아니라 오늘날 우리 대학의 교양교육에서도 설득력이 있는 논변이다. 2000년 이후 전국대학에 교수학습센터들이 생기면서 교양교육에서 권위주의적 수업모형에 대한 교육적 반성이 있었고 자기주도학습 유형인 PBL, 프로젝트형 수업, 캡스톤디자인, 플립러닝(flipped learning) 등의 교수방법론이 활용되기 시작했다.

그런데 논자가 볼 때 완전한 학생주도 자기학습은 학습능력과 학습동기를 전제로 하지 않는 이상 기본적으로 불가능하다. 일선 교육현장에서 확인되는 자기주도학습 준비도는 학교, 학년, 성차비율, 학과, 반 구성도에 따라 편차가 매우 심하다. 대부분의 교양교육 강좌들에서 볼 수 있는 강의형 수업은 여러 경험조사 연구에서도 확인되듯이 선호도가 가장 높은 강좌유형이다. 이러한 현장교육 상황을 고려할 때 학생들의 자율성을 보장하고 자기주도학습을 통한 ‘주체로의 전환’은 요원한 문제다. 이 문제와 관련해 아도르노가 권고하는 ‘교수법을 사용하지 않는 교수법’에 주목해야 한다.[60] 이는 성과중심 교육에서 자율성을 키우는 교육을 위한 최적의 대안이며, 눈으로 보이지 않지만 작용하는 최고의 교수법이다. 아도르노의 제안을 부분적으로 현실화하고자 한다면 자기주도학습 비

58 Adorno, “Erziehung zur Entbarbarisierung”, in: *Erziehung zur Mündigkeit. Vorträge und Gespräche mit Hellmut Becker 1959-1969*, Gerd Kadelbach(Hg), Frankfurt a. M., 1970, p. 137. 아도르노는 파시즘을 낳은 개인들의 성격을 권위주의적 성격으로 규정하며 권위주의적 성격의 특징으로 경직성과 무반응, 무기력, 관습주의, 동조 습성, 신념의 결여, 경험능력의 결여, 현실권력 및 거대집단과의 동일시를 통한 자기보호 기제를 제시한다. 아도르노가 볼 때 아이히만은 새로운 유형의 권위주의적 성격으로 간주할 만한 조작적 성격의 소유자로 거대집단에 자신을 무조건적으로키며 무감정과 현실의 무조건적 수용이라는 심리경향의 소유자다. Adorno, *Studien zum autoritären Charakter*, Frankfurt a. M., 1982, p. 17 이하 참조)

59 같은 책, p. 136 이하 참조.

60 같은 책, p. 133 이하 참조.

율의 평가점수 상향조정, 교수-학습 동기부여를 통한 견인책과 교수자와 학습자가 동의할 수 있는 수준의 객관적이고 공정한 표준평가지표의 개발이 필요하다. 교양교육의 교수-학습에서 성숙에 이르는 길은 자기주도 학습 유형을 활성화하는 방법 이외에는 뚜렷한 방안이 없다.

성숙을 위한 교수-학습 평가방식과 관련해 아도르노가 말하는 '경쟁이 아닌 놀이의 원리'가 매우 중요하다. 그는 경쟁이 인간교육에 반하는 교육원리이므로 교육에서 경쟁의 원리를 배제할 것을 촉구한다. 그는 경쟁본능을 강화하는 교육, 성취동기를 부추겨 살아남는 비인간적인 교육이 아니라 놀이가 우선인 교육이 인간교육이라고 강조한다. 경쟁이 아닌 놀이적 교육은 '이상적'이다. 도구과목, 실용교과와 같이 경쟁력을 촉진하는 교육을 교양교육과정에서 완전히 배제할 수 없다. 그러나 여타 교양교육 강좌에서는 제한적으로 적용 가능하다. 경쟁원리의 합리적 관리와 놀이적 성격에 관해 아도르노의 생각을 평가방식으로 반영할 수 있다. 다음과 같은 질문을 던질 수 있다. 왜 교양교과목 수강생을 상대평가 비율에 맞추어 평가해야만 하는가? 왜 가치교육을 지향하는 과목인 철학과목이나 이론형 인문학 강좌 수강자에게 등급을 평가해야 하는가?

논자가 볼 때 철학과 같은 가치교육과 관련된 교양교과목들은 P/F로 평가하는 것이 타당하다. 이와 같은 교과목에 기계적인 상대평가를 실시하는 것은 가치교육을 지식교육화하는 것에 지나지 않으며 교양교육의 고등학교 유사교육화, 유사학원 교육화다. 지식은 평가의 대상이 되지만 가치는 평가의 대상이 아니라 변증적 대화의 대상이며 타자 간의 소통의 논리가 작동되는 담론의 공간이다. 더 많은 지식의 축적이 아닌 지평의 확대와 융합의 가능성을 타진하는 놀이의 교수-학습 및 평가원리가 교양교육 전반에 자리 잡아야 성숙을 위한 교육으로 나아갈 수 있다. 위와 같은 평가방식의 도입이 그 단초가 될 수 있다.

(5) '절반의 교양'의 두 형식과 성숙을 위한 진지한 교양교육

아도르노는 절반의 교양, 가벼운 교양이 지배하는 교양교육하에서 성숙한 인간은 존재할 수 없음을 강조한다. 그가 지적하는 절반의 교육의 교양교육적 현실은 크게 ① 자아 없는 자기유지를 위한 교육, ② 절반의 이해와 절반의 경험자를 양산하는 교양교육을 의미한다. ①은 자유교양이 배제되거나 빈약한 교육, 다시 말해 기초교육과 도구과목 및 취업역량 강화나 진로설계로 채워진 교양교육과정으로 나타난다. ①의 경우를 대표하는 교양교육과정 운영 사례는 논산 소재의 모 대학이다. 이 대학은 〈계열별 글쓰기〉 1과목, 〈리얼잉글리쉬 1, 2〉, 〈학습동기유발 1〉, 〈자기개발과 진로탐색 1〉, 〈기업과 정신과 리더쉽 1〉, 〈취업전략과 경력관리 1〉, 〈파트너쉽트레이닝 I, II, III, IV〉를 교양필수과목으로 편성하고 있다. 인성과목을 표방하는 〈파트너쉽트레이닝 I, II, III, IV〉의 교과목의 강의계획서를 살펴보면 공연관람, 기천문, 영화감상, 독서, 산책 등 포괄적인 의미의 실천적 인성교육 주제들로 구성되어 있으나 강좌명이 보여주듯이 가벼운 교양의 종합판적 성격과 전략적 인적자원개발 의도를 결합한 교과목임을 알 수 있다.[61]

인하대가 2018년 2학기에 개설한 창업 관련 선택교양 과목들은 〈창업시뮬레이션〉, 〈진로설계 포트폴리오〉, 〈실전스타트업〉, 〈스타트업 아이디어 발상〉, 〈스타트업 시작의 이해〉, 〈기술경영창업〉, 〈경영전략과 스타트업〉, 〈세상을 바꾸는 스타트업 이야기〉, 〈기업가 정신과 창업〉, 〈스타트업 이슈 리서치〉를 포함 무려 10개 교과목이다.[62] 이러한 교육과정은 교양교육의 개념을 찾아볼 수 없는 취업역량교육에 지나지 않으며 실용주의, '유용성의 논리가 전통적 교양교육과 화해할 수 없다'는 아도르노의 말을 상기하게 만든다. 이 대학만이 아니라 취업을 강조하는 대학들은 공통교양의 자율역량, 인성역량 영역에 취업 관련 과목이나 미

---

61 https://www.konyang.ac.kr/prog/curriculum/kor/sub03_11_03_03/lac/view.do

62 http://generaledu.inha.ac.kr/curriculum/curr_020403.aspx

래설계나 진로지도 과목들을 상대적으로 많이 개설한다. 이러한 교과목 편성과 관련해 흥미로운 점은 인성교육과 진로 및 취업문제를 연계시켜 교과목명에 반영하는 추세를 보인다는 것이다.

인하대의 경우는 〈가치형성과 진로탐색〉과 같은 진로 및 미래설계 과목과 가치형성교육을 연계한 공통교양을 운영하고 있다.[63] 이 강좌는 신입생 진로탐색 교육의 진화된 형식이라 할 수 있다. 서원대의 공통교과목인 〈인성지도와 코칭〉도 같은 경우다. 이러한 현상을 아도르노식의 과장의 어법으로 표현하면 '반(反)교양으로서 절반의 교양교육의 역설'이다. 논자가 볼 때 자기형성교육, 성숙한 인간의 육성이라는 교양교육의 이념에 반하는 위와 같은 과목들은 공통과정, 중점교양, 선택교양에서 배제시키고 각 대학마다 운영하는 취업교육센터의 특별교육과정 혹은 무학점 졸업인증으로 관리하는 것이 현실적 필요성과 교양교육을 살리는 길이다.

절반의 교양과 관련해 두 번째 문제는 절반의 이해자와 경험자를 양산하는 '가벼운 교양의 지배' 문제다. 학습자 중심, 매체활용교육 바람이 불면서 교육수요자로서 미디어 영상세대의 입맛에 맞는 강좌들이 2000년대 초반부터 선택교양 강좌의 큰 흐름을 이루고 있다. 〈영화 속의 철학〉, 〈영화 속의 도시문화〉, 〈역사와 영화〉, 〈영화와 과학〉, 〈애니메이션 속의 XXX〉 등등의 이름으로 대표되는 강좌들은 가벼운 소재에서 출발해 진지한 교양을 지향한다고 표방하지만, 흥미 위주, 표피적인 이해로 그치고 마는 경우가 대부분이다. 이것은 교강사 워크숍과 교강사 그룹 집담회에서도 확인된다. 절반의 교양자 취향을 겨냥한 〈생활과 재테크〉, 〈와인과 생활〉류의 강좌들은 여타 대학에서 흔히 볼 수 있는 문화센터형 생활강좌다. 이보다 더 심각한 것은 연세대의 선택교양 영역 〈생활·건강〉에서 개설하는 성격과 같은 강좌들이다.[64] 비단 연세대만이 아니라 서울대를 포함한 전국대학들이 공통적으로 골프, 배드민

---

63 http://generaledu.inha.ac.kr/curriculum/curr_020101.aspx

64 http://universitycollege.yonsei.ac.kr/fresh/refinement/course_selection06.do

턴, 스쿼시 등등의 각종 스포츠 종목의 교양강좌들을 개설한다.[65]

이와 더불어 〈현대인의 생활영양〉, 〈건강과 운동〉, 〈생활습관과 건강증진〉, 〈금연과 건강한 삶〉, 〈현대인의 식생활〉 등의 강좌들이 대학마다 제공된다. 이러한 교양교과목은 교양 개념에 비추어 반교양적인 교과목이며 아도르노식으로 말하면 '신선하고 즐거운 교양의 확산' 사례다. '진지한 교양'을 위해서는 교양교과목들의 '학술성'이 강화되어야 하며 '지식 모으기, 생활지능 키우기 교양'이 아니라 '한 주제나 몇 가지 키워드를 가지고 한 학기 동안 공동 탐구하는 교양강좌'들이 개설되어야 한다.

논자가 볼 때 '가벼운 교양'의 득세는 교양교육과정 편성자들의 관성과 교육적 유기, 교양강좌 수강생들의 빈곤한 교양인식 태도의 타협물이다. 강좌 개설자 입장에서 가벼운 강좌는 교양교육의 중요성이 인식되기 이전인 80년대적 관성의 잔존과 교양교육에 대한 철학의 빈곤과 몰이해, 이해조정자의 책무성 결여, 학과 이기주의의 산물이다. 한편 학생들은 교양수업을 '쉬어가는 시간', '학습에너지 조절법칙에 근거한 선택원리 향유의 장'으로 간주하는 경향이 농후하다. 여기에 취업과 생활에 도움이 되는 강좌를 선호하는 실용주의적 학습태도가 덧붙여진다. 가벼운 교양의 득세를 극복하기 위해서는 한국형 리버럴아츠칼리지로 가든가 아니면 교양교육에 관한 대학본부, 학내 이해당사자 그룹, 학생들의 자기계몽이 필수적이다.

아도르노가 정치교육을 위해 교육자 교육을 제안하듯 한국기초교양교육원을 활용한 전국대학 핵심보직자들의 교양교육연수 의무화는 교양교육에 부합되는 진지한 교양교육에로의 정책전환에 도움이 될 것이다. 국책사업과 기관평가에서의 교양교육 평가라는 외부 자극만으로는 가벼운 교양의 득세를 해결할 수 없다는 것을 대부분 대학의 교양교육편성표가 보여주고 있다는 점에서 논자의 위 제안은 의미가 있다. 절반의 교양과 가벼운 교양은 아도르노의 지적처럼 단순히 절반의 교양을

65 http://liberaledu.snu.ac.kr/index.php?hCode=EDST_LIST&idx=140

갖춘 자, 절반의 경험을 갖춘 자의 양산에서 끝나지 않는다. 그의 시각을 확장하면 그 끝은 그가 말하는 "인간의 평준화와 표준화"[66]로 나타날 것이며 성숙한 인간의 육성이라는 교육과 교양교육의 목적은 요원한 것이 될 것이다.

6) 아도르노 절반의 교육담론의 의의와 한계

지금까지 아도르노 교육담론의 성격과 내용을 고찰하고 그의 시각에서 한국대학의 교양교육 현실을 진단하고 무엇이 개선되어야 하는가를 검토했다. 또 논자의 관점에서 교육과정의 부분적인 개선안을 제시했다. 아도르노의 시각에서 "스스로를 완전히 자각하고 강력한 힘이 된 계몽"[67]된 교양만이 거짓된 계몽으로서의 야만의 교양교육, 반(反)교양교육으로서 절반의 교양, 가벼운 교양을 지양할 수 있다. 이러한 지양을 위한 실천적 태도로서 요구되는 것은 아도르노가 총체화에 사회에 대항하는 유일한 자세로 간주한 '지독한 진지함'과 같은 비타협적 태도다.[68] 여기서는 아도르노의 교육적 사유가 갖는 몇 가지 한계와 그것의 보완을 위한 현실적인 제안을 하고자 한다.

첫째, 탈야만화 교육에서 야만 개념이 지나치게 포괄적으로 사용된 측면이 있다. 아우슈비츠 이후에도 아우슈비츠는 상존하며 야만과 새로운 야만이 존재한다는 그의 논제 자체는 시대비판가나 교양교육 종사자들도 동의할 수 있고 탈야만의 교육원리로 비판적 수용이 가능하다. 문제는 포괄적인 야만 개념을 교육과정에 적용하는 경우 교육과정과 교과목 개발운영상의 난점이 나타날 수 있다. 특정 교양교과목을 탈야만(집중)교육 교과목으로 개설할 수 있지만 교양교육과정 전체를 탈야만의

66 GS3, p. 270.

67 같은 책, p. 234.

68 GS4, p. 241 참조.

관점에서 설계하는 데는 한계가 있다. 교육과정 설계원리로서 구체성을 확보하는 문제만이 아니라 오늘날 한국대학 교양교육 설계원리의 제1원칙이 될 수 있는지는 이론의 여지가 있을 수 있다.

둘째, 성숙을 위한 교육이 교양교육의 목적임은 이론의 여지가 없고 교양교육의 개별과목들의 수업설계와 운영도 그것을 지향한다는 데는 원칙적으로 동의할 수 있다. 문제는 수백에서 일천 개가 넘게 개설되는 교양교과목의 설계와 교수자의 수업운영이 그와 같은 궁극적 목적을 지향하도록 하는 데 근본적인 한계가 있다는 데 있다. 도구과목, 취업진로 교과목 이외에 리버럴아츠 교과목에서, 그중에서도 중핵교과목을 선정해 '성숙을 위한 교양교육'을 트랙화하는 것이 현실적인 대안일 수 있다. 비판적 사고교육, 고전교육, 정치사회교육, 역사교육, 문화예술교육 영역에서 중핵교과목을 선정하고 사회이슈를 중심으로 한 대안모색형 토론수업, 학생주도의 열린 세미나 형식의 열린 교육을 생각해볼 수 있다.

셋째, 아도르노에게 살아 있는 경험능력(Erfahrungsfaehigkeit)을 만들어내는 것은 매우 중요하다. 그것이야말로 의식을 만들어내는 매우 본질적인 것이며 그것을 통해 억압 메커니즘과 반응형성들을 해체할 가능성이 열린다. 왜냐하면 경험능력 없이 공인될 만한 성찰의 수준이 존재할 수 없기 때문이다.[69] 그가 의식철학이 죽여버린 감각에 선행하는 '경험의 육체적 계기성'과 주체에 의해 항상 대상화된 '객체의 우선성'을 강조하는 이유가 거기에 있다.[70] 살아 있는 경험능력이란 개념에 의해 규정적 객체와 개념에 의해 포착되지 않은 객체 사이를 구별하는 능력의 작동을 말한다. 이와 관련해 아도르노는 경험능력의 회복을 위한 구체적인 교육 프로그램을 제안하는 구체성의 사유를 보여주지 못하고

---

69 Adorno, "Erziehung- wozu?", in: *Erziehung zur Mündigkeit. Vorträge und Gespräche mit Hellmut Becker 1959-1969*, Gerd Kadelbach(Hg), Frankfurt a. M. 1970, p. 120 이하 참조.

70 GS6, p. 184 이하 참조.

있다.[71]

아도르노의 논점을 살리려면 교양교육의 정규교육과정과 비정규교육과정에서 단순히 감각경험 이상의 육체적 경험이 가능한 체험기반 학습프로그램과 상상력을 자극하는 교육이 강화되어야 한다. 이를 위해 논자는 '감정에 대한 학제적 교육 프로그램', '예술문화 창작 체험교육 프로그램', '자연미 경험교육 프로그램', '차이의 발견과 공존을 위한 협동프로젝트', '매체 제작, 모니터링 및 비평교육과정' 등의 교과목 운영과 관련 연구교육센터의 설립을 통한 통합적 감성교육을 제안한다. 이러한 통합적 교육관리 체계에서 중요한 것은 인지적 차원과 체험기반 교육 간의 균형을 찾는 것이다. 이를 위해서는 교육과정에서 교양예술교육의 강화가 우선적으로 요구된다. 이와 같은 교육은 '의식의 감각'을 키우는 데도 도움이 될 것이다.

다섯째, 아우슈비츠의 재발을 위한 교육의 정언명령, 탈야만과 주체로의 전환을 통한 성숙에 이르는 문제와 관련해 아도르노는 교양교육 종사자들의 문제를 쟁점화하지 못하고 있다. 그는 교수자의 탈권위적인 태도, 교수자 양성과정에서의 심리분석을 언급하는 데 그치고 있다. 성숙을 위한 교육 프로그램, 환경 및 시스템이 구축되었다 하더라도 교양교육 담당자들이 먼저 계몽된 자, 성숙된 자가 아닌 이상 성숙을 위한 교육적 처방, 교수자와 학생 간의 서로 성숙됨의 교육적 실천은 기대할 수 없다. 성숙한 교육자의 양성을 위해서 기존의 교수법 중심의 교강사 워크숍과 같은 교수방법론적 접근을 최소화하는 대신 인간성의 이념, 교양교육의 이념과 방향 등 본질적인 문제에 대한 교강사의 계몽을 위한 집중연수 프로그램을 제안한다. 아울러 성숙을 위한 교육을 위해서 학생의 강의평가에 의한 강사 강의배정원칙을 수정해 강의평가를 50%

---

71 홍은영은 아도르노가 말하는 살아 있는 경험능력의 회복이 제한적일 수밖에 없으나 '세계의 복잡함과 불확정성을 표현할 수 있는 교양교육의 장'이 필요함을 제기한다. 문제는 홍은영 역시 아도르노와 같이 전략과 방법에 대한 논의를 전개하지 않는다. 홍은영, 「아도르노(Adorno)의 '절반의 교육'비판을 통해 본 교양교육」, 『교육의 이론과 실천』 20권 3호, 2015, 208쪽.

이하로 축소하고 학술성을 포함한 정성평가 요소를 강화해야 한다. 이는 성숙을 위한 교양교육의 정착을 위해 필요한 사항이다.

여섯째, 아도르노는 훔볼트식의 교육이념인 '훌륭한 사회적 기능인 양성과 자기형성적 교양의 조화'가 원리상 불가능하며 현재의 조건에서는 그것의 균열을 메꾸려는 시도보다 인식시키는 것이 교육에서 중요하다는 것을 지적한다.[72] 그러나 논자가 볼 때 그의 생각과 달리 직업교육과 성숙을 위한 자기형성교육의 균열과 긴장은 불가피하며 그것이 교육의 운명이자 영원한 숙제다. 오늘날의 국내대학은 말할 것도 없고 아도르노의 나라인 독일의 대학교육도 부분적으로는 사회적 생존을 위한 개인사업가 교육(Bildung der Ich-AG)[73]처럼 변해버린 것을 부정할 수 없다. 이러한 대학교육 및 교양교육의 위기 상황에서 균열과 파행의 인식이 선행되어야 한다는 아노르노식의 주장이 규범적 호소력을 가질 수 있다. 그런데 문제는 인식 이후의 문제해결이다. 핵심은 '어떻게'인데 이것은 대학의 규모나 수준, 설립목적과 지향점에 따라 다를 수밖에 없으며 균형과 긴장을 위한 특정 대학 주체들 사이의 협동적 노력의 수준이 성패를 결정하게 될 것이라는 점이다.

마지막으로 아도르노가 "단지 교육만으로 결코 이성적인 사회를 가져올 수도, 보장할 수도 없다"[74]는 입장을 취해왔다는 점을 지적하고자 한다. 사회개혁과 교육개혁의 암묵적 동시성에 대한 그의 일관된 입

---

72 Adorno, "Erziehung- wozu?", in: *Erziehung zur Mündigkeit. Vorträge und Gespräche mit Hellmut Becker 1959-1969*, Gerd Kadelbach(Hg), Frankfurt a. M., 1970, p. 124 참조.

73 안드레아 리스너는 오늘날 대학의 개혁노력이 성공과 실패의 책임을 개인에게 떠넘기는 방식으로 진행되며 대중 교육기관인 대학이 직업학교가 되고 있음을 비판한다. 학문의 근간을 흔드는 이러한 사태에 학자와 학문세계가 비판에 나서야 함을 그는 강조한다. 미하엘 빔머는 '경제적 사유방식에 의한 교육적 담론의 식민지화'를 주장하며 글로벌화와 함께 교육이 사회경제적 생산성의 문제로 수렴되어버렸으며 그 결과는 교육의 붕괴로 나타난다고 비판한다. A. Liesner, "Die Bildung einer Ich-AG. Lehren und Lernen im Dienstleistungsbetrieb Universität" in: *Bildung der Universität. Beiträge zum Reformdiskurs*, A. Liesner/O. Sanders(Hg), Bielefeld 2005, p. 44 이하 참조; M. Wimmer, "Ruins of Bildung in a Knowledge Society: Commenting on the Debate about the Future of Bildung"in: *Educational Philosophy and Theory* 35, no. 2, 2003, p. 168 참조.

74 GS8, p. 575.

장은 사회개혁-교육개혁-대학교육개혁-개별대학 교육개혁-교양교육의 개혁-성숙을 위한 교육-진지한 교양이 긴밀한 관계에 있음을 의미하며 타당한 주장이다. 하지만 현실적으로 성숙한 사회를 위한 사회개혁이나 교육개혁이 항상 동시적이지 않다. 또한 사회개혁의 우선성을 강조하는 것으로 해석될 수 있는 이 주장은 교육을 통한 탈야만 교육, 성숙을 위한 교육 내재적 한계에 대한 회의적 시각이 반영되어 있다고 볼 수 있다. 구제에의 희망과 회의에의 아도르노적 줄타기가 그의 교육적 사유에서도 드러나는 것이다.

제2장

고전과 인성교육

1

고전교육 무엇이 문제인가?

칸트와 아도르노의 성숙 개념의 고전교육적 의미

1) 고전교육의 '현재'에 대한 평가 필요성

대학 교양교육의 중요한 흐름 중의 하나가 고전교육의 강화다. 국내의 대부분의 대학들이 교양교육 과정에서 고전읽기 강좌를 개설하고 있다. 고전교육의 확대는 현재진행형이다. 고전교육의 확대에 따라 고전교육의 현황과 문제점에 관한 연구물도 상당히 축적되어 있다. 도입기를 넘어 성장기에 접어든 현 단계에서 고전교육 전반에 대한 중간평가가 필요하다. 이 글은 '오늘날 한국대학의 고전교육은 제대로 이루어지고 있는가'라는 문제의식에서 출발해 논자 나름의 답변을 제시하는데 목적이 있다.

위 질문에 대한 논자의 답변은 칸트와 아도르노의 성숙과 계몽 개념에 기초한다. 근대 이후 '교육이란 무엇인가'에 대한 고전적 답변은 한마디로 자기형성(Selbstbildung)으로 요약될 수 있다. 칸트의 인간교육형성론도 자기형성으로서의 교육을 이성의 사용과 관련해 규명하며 자기형성의 목적이 '성숙'에 있음을 밝히고 있다. 아도르노도 교육의 목적을 성숙에 두고 있다. 비판적 주체형성으로서 자기형성에 대한 논의는 절반의 교육(Halbbildung)으로 명명되는 성숙을 위한 교육의 전반적인 실패와 아우슈비츠의 재발과 그 이후 발생한 새로운 야만을 극복하는 탈야만화 교육과 유기적인 관계를 갖는다.

논자가 볼 때 고전교육은 그 어떤 교과목보다 보편적 가치교육을 우선에 두며 인간성 함양에 기여할 수 있는 과목이다. 이런 점에서 고전교육의 궁극적 목적과 칸트나 아도르노가 말하는 자기형성으로서의 교육의 이념, 특히 양자의 성숙 개념은 그 맥을 같이한다. 그런데 국내대학에서 이루어지고 있는 고전교육은 도구화와 기능화 원리에 따라 운영되고 있다. 본래의 고전교육의 이념과 목적을 충실히 반영하지 못하고 있는 것이다. 본 논문은 위와 같은 문제의식에서 출발해 고전교육의 현실을 고찰하고 고전교육의 본래적 목적성을 재인식하는 계기를 제공하고자 한다. 이를 위해 첫째, 고전교육의 현재적 문제, 둘째, 칸트의 성숙과 계몽 개념, 셋째, 아도르노의 성숙을 위한 교육, 넷째, 칸트와 아도르노의 관점에서 더 나은 고전교육을 위한 방향과 그들 논의의 고전교육적 의미를 순서에 따라 주제화할 것이다.

2) 고전교육과 고전교육 연구의 문제

10여 년 전부터 고전교육을 위한 교과목들이 본격적으로 개설되기 시작했다. 이 시점 전후로 교양교육으로서 고전교육의 중요성과 교육과정 운영의 필요성이 집중적으로 제기되었다. 그 근거로는 정체성 및 가치교육으로서의 고전 텍스트의 우위성, 현재 삶과 사회이해를 위한 "자료정전"[1]으로서 맥락화의 탁월성, 일반 독서교육과의 비교우위론 등이 제시되었다. 비교우위론의 맥락에서 고전교육 과정은 기존의 독서교육 과정을 대체하거나 독서교육 심화과정으로 운영되고 있다. 이 밖에 고전교육의 필요성은 사고력과 창의성, 인성 등을 강조하는 사회와 기업의 새로운 인재상 요구에 대한 교육적 대응의 측면에서 제기되었다. 이렇듯 고전교육의 활성화 동인은 교육 내적 측면과 교육 외적 측면이 혼재하며 교육과정 운영방식도 실로 다양하다.

---

1 고규진, 「다문화 시대의 문학정전」, 『독일언어문학』 23집, 2004, 85쪽.

교양필수 교육과정으로 편성된 고전교육 강좌들은 다양한 강좌명으로 운영되고 있다. 〈고전읽기와 토론〉(부산대, 한남대), 〈고전읽기와 글쓰기〉(이화여대), 〈명저읽기와 글쓰기〉(영남대), 〈독서와 토론〉(중앙대, 동덕여대), 〈문명전개의 지구적 문맥 I, II〉(경희대) 〈인문학 독서토론〉(숙명여대) 등이 그 예다. 성균관대의 〈성균논어〉 교육과정과 같이 특정한 고전 텍스트를 지정해 고전교육을 실천하는 대학도 있다. 고전교육 교과목을 필수화하지 않은 대학의 경우에도 선택과목으로 고전읽기 교육과정을 운영하고 있다.[2] 인문교양 강화라는 교육패러다임의 확산에 따라 고전교육은 더욱 확대될 것으로 판단된다.

논자가 볼 때 고전교육 과정의 운영과 연구경향에 뚜렷한 특징과 문제성이 발견되는데 그것은 바로 기술적·도구적 경향성이 강하다는 것이다. 교양교육 과정이 역량교육 중심으로 재편되면서 고전교육은 비판적 사고 역량, 인성역량, 창의역량, 의사소통 역량의 함양 차원에서 기능화·수단화되었다고 해도 무리한 주장이 아니다. 강옥희는 고전교육이 "비판적이고 창의적인 사고능력 및 확장"[3]을 목적으로 한다고 주장한다. 김수정과 박혜정은 "상상력과 창의력을 통하여 문제를 해결할 수 있는 능력을 함양"[4]할 수 있는 것이 고전교육이라고 믿는다. 부산대 교필 과목인 〈고전읽기와 토론〉의 교과목 개요에서는 통합적 사고능력의 배양이 고전교육의 목적임을 아래와 같이 기술하고 있다.

> 학생들의 고전에 대한 이해와 독서량의 부족 심화 현상을 방지하고 충분한 독서를 통한 기초 사유 강화와 다양한 분야의 고전 독서를 통한 통합적

---

2 이하준, 「인성함양을 위한 고전교육의 방향탐색」, 『교양교육연구』 8권 5호, 2014, 426쪽 참조; 함정현, 민현정, 「대학교양교육에서 고전활용에 대한 연구」, 『동방학』 제30집, 2014, 489쪽 참조.

3 강옥희, 「창의성과 비판적인 사고능력 개발을 위한 고전읽기 수업방안 연구」, 『교양교육연구』 10권 4호, 2016, 546쪽.

4 김수정·박혜정, 「고전읽기를 통한 계열별 글쓰기의 실제: 이화여대 〈고전읽기와 글쓰기〉 공대 특성화반을 중심으로」, 『대학작문』 17호, 2016, 38쪽.

시각 배양을 위해 고전읽기와 토론 교과목을 운영하고 있다.[5]

이화여대의 교양필수 과목인 〈고전읽기와 글쓰기〉의 교수자들에 의해 소개되는 교과목 개요에는 위에 언급한 역량만이 아니라 인성역량도 고전읽기의 중요한 목적으로 규정하고 있다. 성균관대의 고전읽기 교양필수 과목인 〈성균논어〉는 인성역량 함양을 강좌개설의 기본목적으로 삼고 있다. 이름을 달리하는 고전교육 강좌들의 교육목적은 특정한 역량의 강화라는 기술적·도구적 성격을 여실히 보여준다. 고전교육은 특수목적을 지향하는 기능교육이 된것이다. 문제는 고전교육이 특정 교육역량을 달성하기 위한 도구과목화가 되었을 때 반드시 다른 여타의 유사목적의 강좌보다 더 큰 교육성과를 유발할 수 있는지에 대한 검증이 되지 않았으며 위와 관련된 경험적 추적연구가 본격화되지도 않았다는 점이다.

더 근본적인 문제는 특정 역량 함양을 위한 특화된 고전교육이 고전교육의 궁극적 목적에 얼마만큼 부합되는가에 대해 큰 관심을 기울이지 않는다는 데 있다. 고전교육의 극단적 도구화 사례는 ACE 사업(학부교육 선진화 선도대학 육성사업)이나 CORE 사업(대학 인문역량 강화사업)의 수주를 위한 고전교육과정 도입이다. 이국진에 따르면 "2011년부터 2016년까지 이들 사업을 지원받은 대학들은 인문 교양교육, 고전읽기 교육이 이전보다 눈에 띄게 강조되었고 관련 교과도 늘어났다".[6] 그의 주장의 타성성은 직접적 인과관계에 대한 경험적 자료분석을 필요로 하지만, 고전교육의 교양필수화와 사업수주 간에 아무런 상관성이 없다고 단정할 수도 없다.

고전교육에 관한 연구경향에서도 기술적·도구적 특징들이 강하게 드러난다. 고전교육의 도입기에는 고전교육의 당위성과 수업모델 연구가 주를 이루었다면, 그 이후의 연구들은 교수-학습방법론에 대한 평가

5 http://culedu.pusan.ac.kr/

6 이국진, 「대학 교양교육으로서의 고전읽기와 독서교육」, 『동남어문논집』 43집, 2017, 208쪽 참조.

와 개선방향들이 대부분을 차지한다. 어떻게 고전교육의 효과를 극대화할 것인가에 초점을 맞추는 논의와 연구는 수업운영 사례분석 이상을 보여주지 못하고 있다. 이는 다음과 같은 연구들에서 확인할 수 있다. 「〈고전읽기와 토론〉 강좌에서의 읽기모형 개선 방안」, 「과학의 고전읽기 교육사례 연구」, 「창의성과 비판적인 사고능력 개발을 위한 고전읽기 수업방안 연구」, 「대학 교양 고전 교육과 상호텍스트성의 활성화: 읽기, 토론, 쓰기의 연계를 중심으로」, 「고전읽기를 통한 의사소통교육 방안」, 「고전읽기를 통한 인성지도 방안」, 이 밖에 특화된 교수방법론을 활용한 교육효과 극대화 방안을 논하는 연구물들이 있다. 이에 관련된 연구로는 「영상매체를 활용한 고전 독서법 방안 연구」, 「디지털 시대, 문학 고전 읽기 방식: 고전 변용 텍스트의 상호매체적, 상호문화적 읽기를 중심으로」, 「디지털 시대의 고전 읽기: 독서 환경의 변화와 고전(古典)」 등이 대표적이다.

사례 중심의 교수-학습방법론에 대한 연구성과와 그것의 환류가 중요하다는 사실은 부정할 수 없으나 이에 매몰된 기술적·도구적 관심 연구경향들은 '왜, 무엇을 위한 고전교육인가'를 놓침으로써 본말이 전도되는 위험에 노출되기 쉽다. 이는 다른 교양교과목과의 '목적의 차별성'을 약화시키는 위험을 수반하게 한다.

3) 자기형성, 성숙 그리고 고전교육

고전교육의 목적은 무엇인가? 위 문제에 대한 답변은 고전교육 도입기의 연구물에서 여러 방식으로 제시되었다. 이 중 특히 주목해야 하는 것은 리터가 편집한 『철학의 역사적 개념사전』 중 교양(Bildung) 부분을 번역하며 교양의 개념사를 정리한 손동현의 논문이다.[7] 교육에 대한

7 손동현, 「교양교육의 새로운 위상과 그 강화 방책」, 『교양교육연구』 3권 2호, 2009, 7쪽 이하 참조.

철학적 첫 질문은 '교육이란 무엇인가'이다. 이 질문은 Bildung이란 무엇인가로 수렴된다. Bildung 개념 자체가 다의적이지만, 교육목적과 관련해서 Bildung은 자기교육을 통한 자기형성(Selbstbildung) 이외로 번역될 수 없다. 논자에 따라 자기형성을 위한 교육의 역할과 방법론의 차이를 보여줄 뿐이다. 자기형성의 교육사상을 체계화한 훔볼트 이전의 사상가나 동시대 혹은 그 이후의 사상가들에게 교육은 자기형성 교육이다. 자기형성은 인간다움의 잠재성, 개방성, 자율성, 독립성, 주체성, 자기창조, 자기교육, 자기규정성, 가치의 형성, 전인성, 비판정신, 자기실현의 개념요소를 포괄하는 개념이다. 자기형성으로서 교육의 이념은 비단 자유교육의 이념과도 큰 차이가 없으며 고전교육의 궁극적 목적이기도 하다.

고전교육의 궁극적 목적인 자기형성은 칸트와 아도르노에게는 성숙 개념으로 변주된다. 이들 논의에서 자기형성과 성숙은 동의어로 사용되기도 하나 이들은 주로 성숙 개념을 사용한다. 논자는 양자의 입장을 수용하며 고전교육 목적의 본래성을 회복하기 위해 '성숙'을 고전교육의 목적으로 설정할 것을 제안한다. 그 이유는 다음과 같다.

① 고전교육은 실용주의적 교육, 직업중심 교육과 대립되는 개념으로 '인간다움', 곧 인간성의 성숙을 목적으로 한다는 점에서 '성숙'을 교육목적으로 설정해야 한다.

② 성숙은 이성과 감성의 조화를 지향하는 전인교육의 측면을 잘 드러내는 개념이다.

③ 성숙은 자기이해, 사회이해, 세계이해의 균형성을 잘 표현하는 개념이다.

④ 가치교육, 인격성 교육으로서 고전교육을 이해하면 성숙은 그것의 최적화된 결과를 나타내는 개념이다.

⑤ 성숙은 내면성의 완성이라는 인문교육의 목적에 부합되는 개념이다.

⑥ 성숙개념은 고전교육의 특수목적화(역량교육), 기능화, 도구적 성격을 원리적으로 배제하며 그와 같은 관점에서 시도된 기술적 정의의 문제를 차단할 수 있다.

⑦ 성숙은 역량교육의 수단으로서 고전교육과정의 운영 시 제기되는 '최적화단 교육과정 여부', '독서교육과의 차별성'에 대한 의구심을 피할 수 있다.

⑧ 성숙은 고전교육의 최종성과를 잘 표현하는 개념이다.

⑨ 성숙은 파편적인 지식과 정보의 습득으로서 문헌학적 고전교육의 낡은 전통을 배제하는 개념이다.

⑩ 성숙은 훈고학으로 빠질 수 있는 전통적 고전교육의 성격을 제어하는 개념이다.

⑪ 성숙은 고전교육의 목표 중에 하나인 자신에 대한 자기책무성을 잘 드러내는 개념이다.

⑫ 성숙은 동양과 서양의 지성사에 대한 포괄적인 이해를 통한 지평의 융합과 보편성의 체화에 부합되는 개념이다.

⑬ 고전은 인류의 정신적 성숙의 산물이므로 고전교육의 목적을 (정신적) 성숙으로 설정하는 데 문제가 되지 않는다.

⑭ 성숙은 고전을 매개로 한 인문교육의 총체적 요소를 포괄하는 개념이다. 총체적 요소란 고전읽기의 다층성을 의미하는 것으로 저자의 자기인식과 시대인식의 이해, 당대의 현실의 이론화 과정과 고전에 반영된 내용의 검토, 독자의 자기이해와 시대인식에 근거한 시대변화 인식, 고전의 해석 및 현재화의 가능성과 이를 통한 새로운 전망 등을 포함한다.

위와 같은 논거들에 근거해 고전교육의 목적을 성숙으로 설정하는 경우 새로운 개념을 제안하는 데는 의미가 있으나 지나치게 일반적이라는 비판이 제기될 수 있다. 그럼에도 불구하고 고전교육의 목적에 대한 기존의 기술적 정의보다는 고전교육의 목적성에 더 부합한다는 장점이 있다. 뒷장에서 살펴볼 칸트와 아도르노의 성숙 개념은 고전교육의 목적과 고전교육의 방향성을 재음미하고 현재의 고전교육의 현실을 비판적으로 검토하는 데 의미 있는 단서를 제공한다.

4) 칸트의 성숙 개념

칸트의 철학을 계몽(Aufklärung)의 관점에서 계몽철학으로 바라보는 시각은 그리 낯선 시각이 아니다. 칸트의 철학을 비판, 이성, 자유, 자율성, 계몽 개념으로 특징화할 수 있다.[8] 여기서 주제화하는 계몽과 성숙(Mündigkeit)에 대한 논의는 「계몽이란 무언인가라는 질문에 대한 답변」에서 본격적으로 다루어진다. 칸트는 계몽을 "인간이 스스로 책임져야 하는 미성숙의 상태로부터 벗어나는 것"[9]으로 정의한다. 이때 계몽은 타자의 교육에 의해 획득되는 결과를 의미하지 않으며 자기계몽을 말한다. 계몽을 자기계몽으로 이해하는 한 계몽은 성숙과 동일한 의미를 갖는다. 그의 성숙 개념은 이성의 독자적인 사용과 관련된다. 칸트는 미성숙을 "다른 사람의 지도 없이는 자기 자신의 지성을 사용하지 못하는 무능력"으로 규정한다. 이는 『실용적 관점에서 인간학』에서도 동일하게 표현되고 있다.

> 인간의 내면에서 가장 중요한 혁명은 스스로에게 책임이 있는 미성숙으로부터 벗어나는 것이다. 지금까지 다른 사람이 그를 위해 대신 생각해주고 그 자신은 그것을 그저 따라하거나 혹은 보행기에 의지해 즉 남의 도움으로 걷기를 시도하는 것이 아니라 비록 아직 어설퍼도 자신의 발로 경험의 지반 위에서 앞으로 걸어 나아가는 것(성숙)이다.[10]

칸트는 두 저서에서 성숙과 미성숙의 판별기준을 '지성의 결핍'의 여부가 아니라 지성을 사용할 수 있는 능력 유무로 제시한다. 여기서 능

---

8 M. Kubsda, *Selbstreflexion und Emanzipation*, Würzburg, 2014, p. 35.

9 Kant, "Beantwortung der Frage: Was ist Aufklärung?", in: W. Weischedel(Hg.) Kant Werke in 10 Bd, Darmstadt, 1983(a), Bd 9, p. 53.

10 Kant, "Anthropologie in pragmatischer Hinsicht", in: W. Weischedel(Hg.) Kant Werke in 10 Bd, Darmstadt, 1983 Bd. 10, p. 549.

력은 자발적 용기와 지성 사용에 대한 자기 책임성을 의미한다.[11] "너 자신이 지성을 사용하는 용기를 가져라 하는 것이 계몽의 표어이다"[12]라는 말에 계몽-성숙-용기-책임의 내적 연관성을 확인할 수 있다. 칸트에게 계몽과 성숙 개념은 생물학적·사회적·관습적·법률적 개념이 아니라 인격적인 의미다. 또한 '상태'를 나타내는 개념이거나 행위의 결과를 지칭하는 개념도 아니다. 칸트에게 계몽과 성숙은 자신의 이성을 개발하고 사용하는 과정, 책임지지 못함에서 책임짐의 과정에로의 진입과 활동을 포괄하는 개념이다. 칸트가 거듭 밝히고 있듯이 계몽된 사람, 성숙한 사람이 되는 것과 미성숙한 사람의 차이는 자유의지에 따른 이성의 독립된 사용여부에 있다. 칸트는 계몽과 성숙의 조건으로서 용기를 강조하면서 동시에 게으름과 비겁함을 극복할 것을 요구한다.

> 게으름과 비겁함은 어떤 사람들이 왜 그렇게 쉽게 스스로를 후견인에게 내맡기게 되는가에 대한 원인이기도 하다. 어린아이로 남아 있는 것은 매우 편안한 일이다. 내가 나 대신에 지성을 갖고 있는 책을, 나 대신에 양심을 갖고 있는 목사를, 나 대신에 음식 조절에 신경 써주는 의사 등등을 갖고 있다면, 나 스스로 수고할 필요가 없을 것이다. 내가 이에 대한 대가를 지불한 능력을 갖고 있다면 나는 생각할 필요가 없을 것이다. 다른 사람들이 나 대신에 이 귀찮은 일들을 떠맡을 것이기 때문이다.[13]

---

11 계몽에 있어 용기 등과 같은 도덕적 덕목에 대한 칸트의 강조는 그가 계몽이 곧 이성이며 이성에 대해 절대적으로 신뢰했다고 볼 수 없다는 주장의 단초를 제공한다(이충진, 「칸트 계몽사상의 현재성, 사유혁명과 그것의 정치적 조건」, 『소통과 인문학』 12집, 2011, 153쪽). 이와 같은 주장은 이성의 공적 사용이 말하는 비판(정신)이 곧 계몽이라는 해석에 대립되며 무리한 해석이다. 칸트의 전체 철학에서의 관점에서 볼 때 비판정신으로서 '이성=계몽'의 도식이 더 설득력이 있다. 용기와 같은 심리적 동인이 강조되는 이유는 계몽이 여전히 진행되어야만 하는 시대적 환경을 칸트가 고려했기 때문이라고 봐야 한다.

12 Kant, "Beantwortung der Frage: Was ist Aufklärung?", in: W. Weischedel(Hg.) Kant Werke in 10 Bd, Darmstadt, 1983(a), Bd 9, p. 53.

13 같은 책, p. 53.

'나 대신 책'이 의미하는 바는 권위에 의존하는 사고습관, 주체적 사고와 비판적 반성능력의 개발을 위한 노고의 회피를 의미한다. '나 대신 목사'는 도덕적 성찰에 대한 게으름과 도덕적 책무성의 회피를 말한다. '나 대신 의사'는 육체적 건강관리에 대한 자기책임을 방기하고 위임하는 것을 말한다. 현대적 관점에서 보면 넓은 의미의 자기관리 의지의 결핍이라 볼 수 있다. 칸트는 이성적 차원, 도덕적 차원, 생활관리의 차원에서 편의성과 안락함을 추구하려는 심리적 경향성이 인간을 미성숙에 머무르게 하는 핵심원인으로 진단하면서 이와 같은 심리적 경향성을 스스로 파괴할 것을 요구한다. 성숙의 어려움을 인간의 보편적인 심리적 경향성에서 찾는 칸트의 의도는 '왜 대부분의 인간이 미성숙 상태에 머물러 있는가'를 규명하기 위한 것 이상이 아니다. 도덕적 차원과 생활관리 차원에서 미성숙이 이성적 차원의 미성숙과 같은 위상과 무게를 갖지 않는다. 이는 「계몽이란 무엇인가라는 질문에 대한 답변」이 자기 지성의 사용에 논의를 집중하는 데서 확인할 수 있다.

칸트는 성숙을 강조하기 위해 "자연화된 미성숙으로부터 벗어나는 사람"[14]이 적음에도 불구하고 공중이 미성숙의 굴레로부터 벗어날 수 있는 가능성이 존재하며 그래야만 하는 것이 '인류의 신성한 권리'라고 말한다. 따라서 인류의 신성한 권리를 실천하지 않고 미성숙에 머무는 것은 곧 인간성에 대한 심대한 침해가 된다. 칸트가 말하는 공중은 담론공동체에 참여하거나 관련된 사람들을 의미한다. 공중이 미성숙으로 벗어나기 위해서는 이성의 공적 사용(der öffentliche Gebrauch der Vernunft)이 중요하다. 이성의 공적 사용 사례로 그는 '어떤 사람이 한 학자로서 전체 공중 앞에서' '과세의 부당함이나 부정'에 대해 말하거나 성직자가 학자적 입장에서 교회의 도그마(Dogma)나 종교나 교회의 개선방안 등에 대해 발표하고 제안하는 경우를 제시한다.[15]

여기서 학자는 직업적 학자가 아니라 사회적인 이슈들에 대해 중립

---

14 같은 책, p. 54.

15 같은 책, p. 58 참조.

적인 태도로 논제를 파악하고 자신의 입장을 공론 참가자에게 밝힐 수 있는 사람을 지칭한다. 공적 이성을 사용하는 한 누구나 학자이며 공중 사이의 공적 이성의 자유로운 사용은 '과감히 알려는 용기'를 상호 강화시킨다. 이를 통해 공중은 각자의 공적 이성을 개발하고 성숙을 촉진시키게 된다.[16] 힌스케의 관점에서 칸트의 이성의 공적 사용에 관한 입장은 그의 논문이 출간된 〈베를린 월간잡지〉의 주요 구성원과 그 주변 지식인들의 모임인 수요회의 진리에 대한 자유로운 탐구 태도와 크게 다르지 않다. 그에 따르면 이 모임의 참여자는 각자가 진리라고 생각하는 것을 권위나 권력 혹은 양심과 같은 것에 근거를 두지 않고 오직 이론적 근거에 바탕을 두는 자유로운 진리탐구에 대한 열정을 가지고 있었다.[17]

이성의 공적 사용을 통한 미성숙으로부터의 해방에서 중요한 것은 사용의 조건과 방식이다. 칸트는 '매 시점마다 이성의 공적 사용과 그것을 위한 '자유'의 보장을 강조한다. 그는 계몽(성숙)을 위해 필요한 것은 단지 그러한 자유라고 선언한다. 공적 이성의 사용조건과 방식에 대한 칸트의 입장은 무제약적인 개인의 사상과 표현의 자유만이 아니라 언론 출판의 자유, 권위나 권력으로부터의 자유를 포함한다고 볼 수 있다. 만약 공적 이성을 특정한 시점, 특정한 장소와 상황, 특정한 사안에 일시적이고 제한적으로만 사용한다면, 그것은 칸트적 의미의 이성의 공적 사용이라고 볼 수 없다. 이러한 의미에서 칸트는 "우리 시대는 모든 것을 비판에 부치는 진정한 비판의 시대"[18]라고 말한다. 만약 비판으로 통

---

16 칸트의 계몽과 성숙이라는 개념은 하버마스적 의미에서 담론공동체에서 참여하는 의사소통적 이성의 사용자라고 말할 수도 있다. 그러나 하버마스는 칸트가 프랑스 혁명에서 세계 공론의 장을 보았고 공론의 중요성을 간파했지만 현대적 의미의 공론장으로의 구조변동을 제대로 인식하지 못했고 시대적 한계를 노정했다고 비판한다. 칸트적 의미의 담론공동체와 하버마스적 그것은 참여자의 성격에서 차이가 분명하다. J. Habermas, Einbeziehung des Anderen, Studien zur politischen Theorie, Frankfurt a. M., 1996, p. 134 참조.

17 N. Hinske, *Was ist Aufklärung? Beiträge der Berlinischen Monatschrift*, Darmstadt, 1981, p. XXIV 참조.

18 Kant, *Kritik der reien Vernunft*, in: W. Weischedel(Hg.) Kant Werke in 10 Bd, Darmstadt, 1983, Bd 3, A. XI.

칭되는 무제약적·공적 이성 사용의 자유가 보장되지 않은 경우, 독립적인 사유능력이 불안전한 경우, 다른 통제할 수 없는 외부적 환경인 경우에 공적 이성은 제한적·임의적으로 사용될 것이다.

위에서 보듯이 이성의 공적 사용의 제1전제는 독립된 사유의 주체, "매 순간 스스로 생각하는"[19] 주체다. 사상과 표현의 자유에 대한 법률적 보장도 독립적인 사유주체가 존재하지 않는다면 무의미하기 때문이다.[20] 칸트에게 "스스로 생각함은 자기 자신 안에서(자신의 고유한 이성 안에서) 스스로 최고 높은 단계의 시금석을 찾아내는 것"[21]을 말한다. "철학함은 이성의 고유한 사용의 연습을 통해 배울 수 있다"[22]는 『논리학』의 시각에서 스스로 생각하는 사유의 주체와 성숙의 주체는 동일한 주체다. 성숙은 계몽, 독립적이고 주체적 사유, 이성의 자유로운 공적 사용의 의미를 갖는다. 다르게 말해 비판정신의 소유가 곧 성숙이며 자기계몽이다.

칸트의 역사철학적 사유의 문맥에서 성숙은 동물에서 인간화, 본능의 유모차에서 이성의 사용자로의 변화를 의미한다. 그가 문화나 문화화라는 개념을 사용할 때도 같은 의미다. 칸트의 도덕철학에서 성숙은 단순히 훈육을 통한 야만성의 제어를 넘어서는 자율적(도덕적) 행위자를 의미함은 주지의 사실이다. 「추측해본 인류 역사의 기원」에서 성숙은 이성을 갖고 '스스로 삶의 여정을 선택하는 능력'의 소유와 그것의 행사를 뜻한다.[23] 지금까지 보았듯이 성숙과 관련해 분명한 것은 그 성숙이 교육에 의해서만, 그것도 이미 교육받은 인간에 의해서 교육됨으로써

---

19 Kant, "Was heißt sich im Denken orientieren?", in: W. Weischedel(Hg.) Kant Werke in 10 Bd, Darmstadt, 1983, Bd 5, p. 283.

20 칸트의 계몽은 사상과 표현의 자유라는 정신의 자유만이 아니라 행위의 자유를 포함하는 개념이다. 주체적 행위(Selbsthandeln)는 계몽의 조건이자 계몽의 추동체다.

21 Kant, "Was heißt sich im Denken orientieren?", in: W. Weischedel(Hg.) Kant Werke in 10 Bd, Darmstadt, 1983(b), Bd 5, p. 283.

22 Kant, "Logik", in: W. Weischedel(Hg.) Kant Werke in 10 Bd, Darmsyadt, 1983, Bd 5, p. 448.

23 Kant, "Mutmasslicher Anfang der Menschengeschichte", in: W. Weischedel(Hg.) Kant Werke in 10 Bd, Darmstadt, 1983, Bd 9, p. 89.

성취되는 것이 아니라는 점이다.

비록 칸트가 교육학에서 "인간은 교육되어야 할 유일한 피조물이다"[24]나 "인간은 오직 교육을 통해서 인간이 될 수 있다"[25]는 주장을 하지만 이것은 가르침의 기술, 즉 경험적이며 실용적인 관점에서 나오는 언급이다. 그가 말하는 교육의 본질적 의미는 내면성의 형성이라는 의미의 도야(Bildung)이며 좀 더 정확하게 말하면 자기형성의 교육이다.[26] 「계몽이란 무언인가라는 질문에 대한 답변」에서나 칸트의 전체 철학에서 성숙은 항상 이성의 주체적 사용과 책임 있는 행위, 비판, 도야, 주체적 삶의 형성과 관련되어 있다. 칸트의 성숙 개념은 아래에 살펴볼 아도르노의 그것과 비교해 사회정치적인 문제의식이 상대적으로 결여되어 있다.[27] 이것은 비판은 하되 저항의 금지와 복종원칙을 내세우는 계몽군주에 대한 칸트적 정당화의 필연적 귀결이라고 볼 수 있다.

5) 아도르노의 성숙 개념

주지하다시피 계몽 개념은 아도르노 철학을 관통하는 주도적인 개념이며[28] 그가 궁극적으로 요구하는 바는 계몽의 자기계몽, 그의 표현대

---

24 Kant, "Über Pädagogik", in: W. Weischedel(Hg.) Kant Werke in 10 Bd, Darmstadt, 1983, Bd 10, p. 687.

25 같은 책, p. 699.

26 내면성의 완성으로서 자기형성을 추구하는 교육은 칸트의 교육개념에서 문화화, 시민화, 도덕화의 형식을 갖는다. 자기형성으로서 도야는 사유와 행위에서의 책임성의 원칙을 실천하는 성숙한 인간을 목적으로 한다. 이러한 의미에서 김영래의 규정처럼 칸트의 교육학을 성숙성의 교육학, 계몽의 교육학이라 규정할 수 있다. 김영래, 『칸트의 교육이론』, 학지사, 2003, 133쪽 참조.

27 L. Frühbrodt, "Kant, die Aufklärung und ihre Folgen", http://www.zweite-aufklaerung.de/kant-die-aufklaerung-und-ihre-folgen 참조.

28 아도르노의 계몽 개념은 자연지배 도정에서 문명화, 문명화를 가능하게 하는 이성의 도구화와 관련된 개념이다. 이때 계몽은 문명화의 조건이자 문명병리학의 시작이다. 신화의 계몽화와 계몽의 신화화 논제를 통해 아도르노는 계몽의 계몽, 즉 계몽의 자기비판을 강

로 '계몽의 계몽'이다. 『계몽의 변증법』에서 보여주는 문명사적, 이성비판의 측면에서 계몽 개념의 전개와 달리 아도르노의 교육사상에서 나타나는 계몽 개념은 칸트의 경우와 마찬가지로 자기계몽의 의미로 사용되며 이는 다시금 성숙 개념과 동일한 의미층위를 갖는다. 성숙에 관한 아도르노의 논의는 『성숙을 위한 교육(Erziehung zur Mündigkeit)』에서 발견되며 1960년대 집중적으로 이루어진 교육 관련 인터뷰나 강연 등에서 부분적으로 찾아볼 수 있다. 성숙을 위한 교육은 '탈야만화로서 계몽을 위한 교육'과 긴밀히 연관되어 있다. 「아우슈비츠 이후의 교육」, 「탈야만화를 위한 교육」 등은 그의 『계몽의 변증법』에 대한 교육(학)적 답변으로 볼 수 있다.

아도르노는 훔볼트나 슐라이어마허가 말하는 전통적인 의미의 자기형성으로서의 교육 개념의 전통 위에 서 있으며 칸트적 성숙 개념을 적극 수용한다. 아도르노는 성숙을 "자기정신의 주체로서 자유", "자기의식을 스스로 정초"하고 '자기 욕망을 승화시키는 주체"됨[29]과 "자기규정(Selbstbestimmung)적 주체형성"[30]으로 정의한다. 자기의식, 자기정신, 자기규정적이라는 말에서 확인할 수 있듯이 아도르노의 성숙 개념은 칸트의 경우와 같이 이성의 능력 및 활동과 관련되며 생물학적·사회적 연령 개념과 관련이 없다. 아도르노와 칸트의 성숙 개념의 유사성은 이성의 자유로운 공적 사용의 측면에서도 확인할 수 있다. 아도르노가 말하는 비판적 이성이 칸트의 성숙담론에서의 공적 이성이다.

아도르노는 비판적 이성과 도구적 이성을 구분하고 있는데 이 구분은 칸트의 성숙담론에서 공적 이성과 사적 이성의 구분과 크게 다르지 않다. 목적달성을 위한 최적화된 이성의 사용이라는 측면에서 아도르노

조한다. 아도르노의 신화와 계몽에 대한 논의는 노성숙, 「계몽과 신화의 변증법」, 『철학연구』 50집, 2000, 219쪽 이하 참조; 이종하, 『아도르노. 고통의 해석학』, 살림, 2014, 21쪽 이하 참조.

29 Th. W. Adorno, *Erziehung der Mündigkeit*, Frankfurt a. M., 1970, p. 140.

30 이종하, 「소외된 교육과 해방의 교육: 아도르노의 '교육현실' 비판」, 『시대와 철학』 16권 2호, 2005, 191쪽.

의 도구적 이성과 칸트의 이성의 사적 사용은 맥을 같이한다. 그가 말하는 비판적 이성과 칸트의 이성의 공적 사용 역시 '비판'이라는 측면에서 같은 의미를 갖는다. 이성의 공적 사용이 칸트가 말하듯이 매 순간 스스로 생각한다는 것(Selbstdenken)이라면 그것의 전제는 비판적 의식을 전제해야 한다. 아도르노가 말하는 비판적 이성이란 '중단 없는 사유의 부정성'을 의미하며 이 부정성은 사회비판, 세계비판의 지속적인 전개로 나타난다. 아도르노의 비판적 이성과 칸트의 이성의 공적 사용은 이성의 사용영역과 대상의 관점에서 동일한 셈이다.

성숙과 계몽 개념과 관련해 아도르노와 칸트는 입장의 차이를 보인다.[31] 『계몽의 변증법』에서 전개되는 문명의 병리학에 대한 아도르노의 역사철학적 논증은 계몽의 파괴성에 대한 계몽의 자기계몽을 겨냥한 것이다. 계몽은 곧 문명(문화)화를 의미하며 그것은 진정한 의미에서 인간의 문화화가 아닌 야만화를 의미한다.[32] 야만문화의 극복은 동일성 사유의 부정성을 지양하고 비동일성의 사유를 통해 자연-인간, 인간의 인간지배, 성적 지배, 종적 지배를 벗어나는 데 있다. 이것이 그가 말하는 계몽의 계몽이다. 계몽의 계몽으로서 야만문화의 극복은 '화해'로 나타나며 그것이 인류적 차원의 성숙이다. 그런데 아도르노에게 인류적 차원의 성숙은 여전히 요원한 문제다. 자연지배 논리의 최정점으로서 나치즘의 야만성은 그 이후에도 새로운 형식으로 나타나고 있기 때문이다.

그에게 탈야만화는 해결되지 않은 현대사회의 극복과제다. 이를 위해 그는 인류의 성숙을 위해 '탈야만화 교육'을 역설한다. 탈야만화 교육이 인류의 차원에서 중요한 것은 야만적인 문화가 인간에게 절반의 교양, 조야함과 같은 문화의 쓰레기를 제공하기 때문이다.[33] 성숙과 탈

---

31 아도르노의 사유에서 성숙과 계몽이 같은 의미층위를 구성하는 경우는 비판적 사유와 주체되기의 실현으로서의 계몽의 계몽이라는 측면, 교육을 구성하는 행위주체들(교육당국, 교사, 학생, 학부모 등)의 성숙을 위한 교육에 대한 인식의 정립이라는 측면에서이다.

32 아도르노와 달리 칸트에게 계몽, 계몽화는 문명의 발전이라는 측면에서 볼 때 문화화, 인간화, 도덕화를 의미한다. 문명의 병리로서 계몽의 야만화 논리는 칸트에서 찾을 수 없다.

33 GS4, p. 31 참조.

야만화의 관계의 측면에서 아도르노와 칸트는 입장을 달리한다. 아도르노는 탈야만화를 반성, 자기규정, 야만에 동참하지 않는 능력으로 이해한다.[34] 탈야만화 개념 속에 성숙 개념이 이미 내포되어 있다. 이에 반해 칸트는 탈야만화를 훈육의 교육단계에서 동물성을 제거하고 인간성의 법칙들을 훈련시키는 개념으로 협소하게 이해한다. 계몽과 탈야만화 개념에서 칸트가 인간학적 측면을 크게 벗어나지 못했다면, 아도르노는 두 개념을 역사철학적, 사회철학적 차원으로 확장했다고 평가할 수 있다.

미성숙으로부터의 해방, 성숙의 어려움에 관한 아도르노의 원인분석과 진단도 칸트와 사뭇 다르다. 미성숙으로부터의 해방의 단서로 칸트가 '용기'라는 정신적 덕목을 강조했다면, 아도르노는 '사회제도의 근본적인 변화'를 강조한다. 여기에서 양자의 성숙을 위한 전제조건의 차이가 분명하게 드러난다. 그가 사회제도를 강조하는 이유는 성숙되기를 구조적으로 제약하는 기존의 사회제도하에서 자기이해와 자기규정에 근거해 자기 되기를 실현할 수 없다고 보기 때문이다.[35] 이와 같은 아도르노의 입장은 "올바른 사회 속에서만 올바른 삶의 가능성"[36]을 가질 수 있으며 개인해방이나 여성해방이 사회해방을 전제해야만 한다는 인식과 궤를 같이한다.

그에 따르면 성숙되기의 어려움은 보편화되어버린 절반의 교육(Halbbildung)에 중요한 책임이 있다. 절반의 교육은 '교육 그 자체를 위한 교육'과 '정신활동 능력이 있는 인간'을 만들어내는 교육을 말한다. 이러한 절반의 교육은 성숙한 인간을 육성하는 데 실패하며 사회적응과 사회억압에 대한 저항력을 길러내지 못한다. 그는 현대사회에서 성숙되기의 어려움을 야기하는 보다 근본적인 요인으로 문화산업의 부정적 역할을 강조한다. 문화산업의 부정적 역할은 거짓 욕구의 생산, 사이비 개

34 Th. W. Adorno, Gesammelte Schriften, Bd. 10.2, *Kulturkritik und Gesellschaft I*, hrsg von R. Tiedemann, Frankfurt a. M. 1998. p. 679 참조.

35 Th. W. Adorno, *Erziehung der Mündigkeit*, Frankfurt a. M., 1970, p. 144.

36 GS6, p. 388.

성의 형성, 대체 체험과 사이비 체험으로 인한 상상력과 창의성의 빈곤화와 그로 인한 '살아 있는 경험'의 결핍의 조장에 있다. 성숙되기와 관련해 문화산업에 의해 제공되는 대중문화와 교양과의 관계에 대한 아도르노의 진단은 암울하다.

> 대중문화는 문화적으로 더 좋은 날들을 경험했던 소비자들에게는 오래전에 폐기처분된 깊이에 대한 대용물을 제공해주며 통상적인 소비자에게는 과시용으로 삼을 수 있는 잡다한 교양을 제공한다.[37]

문화산업이 "교양의 상실과 야만적인 무질서 증가"[38]의 근본 원인이라는 진단이다. 오락과 유흥, 웰빙, 건강 관련 방송프로그램으로 채워진 국내의 지상파와 종편방송의 프로그램 구성 그리고 그것이 젊은 세대에 미치는 영향력, 가령 연예인 되기 및 연예인 따라 하기 열풍, 맛집 투어, 몸 관리와 치장의 문화적 트렌드를 감안한다면, 아도르노의 주장이 설득력이 없는 것도 아니다. 특히 공중파 드라마나 종편 드라마의 대부분은 성숙한 인간 되기를 소재로 삼지 않고 행운의 마력, 가벼운 삶의 즐거움이 중심소재를 이룬다.

이 드라마의 많은 경우가 동류집단과 조직적응에 열중하는 미덕 및 규범의 수행자가 되기와 행복과의 상관성을 지나치게 강조한다. 그에 따르면 문화산업은 개인과 사회의 완전한 동화를 추구함으로써 사이비 자유와 사이버 개성의 소유자, 즉 미성숙한 개인을 양산하며[39] "포만감과 둔감함"[40]을 개인에게 제공함으로써 성숙에의 요구, 주체 되기를 포기하게 만든다. 인간의 성숙을 방해하는 문화산업의 작동 중에 내면성의 왜곡 또한 심각한 문제다. 아도르노는 문화산업의 내용물이 내면성

---

37 GS3, p. 174.

38 같은 책, p. 183.

39 같은 책, p. 175.

40 같은 책, p. 185.

(Innerlichkeit)을 밀어내고 왜곡시킴으로써 내면성 자체를 실재하지 않는 거짓의 산물로 만든다고 비판한다.

> 문화산업은 내면성이라는 것을 공공연한 거짓말로 만든다. 내면성은 실제 생활에서의 인간적인 감정들을 좀 더 확실히 제어하기 위해 종교적인 베스트셀러나 심리영화나 여성물에 첨가된 고통스러우면서도 유쾌한 양념이나 쓸데없는 수다로 취급된다.[41]

위와 같은 인식에서 아도르노는 문화산업이 인간의 "내면생활 전체"를 "문화산업이 제시하는 모델"[42]에 따르게 하며 거짓 성숙(Scheinmündigkeit)을 완성시킨다고 진단한다. 성숙을 방해하는 거짓 성숙의 조장자로서 문화산업에 대한 아도르노의 처방은 문화산업의 해체가 아닌 문화산업과의 비판적인 대결에 초점이 맞추어져 있다. 그 핵심은 문화산업의 논리를 분쇄하라는 것이다. 이를 위해서 아도르노는 문화산업의 사회순응적 기제와 문화사업이 유포하는 이데올로기를 비판적으로 검토해야 한다고 주장한다. 문화산업이 제공하는 거짓 성숙을 위한 문화상품들에 대한 비판적 인식과 대응이 성숙에 이르는 길이다. 사회적 억압의 부드러운 대행자로서 문화산업에 대한 비판적 대응을 사회적 차원에서 보면 "독립된 존재로서 사회와 대립"[43]하는 것이며 그 가운데 성숙의 가능성이 놓여 있다. 아도르노는 문화산업의 강력한 통합력과 은밀하고 세련된 현혹의 방식들을 쉽게 극복할 수 없지만, 그렇기 때문에 자기정신의 주체 되기, 자기의식의 정초자 되기로서의 성숙으로 나아가야 한다고 주장한다.

문화산업과의 대결과 성숙되기의 관계에서 보듯이 사회적 차원에서 성숙의 가능조건을 탐색하는 아도르노는 위에 덧붙여서 성숙(탈야만

41 같은 책, p. 166.

42 같은 책, p. 181.

43 GS6, p. 218.

화)을 위한 교육정책과 교육방향을 제시한다. 그는 의식형성의 단계부터 비판능력의 배양, 살아 있는 경험을 하는 교육, 상상력을 키우는 교육, 건전한 권위에 의한 교육, 개방적이고 민주적인 교사의 역할, 교사, 학부모, 학생 자신의 자기계몽, 경쟁을 부추기는 교육체제를 지양할 것을 촉구한다. 개인의 성숙을 위한 사회적 가능조건으로서 교육개혁은 전체 사회구조의 변화 없이 불가능하다는 것을 인식한 아도르노는 더 나은 사회, 더 이성적인 사회가 건설되어야 함을 강조한다. 문제는 그가 사회구조 자체의 개혁에 대한 설계를 구체적으로 제시하지 않는다는 데 있다. 예상되는 비판에도 불구하고 그가 구체적 대안을 제시하지 않는 데는 사유의 본질인 부정의 정신으로 사태의 부정성을 드러내는 것이 가장 비판적이며 그 부정의 힘 자체에 거짓 성숙의 지양 가능성이 내재하고 있다는 인식 때문이다.

6) 칸트와 아도르노 성숙 개념의 고전교육적 의미

앞서 고전교육의 목적설정과 관련된 문제와 칸트와 아도르노의 성숙 개념을 살펴보았다. 칸트와 아도르노의 성숙 개념이 고전교육의 목적과 방향성 및 수업설계와 운영에 시사하는 바가 크다. 여기서는 그것을 몇 가지로 정리하고자 한다.

첫째, 타 교과목과 교육효과의 비교우위가 확고하지 않은 상태에서 고전교육의 도구화, 수단화를 비판하는데 칸트와 아도르노의 성숙 개념은 비판적 전거를 제공한다. 칸트는 '목적 그 자체'를 강조한다. 그가 성숙 개념에서 법률적·사회적·생물학적 요소를 배제하는 것은 스스로 자기의 지성을 책임성 있게 사용하는 성숙 그 자체가 목적이 되어야 함을 의미한다. 이와 관련해 그가 『도덕형이상학 정초』에서 '산출되어야 할 목적'과 '자립적 목적(der selbstständige Zweck)' 개념을 구분하는 것에 주목할 필요가 있다.[44] 산출되어야 할 목적은 말 그대로 설정한 목표를 의미한다. 자립적 목적은 산출되어야 할 목적과 대립개념으로 성취를 목적으로 하지 않는다. 다시 말해 성취여부와 관련 없는 목적을 의미한다. 따라서 자립적 목적은 수단으로 활용되는 하위목적의 성격을 갖지 않는다.

칸트의 목적 개념에서 보면 고전교육은 의사소통 역량이나 종합적 사고역량을 성취되어야 할 목적으로 설정해서는 안 된다. 위와 같은 고전교육의 변용은 고전교육 본래의 자립적 목적의 훼손이다. (고전)교육의 기능화, 도구화와 관련한 아도르노의 비판은 보다 직접적이다. 그는 성숙을 목적으로 하지 않는 사회의 기능수행자를 양성하는 수단화된 교육을 비판한다.[45] 그는 사회적 요구와 수요에 따른 교육이야말로 교육 자체를 상품으로 전락시킨다고 보았다. '무엇을 위한 교육인가(Erziehung-wozu?)'에 대한 아도르노의 근본 질문은 교육의 궁극적 목적이 인간성 함양에 있으며 그것이 곧 성숙되기임을 밝히기 위함이다.

사회의 요구에 무조건적으로 부응하는 교육에 의해 만들어진 인재는 거짓 성숙의 주인공이다. 이와 같은 아도르노의 입장은 단순히 취업과목이나 도구과목 위주의 교양교육과정 운영만이 아니라 자기형성으로서 성숙을 중심에 두지 않는 고전교육에 대한 비판의 근거를 제공한다. 오늘날 특수목적을 지향하는 고전교육은 도구과목의 교육철학을 비판하면서 시작되지만, 다른 의미의 도구과목으로 전락하는 위험에 처해 있다. 아도르노식으로 말하면 고전교육에 대한 "진실성이 결여된 정신"[46]이 그러한 위험을 가져왔다.

둘째, 고전교육의 도구화와 관련해 대학본부의 의사결정자들의 반성이 요구된다. 서두에서 언급했듯이 오늘날 대학현장에서 벌어지고 있는 ACE 사업이나 CORE 사업의 수주를 위한 고전교육과정 신설과 폐

---

44 칸트, 『윤리형이상학 정초』, 백종현 역, 아카넷, 2005, 164쪽.

45 홍사현, 「교육 속의 야만-니체와 아도르노의 교육비판」, 『니체연구』 26집, 2014, 170쪽 참조.

46 GS3, p. 165.

지는 철저하게 유용성의 논리에 종속되어 있다. 대학의 교육과정 의사결정자들은 교육의 이념만이 아니라 칸트와 아도르노의 성숙 개념, 허치슨의 고전교육의 실천과 그 반성적 전개의 역사를 다시 한 번 성찰해야 한다. '재정압박으로부터 살아남기 위한 불가피한 정책적 대응'이라는 옹색한 답변은 고전교육과정의 신설과 사업수주의 직접적 원인관계에 대한 엄밀한 검증에 기초했다기보다는 막연한 믿음과 기대의 측면이 강하다고 볼 수 있다. 고전교육의 정상화를 위해서는 이들의 시각교정과 지성적 양심의 회복이 요구된다.

셋째, 칸트의 '용기' 테제와 아도르노가 강조하는 아동기의 비판의식 교육은 고전교육에서 교수자의 역할에 대해 많은 시사점을 준다. 고전교육이 강의중심형 수업모델을 따르고 특정한 고전에 대한 문헌학적 탐구에 집중된다면 성숙을 위한 고전교육의 목적을 상실할 위험에 빠질 것이다. 칸트에게 용기는 타인의 개입이 아닌 자기결단과 자발성의 원칙에 근거하며 고전은 성숙을 위한 자료 이상을 의미하지 않는다. 아도르노도 자기형성을 통한 성숙의 차원에서 교육행위에서 교수자의 역할을 적극적으로 제한한다. 교사의 가장 중요한 과제가 "자신을 불필요한 존재로 만드는 것"[47]이라는 그의 주장은 교육에서 교사의 역할 자체를 부정하거나 의미를 축소하는 데 있지 않고 '어떻게 스스로 주체적인 자기 자유와 그를 통한 자기형성을 하느냐에 초점이 맞추어져 있다. 칸트와 아도르노의 관점은 지식전달형 고전교육, 정전주의에 매몰된 권위주의적 고전교육이 지양되어야 함을 강하게 시사한다.

셋째, 칸트와 아도르노의 성숙 개념이 고전교육의 방향에 시사하는 바는 스스로 책임지는 이성의 사용이 단순히 개인의 '성숙'만이 아니라 사회정치적 및 세계시민적 차원의 성숙을 지향해야 한다는 데 있다. 칸트가 진정한 계몽군주라 칭하는 프로이센의 프리드리히 대왕이 보장한 사상을 포함한 언론과 표현의 자유는 교양의 수준을 높이는 제도적 조건이며 시민교양 상승의 원인으로 작용한다. 이는 개인적 성숙과 시민

47 Th. W. Adorno, *Erziehung der Mündigkeit*, Frankfurt a. M., 1970, p. 140.

으로서의 사회적 성숙의 제도적 조건이다.[48] 아도르노 경우 개인의 성숙은 사회적 성숙과 항상 연동된다.

성숙을 위한 사회적 조건의 개혁 없이는 사이비 교양과 사이비 개성만이 양성된다. 위와 함께 아도르노는 진정한 성숙을 위한 교육은 인류적 차원의 탈야만화 교육으로 확장할 것을 제안한다. 칸트와 아도르노의 성숙 개념의 사회적·인류적 맥락을 고려한다면, 고전교육의 목적은 단순히 개인적 차원의 성숙만이 아니라 보다 높은 차원의 사회정치적 성숙과 인류의 성숙을 위한 실천적 관심과 행위를 고취시키는 방향으로 재설정되어야 할 것이다. 개인의 성숙-사회적 성숙-인류의 성숙을 위한 고전교육이야말로 '고전교육의 자기계몽'이라 할 수 있다.

넷째, 고전교육과 관련해 아도르노가 말하는 교육상품화 위험에 대한 경고에 주목할 필요가 있다. 아도르노는 '교육이 단순히 그 자체로 목적이 된다면 순수교육에 지나지 않는다'는 입장을 견지한다. 또한 그는 성숙을 목적으로 하지 않는 순수교육은 그것 자체가 하나의 교육상품이 된다고 말한다. 오늘날 고전교육은 세속적인 이지성식의 고전교육 만병통치론, 고급스러운 힐링 인문학과 동시에 고전의 세속화에 반하는 원전주의 교육이 병존한다.

이러한 중첩화된 병리적 현상은 특히 일반대중을 상대로 한 고전교육에서 더 두드러지게 나타난다. 고전의 대중화라는 이름하에 벌어지는 이벤트성 고전강연과 대중의 지적 허용심이 결합되면서 고급문화 상품의 구입과 다르지 않은 소비양상을 보여주고 있다. 고전교육의 소비주체 중에는 고전의 학습을 유사 학술활동으로 오인하는 경우도 많다.[49]

---

48 황태연은 칸트가 그의 정치철학 저서들에서 옹호하는 공화주의 체제가 정치적 성숙을 나타내는 정체로 평가하며 계몽의 세계시민적으로 정초임을 강조한다. 위와 같은 그의 주장에는 칸트식 계몽군주의 정당화와 보수주의적 논점, 신교적 입장, 계몽의 미완성 테제 등에 대한 고려가 결여되어 있다. 황태연, 「칸트의 계몽개념과 정치사상」, 『계간 사상』 6호, 1998, 198쪽.

49 베블런은 『유한계급론』에서 고등학문에 접근하려는 유한계급의 활동을 금력과시문화의 한 양상으로서 평판얻기를 위한 문화선전의 일환으로 평가한다. 그는 이들의 유사학문 활동이 '고급스럽고, 고귀하고, 가치 있는' 취미 규범의 실천 이상이 아니라고 비판한다. 베

이러한 현상은 상품으로 전락된 사물화된 고전소비이자 사물화된 고전교육 이상이 아니다. '문화산업에 의한 진정한 교양의 상실, 거짓 성숙화'에 대한 아도르노의 비판이 유효한 비판이었던 만큼 고전교육의 세속화(속류화)가 불러오는 사이비 고전교육에 대한 비판 역시 유효하다. 이 비판의 강화가 성숙, 자기형성, 자기계몽이라는 고전교육의 본래적 목적의 회복으로 나아가는 길이 될 것이다.

결론적으로 칸트가 당대에 던진 "현재 우리는 계몽의 시대에 살고 있는가"에 대한 그의 대답을 되새길 필요가 있다. 칸트는 위의 질문에 "아직 계몽이 진행 중인 시대, 다시 말해 계몽이 완성되지 않는 시대에 살고 있다"고 대답했다. 그의 질문을 고전교육과 관련해 다시 다르게 물을 수 있다. "현재 우리는 고전교육의 계몽시대에 살고 있는가"라는 물음에 "그렇다"라고 대답할 수 있다. 그러나 여전히 '고전교육에서 계몽이 더 필요하다'는 것은 부인할 수 없는 사실이다.

블런, 『유한계급론』, 김성균 역, 우물이 있는 집, 2014, 431쪽 이하 참조.

2

인성함양을 위한 고전교육의 방향 탐색

1) 교양교육에서 고전교육의 위상과 인성교육의 관계탐색

오늘날 많은 대학에서 고전교육을 강화하고 있다. 왜 이러한 교육적 흐름이 형성된 것인가? 고전교육이 교양교육에서 하나의 중요한 교육적 흐름으로 자리 잡게 된 배경은 다양하다. 먼저 사회환경적 요인을 들 수 있다. 대학 내 인문학이 고사되면서도 인문학에 대한 사회적 요구와 그에 따른 다양한 강좌 및 교육 프로그램이 활성화되어 있다. 그 가운데서도 고전읽기의 중요성에 대한 인식이 확산되었다. 두 번째는 인성교육의 활성화와 함께 삶의 가치와 의미탐구로서 고전의 위상이 재정립되고 있다. 세 번째는 인문학적 상상력을 중요하게 생각하는 기업의 채용문화의 변화다. 위와 같은 변화는 고전의 중요성과 고전탐구에 대한 인식으로 자연스럽게 전환되고 있다. 네 번째는 출판사와 대중적인 작가들의 고전읽기의 대중화 및 상업화 전략의 영향이다. 자기계발서보다 고전이 성공에 중요하다는 논리와 만화나 소설형식의 맞춤형 고전출판이 고전읽기 트렌드를 형성하는 데 일정 부분 기여한 것이 사실이다.

그런데 고전교육의 강화를 가져온 가장 중요한 원인은 교육 내적인 측면에서 찾을 수 있다. 이것은 대학 내 교양교육의 흐름과 관련이 있다. 2000년대 이후 교양교육의 중요성이 새롭게 인식되면서 전국의 대학에서 기초교육원, 학부대학, 교양교육원, 교양대학 등 다양한 이름의 교양교육을 담당하는 기관들이 설립되었다. 동시에 각 대학에서 언어교육 중심의 교양교육 흐름이 글쓰기 교육 및 의사소통교육 중심으로 패러다임 전환을 가져왔다. 그 이후 글쓰기 교육 및 의사소통교육의 성과와 한계가 인식되면서 다시금 독서 및 고전교육으로 교양교육의 중심이동이 이루어졌으며 현재 많은 대학들이 고전읽기를 교양필수로 지정하거나 교육과정에 새롭게 도입하는 추세다.[1]

이 논문은 위와 같은 대학 내 교양교육 패러다임의 변화에 주목하면서 기존의 고전읽기 교육과 다른 인성교육 함양을 위한 고전읽기 교육의 가능성을 탐색하는 것을 목적으로 한다. 이를 위해 먼저 대학 내 고전교육의 현황을 살펴보고 인성교육과 고전교육이 어떤 맥락에서 공통의 토대를 공유하고 있는지를 검토할 것이다. 또한 인성을 함양하는 특수한 목적의 고전읽기 교육의 전제조건들을 분석함으로써 그 가능성을 제시해보고자 한다.

2) 한국대학 고전읽기 교육의 현황과 현실

서울대는 고전교육을 강화하기 위해 2013년부터 1학년 필수과목으로 〈삶과 인문학〉을 개설하고 고전 3권을 읽고 토론하는 교육과정을 도입했다. 또한 핵심교양으로 〈동양의 고전〉, 〈동아시아 고전읽기〉와 같은 고전읽기 교육을 실시하고 있다. 동국대의 경우는 영역별 고전교육 전문교수 인력을 상당수 채용해 〈고전세미나〉 강좌를 운영했으며 2014년에 이를 확대해 〈세계명작세미나〉 강좌를 개설해 보다 집중적인 고전교육을 추진하고 있다. 이 대학은 고전영역을 '존재와 역사', '경제와 사회', '자연과 기술', '문화와 예술', '지혜와 자비' 등 5개 영역으로 나누어 총 4학기에 걸쳐 100권을 읽게 만든다는 의욕적인 고전교육계획을 발표했다.

2011년 국내 최초로 학부생의 교양교육을 총괄하는 통합교육기관

1 정인모·허남영, 「고전읽기를 활용한 수업모형」, 『교양교육연구』 7권 1호, 2013, 45쪽 참조.

으로서 '후마니타스 칼리지'를 설립운영 하고 있는 경희대는 〈문명전개의 지구적 문맥 I, II〉를 통해 키워드에 입각한 고전교육을 실시하고 있다. 게다가 6학점을 이수하도록 해 고전교육에 대한 학교 당국의 교육적 신념을 잘 보여주고 있다. 경희대의 경우는 과거 〈독서와 토론〉 교양필수 과목에서 대학이 선정한 고전을 선택해 고전교육을 운영해왔다. 한양대 역시 인문학 고전 읽기 과목을 필수(2학점)로 개설했으며 같은 차원에서 인문학 인증제도를 운영하고 있다. 이 밖에 숙명여대가 〈인문학 독서토론〉[2] 과목에서 고전교육을 진행하고 있고, 이화여대에서 〈고전읽기와 글쓰기〉를 필수과목으로 개설하고 있다. 부산대와 영남대에서도 고전교육 강좌를 필수교과목으로 운영한다.

고전교육 필수과목 개설학교

학교	강좌명	필수여부
동국대	고전세미나 → 세계명작세미나	교양필수(3학점)
이화여대	고전읽기와 글쓰기	교양필수(2학점, 3시간)
숙명여대	인문학 독서토론(고전읽기)	교양필수(2학점)
부산대	고전읽기와 토론	교양필수(2학점)
영남대	명저읽기와 글쓰기	교양필수(3학점)
경희대	문명전개의 지구적 문맥 I, II	교양필수(6학점)

교양필수가 아닌 교양 선택으로 고전읽기 강좌를 개설한 학교로는 서울여대, 건국대, 연세대 등을 들 수 있다.

위에서 살펴본 바와 같이 고전교육이 교양교육의 핵심 교육과정으

2 신희선, 「대학 교양교육에서 〈인문학 독서토론〉 수업사례」, 『사고와 표현』 5집 1호, 2012, 10쪽 이하 참조.

로 자리 잡아가는 상황에서 고전교육이 어떻게 이루어지는지 검토해봐야 한다. 행정적 측면에서 고전교육은 기존의 특정학과 중심의 운영방식에서 '고전교육위원회'에 의해 주도되고 있다. 이러한 현상은 과이기주의로 인한 파행을 극복하고 고전을 통한 통합적이며 융복합적 교육을 지향한다는 점에서 바람직하다고 볼 수 있다. 또한 영역별 전문교수 요원들에 의해 교육이 이루어지는 방향으로 나간다는 점에서 옳은 방향이다. 그러나 정년트랙 교수가 아닌 비정년트랙 전임교원이나 초빙교수 중심의 고전교육 학사운영은 고전교육의 목적을 성취하는 데 구조적 한계를 야기한다. 학과 소속의 책임교수와 비정년 및 초빙교수에 의한 학사운영 시 교육의 질적 측면과 교육의 연속성을 담보하는 데 한계가 있다. 고전교육 전문교수 요원의 신분안정은 고전교육의 내실화를 위해 불가피하다.

교수-학습의 관점에서 강좌 운영방식을 살펴보자. 먼저 고전읽기 교육에서 교수-학습 자율권의 범위다. 기존의 독서교육으로서 〈독서와 토론〉과 같은 강좌들은 학교별 추천도서를 교수 재량에 의해 선택하도록 해 교수의 자율권을 최대한 보장하는 경우가 대부분이다. 고전읽기 강좌에서는 두 가지 경우를 생각할 수 있다. 읽어야 할 고전 텍스트의 선택권을 교수가 결정하게 하거나 통일된 텍스트(교재)를 만들어 강좌를 운영하는 방식이다. 통일된 텍스트는 경희대의 경우에서 보듯이 고전을 주제 중심으로 부분 발췌하여 교육하는 방식이다. 이러한 교육방식의 장점은 피교육자로 하여금 인간의 중요한 문제들에 대한 대가들의 사유와 그것의 맥락화를 체계적으로 학습하는 데 있다. 그러나 교수자와 학습자의 자율성을 침해하고 통권 읽기에서 맛볼 수 있는 깊이 있는 이해와 사유를 재구성해내는 구조적 독해기법을 체화하는 데 한계가 있다.

고전읽기 강좌운영 방식은 다독중심과 통권중심 읽기로 구분할 수 있다. 이화여대의 〈명작명문의 읽기와 쓰기〉와 같은 강좌는 1학기에 4권 이상을 읽도록 수업을 진행한다.[3] 동국대의 〈세계명작 세미나〉 강좌 역

---

3 홍인숙, 「대학 글쓰기 심화과정에서 인문-교양중심의 읽기-쓰기 연계과목의 효과와 의의」, 『어문논집』 51집, 2012, 168쪽 이하 참조.

시 다독중심의 교육을 진행한다. 다독중심과 달리 통권 읽기 고전교육은 고전 1권을 선택해 '깊이 읽기'를 지향한다. 통권 읽기 강좌는 피교육자의 이해력과 집중력, 적극적인 학습의지를 전제로 한다는 점에서 일정한 수준이 넘는 수강생을 대상으로 운영하는 것이 적절하다. 고전 읽기의 필요성에 대한 이해 부족과 어려움을 호소하는 피교육자를 대상으로 통권 읽기를 시도하는 것은 비록 교수자의 탁월한 교수법과 교육적 지혜가 발휘된다 해도 교육목적을 달성하는 데 한계가 있다.

고전읽기의 수업모형은 크게 독해중심 수업모형, 읽기+발표+토론+글쓰기 통합수업모형, 수업 전 동영상 강의수강과 수업 중 발표와 토론을 진행하는 혼합형 수업모형, 문학고전교육에서 영상을 활용한 수업모형을 들 수 있다. 앞서 살펴본 고전교육 과정을 필수로 이수해야 하는 학교의 강좌명에서 알 수 있듯이 현재 많은 대학에서 이루어지는 수업방식은 읽기+토론+발표+글쓰기를 병행하는 통합수업 모형이다. 동국대의 경우 내용적으로는 통합적 고전교육을 진행하지만, 사전 동영상 60분 시청의무제를 도입해 혼합형 수업모형을 활용한다. 동국대의 혼합형 수업모형은 4학기 100권 읽기라는 교육목적을 달성하기 위해 고안된 수업모형이라 평가할 수 있다. 통합형 고전교육 수업모형은 분석적·종합적 사고력과 소통능력, 글쓰기 능력을 동시에 배양하는 것을 목적으로 한다.

이와 같은 통합형 고전교육은 불가피하게 '깊이 읽기'와 충분한 교수-학습 시간을 전제로 한다. 이런 차원에서 볼 때 통합형 고전교육은 '다독'을 지향하는 다독중심의 고전교육 수업방식에서 충분한 교육적 효과를 기대하기 어렵다. 그런데 많은 대학의 경우 다독중심의 고전교육을 실시하고 있다. 이 경우 불가피하게 통권이 아닌 발췌된 고전을 가지고 통합적 고전교육을 진행할 수밖에 없다. '천천히 읽기, 반복 읽기, 재음미하기'[4] 과정을 통해 '가치와 의미, 현재화 및 맥락화' 능력을 신장시키는 것이 고전교육의 궁극적 목적에 부합하는 것이라면, 다독과 통합

4 이재형, 「고전 독서 방법의 일기 교육적 재조명」, 『우리말글』 57집, 2013, 150쪽 참조.

형 고전수업 모형을 결합하는 많은 대학들의 고전읽기 교육은 '과도한 교육적 열정이 만들어낸 지나치게 의욕적인 고전교육'이라고 평가된다.

지금까지 살펴본 한국대학의 고전읽기 교육의 특징과 문제점은 다음과 같이 정리할 수 있다. 첫째, 고전읽기 교육의 독립성이 약하고 의사소통교육의 연장 혹은 고전읽기 교육을 활용한 의사소통교육의 성격이 강하다. 기존의 고전읽기 교육은 읽기, 말하기, 쓰기 능력을 신장시키는 의사소통교육과 보편적 지식과 가치 및 삶의 의미를 탐색하는 전통적 의미의 교양교육의 전통[5]을 결합시키고 있다. 논자가 보기에 고전읽기 교육의 지속성과 안정적 정착을 위해서는 의사소통교육과 분리해 시대의 문제를 고민하고 성찰적 삶을 추구하는 고전읽기의 방향으로 나아가야 한다.

둘째, 2시간, 3시간의 필수시수로 운영되면서도 다독중심의 수업방식을 많이 채택하고 있다. 고전읽기의 본래 취지를 살리기 위해서는 통권중심의 수업운영이 필요하다. 셋째, 극소수의 대학을 제외하고 교양필수로 운영되는 대학의 경우에도 정년교수들에 의해 수업이 이루어지지 않고 초빙교수나 시간강사에 의해 대부분의 수업이 운영되고 있다. 이것이 해결되지 않고서는 고전교육이 독립된 과목으로 정착되는데 한계가 있다. 넷째, 고전읽기 교육의 표준적 교수-학습모형에 대한 운영대학의 연구결과물을 찾아보기 힘들고, 교수방법론과 교육의 질 관리를 위한 워크숍과 교강사 연수프로그램을 본격적으로 운영하는 대학들이 아직은 소수에 그치고 있다.

현황분석을 통해 확인할 수 있는 것은 의사소통교육의 연장으로서 고전읽기 교육을 지양하고 새로운 차원의 고전교육의 방향을 모색할 필요가 있다는 점이다. 여기서는 고전읽기 교육의 독립성을 일정 부분 확

---

5 르네상스 시대에 백과전서식 지식의 추구를 위한 핵심방법이 바로 고전읽기였다. 라블레와 같은 인문주의자들은 고전읽기의 목적을 보편적 지식의 확장으로 보았다. 당시 최고의 인문주의자였던 에라스뮈스는 인간성의 완성이라는 관점에서 원전(라틴어)고전읽기의 중요성을 강조했다. 이황직, 「고전읽기를 통한 교양교육의 혁신」, 『독서연구』 26호, 2011, 521쪽 참조.

보하면서도 인성을 함양할 수 있는 특수목적형 고전읽기의 가능성을 탐색해보고자 한다.

3) 인성함양을 위한 고전읽기 교육의 가능성과 방향 탐색

(1) 인성교육과 고전읽기의 만남은 가능한가?

이 물음에 대한 대답은 '가능하다'라고 요약할 수 있다. 먼저 인성교육과 고전교육은 삶의 의미와 가치의 발견, 자아와 자신이 관계하는 사회와 세계에 대한 통합적 이해를 목표로 한다는 점에서 토대를 같이 한다. 자연과학 고전과 같은 특수 고전 영역을 제외하고 인간의 삶과 역사, 문화, 가치를 다룬 고전은 인성교육의 보고라 해도 과언이 아니다. 우리가 인문고전이라고 칭하는 것들은 '인간의 본성, 인간 존재의 모순성, 이상적 인간상, 삶의 빛과 그늘, 우연성과 임의성 그리고 특정한 시대의 가치와 삶의 전 국면을 심층적으로 다룬다.

인성을 심리적 관점, 사회문화적 관점, 도덕철학적 관점 등 어떤 관점에서 정의를 하든 관계없이 인문고전은 세 가지 관점의 요소를 깊이 있게 녹아내고 있으며 현재적 관점에서 독서를 통한 재맥락화나 현재화 그리고 지평 융합의 토대를 제공한다. 도덕철학적 관점에서 '인성' 개념은 인간으로서 지켜야 할 도리와 소양 및 덕목을 말한다.[6] 이때 인성은 곧 '인격'(character)을 의미한다.[7] 인격교육의 일환으로서 고전읽기 교육의 가능성은 시대가 요구하는 도덕적 가치와 덕목을 찾아 그 중요성의 정도에 입각해 고전읽기 교육을 하는 데에 달려있다. 고전교육의 중요

---

6 권상우, 「유학의 인성교육: 도덕적 치유」, 한국초등도덕교육학회 2013 하계학술대회발표문, 324쪽 참조; 이택휘·유병열, 『도덕교육론』, 양서원, 2000, 46쪽 참조.

7 금교영, 「한국 인성교육의 사례분석과 인격주의 윤리학적 반성(I)」, 『철학논총』 32집, 2003, 245쪽 참조.

한 목표가 후마니타스, 즉 인간성의 고양을 목표로 하며[8] 인간성의 핵심 요소에 도덕적 감수성이 포함된다는 점에서 인성교육의 목표와 그 궤를 같이한다.

특히 동양의 고전인 『삼강오륜』과 『명심보감』은 동양 고전교육의 시작이자 인성교육의 핵심 텍스트다.[9] 또한 에라스뮈스의 『아동예법』은 인간의 보편적 행동을 제시하며 근대 아동교육의 교과서 역할을 했다는 점을 상기할 필요가 있다.[10] 부정적 의미의 마키아벨리즘의 단서를 제공한 마키아벨리의 『군주론』의 "군주는 약속을 어디까지 지켜야 하는가"와 같은 단편 역시 인성함양을 위한 고전의 소재로 충분히 활용할 수 있다. 몽테뉴의 『수상록』이나 베이컨의 『수상록』의 '사랑', '우정'과 같은 단편만이 아니라 한나 아렌트의 『예루살렘의 아이히만』, 에릭 프롬의 『건전한 사회』, 칸트의 『영구평화론』 등과 같이 수많은 고전들은 주지주의적 인성교육만이 아니라 실천중심의 인성교육[11]의 보고(寶庫)라고 할 만하다. 왜냐하면 위의 저작들은 도덕적 판단의 중요성보다 실천과 실천적 지혜의 가능성을 천착하기 때문이다.

(2) 인성함양을 위한 고전교육의 방향

인성함양에 초점을 맞춘 새로운 고전읽기 교육과정은 아래와 같이 몇 가지 중요한 원칙에 입각해 준비되어야 한다. 첫째, 중요한 인성덕목(요소)에 입각해 고전을 선정한다. 1992년 채택된 '인성교육에 관한

---

8 손승남, 「대학설립 초기의 교양교육 전통과 그 창조적 재생」, 『교양교육연구』 7권 2호, 2013, 208쪽 참조.

9 실제로 명심보감은 인성교육 지침서로 만화로 편집되어 활용되거나 각 시교육청 교사 직무연수에서도 인성 실천 사례로 자주 활용되고 있다.

10 엘리아스는 에라스뮈스의 아동예법서가 시빌리타스-문명-교육-인간화에 지대한 영향을 미쳤음을 강조한다. 노르베르트 엘리아스, 『문명화 과정I』, 박미애 역, 한길사, 1996, 174 이하 참조.

11 추병완, 「미국 도덕교육의 최근 동향」, 정세구 외 역, 『인격교육과 덕교육: 도덕교육의 새 방향』, 배영사, 1996, 306쪽 참조.

에스펜 선언'에서는 신용, 존중, 책임감, 공정, 배려, 시민정신 6가지 인성덕목을 제시한 바 있다. 인터넷을 활용한 인성교육을 주도하고 있는 Live Wire Media라는 기관에서는 과거 미국의 인성교육의 요소를 종합해 미국 인성교육의 10대 덕목을 제시했다. 그것은 신용, 타인존중, 책임감, 공정(정의), 배려, 시민정신, 정직, 용기, 성실, 통합성이다. 우리의 경우 1995년 '5.31 교육개혁 방안'과 2010년 교과부가 발표한 '창의·인성 교육방안'에서 교육적 차원의 인성교육의 중요성을 강조했다.[12] 문제는 두 중요한 인성교육 관련 교육정책에서 인성의 개념에 대한 구체적 언급이 생략되어 있다는 점이다.

2011년 교육과학기술부는 전체적 관점의 인성덕목으로 존중, 책임, 정의, 배려를 제시하고 가치관계 영역별 덕목을 제시했다.[13] 이에 따르면 도덕적 주체로서의 나-자율, 성실, 절제, 우리·타인 관계-효도, 예절, 협동, 사회국가지구공동체 관계-준법, 공익, 애국심, 통일의지, 인류애, 자연·초월적 관계-자연애, 생명존중, 평화다. 이 밖에도 창의·인성 교육개념을 제시한 국내의 교육학자들이 인성의 요소를 다양한 측면에서 제시했다. 강선보는 인성교육의 방향으로 자기성찰 능력, 상생적 삶의 능력, 정신적 가치추구 능력을 제시했다.[14] 안범희는 세계화 시대의 창의·인성 교육방향으로 전통적 인성교육과 더불어 민주시민 교육, 창의적 문제해결 능력교육, 리더십, 진취적 태도 및 적성개발능력 교육, 합리적 의사소통교육을 제안했다.[15]

둘째, 인성교육의 패러다임 변화를 고전교육에 비판적으로 수용해야 한다. 우리의 경우 1997년 7차 교육과정 이전까지 규범과 도덕적 판

12 박춘성, 「창의인성교육의 특성과 학교에서의 발현을 위한 방안 탐색」,『창의력 교육연구』 8집 2호, 2010, 64쪽 이하 참조.

13 교육과학기술부, 개정 도덕과 교육과정 해설-공통교육과정 『도덕』, 2011.

14 강선보 외, 「21세기 인성교육의 방향설정을 위한 이론적 기초연구」, 『교육문제연구』 30집, 2008, 4쪽 이하 참조.

15 안범희, 「미국 학교에서의 인성교육 내용 및 특성 연구」, 『인문과학연구』 13집, 2005, 140쪽 참조.

단력을 신장시키는 지식중심의 주지주의 인성교육이었다면, 7차 교육과정 이후에는 실천중심의 인성교육으로 그 패러다임이 변화했다.[16] 인성함양을 위한 고전읽기 교육은 도덕적 판단력의 강화와 함께 도덕적 실천을 촉진시키는 방향에서 이루어져야 한다. 실천중심형과 주지주의 인성교육의 적절한 결합에 근거해 고전을 선정하고 고전과의 '내적 대화'를 통해 도덕성과 실천력을 비판적으로 성찰하는 능력을 신장시켜야 할 것이다.

셋째, 시대의 문제와 시대가 요구하는 도덕적 가치를 적극 반영하는 고전읽기 교육이 이루어져야 한다. 논자의 관점에서 인성함양을 위한 고전교육은 전통적 인성요소와 함께 21세기의 지구촌 사회의 일원으로서 필요한 덕목을 신장할 수 있는 방향으로 나아가야 한다. 이를 위해 필요한 인성요소로 신의, 타인존중, 책임감, 공정(정의), 배려, 시민정신, 정직, 용기, 성실, 통합성, 자기설계 및 성찰능력, 개방성, 진취성, 문화적 교양, 소통과 공존이 제시될 수 있다.

넷째, 인성함양을 위한 고전읽기 교육과 일반 고전읽기 교육 그리고 독서교육의 균형을 유지하도록 한다. 인성함양에 초점을 맞춘 고전교육만으로는 고전교육의 목적에 도달할 수 없다. 따라서 일반적 고전읽기 과정을 교양선택 과목으로 개설해 조화와 균형을 맞추어야 한다. 또한 고전읽기 외에 일반 독서교육을 통해 미래의 사회인으로 필요한 지식과 가치를 습득하도록 함으로써 균형 있는 교양인이 되도록 해야 한다.

다섯째, 특화된 인성함양을 위한 교수-학습 모형과 교수방법론을 계발해 교육에 적용해야 한다. 고전텍스트의 선정만이 아니라 텍스트 분석의 관점과 평가 및 학습에 있어서 인성함양을 촉진하는 교수-학습 모형과 교수방법이 계발·적용된 교육적 실천이 이루어질 때만이 진정한 의미의 인성함양을 위한 고전교육이 가능할 것이다.

---

16 최준환 외, 「인성교육의 문제점 및 창의인성교육의 이론적 고찰」, 『창의력 교육연구』 9집 2호, 2009, 92쪽 이하 참조.

(3) 인성함양을 위한 고전선정의 쟁점들

인성함양을 위한 고전을 선정함에 있어서 쟁점 중 가장 먼저 부딪히는 문제는 동서양 고전의 비율일 것이다. 특정 대학의 과거 사례처럼 『명심보감』과 같이 특정한 텍스트 하나를 선택하는 것은 많은 문제와 반발을 사게 된다. 만약 '고전교육위원회'에 의해 고전이 선정되는 경우 '고전교육위원회의 구성원의 성격에 따라 동서양 고전 비율이 달라질 수 있다. 가장 합리적인 것은 요구되는 인성의 요소별로 동서양 고전을 먼저 선정하는 것이며 기계적으로 비율을 정하지 않는 것이다. 이 경우는 핵심 텍스트 없이 임의의 인성함양을 위한 고전읽기 자료를 선정함으로 동서양 고전 비율에 관계없이 다양성을 확보하는 장점이 있지만, 동서양 고전의 편식을 불러오는 교육적 난점이 발생한다.

만약 고전교육위원회에서 특정 인성요소에 대한 핵심 텍스트 중심의 교육을 하는 것으로 방침을 정하는 경우에 핵심 텍스트 1권과 보조 텍스트 3~4권으로 하되 그중에 동서양 고전 비율을 1:3 비율 안에서 조절하는 것이 타당하다고 본다. 서구화된 의식과 라이프스타일을 향유한다고 하지만, 우리의 심층문화와 심층문화 DNA에 동양적 흔적을 지울 수 없는 이상 동양적 고전의 재해석과 맥락화를 통한 인성함양의 가능성은 충분히 열려 있기 때문이다. 논자가 볼 때에 인성요소별 동서양 고전비율은 텍스트의 적설성과 동서양 고전의 균형 있는 교육과 섭취라는 차원에서 볼 때 어떤 인성요소의 어떤 고전텍스트가 핵심고전으로 선택되든 최소한 30% 이상의 비율을 반영해야 한다.

두 번째 쟁점은 인문사회, 정치경제, 문화와 예술, 자연과학 등 '계열별 비율을 어떻게 가져 갈 것인가'다.[17] 인성함양을 위한 고전교육이라고 해서 전 학년이 동일한 고전텍스트를 사용할 필요는 없다. 계열에 따라 필요한 인성적 요소가 일정하게 차이가 있으며 그것을 교육에 반

---

17 이황직은 숙명여대의 사례를 소개하면서 공통고전, 계열별 고전을 선정했음을 밝히고 있으나 배분원칙과 비율에 대해서는 언급하고 있지 않다. 이황직, 「고전읽기를 통한 교양교육의 혁신」, 『독서연구』 26호, 2011, 540쪽 참조.

영해야 한다. 고전을 활용한 인성교육 역시 다양한 계열별 고전읽기를 토대로 하되 자기계열에 일정한 주안점을 두는 형식을 취해야 할 것이다. 가령 인문사회 계열 학생을 대상으로 한 인성함양을 위한 고전읽기 교육은 전체를 10으로 봤을 때 인문사회 4, 정치경제 2, 문화예술 2, 자연과학 2의 비율이 적절할 것으로 판단된다.

고전 선정과 관련된 세 번째 쟁점은 전통적인 고전과 현대고전의 비율 문제다.[18] 이것이 문제가 되는 것은 '당대의 문제에 관해 현대의 고전이 고전을 읽는 독자에게 더 많은 것을 시사해줄 수 있을 것이다'라는 인식 때문이다. 사실 이것은 반은 진리이고 반은 틀린 말이다. 오늘의 고전이 당대의 문제와 직접적으로 대결하며 당대의 문제를 우리에게 풀어내는 것은 분명하다. 이 점에서 과거의 고전은 맥락화라는 해석의 과정과 우회로를 거쳐야 한다. 그러나 이러한 과정들을 통해서 현대고전 그 이상으로 오늘의 문제에 통찰력을 보여주는 과거의 고전을 얼마든지 찾아낼 수 있다.

그런가 하면 고전의 역사성으로 인해 해석과 맥락화의 한계나 제한이 있는 전통고전이 있을 수 있다. 논자가 보기에 비율을 결정하는 데 가장 중요한 잣대는 오늘날 우리 사회의 당대 문제가 무엇이고 그것을 공동체적 차원에서 풀어나가는 데 필요한 인성이 무엇인가를 찾아내는 것이다. 바로 이것에 근거해 과거와 현대의 고전비율을 정해야 할 것이다. 또한 학교의 설립이념과 정체성에 따라 요구되는 인성도 약간의 차이가 있기 때문에 이것 역시 과거 고전과 현대고전의 비율선택에 일정하게 영향을 줄 것으로 판단된다.

그다음 생각할 수 있는 쟁점은 페미니즘, 인종, 다문화, 소수자 권리와 같은 특수주제와 관련된 고전 비율의 문제다. 이러한 주제와 관련된 고전 비율은 사실 인성함양을 위한 고전 선정에서 매우 중요한 부분이다. 위의 주제와 관계된 인성요소는 타자 관계적, 세계 관계적이며 위와 같은 고전읽기 교육을 통해서 배려, 공동체적 삶, 공적 행복, 사회연

18 정인모, 「교양교육과 고전읽기」, 『독어교육』 39집, 2007, 135쪽 참조.

대, 관용, 신뢰, 타문화 이해, 공존적 질서, 생명존중, 다른 가치 인정, 공정성, 다양성 존중과 같은 인성을 신장시킬 수 있다. 이런 차원에서 위와 같은 주제를 다루는 고전 비율을 전체 고전에서 30% 이상 상회해도 무방하다고 판단된다.

의사소통교육의 일환으로 수행되는 고전교육에서나 인성함양을 위한 고전 선정에서 '난이도 배분' 문제는 쉬운 문제가 아니다. 흔히 연대기 순서로 하거나 임의로 고전을 선정하고 교수자의 능력에 따라 난이도를 조절하는 수업운영을 하는 것이 현실이다. 그러나 인성교육을 위한 고전 선정은 좀 더 구체적으로 학년별로 선정할 필요가 있다. 한 예로 '환경문제의 민감성을 촉진시키는 인성을 기르기 위한 고전읽기 교육'을 수준별로 구성할 수 있다. 난이도를 배분해 충분히 교육시킬 수 있다.

가령 1학년을 대상으로 한 고전읽기 클래스에서는 레이철 카슨의 『침묵의 봄』을 통해 인간중심주의 속의 인간의 모습을 발견하고, 그것을 자신 속에서 찾아내게 한다. 2학년 단계에서는 에른스트 슈마허의 『작은 것이 아름답다』를 같이 읽고 환경문제를 극복하는 대안적 사고, 지속 가능한 삶에 대해 생각하며 공존적 삶의 가치를 탐색하도록 한다. 3학년을 대상으로 한 수업에서는 한스 요나스의 『책임의 윤리』를 선정해 읽고 환경을 둘러싼 문제에 대해 보다 심도 있는 논의를 통해 세계관과 문제의식에 새로운 자극을 줄 수 있다. 그다음 심화 과정으로는 에리히 프롬의 『소유냐 존재냐』와 같은 고전을 통해 삶의 가치 자체를 근본적으로 '다르게 탐색하기'를 해보도록 함으로써 기존의 학생들의 '인성 틀'에 새로운 계기를 제공할 수 있다. 인성함양을 위한 고전의 난이도 배분은 목적의 특수성으로 인해 일반 고전교육보다 더 섬세한 교육적 숙고가 요구된다.

(4) 인성함양을 위한 인성 키워드 중심의 고전읽기 교육

인성함양을 위한 고전텍스트가 선정되었다 하더라도 하더라도 교수자가 임의로 선정된 텍스트를 선택해 강좌를 운영한다면, 교수의 자율권은 보장되지만 교육의 통일성이나 집중성이 떨어지기 마련이다. 왜냐하면 인성요소에 따라 교수자가 임의로 다양하게 텍스트를 선정한다 하더라도 강좌 취지의 보편성과 일반성보다는 교수자의 학문적 취향과 특수성이 더 반영되기가 용이하기 때문이다. 따라서 인성요소에 따라 통일된 텍스트를 사용하고 키워드 중심의 고전읽기 강좌를 운영하는 것도 하나의 대안이다.[19]

인성 키워드 중심의 고전읽기 교육을 위해서는 먼저 인성전문가와 영역별 고전 교육전문가에 의해 구성된 '인성함양을 위한 고전교육위원회'를 설치할 필요가 있다. 위 위원회가 단순히 '도덕 재무장을 위한 교육위원회'가 되지 않기 위해서는 시민단체, 학생자치기구, 기업경영인 등의 외부 자문을 받거나 이들을 위원회의 위원으로 참여시켜 시대와 사회가 필요로 하는 인성이 무엇인지를 열린 마음으로 찾아내고 그것을 고전의 숲에서 되짚어보고 되새기는 교육적 자기강화를 수행해야 한다.

이를 위해서는 고전읽기를 통한 인성함양 교육을 단순히 훈육교육이나 예절교육 차원으로 인식하는 학교현장 교육자들의 협소한 인성교육관의 자기반성이 요구된다. 그다음으로 위 위원회에서는 교육의 통일성과 집중성을 확보하기 위해 교재를 개발하고 범례화된 교수-학습 모형을 계발해야 한다. 아울러 교육효과에 대한 측정과 피드백 시스템 구축을 통한 지속적인 수업 개선을 지향해야 할 것이다. 여기서는 설립목적의 특수성이 반영되지 않은 일반적 형태의 인성 키워드 중심의 수업의 설계안을 수업목표, 수업방법, 수업내용을 중심으로 제시해보고자 한다.

① 수업목표

인성함양을 위한 고전읽기 교육의 수업목표는 고전을 매개로 한 보편적인 인성의 함양에 있다. 다시 말해 자기관계, 사회관계, 세계관계에

19 변상출·박규준, 「'교양키워드 읽기를 활용한 《독서와 토론》의 수업내용 연구」, 『교양교육연구』 7권 5호, 2013, 300쪽 참조.

서 보편적이고 일반적으로 요구되고 기대되는 행동과 규범을 명확히 인식하고 내면화하도록 자극하는 것을 수업의 목표로 삼는다. 이러한 수업목표는 단순히 도덕적 지식의 축적을 목적으로 하는 주지주의적 인성교육과 달리 행위에 대한 실천적 지식과 지혜를 추구하는 것을 목표로 삼는다.

② 수업방법

특정한 인성요소를 키워드로 한 주별 수업의 편성에 기초한 수업방법에서 가장 중요한 것은 선별된 인성요소(키워드)에 가장 잘 부합되는 고전텍스트를 선정하는 것이다. 그다음으로 그 고전텍스트에서 제시된 사례를 오늘날의 관점에서 재해석하고 분석하는 것이다. 만약 선정된 고전텍스트의 인성요소에서 사례가 제시되어 있지 않다면, ① 사례 만들기, ② 신문에서 텍스트에 조응하는 사례를 찾아 텍스트적 관점에서 분석하기, ③ ②에 대한 발표와 그것에 대한 비평하기의 방법을 병행한다.

결국 인성함양을 위한 고전읽기 수업방식의 핵심은 텍스트 분석과 토론 및 비평이라고 할 수 있다. 토론과 비평에서 중심적으로 다루어야 하는 것은 바로 '사례'다. 위와 같은 집중적인 사례분석은 당사자 관점되기의 훈련, 특정행위의 개인사적 영향, 사회적 영향에 대한 종합적인 판단력과 도덕적 감수성을 향상시키는 데 도움을 줄 것으로 기대된다. 전체 수업이 2시간인 경우에 수업운영은 다음과 같이 진행한다.

시간	수업운영	비고
1~30분	선정된 고전텍스트 인성요소에 대한 이론적 개관	교수자
30~60분	조별 텍스트 분석 (사례 찾기/사례 만들기 포함)	조별팀장 운영
60~70분	휴식	

시간	수업운영	비고
70~100분	2개 조 발표-2개 조 비평	조원 중 1명 발표/비평
100~120분	교수자에 의한 발표 비평 분석 및 총정리	학습자의 종합정리

만약 3시간으로 수업을 운영하는 경우 토론시간을 더욱 늘리고 쓰기시간을 배정해 학습자로 하여금 교수자가 마지막으로 정리한 다음 제시된 고전텍스트와 같은 제목의 글을 쓰고 비평하게 하는 시간을 갖는다면, 인성을 키워드로 한 통합적인 고전교육이 이루어질 것이다.

③ 수업내용

전체 수업시수를 15주로 가정하고 13개의 인성 키워드를 구성해 수업내용을 다음과 같이 임의로 제안한다. 수업의 내용은 자기관계, 사회관계, 세계관계의 논리적 위계로 구성하는 것이 타당하다. 하지만 인성적 요소의 구성 비율을 어떻게 가져갈 것인가와 같은 형식적 문제나 논리적 순서보다 교수자가 각각의 인성 키워드들의 개별적 차원과 세 차원의 교차점들을 실제 수업에 어떻게 자신의 교육적 지혜를 통해 발현시킬 것인가가 더 중요하다.

주차	인성 키워드 중심의 주제	인성요소
1주	자기성찰 능력이 없다면 인간은 어떻게 되는가?	자기성찰 능력
2주	책임감이 없는 사람은 얼마나 위험한가?	책임감
3주	왜 결국 정직이 최선인가?	정직
4주	공정하지 않은 것은 옳은 것인가?	공정/정의
5주	신용과 신뢰가 없다면 인간관계와 사회는 지탱되는가?	신용/신뢰

주차	인성 키워드 중심의 주제	인성요소
6주	개인적 차원의 배려와 관용 그리고 사회적 차원의 배려와 관용이 왜 중요한가?	배려/관용
7주	타인을 존중하지 않는다면 나는 존중받을 수 있는가?	타인존중
8주	중간고사	
9주	법을 지키지 않는 사람, 무전유죄의 사회의 불행은 무엇인가?	준법
10주	생명을 존중히 하지 않아서 나에게 우리 사회에 무엇이 벌어지고 있는가?	생명존중
11주	다른 것의 인정, 소수자의 권리의 인정이 왜 나와 우리에게 중요한가?	타자 인정/ 소수자 권리
12주	합리적인 의사소통이 개인과 사회에서 왜 중요한가?	합리적 의사소통
13주	사익을 앞세우고 공익을 저버리는 행위의 일상적 사례는 무엇인가?	공익
14주	협동하고 공존하는 삶의 가치가 나와 사회를 얼마만큼 이롭게 하는가?	공존/협동
15주	기말고사	

④ 수업효과

인성함양을 위한 고전읽기 교육의 교육효과에 대한 평가는 사실 측정하기 어렵다. 그 이유는 아직까지 그러한 교육적 실험이 이루어진 적이 없기 때문이다. 그럼에도 불구하고 인성교육에 대한 수많은 긍정적인 경험연구들[20]과 고전교육의 성과에 대한 긍정적인 경험연구들을 토대로 판단할 때 충분히 긍정적인 교육효과를 전망할 수 있다. 특히 인성 키워드 중심의 고전읽기 교육은 명확한 질문 설정과 함께 고전텍스트

---

20 이경화·유경훈, 「창의·인성교육이 초중등 학생들의 창의성과 자아개념 향상에 미치는 효과」, 『창의력 교육연구』 14집 1호, 2014, 1-16쪽.

내의 사례분석, 사례 만들기, 사회적 사건에서 사례 찾기, 그것의 사회적 영향분석을 함께 수행한다. 따라서 단순한 고전읽기 교육보다 후마니타스 교육에 더 충실할 뿐만 아니라 인성 키워드에 대한 명확한 문제의식과 개인적 및 사회적 차원의 대안제시 능력까지 향상시킬 수 있을 것으로 기대된다.

5) 인성함양을 위한 고전교육의 선결문제들

인성함양을 위한 고전교육의 선결문제는 먼저 대학 당국이 인성교육의 중요성과 함께 고전교육의 중요성을 인식하고 있어야 한다. 경우에 따라서는 인성교육을 활발하게 진행하고 있지만 상대적으로 고전읽기 교육은 취약하게 이루어지는 대학이 있다. 혹은 인성교육과 고전교육을 동시에 중요한 교양교육의 과제로 삼는 대학도 있다. 현실적으로 인성함양을 주목적으로 한 고전읽기 교육을 공식적으로 실시하는 대학은 아직 존재하지 않지만, 인성과 고전읽기를 매개하는 교양교육적 실천은 새로운 교양교육의 패러다임을 제시하게 될 것이다. 이를 위해서는 대학본부의 교육철학의 일관성과 장기적인 정책적·행정적·재정적 지원이 필요하다.

그다음으로 중요한 것이 전문교수 요원의 확보다. 앞서 한국대학 고전교육의 현실에서도 언급한 바와 같이 인성교육과 고전읽기 교육의 중요성을 고려할 때 전문교수의 확보가 시급하다. 이는 교육의 일관성과 안정성이라는 측면뿐만 아니라 교수자와 학습자의 장기적인 교수-학습공동체 구축이라는 측면에서도 필요하다. 인성함양을 위한 고전읽기 교육의 본래 의도에 부합하는 교육인사 정책이 전문교수에 의한 교육이며, 고전읽기 교육의 내실화를 가져오는 선결요건이다. 교수-학습의 관점에서 인성 키워드에 의한 교수안을 제시한 바와 같이 공통의 교재를 만들어 교육의 통일성과 집중력을 높여야 한다. 아울러 교수자의 교수역량을 강화하기 위해 이 강좌를 강의하는 교수자 전체를 대상으로

한 정례적인 교수법 워크숍과 세미나가 이루어져야 한다. 또한 적절한 수업의 질 관리를 위한 원칙이 제시되어야 하며 학습자들의 강의평가에 대한 피드백이 수업 질 관리 시 적절히 반영되어야 한다.

선결문제를 검토하면서 교육수요자를 생각하지 않을 수 없다. 스펙과 취업전쟁에 내몰린 학생들이 고전과 인성교육의 필요성은 인정하면서도 '어렵다'거나 '실용강좌가 더 절실하다'는 반응을 보이는 경우들이 많다. 반면에 실용주의적 사고에 익숙한 대학의 일부 교수집단들 중에는 고전과 인성교육의 필요성을 인식하지 못하는 경우들이 종종 있다. 이러한 교수집단과 학생들의 인식의 전환과 공감을 위해서 기업의 인재상의 변화요구와 그에 대응하는 다양한 차원의 교육적 대응에 대한 국내외 사례 등 실제적이고 유효한 설득작업들이 필요하다. 또한 전통적인 강독과 훈육중심의 교육이 아니라 새로운 틀의 교육설계와 교수법, 교육방법론에 의한 교수-학습을 계발하고 이를 전달력 있게 설명하는 생산적인 교육적 실천이 이루어져야 한다.

마지막으로 인성함양을 위한 고전읽기 교육의 더 의미 있는 교육성과를 기대하기 위해서는 양방향의 노력이 필요하다. 비교과 교육과정에서 실천적 인성교육 프로그램과의 유기적 결합이 요구된다. 또한 교육과정 내에서 일반 고전읽기 교육과정과의 연계 프로그램을 다양화할 필요가 있다. 이 과정은 '인성함양을 위한 고전읽기' 강좌의 심화과정으로서 언어별, 주제별로 자유선택 강좌로 운영하면 효과적이다.

6) 인성 키워드 중심의 고전읽기 교육의 의의

논자는 한국대학의 고전교육이 의사소통교육의 연장이나 일환으로 이루어진 측면이 강하다는 것을 지적했으며 그러한 차원을 극복하고 새로운 차원의 고전교육의 방향으로 인성함양을 위한 고전읽기 교육을 제안했다. 이러한 제안의 강점은 날로 강조되는 인성교육의 중요성과 고전교육의 중요성을 동시에 수렴하는 교육적 실천이 될 수 있다는 점이며 인성의 보고로서 고전의 재발견을 들 수 있다. 특히 인성요소, 인성 키워드 중심의 고전읽기 교육은 사례 만들기, 사례분석, 고전텍스트 관점에서 사례분석이라는 시도를 통해 인성 키워드에 대한 학습자의 명증한 인식과 그와 관련된 도덕적 판단과 사회 비판의식을 확장하는 데 크게 기여할 것으로 기대된다.

또한 인성 키워드에 기초해 자기관계, 사회관계, 세계관계를 동시에 탐구하는 훈련을 통해 학습자는 개인적 차원과 사회적 차원의 자아의 성숙과 함께 공동체적 삶의 가치와 공존적 삶의 질서의 가능성을 숙고하게 될 것이다. 그러나 인성함양을 위한 고전읽기 교육의 다양한 장점에도 불구하고 대학 교양교육의 현실에서 인성교육과 고전교육이 엄연히 분리되어 있으며 이것을 극복하는 것이 가장 큰 선결문제다. 또한 앞서 선결문제들의 검토에서 언급한 사안들이 충분히 실행되기 위해서는 새로운 교육을 위한 고도의 교육정책적인 결단이 요구된다. 본고에서 논한 인성함양을 위한 고전읽기 교육의 의미는 고전교육의 자리를 잡아가기 시작하는 작금에 고전을 매개로 한 특수한 목적을 지향하는 하나의 교육적 시도로 이해될 수 있을 것이다.

3
인문학을 활용한 대학의 인성교육과정 분석과 개선방향

1) 새로운 교육패러다임으로서 인성교육의 위상

2014년 "인성교육을 활성화할 수 있는 국가·사회적 기반을 구축하고, 인성교육의 틀을 가정·학교·사회가 협력하는 구조로 개편하여 효과적인 인성교육을 수행할 수 있도록 하기 위하여"[1] 인성교육진흥법이 제정되었다. 이 법의 제정 전후에 인성교육(Character Education)은 교육적 화두였다. 2020년에는 제2차 인성교육 종합계획(2021~2025)이 발표되었다.

1995년 5. 31 교육 개혁안에 따라 인성교육이 강조된 이래로 초등, 중등 고등교육과정에서 인성교육 과정이 시행되고 있다. 대학 교육과정에서 인성 교육 과정이 본격 도입되고 인성센터가 설립 운영되기 시작한 시점은 2010년 전후로 볼 수 있다. 2022년 현재 인성교육원이나 인성센터를 운영하는 대학은 지속적으로 늘고 있다. 관련 연구물도 상당히 축적된 상태이다. 바야흐로 대학의 장기발전 계획이나 거시 교육목표 그리고 교양교육의 편성과 교육목표에서도 인성교육은 하나의 축을 형성한다. 현재 대학의 교양교과 편성을 살펴보면, 인성 교과목

---

1 http://www.law.go.kr/법령/인성교육진흥법. 인성교육법 제2조항에서는 인성교육을 "자신의 내면을 바르고 건전하게 가꾸고 타인공동체자연과 더불어 살아가 는 데 필요한 인간다운 성품과 역량을 기르는 것을 목적으로 하는 교육"으로 정의한다.

을 교양필수로 운영하지 않더라도 선택교과목으로 개설하지 않는 대학이 없을 정도이다. 대학의 인성교육 관련 연구도 연구주제와 연구물에서 지속적으로 축적 되어왔다.[2] 현재 대학 교양교육 과정에서 이루어지는 인성교육은 크게 ① 고전 및 인문학 중심의 인성교육, ② 취업 및 진로지도 연계형 인성교육, ③ 우송대, 청운대, 한남대 등과 같이 예비 신입생 중심의 인성교육, ④ 삼육대, 한남대 등의 종교교육 연계형 인성교육, ⑤ 성균관대, 서울여대, 영산대[3] 등의 인성캠프, 기숙형 및 생활관을 활용한 인성교육, ⑥ 대구 가톨릭대 등을 포함 가장 많은 비율을 차지하는 사회봉사 중심의 인성교육, ⑦ 영남대, 경상대와 같이 인성교육 전문교재에 기초한 인성교육으로 나눌 수 있다.[4]

이 글은 현재 한국대학에서 행해지는 인성교육의 유형 중에서 고전 및 인간학을 중심으로 인성교육을 실시하는 대표적인 대학들의 인성교육과정 운영실태와 교육과정을 고찰하고 발전적 차원에서 인성교육과정에 대한 평가와 개선방향을 제시하는 데에 목적이 있다. 이를 위해 크게 세 가지 문제를 중점적으로 다룰 것이다. 첫째, 고전 및 인간학 중심의 인성교육의 가능성을 탐색한다. 둘째, 고전 및 인간학을 활용한 인성교육과정의 특성, 운영실태 그리고 교육과정의 차이를 비판적으로 검토한다. 여기서는 각각 상이한 관점에서 고전교육 중심의 인성교육을 실시하는 대표적인 대학들의 교육과정을 분석한다. 셋째, 고전 및 인간학 중심의 인성교육 개선방향을 제시 할 것이다.

---

2 이기용, 「국내 학술지에 게재된 대학의 인성교육에 대한 연구동향 분석」, 『학습자중심교과교육연구』 21권 1호, 2021, 1579쪽 이하 참조. 연구의 대부분이 인성교육 프로그램 운영과 효과, 인성 측정도구 개발 등의 사례분석이다.

3 캠프형 인성교육에서 특징적인 대학이 영산대이다. 이 대학은 방학 한달 동안 〈논어 백회독 캠프〉를 운영한다. 특정 교재집중 학습을 통한 인성교육이라는 점에서 특수한 교육방법론이라 할 수 있다.

4 퇴계의 인성교육(영남대). 통합인성(경성대), 공감 생활예절(성균관대) 등이 여기에 해당된다. 김하율, 「인성교육으로서의 실천적 봉사활동을 위한 방향성 고찰: 교육청 인성관련 정책 소개를 겸하여」, 『대학교양교육연구』 2권 2호, 2017, 103쪽 이하 참조.

2) 대학에서 고전 및 인문학 중심의 인성교육의 가능성

훈육교육이나 협의의 도덕교육이라는 측면에서 인성교육은 동서양을 불문하고 오랜 전통을 가지고 있다. 인성교육은 시대와 역사에 따라 다르게 이해되고 전개되었다. 인성교육에 관한 교육이론적 토대를 제공한 인물이 에라스무스이다. 그는 고전고대의 후마니타스 개념을 재해석해 '도야'와 '경건'을 통한 인간성의 완성을 추구한 인문주의자이다. 에라스무스는 자유롭고 이성적인 존재인 인간이 교육을 통해 자신의 내적 잠재력의 실현하고 실천적 삶으로서 경건을 수행할 때 비로소 인간이 형성되는 것으로 보았다.

그의 저서 『아동 교육론』은 당대는 물론 다음 세기에도 도덕과 예의를 교육하는 교과서로 널리 활용되었다. 에라스무스의 도야개념은 훔볼트의 도야개념으로 수용되었다. 그는 도야를 감성적 힘과 정신적 힘의 조화를 통해 자신의 고유성을 실현하는 것으로 규정한다.[5] 훔볼트가 진정한 사람됨, 인간성의 발현이라는 차원에서 도야개념을 이해하는 것과 오늘날 대학이 지향하는 인성교육의 방향과 크게 다르지 않다. 대학의 인성교육은 전통적 윤리교육에로의 회귀나 개인주의적 차원의 통합적 도덕교육을 지향한다고 보기 어렵다. 논자가 볼 때 현재 대학에서 이루어지는 인성교육은 정체성 교육, 가치교육, 의사소통 능력 교육, 공감과 연대능력 교육, 공동체 교육, 문해교육을 포함한 포괄적인 차원의 '자기이해와 타자이해 및 세계이해'를 목적으로 하는 일반교육의 성격이 강하다.

이러한 인성교육에 대한 인식을 토대로 한국대학의 인성교육은 교양교육과 연계해 이루어지고 있다. 왜 교양교육 영역에서 인성교육이 이루어지는가? 김성원은 오늘날 사회에서 요구되는 창의적인 인재상이 갖추어야 할 능력요소들인 "외국어능력, 협업능력, 창의성, 미래예측능

---

5 정영근, 「훔볼트(W. v. Humboldt)의 도야(Bildung)개념」, 『교육철학』 43. 2008, 138쪽 참조.

력, 분석능력, 사고능력, 발표력, 공감능력, 설득력" 등이 "전공 지식교육보다는 일반교육에 해당하는 것"[6]이기 때문이라고 말한다. '인성교육은 보편교육이다'는 입장은 서양의 교육적 전통에서 볼 때 자유교과목이 인문학 교과목이며 이들 교과의 주요 교육목적이 건전한 인격과 수준 높은 교양의 습득이라는 차원에서 이해될 수 있다. 또한 전통적 인격교육이 주로 초·중등 교육과정에서 그리고 도덕교육 차원에서 이루어졌다는 점을 고려할 때 김성원의 주장은 타당하다. 유럽과 미국의 대부분의 대학에서 인성교육이 이루어지지 않은 이유도 전문적 지식을 습득하는 전공교육에 집중하는 교육적 필요성 때문이다.[7]

이제 고전이나 인간학 등과 같은 인문학 중심의 인성교육이 가능하기 위해서는 어떠한 선행조건들이 필요한지에 대해 살펴보자. 이하준은 「인성교육을 위한 고전교육의 방향탐색」에서 다섯 가지의 선행조건을 제시하고 있다.[8] 그 중에서 본 주제에 관련해 의미 있는 주장은 인성키워드 중심의 고전교육이다. 인문학 중심의 인성교육을 실시하는 경우에 우리 시대의 시대적 요구와 인재상에 부합되는 인성키워드를 찾아내고 그것에 조응하는 인문학 고전이나 텍스트를 선별해 인성교육에 활용해야 한다는 것은 지극히 당연한 주장이다. 미국의 인성교육이 시대별로 그 주안점이 달라졌고 국가별로 인성교육의 접근법이나 강조점이 다르다는 것은 인성교육의 역사가 말해주고 있다.[9] 그 다음으로 인문학 중심의 인성교육에서 중요한 것은 그것에 상응하는 교수-학습 방법론의 계발을 제시한다. 이와 같은 이하준의 주장 역시 지극히 타당한 주장이다. 단순히 인문학 중심의 인성교육을 담당하는 교·강사의 워크샵 수준으

6 김성원, 「교양교육과 인성교육의 연계방안」, 한국교양교육학회/대학교양교육협의회/한국교양기초교육원 추계전국학술대회, 2013, 335쪽.

7 James Arthur, "The Re-Emergence of Character Education in British Education Policy", *British journal of educational studies*, 53(3), 2005, pp 243-249 참조.

8 이하준, 「인성교육을 위한 고전교육의 방향탐색」", 『교양교육연구』 8(5), 2014, 432쪽 참조.

9 최준환, 「인성교육의 문제점 및 창의인성교육의 이론적 고찰」, 『창의력 교육연구』 9(2), 2009, 89쪽 이하 참조.

로는 한계가 있다. 인성전문가와 교육과정 전문가 그리고 관련 교·강사가 참여하는 교육과정 편성 및 교육방법론이 계발·운영되어야 한다.

이 밖에 인문학 중심의 인성교육이 설정한 목표를 달성하기 위해서는 몇 가지 선결문제가 있다. 첫째, '무거운 인문학'보다 좀 더 '가볍고 경쾌한 인문학'을 중심으로 인성교육이 이루어져야 한다. '가볍고 경쾌한 인문학'이란 소통 가능하고 대중 친화적인 인문학을 의미한다. 전통적인 인문학의 교수방법인 주석 및 해석에 치우치는 무거운 인문학은 그것을 매개로 한 인성교육의 가능성을 약화시키며 '또 다른 형식의 무거운 인문학의 연장'이 될 가능성이 높다. 21세기를 살아가는 대학생들의 실제적인 삶과 생활세계를 읽어내고 의미를 찾아낼 수 있는 고전의 현대적 해석과 맥락화 그리고 현대고전을 '현재화'하고 피교육자인 학생들의 언어로 번역이 되는 '가볍고 경쾌한 인문학'이 필요하다. 따라서 인문학을 가르치는 교수자들의 변화가 요구된다. 이를 전제하지 않고는 오늘날 시대에 맞는 인성교육의 목표와 방향이 좌초될 수 있으며 다분히 형식화된 인문학 기반의 인성교육이 될 가능성이 높다.

둘째, 인문학 중심의 인성교육이 제대로 정착되기 위해서는 피교육자인 학생들의 인문학에 대한 편견과 접근태도 그리고 학습상의 고충을 해결해야 한다. '난해하다', '불필요하다', '어렵다'라는 인문학에 대한 편견은 인문학 중심의 인성교육 자체에 대한 거부감을 일으킬 수 있다. 인문학의 가치가 단순히 개인의 삶의 의미 차원 만이 아니라 취업과 성공적인 사회적 삶에 어떻게 기여할 수 있는가에 대해 학생들에게 확신을 심어줄 때 실효성 있는 인문학 중심의 인성교육이 가능하다.

셋째, 실천 프로그램과의 유기적 결합이 필요하다. 인문학 중심의 인성교육은 한마디로 주지주의적 인성교육에 해당된다. 이러한 방식의 인성교육은 초중등 교육과정의 도덕 및 윤리, 사회교과의 고등교육 차원에서의 연장과 확장이상이 아니다. 이론 중심의 인성교육, 다시 말해 고급 텍스트 해석, 생각나누기 차원에 그치는 인성교육을 넘어서기 위해서는 생활밀착형, 사회적 이슈에 대안을 제시하는 인문학 텍스트의 선정과 함께 '실천중심형 인성교육 프로그램'을 밀도 있게 결합시켜야 한다. 이것이 또 다른 교양교육이 아닌 인문학 중심의 인성교육의 가능성을 여는 한 방법이다.

넷째, 형식주의로부터 해방되어야 한다. 대학기본역량진단이나 대학기관평가인증 등과 같은 대학평가지표 관리 차원에서 이루어지는 형식적 인성교육, 교육브랜딩화 전략으로 구호 차원에서 이루어지는 인성교육과 단절해야 한다. 인문학을 활용한 인성교육은 학교행정, 학사운영, 대학생활 지원 등 전분야가 인성 원리에 운영되는 경험을 제공할 때, 인문정신이 충실한 인성 교과목 운영과 인성교육 전문교원에 의한 인성교육이 이루어질 때, 형식적 인성교육과 학교마케팅용 교육상품의 역할로부터 벗어날 수 있다. 형식주의와의 단절이 인문학을 활용한 인성교육의 내적 선결조건이다.

3) 인문학을 활용한 인성교육과정의 특성 및 운영실태

인문학을 활용한 인성교육을 실시하는 대표적인 대학 중 성균관대, 경희대, 가톨릭대, 경상대 사례를 살펴보고자 한다. 이 대학들은 2015년 이래로 교재의 미세한 부분 개정, 주교재 참고용 참고도서, 지원도서의 종류의 추가와 부분 수정이 있었다. 학사운영이나 교재의 전면개편과 같은 인성교육의 콘텐츠 구성에 대한 본질적인 변화는 현재까지 없다.

(1) 고전교육을 활용한 인성교육

① 성균관대

인성교육목적 및 운영현황

성균관대는 학부대학 산하의 성균인성교육센터를 중심으로 인성교육을 실시하고 있다. 2013년 설립된 성균인성교육센터는 “성균관대학교 고유의 인성교육 전범을 제시하고, 인간으로서의 덕목과 미래사회를 선도할 창의적·포용적 리더를 양성하며, 교양기초교육에 기반을 둔 인성교육의 공고화, 대중화, 국제화를 선도하고 확산"[10]하는 것이 목적이다. 학부대학의 교육목표가 "합리성, 책임성, 도덕성을 겸비한 인성을 함양"[11]이라는 사실에서 인성교육이 교육의 최고목표임을 알 수 있다. 성대는 소위 성대형 인성교육을 구현하기 위해 2013년부터 논어 기반 필수교과목을 운영한다. 교재로 『우리들의 세상, 논어로 보다』는 개발해 사용하고 있다. 이 대학은 매 학기 30여 개 강좌를 운영한다. 2019년 12월 시작된 코로나19 팬데믹 상황이라는 특수한 환경을 반영해 온라인 기반 인성교육을 실시하면서 플립러닝 수업, 프로젝트 수업모델을 적극 활용하고 있다.[12] 수강인원 300명인 중대형온라인강좌도 운영하고 있으며 정규 인성강좌 외에 비교과 과정으로 〈인성캠프〉, 〈인성여행〉, 〈인성특강〉, 〈입지여행〉, 〈고전에세이 공모전〉 등을 시행한다.

교육과정 분석

교양기초 필수과목인 『우리들의 세상, 논어로 보다』의 머리말에는 "세상을 바라보는 또 하나의 '창窓'"[13]으로서 논어를 오늘날의 관점에서 새롭게 재해석한다는 교육과정 목표를 제시한다. 이 책은 성대의 교훈인 인, 의, 예, 지에 기초해 4부로 구성되어 있다. 〈제1부 仁 사람을 만나다〉에서는 사람다움, 가정, 세상과의 관계의 기본원리로서 인의 중요성을 강조한다. 〈제2부 義 정의를 행하다〉에서는 사회적 삶과 정의 그리고 공정한 이익의 문제를 다룬다. 〈제3부 禮 문화를 세우다〉에서는 몸과 마음의 조화와 삶과 죽음에서 예의 중요성 및 미의 문화를 다루고 있다. 〈제4부 智 공부에 빠지다〉에서는 지식의 의미와 왜 공부를 해야

10 http://chec.skku.edu

11 http://hakbu.skku.edu

12 조재형·고재석, 「코로나시대 고전기반 온라인 인성교육 교육효과성 분석: 성균관대 〈송균논어〉 교과교육을 중심으로」, 『한국철학논집』 71집, 2021, 258쪽 이하 참조.

13 성균관대 인성교육교재편찬위원회, 『우리들의 세상, 논어로 보다』, 2014.

하는지, 학교가 무슨 역할을 하고 학교에서 무엇을 연마해야 하는지를 알게 함으로써 자아 정체성과 전문인으로서의 소양을 길러주는 것을 목적으로 삼고 있다고 평가할 수 있다.

『우리들의 세상, 논어로 보다』는 성대형 인재양성을 위해 유교의 대표적 경전인 논어를 새롭게 현대인의 삶에 재해석하며 적용가능성을 탐색하고 있다는 측면에서 새로운 시도이자 건학이념에 충실한 교육과정이로 보인다. 2021년 개정·증판된 이 교재는 4부, 12장으로 구성되었다. 각 장은 하나의 주제에 3~4개의 소주를 다룬다. 제1부 인仁 사람을 만나다의 각 장의 주제는 사람다워야 사람이다(1장), 사람다움, 가정에서 시작이다(2장), 세상은 나와 하나다(3장)와 같다. 각 장의 주제명이나 소주제들의 제목과 내용구성에서 낡은 고전이라는 관념의 틀을 깨고자 노력한 점은 평가할 만하다. 이러한 점은 '고전은 어렵다'거나 '고전교육의 필요성에 대한 회의'를 느끼는 학생들에게 학습의 흥미를 유발시키는 의미 있는 내용 구성이다.

② 경희대

인성교육목적 및 운영현황

경희대는 창학정신에서 문화세계의 창조를 교시로 제시한다. 경희대가 지향하는 문화세계의 창조란 "사람이 사람답게 사는 세계", "사람의, 사람에 의한, 사람을 위한 세상"을 만드는 것을 의미한다. 이를 위해 "인간적인 삶을 위해 무엇을 어떻게 준비할 것인가를 사유하고 실천하는 행위"[14]에 일차적인 관심을 둔다. 창학정신에 이미 '인성'의 핵심요소로서 사람됨과 인간다운 삶이 제시되어 있다. 경희대는 이러한 창학정신을 구현하기 위해 인문학에 기초한 교양 및 인성교육을 목표로 후마니타스 칼리지를 2011년에 설립했다. 이 대학은 다른 대학들과 달리 인성교육센터를 통해 인성교육이 이루어지는 것이 아니라 후마니타스 칼리지

14 http://www.khu.ac.kr/university/khumind

주도하에 범학교적 차원에서 인문교육 중심의 인성교육을 실시한다.

교육과정 분석

인문학 중심의 인성교육을 위해 경희대는 교양교육과정 기본구조표 필수교과 중구분인 문명전개의 지구적 문맥 1, 2를 편성하고 과목명 『인간의 가치탐색』과 『세계와 시민』을 운영한다. 이 두 강좌는 1학년 1,2학기 필수 과목으로 각 3학점, 총 6학점을 이수해야 한다. 해당교과목의 운영을 위해 『인간의 가치탐색』과 『세계시민』 교재가 계발·사용되고 있다. 이 대학은 2019년 새롭게 교육과정을 개편하면서 1학년 2학기 교양필수인 『우리가 사는 세상』 강좌를 폐지하고 『세계와 시민』 과목을 신설했다.

『인간의 가치탐색』 강좌는 학생들로 하여금 "내게 중요한 가치는 무엇인가?, 나는 어떤 가치의 안내를 받아 내 인생을 꾸리고 삶을 기획할 것인가?"[15]라는 삶의 근본 문제를 탐색하고 의미와 가치를 형성하고 추구하는 삶을 살도록 자극하기 위함이 근본목적이다. 초판 이후 한 번의 개정을 거친 교재 『인간의 가치탐색』은 총 7장으로 구성되어 있다. 각 장은 "인간의 오랜 가치 탐색의 여정들을 요약해서 보여주는 글들이 동양과 서양, 고대와 현대에 이르는 여러 다양한 소스들로부터 발췌"[16]되어 있다. 각 장별 주제는 다음과 같다. 제1장 판단과 선택의 순간들 | 그들은 무엇을 왜 추구했는가, 제2장 호모 에로티쿠스 | 사랑, 욕망, 우애, 제3장 소유와 행복의 역설 | 나는 무엇을 원하는가, 제4장 호모 에티쿠스 | 어떻게 행동할 것인가, 제5장 불환빈 환불균 | 고르지 못한 상, 어떻게 대응할까, 제6장 환대의 식탁 | 타인은 내게 누구인가. 교재의 소수북과 관련해 주목할 만한 것은 동서양 고전 텍스트만이 아니라 고전의 가치를 지닌 현대의 저서, 심지어 서정주, 김남주, 황지우 등과 같은 현대시 등 매우 다양한 출처를 기초자료로 제공한다는 점이다. 가령 제

15 https://khupress.com/product/인간의-가치-탐색/233

16 https://khupress.com/product/인간의-가치-탐색/233

4장 호모 에티쿠스 | 어떻게 행동할 것인가의 주제는 칸트, 존 스튜어트 밀, 한나 아렌트, 프리모 레비, 배병삼, 마이클 샌델, 맹자, 브레히트, 보들레르, 황지우의 텍스트를 발췌해 사유의 단서로 제공하고 있다. 사상서, 경전, 소설, 평전, 시를 다채롭게 발췌한 것은 각각의 상이한 인문학적 영역에서 어떻게 동일한 문제를 다른 형식으로 천착했는지 보여주기 위한 교수학적 방법이며 동시에 고전강독의 난점들과 고전학습에의 흥미를 촉발하기 위한 교육방법론적 접근으로 이해할 수 있다. 위와 같은 방대한 고전의 발췌를 통한 인성교육은 같은 문제에 다른 고전의 다른 시각을 보여준다는 시각에서 긍정적이지만, 난이도 부담만이 아니라 학습 부담이 가중되어 자칫 고전을 매개로한 인성교육 효과를 촉진하는데 어려움을 겪을 수도 있다. '교육학적 지혜'가 필요한 부분이다.

③ 가톨릭대학

가톨릭 대학의 건학이념은 '인간존중의 대학'이다. 건학이념에 따른 인재상으로 가톨릭대는 '인성, 지성, 영성을 갖춘 윤리적 리더'를 제시한다. 이 대학에서 인성교육을 전담하는 대학은 ELP(ethical leader path) 학부대학이며 인성교육센터을 중심으로 인성교육이 이루어지고 있다. 인성교육센터는 "인간 존엄성을 고양시키는 학문적 연구와 실천에 중점을 둔 교육의 장"으로서 "21세기를 살아갈 젊은이들이 양심과 원칙에 충실하고 신뢰와 정직의 가치를 인정하며, 정의와 사랑의 실현에 힘쓰는 미래 세대의 주역이 되도록 인성교육"[17]을 목표로 삼는다. 이 대학은 1학년 학생 대상으로 두 학기에 걸쳐 각 2학점씩 4학점의 교양필수 인성교육과목을 운영한다. 해당 대학 부설 〈인간학 연구소〉가개발한 『인간의 이해 1』, 『인간의 이해 2』를 교재로 사용한다. 이와 아울러 2013학년도부터 의무봉사 교과목인 '베나생(베품·나눔·생명)'을 운영하면서 이론과 실천의 조화를 추구하고 있다. 이 밖의 인성교육 관련 교과목

17 http://www.catholic.ac.kr

으로 〈자본시장과 윤리〉, 〈과학 생명윤리학〉, 〈음식윤리〉, 〈소비와 윤리〉, 〈문학과 윤리〉, 〈공존: 인간과 동물〉 등 광범위한 영역과 주제를 포괄하는 교과목을 운영한다. 가톨릭 대학의 〈인간학 연구소는 2020년부터 교재 중심 인성교육의 한계를 극복하기 위해 개별학습자 맞춤형 인성교육과정과 경계-모듈형 인성교육 콘텐츠 개발을 진행하고 있다.[18]

교재인 『인간의 이해 1』, 『인간의 이해 2』는 각각 핵심주제 둘과 세부 주제 영역으로 편재되어 있다. 『인간의 이해 1』의 핵심주제는 나를 악기, 관계 맺기이다. 나를 악기의 세부 주제 영역으로 나는 누구인가, 우리는 어디에서 온 것일까?, 우리는 어떻게 구성되어 있는가?, 나는 자유로운가?, 인간은 존엄한가?로 구성되어 있다. 관계 맺기 주제의 세부 주제 영역은 다음과 같다. 인간적 관계는 어떻게 형성되어야 하는가?, 성숙한 사람이란 무엇일까?, 윤리란 필요할까?, 세상에서 가장 소중한 것은 무엇일까?. 『인간의 이해 1』의 핵심은 자기인식, 자아정체성 의식 검토와 자아실현의 의미를 탐구하는데 초점이 맞추어져 있다.

『인간의 이해 2』는 핵심주제로 먼저 더불어 살기를 설정하고 있다. 더불어 살기의 단위를 가정, 약자, 과학기술, 환경으로 삼았으며 세부 주제로 좋은 가족구성, 사회적 약자의 배려문제, 과학발전과 인간 삶의 내용과 문제점, 환경문제를 다루고 있다. 또 다른 핵심주제는 희망하며 살기이다. 세부주제로는 행복, 고통, 죽음, 종교, 인간다움으로 구성되어 있다. 『인간의 이해 1』, 『인간의 이해 2』의 교재 구성의 논리적 순서 명확한 자기인식-타자와 집단 사이의 관계 맺기의 사회윤리에 대한 이해-타자와 공동체에서 더불어 사는 삶이 지향해야 할 가치의 공유-실존적 차원의 삶의 의미의 재평가로 볼 수 있다. 이 점에서 자기이해-타자이해-세계이해에 기초한 공존과 협력, 연대의 공통체적 삶의 추구를 인성교육의 핵심으로 보고 있다고 봐야한다.

교육과정을 운영하는 교수진의 구성은 엄밀한 의미에서 인간학 전

---

18 노선희·오혜림, 「고등교육과정에 대한 지식사회학적 고찰: C-대학의 인성교육을 중심으로」, 『문화와 융합』 44권 2호, 2022, 393쪽 이하 참조.

공자가 드물며 철학, 국문학 등 다양한 분야의 전공자들이 수업을 진행한다. 이 점은 인간학 강좌가 철학적 인간학이나 신학적적 인간학이 아닌 자기이해와 타자 및 세계이해를 목적으로 하는 일반 인간학을 지향한다는 점에 기인한 것으로 판단된다. 인간학을 토대로 한 인성교육과 더불어 이 대학은 음식윤리나 동물과 인간의 공존, 기업의 사회적 책임과 같은 주제들을 특화한 개별 교과목을 개설하고 있다. 이러한 강좌들은 인성강좌인 『인간의 이해 1』, 『인간의 이해 2』을 학문계열의 차원에서 심화할 수 있도록 한다는 점에서 평가할 만한 교육과정 설계이다.

4) 인문학을 활용한 인성교육 운영 및 교육과정 특성 비교

인문학을 활용한 세 대학의 인성교육 모델을 살펴보았다. 이제 이 대학들의 교육과정의 운영상의 특징과 차이를 비교·검토해 보고자 한다. 인문학 활용을 통한 인성교육에서 세 대학의 가장 뚜렷한 특징은 인문학의 중심 영역이 상이하다는 점이다. 앞서 살펴봤듯이 성균관대는 성균논어로 대변되는 동양고전에 바탕을 둔 인성교육이라면, 가톨릭대는 인간학 기반의 인성교육을 하고 있다. 경희대는 문명사적 관점, 세계시민적 관점에서 인성교육 콘텐츠를 구성했다. 이들 세 대학이 인성교재 자료로 사용하는 텍스트의 출처에 분명한 차이가 있다. 성균관대와 달리 가톨릭대와 경희대가 서양 인문학적 텍스트를 주로 활용한다,

운영주체와 관련해서 성균관대와 가톨릭대는 〈인성교육센터〉, 〈인간학 연구소〉를 중심으로 교육과정이 운영되고 있다. 이에 반해 경희대는 〈후마니타스 칼리지〉에서 교육과정 전반을 관리한다. 성대나 가톨릭대의 인성교육센터가 각각 학부대학과 ELP 대학 산하기관이라는 면에서 볼 때 경희대와 달리 기관으로서의 상대적 독립성을 갖고 있다고 평가할 수 있다. 인성교육 담당 교수진 구성은 세 대학이 공통점이 있다. 이 공통점은 인문학을 활용한 인성교육의 방법론에서 야기한다고 볼 수 있다. 그것은 인문학 범주의 광범위성으로 인해 담당 교수진의 전공 영

역이 다양할 수밖에 없다는 점이다. 아쉬운 점은 인성교육 담당 교수진 중에 인성교육을 세부 전공한 소수에 그치고 있다는 점이다. 인성교육 전문가가 교재 개발과 교육과정 설계와 운영에 간접적으로 지원하는 것 이외에도 수업 교수진에 일정비율 참여할 필요가 있다. 이 경우에 타 인문학 전공 교수들의 수업설계와 운영에 직접적이고 긍정적 기여 및 상호자극을 기대할 수 있다.

인문학을 활용한 인성교육의 세 모델 대학에서 발견되는 특징 중에 하나는 교육대상이 신입생에 집중되어 있다는 점이다. 이것은 인성교육을 기본적으로 전공교육 이전의 단계로 인식하고 교양교육의 틀 내에서 인성교육을 이해한다는 방증이다. 그러나 인성교육이 협의의 도덕성 교육에 머물지 않는다는 점을 인식한다면, 2, 3, 4학년을 대상으로 한 교과 및 비교과 교육과목을 촘촘하고 섬세한 방식으로 제공할 필요가 있다. 또한 전공교육에서 인성교육을 어떻게 시킬 것인가에 대한 고민을 넘어서 계열별, 영역별 인성교과 필수선택 1~2강좌를 지정해 교육과정의 일관성과 실질적인 교육효과를 산출하도록 해야 할 것이다. 세 대학이 표방하는 인성교육의 목표는 표현상의 차이는 있으나 궁극적으로 정체성 찾기로서의 자기이해, 공동체적 삶을 위한 사회이해, 세계시민으로서의 책임과 연대를 위한 세계이해와 실천으로 요약할 수 있다. 구체적으로 보면 성대는 교육과정의 설정목표를 '성대형 인성함양'이라는 분명한 목적을 제시한다. 이에 반해 다양한 고전을 활용해 인성교육에 힘을 쏟는 경희대는 '인간적인 삶을 위해 무엇을 어떻게 준비할 것인가'의 관점에서 그것을 위해 사유하고 행위를 하도록 만드는 보다 보편적인 목표를 설정하고 있다. 가톨릭 대학은 '인간존중과 인간 존엄성의 고양'을 인성교육과정의 기본 목표로 설정하고 있다. 이것은 가톨릭대학이 성대나 경희대에 비해 윤리적 관점에서 인성교육과정을 운영한다고 봐야 할 것이다.

인문학 활용 인성교육과 관련해 눈에 띄는 점은 세 대학 중 특정 대학이 인성교육 관련 대외 협력 사업을 활발히 추진한다는 점이다. 성균관대는 다른 두 대학과 달리 군인성교육, 초중고인성교육 프로그램을 활발히 추진하고 있다. 또 성균인성 나눔 프로그램을 통해 소외계층 아동·청소년 인성 멘토링 프로그램을 운영한다. 인성교육의 사회화, 지역화라는 측면에서만이 아니라 학생들의 인성강화 실습 기회를 제공하는 이중효과를 가져온다는 점에서 평가할 만한 일이다. 인문학을 활용한 인성교육에 관한 한 한국을 대표할 만한 세 대학인만큼 인성 필수교과목과 연계한 비교과 인성교육프로그램도 매우 훌륭하다. 이와 관련된 논의는 논외로 한다.

5) 인문학 활용 인성교육과정의 개선방향

지금까지 인문학을 활용한 인성교육 모델이 될 만한 세 대학을 인성교육 운영실태 및 교육과정 전반에 관해 분석적 고찰을 시도했다. 이 세 대학은 분명한 교육철학과 인성교육의 중요성에 대한 인식을 토대로 남다른 교육적 열정을 가지고 체계적인 인성교육을 추진하고 있다. 또한 나름의 의미 있는 교육성과를 학교 안과 밖에서 보여주고 있다. 여기서는 결론을 대신해 세 대학의 모델이 지향할 인문학을 활용한 더 나은 인성교육을 위한 개선방향을 제시하고자 한다.

(1) 독립된 인성교과목의 신설을 통한 교육적 시너지 효과 산출

인문학을 활용해 인성교육을 실시하는 위의 세 대학은 인성교육을 대학교육의 목표로 설정했음에도 불구하고 독립된 인성전문 교과목을 개설하지 않고 있다. 성적평가로부터 자유로운 독립된 인성전문 교과목을 필수화하고 지금과 같은 인문학을 활용한 인성교육을 연계한다면, 애초에 설정한 교육목표만이 아니라 연계형에 내재한 근본적 위험인 '목적 상실', 즉 고전교육인지 인간학 강좌인지 아니면 인성교육인지 하는 정체성의 문제를 해결할 수 있고 교육적 시너지 효과를 기대할 수 있을 것이다.

(2) 인문학을 활용한 교양교육 차원의 인성교육과 전공영역 인성교육의 연계 강화

본문에서 분석한 고전 및 인간학 중심의 인성교육은 전공영역의 인성교육과의 연계를 강화할 때 더 나은 성과를 기대할 수 있다. 그 이유는 다음과 같다. 첫째, 전공과 관련된 특수한 직업영역에서 그것과 관련된 특수한 직업윤리가 필요하다. 이것은 일반적인 직업윤리와 다른 특수화된 직업윤리(공직윤리, 엔지니어 윤리 등)이며 인성교육과 불가분의 관계를 갖는다. 둘째, 각각의 전공교육 영역은 그것에 상응하는 인성요소들이 있다. 특정한 인성요소에 대한 교육은 일반 인성교육 차원이 아니라 전공교육과 인성교육을 동시에 교육할 수 있는 교수자에 의해 인성교육이 이루어져야 더 많은 교육적 효과를 기대할 수 있다.

(3) 교육과정 편성과 운영에서 인성전문가, 교육과정 전문가 참여의 필요성

위의 대학들의 교육과정 편성과정과 운영을 살펴볼 때 교육과정의 편성, 교육설계, 수업운영, 평가모형 등 전반적인 부분에서 인성교육 전문가와 교육과정 전문가의 참여가 미흡한 것으로 평가된다. 교육의 궁극적 목적이 인성의 함양에 있고 인문학이 그것을 위한 교육적 수단과 방법으로 이해되는 이상 좀 더 밀도 있고 과학적인 교육과정 설계가 필요하다. 이를 위해서는 인성교육과정 편성 단계부터 재설계까지 인성전문가, 교육과정 전문가, 인문학 전문가의 참여와 협력이 필요하다. 그럴 때 처음 설정한 인성교육 목적을 더 효과적으로 달성될 수 있다.

(4) 인성키워드 중심의 교육 필요성

인문학을 활용한 인성교육을 실시하는 대학의 공통교재들을 살펴보면 교재편성이 인성키워드에 입각에 구성되었다고 보기 어렵다. 위에 언급한 세 대학은 정체성 교육, 가치 교육을 지향하면서도 오늘날 시대에 필요한 인성요소에 맞는 교재계발과 교육을 얼마든지 할 수 있을 것이다. 각각의 건학이념과 전통에 입각해 나름의 성격부여를 확실히 보여주고 있지만, '인성교육에서 고유한 색깔 입히기'와 인성키워드 중심의 교육이 반드시 갈등과 대립의 구도는 아니라고 판단된다. 따라서 고유색 입히기를 하면서도 그것에 맞는 인성키워드를 찾아 교육한다면 오히려 애초에 설정한 교육목표를 성취하는 데 긍정적으로 작용할 것으로 판단된다.

(5) 인문학 활용 인성교육과정의 교수-학습방법론 계발과 효과측정 모형의 계발

교도소 수용자나 새터민, 부랑자 등 인문학 소외계층의 인문학 학습효과에 대한 경험적 연구들과 인성교육의 효과에 대한 평가모형 및 효과에 대한 경험적 연구들은 많이 있다. 또한 개별 대학의 인성교육 사례연구도 상당 부분 축적되어 있다. 그러나 아직까지 전체 학년을 대상으로 인문학을 활용한 인성교육의 효과에 대한 경험적 연구나 관련 종단연구는 찾아볼 수 없다. 개별대학 차원에서 체계적이고 입체적인 인성교육 역사가 비교적 짧은 이유도 있으나 아직까지 대학별 특성에 따른 교육 효과에 대한 신뢰할 만한 측정도구가 계발되어 그 결과가 교육과정에 재반영 되지 못하고 있다. 이와 더불어 시급한 것은 '인문학을 활용한 인성교육의 특화된 교수-방법론의 계발'이다. 위의 세 대학은 정기적인 교·강사 워크샵을 운영하면서 교육과정 전반에 대한 개선방향을 찾아가고 있다. 그러나 각 대학별 특화된 인성교육을 지향하는 만큼 특화된 형태의 과학적 교수-학습 방법론이 계발·운영되어야 한다.

(6) 일반 인성교육과 계열별 특성화된 인성교육의 유기적 결합

신입생 및 전교생을 대상으로 한 인문학 활용 인성교육에서 계열별로 특화된 인성교육이 이루어져야 한다. 인성교육의 특수한 성격상 보편성, 통일성과 일관성을 유지해야 하는 측면이 있지만, 계열별, 영역별로 특성화된 인성요소에 맞춰진 교육과정의 설계 역시 필요하다. 가령 공적 영역의 직업계열을 목표로 두고 있는 전공영역이나 학생들에게는 책임감과 연대, 협력, 의사소통 능력과 같은 인성요소를 특화하는 교육과정 운영이 요구된다. 향후 대학의 인성교육은 인문학을 활용한 일반적 차원의 인성교육과 계열별 인성교육의 유기적인 결합이 이루어지는 방향으로 나아가야 하며 그럴 때 입체적인 인성교육이 이루어질 수 있다.

(7) 이론과 실천 중심 인성교육과정의 적절한 융합

주지하다시피 중등 교육과정에서 인성교육의 패러다임이 주지주의적 인성교육에서 실천 중심의 인성교육으로 중심축이 이동한지 오래이다(최준환, 2009: 92). 인성교육을 정규 교육과정에 도입하기 이전에 대부분의 대학들은 의무봉사 시간제를 점수화하거나 졸업이수를 위한 필수 학점으로 운영해 왔다. 이것은 대학 내 인성교육이 실천중심형 같지만 실제로는 교육적 개입이 배제된 방임형 인성교육이었음을 말해준다. 인문학을 활용한 인성교육을 실시하는 세 대학의 경우 주지주의적 인성교육을 중심축으로 하고 시민교육이나 베나생 교육프로그램 또는 인성여행과 인성캠프 등의 실천적 인성프로그램을 연계해 운영한다.

논자가 보기에는 세 대학의 경우 주지주의적 인성교육과 실천적 인성교육의 밀도 있는 연계가 더 필요하다고 판단된다. 이를 위해서는 현재 정규교육과정의 인성교과목의 교육내용 편성에서 이론과 실천의 균형이 필요하다. 또한 교과목 수업설계와 운영에서 실천형 인성교육이 이루어질 수 있는 교육적 지혜를 발휘하는 것이 중요하다. 아울러 주지주의적 인성교육과목과 가장 관련이 있는 비교과과정의 인성교육프로그램을 효과적으로 연계해 이수하는 방안을 찾아야 한다.

(8) 인성교육과정의 다변화와 입체화

인문학을 활용한 인성교육과정의 교육적 효과를 극대화하기 위해서는 인성교육과정의 다변화와 입체화가 필수적이다. 먼저 교육과정의 주기와 관련해 단기교육과정과 장기교육과정의 다변화가 필요하다. 단기교육과정 프로그램으로는 예비 대학생 인성교육, 단기 기숙형 인성교육프로그램과 여름방학과 겨울방학을 활용한 캠프형 인성교육프로그램을 들 수 있다. 장기 인성교육과정과 관련해서는 신입생 중심의 인성교육에서 벗어나 4년간의 인성교육과정으로의 확대가 요구된다. 따라서 대학 4년의 장기 인성교육과정의 운영을 기반으로 한 단기 인성교육과정을 효율적으로 연계하는 다변화 전략이 필요하다. 인성교육의 입체화와 관련해 복학생을 대상으로 한 인성교육, 취약계층 학생들을 대상으로 한 인성교육, 장애학생을 대상으로 한 인성교육 그리고 직업계열별 인성교육과정의 계발과 시행을 제안한다.

(9) 인성교육에 기초한 교양교육과정의 재조정과 재편성

인문학을 활용한 인성교육을 실시하는 세 대학이 인성교육을 각 대학의 대표적인 교육브랜드로 성장시키기 위해서는 전체 교양교육을 인성요소별로 재조정 및 재편할 필요가 있다. 교양 교육 전체 교육과정에 대한 인성교육적인 접근 없이 특화되고 부분적인 접근과 교육과정 편성만으로는 교육의 주요 목표로서 인성교육을 실현하는 데 한계가 있다. 따라서 인성전문 교과목의 신설과 필수화 및 인성요소에 따라 전체 교양교육 과정을 재편성해야 한다. 또한 중핵 과목을 선정해 특별 관리 방안도 검토해 봐야 할 것이다.

제3장

교양교육으로서의 독서와 글쓰기 교육

1

니체와 사르트르의 글쓰기 논제와 글쓰기 교육

1) 글쓰기 목적의 근본적 재인식을 위한 검토

1990년대 중후반부터 강화되기 시작한 글쓰기 교육이 2000년대 초반을 넘어서면서 대학 교양교육의 중심 화두이자 주도적 위치를 점유했다. 글쓰기 교과목의 공통이수 교과목화, 글쓰기클리닉센터 운영과 지원의 활성화, 글쓰기 전담 비정년 전임 채용 증가 및 초빙교수 증가 현상이 전국단위에서 발견된다. 그 결과 글쓰기 관련 연구물도 상당히 축적되었다. 과장의 용법을 사용해 말하면, 관련 연구물이 산더미처럼 쌓여있다.[1] 이들 연구의 대부분은 〈○○대학의 ○○ 교과목에서 글쓰기 교육의 사례〉, 〈○○대학의 글쓰기 교재분석〉, 〈○○ 글쓰기 교육과정, 교수 방법론〉, 〈○○을 활용한 글쓰기 교육의 효과〉 등과 같은 보고서 성격이 강한 연구물들이다. 사례연구들은 글쓰기 수업의 설계와 운영, 성과 및 한계, 개선방향의 형식을 취하고 있다. 글쓰기 교육을 담당하는 교수자들이나 학교의 교양교육 정책 의사결정권자들의 관심은 글쓰기 교육성과 측정지표 계발과 환류, 글쓰기클리닉센터 기능의 실효성

1 이윤빈은 전국 대학의 글쓰기 주류모형과 다양화 확산양상을 분류·평가하면서 제도적 측면과 교수자 역량 측면에서 다양화 방안을 제시한다. 이윤빈, 「대학 글쓰기 교육 모형의 다양화 방안: 교육 대상·교육 형식·교육 내용의 다양화 방안을 중심으로」, 『작문연구』 39권 0호, 2018, 78쪽 이하 참조.

강화에 집중되어 있다. 이것은 성과중심 교육과정 운영과 교육공학주의가 글쓰기 교육에 영향을 미친 탓도 있을 것이다.

논자가 볼 때 위와 같은 글쓰기 교육의 환경적 요인과 개별 교수자들의 관심경향이 '왜 글쓰기 교육을 해야만 하는지, 글쓰기 교육의 궁극적 지향점이 무엇인지, 과연 현재의 글쓰기 교육이 그것의 궁극적 목적에 부응하고 있는지'에 대한 물음을 던지기 어렵게 만든다. 이에 더해 대부분의 글쓰기 교육론자들은 글쓰기에 관한 철학적 문제제기에 대한 재사유와 현장 경험에 근거한 그것의 비판적 검토보다 글쓰기 기술론에 빠져 있는 실정이다. 이 글은 이러한 문제의식에 근거해 글쓰기 교육자 및 학습자와 함께 '왜, 무엇을 위한 글쓰기인가'에 대해 생각해보고자 한다. 특히 현시점에서 대학 글쓰기 교육의 중요한 흐름 중의 하나인 자기성찰적 글쓰기와 비판적 글쓰기의 이론적 전거를 니체와 사르트르의 글쓰기 논제에서 찾고, 그 논제의 시각에서 두 글쓰기 모델을 비판적으로 검토할 것이다. 또한 니체와 사르트르의 논제에 근거해 두 글쓰기 모델의 개선방안을 모색하고자 한다.

2) 글쓰기의 궁극적 목적은 무엇인가?

(1) 자신을 위한 글쓰기: 니체의 경우

왜 글쓰기를 배워야 하는가? 이 질문에 대한 니체의 대답은 간명하다. 그는 아리스토텔레스 시대의 공론장을 생각하며 말을 통해 자신의 의사를 전달하고 소통하는 도시문화의 시대는 저물었다고 본다. 니체가 말하는 도시문화란 '말의 시대'를 의미하는 것이며 지나갔다는 표현은 '글쓰기 시대'의 도래를 의미한다. 글쓰기 시대의 도래에서 필요한 것은 말 잘하는 것, 연설의 기술이 아니라 글을 잘 쓰는 것이다. 니체는 도시문화의 해체와 거대국가의 탄생이 이해와 소통의 방식으로서 글쓰기를 요구하기에 이르렀다고 가정한다. 또한 그는 시대의 변화가 글쓰기를 배우는 데 그치지 않고 더 잘 쓰는 법을 배우도록 했다고 생각한다.[2] 그렇다면 니체에게 글을 쓴다는 것은 무엇을 의미하는가? 그는 글쓰기가 의지적 행위인가에 대해 의문을 제기하며 글쓰기는 의지적 표현이 아니라 자신의 생각과 관념에서 벗어나려는 원초적 행위이자 필연적 행위라고 강조한다.

> 나는 모든 쓴 일에 화가 나거나 수치심을 느낀다. 쓴다는 것은 용변을 보는 것처럼 피치 못할 일이다. 비유적으로 그것에 대해 말하는 것조차 내게는 역겹다. B: 그렇다면 도대체 그대는 왜 쓰는가? A: 친애하는 이여, 그대를 믿고 말하건대 지금까지 내 생각을 털어버릴 다른 방법을 아직 발견하지 못했기 때문이다. B: 그렇다면 왜 생각을 털어버리고 싶어 하는가? A: 왜 그러고 싶어 하냐고? 내가 그러고 싶어 한다고? 나는 그렇게 해야 할 뿐이다. B: 알았네! 알았어![3]

자기 생각에서 벗어난다는 것은 자신을 속박하는 모든 관념으로부터 자유로워지는 것을 의미한다. 여기서 중요한 것은 자기 생각의 속박으로부터의 해방이 욕구의 문제가 아니라 존재 자체의 의미로 규정된다는 점이다. 자기 생각의 속박으로부터 해방되는 것은 욕구나 선택의 문제가 아니라 '자기 되기'라고 보는 것이다. 곧 관념의 속박으로부터의 자유가 곧 자기 되기이며 자기 되기가 가능한 유일한 방법은 글쓰기다. 니체에게 글쓰기는 인간을 속박하는 생각과 관념으로부터 자유로워지려는 원초적 행위이며, 자유 정신이 될 수 있는 매개이자 최적의 수단이다. 그렇다면 자기 되기, 자유 정신이 되는 원초적이고 불가피한 행위로서 글쓰기의 궁극적 목적은 무엇인가? 니체는 글쓰기의 궁극적 목적을 '승리', '승리하는 것'에서 찾는다. 그가 말하는 승리란 '자기 극복'이라는 차원에서의 승리와 타자에 대한 권위와 권리의 행사라는 측면에서

---

2 니체, 『인간적인 너무나 인간적인』 II, 김미기 역, 책세상, 2002, 87장, 286쪽.

3 니체, 『즐거운 학문』, 안성찬·홍사현 역, 책세상, 2019, 93장, 160쪽.

의 승리라는 이중적 의미를 갖는다. 니체의 소위 '승리 테제'는 글쓰기의 궁극적 목적이 자기 극복에 있음을 말해준다.

> 글을 쓴다는 것은 항상 승리를 알리는 것이어야 한다. 단 다른 사람에게 도움이 되도록 전달되어야만 할 자기 자신에 대한 극복을 드러내는 것이어야 한다. 그러나 그 무엇을 소화할 수 없는 경우에만, 나아가 그것이 이미 입에서 걸려버린 경우에만 글을 쓰는 소화불량증을 앓는 작가들도 있다. 그들은 독자에게조차 무의식중에 노여움을 품은 채 불쾌한 기분을 털어놓고 폭력을 쓰려 한다. 즉, 그들 역시 승리를 원한다. 그러나 다른 사람에 대한 승리를 원한다.[4]

니체는 글쓰기의 궁극적 목적이 자기 극복에 있다는 것을 실존론적 측면에서 재강조한다. '왜 글을 쓰는가'라는 질문에 니체는 "자신 자신을 위해서 글을 쓴다"라고 말한다. 이 말은 다른 사람을 위해, 후대의 세대를 위해 글을 쓰는 것이 아니라 자신의 미래의 먼 시간을 위해 글을 쓰는 것을 말한다. 니체가 말하는 "자기 자신을 위해"의 의미는 "자기 자신에게서 기쁨을 느끼기 위해"[5]를 뜻한다. 자기 자신에게 기쁨을 주는 글쓰기 행위는 생계형 전업적 글쓰기, 일시적으로 돈을 벌기 위한 글쓰기, 명예를 획득하기 위한 글쓰기, 기록과 자기 포장으로서의 자비출판형 글쓰기, 책상에 앉아 머리와 손기술로 쓰는 글쓰기로 성취될 수 없다. 그와 같은 글쓰기 행위는 니체 시각에서 사이비 기쁨에 불과하다. 자기 자신에게 기쁨을 주는 글쓰기는 자유로운 글쓰기, 자유정신을 갖고 쓰는 글쓰기다. 이런 의미에서 글쓰기는 정태적인 행위가 아니라 자유를 향한 실천적·투쟁적 행위인 것이다.

> 나는 손으로만 쓰는 것은 아니다. 발도 항상 글 쓰는 사람과 함께하길 원

---

4 니체, 『인간적인 너무나 인간적인』 II, 김미기 역, 책세상, 2002, 152장, 98쪽.

5 같은 책, 167장, 103쪽.

한다. 내 발은 확고하고 자유롭고 용감하게 들판을, 종이 위를 달린다.[6]

(2) 사회변화와 자유를 위한 글쓰기: 사르트르의 경우

사르트르는 '왜 글쓰기를 배워야만 하는가'에 대한 니체적 질문과 대답을 하지 않는다. 글쓰기의 동기에 대해서 사르트르도 견해를 밝히나 글쓰기를 니체의 경우처럼 '자기 생각과 관념에서 벗어나려는 원초적 행위이자 필연적 행위'로 간주하지 않는다. 그 반대로 그에게 글쓰기는 글을 쓰는 사람 의지의 산물이며 행위다. 사르트르는 예술적 창조의 주된 동기가 "세계에 대하여 인간 존재가 '본질적'이라고 느끼는 욕망"에 있다고 본다. 그의 시각에서 글쓰기는 창조자와 같은 느낌을 갖고 싶은 욕망의 표현이며 세계에 대해 자신이 본질적인 존재임을 확인하고 싶은 욕망의 매개체인 셈이다. 글쓰기 자체의 동인이 의식적이듯이 '글쓰기의 목적이 무엇인가'에 대한 사르트르의 대답은 니체와 비교해 더 직접적이고 목적의식적이다. 글쓰기의 목적에 대한 니체의 파편적인 관심과 달리 사르트르는 분명한 주제의식을 갖고 그 문제에 매달렸다. 게다가 그는 니체가 보여준 '자기를 위한 글쓰기'라는 실존론적 범주를 넘어서 글쓰기의 궁극적 목적이 사회변화의 촉매제 역할과 구체적 자유의 쟁취에 있음을 천명했다.

사르트르는 『문학이란 무엇인가』의 서언에서 아무도 문제를 제기하지 않았던 문제인 "쓴다는 것은 무엇인가? 왜 쓰는가? 누구를 위하여 쓰는가?"[7]를 천착하겠다면서 다음 글에서 그것에 대한 명확한 답변을 제시한다. 그는 쓰는 사람 곧 작가는 무슨 할 말이 있는지, 남에게 하고 싶은 그 무엇을 가졌는지를 끊임없이 스스로 제기해야 한다고 역설한다.[8] 위와 같은 질문제기에 대한 사르트르의 요구는 작가의 사회적 역할

---

6 니체, 『즐거운 학문』, 안성찬, 홍사현 역, 책세상, 2019, 52장, 56쪽.

7 장 폴 사르트르, 『문학이란 무엇인가?』, 정명환 역, 민음사, 1998, 10쪽.

8 같은 책, 30쪽.

에 대한 의식화를 목표로 한다. 그에게 "작가의 기능은 아무도 이 세계를 모를 수 없게 만들고 아무도 이 세계에 대하여 「나는 책임이 없다」라고 말할 수 없도록 만드는 데 있다".[9] 독자들이 '이 세계를 모를 수 없게 만들어야 한다'는 것은 독자들이 세계의 부정성을 인식하도록 만들어야 한다는 의미다. 그는 오막살이 등과 같은 사물에 대한 간단한 묘사를 통해서도 그것이 얼마든지 가능하다고 본다.

> 작가는 오막살이 한 채를 묘사함으로써, 독자로 하여금 거기에서 사회적 부정의 상징을 보게 하고 독자의 분노를 자아낼 수 있을 것이다.[10]

그렇다면 사르트르는 왜 작가가 사회의 부정성을 드러내야 한다고 생각하는가? 그는 글쓰기가 사회의 부정성을 드러내 더 나은 사회로의 변화를 촉진하는 유효한 수단으로 간주했기 때문이다. 그에게 사회변화를 위한 작가의 의식적 글쓰기는 '총을 쏘는 것'과 다를 것이 없다.

> 말을 한다는 것은 권총을 쏘는 것이다. 작가는 물론 침묵할 수도 있다. 그러나 일단 총을 쏘기로 작정한 바에야, 어른답게 과녁을 노리고 쏘아야지, 어린애처럼 오직 총소리를 듣는 재미로 눈을 감고 무턱대고 쏠 수 없는 노릇이다.[11]

인용구에서 '말'은 사회 부정성에 대한 작가의 비판적 입장을 말하며 '총'은 단순히 변화 가능성의 담지를 넘어 변화를 일으킬 만한 위력적 글쓰기를 의미한다. 어린아이가 아닌 '어른답게'가 의미하는 바는 작가의 사회적 책무성에 대한 신념화된 목적의식과 행위의 일관성을 의미한다고 봐야 한다. 여기서 주의를 기울여야 하는 것은 작가가 드러내

---

9 같은 책, 33쪽.

10 같은 책, 15쪽.

11 같은 책, 33쪽.

고자 하는 부정성이 사회에 대하여 "'노(No)'라고 말하는 추상적인 힘이 아니라, 부정하는 것을 제 속에 간직하고 그것으로 온통 물드는 그러한 구체적인 부정성"[12]이라는 점이다. 총을 쏘는 사람으로서 글 쓰는 사람의 사회적 역할과 책무성에 대한 사르트르의 분명한 입장은 '무엇을 위한 글쓰기인가', '누구를 위하여 쓰는가'에 대한 답변을 이미 시사하고 있다. 사르트르에게 니체가 말하는 '자기 자신을 위한 글쓰기'는 진정한 의미의 글쓰기가 아니다. 작가가 "자기 자신을 위해서 쓴다는 것은 아니다. 만일 그렇다면 그것은 최악의 좌절이 되리라."[13] 사르트르의 작가가 자신을 위해서 글을 쓴다는 것의 의미는 니체처럼 자기 극복적 글쓰기의 의미나 쇼펜하우어처럼 생계를 위한 글쓰기를 의미하는 것이 아니다.[14] 사르트르에게 자기 자신을 위하여 쓰는 글쓰기는 작가의 생활세계적 감정생활의 기록이 지니는 의미를 뜻한다.

'누구를 위하여 글을 쓰는가'의 문제에서도 사르트르의 입장은 분명하다. 그에 따르면 작가는 원칙적으로 모든 사람을 위해 글을 쓰는 것이지만, 작가는 "궁지에 빠지고 기만당하고 부자유한 사람들을 위해서 말한다는 것을 스스로 알고 있는"[15]사람이다. 이렇듯 사르트르는 작가의 독자를 제한했으며 그 대상은 넓은 의미에서 '부자유한 사람들'이다. 따라서 그가 볼 때 작가-독자의 관계에서 글 쓰는 자의 임무는 스스

---

12 같은 책, 99쪽.

13 같은 책, 63쪽.

14 쇼펜하우어는 당대의 저술가를 크게 두 유형으로 분류한다. 첫째 부류의 저술가는 독자적인 사상과 경험을 가진 인물로 사물의 본질을 탐구하기 위해 글을 쓰는 사람, 둘째 부류는 생계나 돈을 벌 목적으로 글을 쓰는 사람이다. 자기 자신을 위해 글을 쓰는 경우는 두 번째 부류에 속하는 작가를 말한다. 쇼펜하우어, 『쇼펜하우어의 문장론』, 김욱 역, 지훈출판사, 2020, 47쪽 참조.

15 장 폴 사르트르, 『문학이란 무엇인가?』, 정명환 역, 민음사, 1998, 95쪽. 사회 부정성의 비판과 함께 부자유한 사람들을 위한 글쓰기와 같은 사르트르의 입장을 아도르노도 공유한다. 사르트르가 사회변화라는 협소한 틀에서 투쟁적 글쓰기에 초점을 맞추었다면, 아도르노는 충동 표현-표현형식으로서의 글쓰기-고통의 객관성과 글쓰기의 관계-사회비판적 글쓰기의 형식과 그 형식에 내재하는 비판의 함축성을 다룬다. Th. W. Adorno, Gesammelte Schriften, Bd. 6, *Negative Dialektik* hrsg von R. Tiedemann, Frankfurt a. M. 1998. 29쪽 이하 참조.

로 추상적 자유가 아니라 구체적 자유를 쟁취하고 부자유한 사람들에게 구체적 자유를 위해 투쟁하도록 촉구하는 것이다. 사르트르는 작가만이 아니라 작가와 같이 역사적 존재인 독자 자신도 역사적 상황에서 구체적 해방을 위한 시도를 해야 한다고 강조한다.[16]

결국, 사르트르가 말하는 비판을 위한 글쓰기는 사회적 부정성을 인식하게 만들고, 사회개혁과 구체적 자유를 쟁취하려는 전투적 행위다. 이러한 지향점을 갖지 못하는 글쓰기는 단지 개인의 취향 놀이에 불과할 뿐이다. 니체와 사르트르는 글쓰기의 목적을 열정적으로 논하지만, 어떻게 좋은 글을 쓸 것인가에 대한 문제에 대해서는 구체적 논의를 전개하지 않는다. 그럼에도 불구하고 글쓰기 방법에 관한 양자의 논의는 검토할 만한 가치가 있다.

3) 어떻게 좋은 글을 쓸 수 있는가?

(1) 언어의 절제

'나를 위한 글쓰기' 테제를 내세운 니체와 '사회변화와 자유의 쟁취를 위한 글쓰기' 테제를 제시한 사르트르가 '어떻게 좋은 글을 쓸 수 있는가'의 문제에 접근하는 태도는 상이하다. 니체는 좋은 글쓰기의 일반적 전제조건과 몇 가지의 구체적인 글쓰기 방법에 대해서 언급한다. 니체와 비교할 때 사르트르는 더 빈곤하다. 그는 쓰기 방법에 대한 구체적 언급을 거의 하고 있지 않으며 참여문학론의 기수답게 글을 쓰는 자의 사회비판 의식과 사회 인식태도 문제에 논의를 집중시키고 있다. 여기서는 비교 가능성이 있는 한두 개의 글쓰기 방법에 대한 양자의 제안과 주의를 기울여야 할 만한 언급들을 살펴보고자 한다.

절제된 언어의 사용과 관련해 니체와 사르트르는 같은 입장을 취하

16 같은 책, 98쪽 이하 참조.

지만, 관점은 확연히 다르다. 먼저 니체는 '언어의 목적이 감정의 전달에 있지 않다'라고 주장하며 그 근거로 그리스식 글쓰기를 전거로 제시한다. 그에 따르면 그리스 고대의 시인들은 감정시인들과 달리 장황한 언어를 구사하지 않으며 감정에 관해서도 절제된 언어를 사용한다.[17] 그는 특히 데모스테네스 시대의 글쓰기가 감정의 압축, 절제, 침묵의 전형을 보여주는 사례이며 간결성과 단순성 글쓰기 원칙이 가장 잘 드러나는 경우라고 평가한다. 니체가 절제된 언어에 기초한 글쓰기의 전형을 찾아 나선 까닭은 지나친 '과장적 글쓰기'가 현대인의 글쓰기 양식으로 고착되었다는 인식에서 출발했다.[18] 거칠고 자극적인 언어를 동원한 감정배설형 글쓰기, 독자의 감정을 자극하기 위한 과잉표현, 독자의 시선을 순간적으로 끌기 위한 과장된 서술 등을 지양해야 한다는 것이 니체의 생각이다.[19] 니체가 언급하고 있지 않지만, 현대인의 과장적 글쓰기의 주요 원인 중의 하나는 관심 유발과 도서판매라고 볼 수 있다.

사르트르도 절제된 글쓰기를 니체만큼이나 강조하는 데 그 논거에는 차이가 있다. 니체가 작가중심주의 관점에서 주장한다면, 사르트르는 독자중심주의, 더 정확히 말하면 작가-독자 상호자유주의 입장에서 언어의 절제를 논한다. 그는 글쓴이가 공포, 욕망, 분노와 같은 감정을 얼마든지 불러일으킬 수 있으며, 그것에 유일한 관심을 두는 작가도 있으나 그와 같은 감정을 과도하게 일으키는 글쓰기를 지양해야 한다고 말한다. 사르트르는 독자를 순수한 자유의 존재로 보지 않고 작가에 의해 조정 가능한 수동적 존재로 보는 것은 자율성의 침해라고 본다. 그런 맥락에서 그는 독자에게 충격을 주고 작가 자신이 원하는 감정을 독자들이 갖도록 강요해서는 안 되며 독자 스스로 인식하고 판단하며 행하도록 해야 한다고 강조한다. 사르트르는 작가가 '순수한 제시'에 그칠

17 니체, 『인간적인 너무나 인간적인』 II, 김미기 역, 책세상, 2002, 74쪽. 니체는 자신의 감정을 작품 속에 녹여내지 못하고 전달하려는 작가들이 과장된 문체로 쓰는 경향이 크다고 본다. 니체, 『아침놀』, 박찬국 역, 책세상, 2019, 4권 332장, 297쪽 참조.

18 같은 책, 196쪽 이하 참조.

19 같은 책, 74쪽 참조.

때, 독자가 정념에 쏠리지 않으며 자유가 소외되지 않는다고 본다.[20] 좋은 글쓰기의 범례로서 니체와 사르트르가 제시하는 감정 언어 절제의 문제는 글쓰기 교육에서 시사하는 바가 매우 크다.

(2) 문체의 중요성

글쓰기에 관해 말하는 이상 '문체' 문제를 빼놓을 수 없다. 니체와 사르트르도 문체를 언급한다. 양자의 문체론은 문학적 글쓰기, 넓은 의미의 일반 글쓰기와 관련되어있지 학술적 글쓰기와 직접적인 관련이 없다는 공통점이 있다. 문체에 대한 니체의 주장은 '문체가 곧 작품의 완성도와 생명력을 결정한다'로 요약할 수 있다. 그는 작품의 영원성은 불멸의 문체에서 나오는 것이며 대표적인 인물로 투키디데스와 타키투스를 들고 있다. 그렇다면 그가 말하는 문체는 무엇인가? 니체는 문체를 화법의 대체물이며 동시에 그 이상이라고 보았다. 다시 말하면 글쓴이는 화자의 표현 수단인 "몸짓, 악센트, 어조, 눈길 등의 대체 수단"을 찾아야 하고 "화법보다 적은 것을 가지고"[21] 문체를 통해 독자의 이해에 도달해야 하기 때문이다.

니체가 문체를 작품의 생명력과 완성도 측면에서 말하고 있다면, 사르트르의 짧은 문체 논의는 문체에 대한 정의로부터 시작된다. 그는 문체는 '이것이다'라고 정의하지는 않았다. 그러나 그가 글쓴이를 '어떤 방식으로 말할 것인가'를 선택한 사람으로 간주하는 관점에서 볼 때 문체는 '특정한 방식으로 말하는 법'을 의미한다. 사르트르는 선험적이고 모든 글의 범례가 되는 문제가 존재하지 않으며, 글의 주제에 어울리는 문체가 있음을 인정한다.

무엇에 대해서 쓰려는 것인지, 나비에 대해서인지 유태인의 조건에 대해

---

20 장 폴 사르트르, 『문학이란 무엇인가?』, 정명환 역, 민음사, 1998, 71쪽 이하 참조.

21 니체, 『인간적인 너무나 인간적인』 II, 김미기 역, 책세상, 2002, 87장, 296쪽.

서인지를 아는 것이 선결문제다. 그리고 그것을 알고 나면 그다음으로는 어떻게 쓸 것이냐 하는 문제가 남는다.[22]

이 문맥에서 '어떻게 쓸 것인가'는 글의 내용이 아니라 문체를 가리킨다. 사르트르는 훌륭한 작가는 문체 이전에 '주제에 대한 고민'에 주력해야 한다고 결정한다. 그가 한편으로는 주제나 글의 내용에 맞는 문체를 강조하지만, 다른 한편으로는 그것이 반드시 문체의 결정기준이 돼야 할 이유가 없다고도 주장한다. 이러한 사르트르의 주장은 타당하다. 니체, 벤야민, 아도르노 등의 철학적 글쓰기가 그의 주장의 타당성을 지지하는 좋은 사례라고 볼 수 있다. 위에 언급된 철학자들은 압축과 파편적 글쓰기를 통해서 어떤 종류의 글쓰기보다 논리적 정합성을 요구하는 철학적 글쓰기를 보여주었다. 특히 아도르노는 왜 에세이적 글쓰기가 현대성의 제 문제의 복잡성과 모순적 상황을 그대로 드러내는 데 유효한 글쓰기 형식인지를 밝히고 있다.[23] 논자가 볼 때 이들의 철학적 글쓰기는 한마디로 '체계 없는 체계성'을 보여준다. 이와 같은 철학적 글쓰기는 그 어떤 종류의 철학적 글쓰기보다 명료하고 입체적인 논리적 구조물을 머릿속에 갖고 있지 않은 불가능한 글쓰기다.

니체만큼이나 사르트르가 문체를 강조하는 이유는 그가 문체를 산문의 가치를 결정하는 핵심요인으로 간주하기 때문이다. 사르트르는 산문의 문체에서 아름다움이라는 미적 쾌감을 불러일으키는 것이 시에 감염된 산문, 다시 말해 시적 표현의 빈번한 사용에서 오는 것이 아님을 강조한다. 동시에 그는 미사여구, 말의 조화와 문장의 균형, 음악이나 춤 같은 문장의 리듬감이 결코 문체의 가치와 힘을 보여주는 것이 아니라고 말한다. 그렇다면 문체의 힘과 아름다움은 어디서 오는가? 사르

22 장 폴 사르트르, 『문학이란 무엇인가?』, 정명환 역, 민음사, 1998, 36쪽.

23 Th. W. Adorno, "Der Essay als Form", in: Noten zur Literatur, Gesammelte Schriften B.d 11, Frankfur a. M., 1998, p. 24 이하 참조; 이종하, 「글쓰기의 철학과 좋은 글쓰기를 위한 전략: 아도르노의 비동일적 글쓰기를 중심으로」, 『범한철학』 58집, 2010, 140쪽 이하 참조.

트르에 따르면 문체가 눈에 보일 정도로 투명한 것이 되어서는 안 되며, 진정한 의미의 문체는 느낄 수 없을 정도로 인지하지 못한 상태에서 독자를 강하게 끌어당기는 힘이라고 말한다. 그는 '끌어당기는 힘'이 글의 내용에서 발생하는 것이 아니라 문체에서 비롯된다고 생각할 만큼 문체의 가치를 중시한다. 이런 점에서 보면 사르트르는 니체보다 문체 중심주의에 더 가깝다고 볼 수 있다.

문체의 중요성에 대해 니체와 사르트르의 짧은 논의의 대상은 문학적 글쓰기에 집중되어 있다. 그럼에도 불구하고 양자의 문체론은 글쓰기 교육 일반에 시사하는 바가 크다. 니체의 경우를 보자. 그의 문체와 그가 비난하는 소크라테스가 등장하는 플라톤 『대화』 편의 학술적 글쓰기 문체는 엄연히 다르다. 그에게 가장 큰 영향을 준 쇼펜하우어의 문체와 니체의 문체 역시 다르다. 이렇듯 학술적 글쓰기에도 엄연히 문체의 차이가 있기 마련이다. 형식논리의 정합성 측면에서 문체의 차이가 없다고 주장하는 경우는 논증의 정합성과 문체의 독창성을 구분하지 못한 데서 나오는 비판이다. 니체와 사르트르의 문체론이 글쓰기 교육에 시사하는 바는 문학적 글쓰기, 일반주제 글쓰기, 학술적 글쓰기와 관련 없이 문체의 창조 곧 독창성의 완성이 글쓰기 교육의 궁극적 목적이 되어야 하며 이를 위해서 첨삭에 매몰된 글쓰기 교육, 서술기법의 연습에만 열중하는 글쓰기 교육으로부터 유연성을 확보해야 한다는 점이다.

문체의 독창성을 위한 글쓰기 교육은 결국 교수 중심의 글쓰기 교육이 아니라 학생 중심, 자율적 글쓰기의 공간을 최대한 보장해야 함을 의미한다. 학생주도적으로 글쓰기 주제가 선정되어야 하고 그 과정에서 교수자는 표준적 글쓰기 지도자가 아니라 학생 고유의 문체를 만들어 가는 데 보조자 역할에 충실해야 한다. 글의 창의성과 독창성의 구성요소인 문체를 중립적이며 비개성적 문체로 만드는 기계적인 글쓰기 교육을 경계해야 한다. 문체형성의 주체에 대한 교수자와 학생의 재인식 선행되어야만 '모두 같은 문체'를 만드는 글쓰기 교육으로부터 벗어날 수 있다.

(3) 좋은 글쓰기를 위한 몇 가지 방법들

좋은 글쓰기를 위한 방법에 관한 한 니체와 사르트르의 관점을 비교할 만한 주장들은 더 이상 찾아보기 어렵다. 비판적 글쓰기를 주장했던 사르트르보다 자기를 위한 글쓰기를 내세웠던 니체가 상대적으로 좋은 글쓰기의 구체적 방법을 좀 더 제안한다. 니체의 제안 중에서 일반 글쓰기 교육에서 보편적으로 적용될 수 있는 사항들은 "언어에서 개혁하거나 옛것을 좋아하는 것, 희귀한 언어와 외래어를 선호하는 것, 단어의 수를 제한하는 대신 오히려 풍부하게 늘리려는 것"[24]과 같은 것이다. 니체의 시각에서 볼 때 오늘날 국내의 언어 사용 경향들, 가령 과도한 줄임말, 국적 없는 언어들의 조합(한문+국어, 국어+영어, 기타 외국어+국어) 등도 나쁜 글쓰기의 사례가 될 것이다. 이 밖에도 니체는 '대담한 비교'를 좋은 글쓰기라고 보지 않는다. 대담한 비교는 경박함을 드러내는 것이거나 상상력의 빈곤을 증명하는 것에 지나지 않는다는 것이다.[25]

여기서 대담한 비교란 이질성이 매우 강한 비교 대상과의 비교를 통한 불필요한 희화화를 들 수 있을 것이다. 니체는 웅대하고 거창한 문체를 피하고 간단하고 간결한 문체로 쓸 것을 권한다. 그는 사람들이 쉽고 간명하게 글을 쓰지 않고 웅장하고 거창한 문체를 빨리 습득하고 쓰려는 것은 도덕적인 것과 관련이 있다고 생각한다. 그가 분명하게 언급하지 않고 있으나, 그는 웅장한 문체가 더 도덕적인 것처럼 보일 수 있다고 사람들이 은연중에 믿고 있다고 가정하며 간결한 글쓰기, 소박한 글쓰기를 권하고 있다.[26] 니체는 자신이 그랬던 것처럼 일반 글쓰기에서 아포리즘과 잠언을 활용할 것을 권하고 있으나 학술적 글쓰기에서는 다른 입장을 취한다.

니체의 몇 안 되는 좋은 글쓰기의 구체적 방법 중에서 학술적 글쓰

---

24 니체, 『인간적인 너무나 인간적인』 II, 김미기 역, 책세상, 2002, 308쪽.

25 같은 책, 312쪽.

26 같은 책, 294, 315쪽.

기에 관련해 거의 유일하다고 할 수 있는 것은 상징과 비유의 활용문제다. 니체는 학술적 차원의 논증 구성과 설득과정에서 상징과 비유를 사용하는 것을 권하지 않는다. 그 이유는 '상징과 비유로도 독자를 설득할 수 있지만, 주장하는 바를 입증할 수 없다는 데 있다.[27] 이와 관련해 니체가 간과하고 있는 것은 애초에 증명을 요구하는 글쓰기와 상징과 비유를 적절하게 사용할 수 있는 글쓰기의 영역이 다르다는 점이다. 증명이 필요한 글쓰기에서 상징과 비유의 논증적 구성력과 정합성이 떨어질 수밖에 없으며 부적절한 것이다. 그러나 주장하는 바가 성공적으로 증명된 경우에 그것을 호소력 있게, 또 지식정보 전달의 효과성을 높이기 위해 적절한 상징과 비유는 권장할 만한 사항이다.

4) 니체와 사르트르의 글쓰기 논제와 교양 글쓰기 교육

국내대학의 교양 글쓰기 교육은 주로 의사소통 능력의 계발을 중심으로 이루어진 것은 부인할 수 없으며 지금도 글쓰기 교육에서 하나의 중요한 축이다.[28] 2010년 이후부터는 자기성찰적 글쓰기 교육과 문식성 및 사고력 향상을 위한 비판적 글쓰기 교육이 하나의 흐름을 형성했다. 여기서는 니체가 말하는 '자기를 위한 글쓰기'와 글쓰기 교육에서 '자기성찰적 글쓰기' 교육과의 내적 관련성과 사르트르가 말하는 사회비판적 글쓰기와 글쓰기 교육현장에서 시행되고 있는 비판적 글쓰기를 비교·검토하고자 한다.

---

27 같은 책, 314쪽.

28 김현정은 국내 주요대학(서울대, 아주대, 한양대, 경북대, 연세대)을 임의로 선정한 후 각 대학의 글쓰기 교육목적을 분석했다. 김현정의 조사대상 대학 모두가 의사소통 능력의 향상을 글쓰기의 기본목적으로 설정했다. 서울대는 여기에 더해 자기표현 능력의 신장도 목적으로 설정한다. 경북대의 경우는 사회계열 교재에서 '문제발견과 참여'도 글쓰기 교육의 중요한 가치로 설정한다. 여기에 대해서는 김현정, 「국내 주요 대학 글쓰기 교육의 목표와 내용」, 『리터러시연구』 9(1), 2018, 12쪽 이하 참조.

(1) 니체의 자기를 위한 글쓰기 논제와 성찰적 글쓰기 교육

2000~2014년 사이의 63개 대학의 109권의 글쓰기 교재를 조사한 심선옥에 따르면 2010년경은 대학 글쓰기 교육에서 패러다임 변화가 일어난 시기다. 그에 따르면 기술적·실용적 글쓰기 교육의 고착화에 대한 반성의 결과로 '글쓰기 과정과 내용에서 쓰기 주체의 위상이 강조'되었으며 자기성찰적 글쓰기가 글쓰기 교육에서 하나의 중요한 목적으로 인식되었다.[29] 성찰적 글쓰기는 자기표현, 자아탐색, 자기서사, 자기치유라는 개념을 포섭하고 있으며 학교에 따라, 다양한 개별교과목 명으로 개설운영하고 있다. 다양한 글쓰기 교재나 논자들이 말하는 자기성찰적 글쓰기 교육목적은 자기이해, 자아발견의 촉진, 자기실현의 가능성 탐구, 자아정체성 확립만이 아니라 타자-사회-세계이해와 소통의 증진 등을 제시한다. 서강대 교양국어편찬위원회는 성찰적 글쓰기를 "어떤 대상에 대해 살피고 깊이 생각함으로써 깨닫는 것"으로 자기 자신, 책, 뉴스, 사건들을 사례로 제시한다.[30] 서강대 교양국어편찬위원회가 성찰의 일반적 의미에서 자기성찰적 글쓰기를 정의했다면, 경희대의 『나를 위한 글쓰기』 교재에서는 '글쓰는 주체로서 나'라는 글쓰기 행위자 중심주의 관점에서 성찰적 글쓰기를 규정한다.

> 글쓰기는 '내가 원하는 나', '더 나은 나'로 성장할 수 있는 평생의 훈련 도구이자 비법이다. 글쓰기는 쓰는 사람의 내면에서 시작되고, 쓰는 사람의 내면을 더 아름답고 풍부하게 만들며 완성된다. 그 자리에서 또 다른, 새로운, 더 내밀한, 모험적인 글쓰기가 시작된다. 이 끝없는 글쓰기의 과정은

---

29 심선옥은 경희대 글쓰기 교과목 『나를 위한 글쓰기』의 교육목적인 '자아와 타자에 대한 성찰과 관계 재정립을 위한 기초 글쓰기'에 주목하여 이것이 자기성찰적 글쓰기 프로그램을 계발·운영하는 데 중요한 전기를 제공했다고 주장한다. 심선옥, 「대학 교양교육에서 자기표현적 글쓰기의 위상과 교육방법 연구」, 『泮橋語文硏究』 제43집, 2016, 359쪽 이하 참조.

30 서강대학교 교양국어 교재편찬위원회 편, 『움직이는 글쓰기: 인문·사회 계열』, 서울: 서강대학교 출판부, 2011, 161쪽 참조.

'내가 원하는 나'를 찾아가는 자아의 여정과 같다. '더 나은 나'로 변신해 가는 진정한 삶의 탐색 과정과도 일치한다.[31]

자기성찰과 글쓰기 과정을 검토한 고혜원은 자기성찰이 "후향(regressive) → 전향(progressive) → 분석(analysis) → 종합(synthetical)"으로 진행되며 성찰적 글쓰기의 과정은 "기억의 재생 → 언어로 형상화 → 사건의 객관화 및 재구조화 → 인식의 변화와 사고의 확장"[32]의 순서를 따른다고 본다. 자기성찰적 글쓰기 교육의 효과에 대해 고혜원은 대학 신입생 대상으로 2주간 위의 과정을 활용한 결과 글쓰기 방법의 효율성 및 자기성찰적 효과를 확인할 수 있었다고 보고한다.[33] 김은준도 실무중심 현장형 교육을 받는 전문대 학생을 대상으로 한 성찰적 글쓰기 교육이 자아존중감 향상에 긍정적 영향을 미쳤다고 주장한다.[34] 김은준은 평가지표로 쿠퍼스미스의 자존감 문항과 로젠버그의 자존감 문항을 활용했다.

그런데 '자존감' 개념 자체가 타자 관계에서 형성된 특정한 의식상태와 정서상태의 총합으로 이해하는 한 문항 자체는 항상 비교와 주관적 감정의 '강도'를 묻는 방식으로 설계된다. 두 검사지의 자존감 문항은 "생각한다", "느낌이 든다", "만족한다", "안타깝다", "~편이다"와 같은 주관적·정서적 질문형식이다. 이때 판단은 항상 타자의 평가와 타자를 의식한 자신에 대한 자기평가를 전제로 한다는 것을 다음과 같은 술어에서 확인할 수 있다. "대체로", "비교적", "다른 사람과 비교해", "가족들이", "가족 중에", "남보다", "여러 사람 앞에서", "다른 사람이", "다른 사람들과 같이", "나는 내가 다른 사람들처럼", "나는 나 자신에

31 경희대 후마니타스칼리지 글쓰기교과교재편찬위원회, 『나를 위한 글쓰기』, 경희대 출판문화원, 2012, 14쪽.

32 고혜원, 「성찰적 글쓰기의 과정과 효용성에 관한 연구」, 『어문론집』 60집, 2014, 11쪽 이하 참조.

33 같은 책, 28쪽 참조.

34 김은준, 「성찰적 글쓰기가 전문대 재학생들의 자존감에 미치는 영향」, 『교양교육연구』 13(3), 2019, 323쪽.

대하여", "나는 나를".

논자의 시각에서 자기성찰적 글쓰기의 문제는 글쓰기를 통한 자기치유를 지나치게 강조하는 데 있다. 김은준은 자기성찰적 글쓰기가 "자기 자신에 대한 객관적 확인을 비롯하여 과거와의 화해를 통해 치유적 효과"[35]가 있음을 주장한다. 김은준만이 아니라 자기성찰적 글쓰기 교육론자의 상당수가 자기성찰적 글쓰기의 교육목적 중의 하나가 자기치유에 있음을 주장한다. 자기치유의 교육적 효과에 빠져있는 자기성찰적 글쓰기에 대한 가장 적극적이며 올바른 비판을 수행한 권채린은 자기성찰적 글쓰기 교육담론이 '내면-기억-치유' 범주의 틀을 벗어나지 못하며 자기 자신에 대한 주관적 글쓰기 기술교육에 그치고 있다고 주장한다.[36]

니체의 자신을 위한 글쓰기 논제에서 자기성찰적 글쓰기의 문제점은 다음과 같이 요약할 수 있다. 첫째, 자기성찰적 글쓰기의 강제력 문제다. 니체에게 글쓰기는 의지의 문제가 아니라 자연스러운 행위이며 동시에 자신의 관념과 생각들로부터 자유로워지려는 적극적 행위다. 이 관점에서 자기성찰적 글쓰기의 목적은 자기성찰을 촉진시키기 위한 강력한 교육적 행위다. 여기서 강력함이란 교양필수라는 학사제도에 의한 강제력의 동원을 의미한다. 니체의 관점에서 자연적 표현행위에 강제력을 동원하는 행위는 '글쓰기의 원초적 성격'을 제거하는 것에 불과하다.

니체적 문제의식하에서 보면, 의사소통 능력의 향상 측면에서 글쓰기 교육의 불가피성을 인정한다 하더라도 '왜 반드시 교양필수과목화해야 하는가'라고 묻을 수 있다. 자기표현으로서의 글쓰기는 최대한의 자유와 자율성을 보장해야 실제적 효과를 기대할 수 있다. 그런 점에서 전체 학생 대상 글쓰기의 교육, 계열별 글쓰기 교육에서 강제성이 최대한 배제된 글쓰기 교육으로 전환되어야 한다. 주제 중심의 다양한 글쓰기 교육 프로그램을 학과 차원, 단대 차원, 교양교육 차원에서 제공한다

35 같은 책, 같은 쪽.

36 권채린, 「'자기 성찰적 글쓰기'의 논증적 가능성 탐색을 위한 시론(試論)」, 『우리어문연구』 57집, 2017, 415쪽 이하 참조.

면, 교육 수요자 관점에서 다양한 방식의 자기표현 욕구를 해소하는 글쓰기 교육이 가능할 것이다.

둘째, 글쓰기 과정에서의 자율성 문제다. 니체의 시각에서 볼 때 자연적 행위로서 글쓰기 교수의 원칙은 최소개입 원칙이다. 왜냐하면 니체에게 글쓰기는 단순히 자기표현의 원초적 행위만이 아니라 자유정신의 표현이며 자유정신을 실현하는 하나의 수단이기 때문이다. 동시에 그에게 글쓰기는 노예도덕에 사로잡혀 자신의 존재성을 표현하지 못하는 상태로부터 벗어나 자기 삶을 창조하는 삶의 예술가로서의 자연적 행위다. 논자의 관점에서 〈주제 글쓰기〉는 다음과 같이 설계할 수 있다. 주제선정 → 자료수집의 여부와 범위 결정 → 자료 분석방식과 결과 정리 → 1차 글쓰기 → 학생의 수정여부 선택 → (학생 상호 간 및 교수자) 리뷰 과정 선택지 결정 → 재수정 여부 결정 → 원고완성 → 발표 여부 학생선택. 이 과정에서 교수자의 개입은 최대한 지양되어야 자연적·원초적 자기표현과 자유정신의 매개수단으로서 글쓰기가 가능하다.

셋째, 글쓰기 성격에 따른 평가방법의 적절성 문제다. 자기표현의 자연성으로서 글쓰기 교육이 되려면, 평가에 대한 문제를 검토해야 한다. 성찰적 글쓰기론자들이 하나같이 말하는 글쓰기교육 목적은 자아발견, 자기성찰 능력의 배양이다. 한마디로 가치교육의 교육적 형식 중의 하나로 글쓰기 교육을 이해한다. 그런데 자아발견을 위한 보조수단으로서 발견과 성찰의 정도를 평가한다는 것이 과연 의미가 있는가? 자기성찰에 대한 평가와 자기성찰을 소재로 한 글쓰기 능력의 평가는 완전히 다른 범주다. 자기성찰의 수행자와 수행의 평가 주체는 글쓰기 학습자가 되어야 한다. 이때 학습자 개념은 일반적인 지식의 습득자로서 학습자 개념이 아니며 글쓰기를 매개로 한 자기성찰적 학습자다. 자기학습의 성격을 갖는 성찰적 글쓰기를 상대평가의 대상으로 삼는 것 자체가 교과목 개설 취지에 어긋난 것이다. 글쓰기의 성격과 특성에 따라 평가방식이 달라야 하는데 획일적인 방식의 적용이 성찰적 글쓰기 교육과정에 도입된 것이다. 기술보고서나 시사칼럼식의 실천적 문제와 관련된 글쓰기가 아니라 자기성찰적 글쓰기는 자기교육의 성격으로 인해 상대·절대평가가 아니라 당락으로 평가해야 한다. 게다가 자기성찰이나 자기성찰적 글쓰기는 평생의 활동이기 때문에 특정 시점에서의 교수자의 평가 자체가 극적 효과를 유발하지 않는다는 점도 고려해야 한다.

넷째, 자기성찰적 글쓰기의 과거준거적 시점의 문제다. 자기성찰적 글쓰기 교육담론에서 자기성찰의 출발점과 전제는 '기억의 재생'과 '회상'이다. 논자가 볼 때 이것은 미래가 없는 과거 준거적 자기성찰이며 회귀적 반성의 성격을 갖는다. 자기성찰적 글쓰기 논자들은 기억의 재생과 기억 내용의 객관화, 재평가가 사건 및 과거 시점의 자기 자신에 대한 재인식과 지금, 여기 존재로서의 자신에 대한 새로운 인식을 갖게 된다는 전제에서 논의를 전개한다. 그들의 논변을 종합하면, 자기성찰적 글쓰기는 ① 인식론적 문제, ② 도덕적 자기비판으로서의 윤리의 문제, ③ 트라우마의 발견과 해소라는 정신분석학적 심리치유의 문제로 요약된다. 문제는 이 모든 것이 '과거회귀적'이며 미래 시점은 기껏해야 선험적으로 가정되어 있다는 점이다. 니체의 시각에서 이와 같은 성격의 자기성찰적 글쓰기는 '자기성찰적'이지 않고 자기 왜소화, 반성의 윤리학, 약하고 병든 자아의 자기표현에 불과하다. 따라서 자기성찰적 글쓰기는 "새로운 덕"인 강한 "힘"[37]에 기반해야 한다. 니체에게 강한 힘에 기반한 글쓰기란 '자기 극복'을 위한 글쓰기다. 자기 존재의 근원적 한계를 넘어서려는 통찰과 시도라는 의미에서 자기 극복적 글쓰기는 과거를 '망각'해야 한다. 약하고 병든 과거를 망각하고 새로운 자기 자신의 삶을 창조하려는 시도, 새로운 덕을 창조하려는 행위 중의 하나로서 글쓰기는 '지금'과 '미래'를 즐기며 기획하는 '놀이'의 성격을 가져야 한다.

자기 자신을 만들어가는 방식으로서의 놀이적 성격을 갖는 글쓰기는 과거의 도덕적 반성을 넘어서 자기 삶에 대한 무한긍정과 그 긍정에 근거한 새로운 시작을 의미한다. 니체가 말하는 위버멘쉬가 되는 '세 변화' 논제를 빌려 표현하면 자기성찰적 글쓰기를 하는 사람은 어린아이

---

37 니체, 『차라투스트라는 이렇게 말했다』, 정동호 역, 책세상, 2012, 127쪽.

로 비유할 수 있으며 그 어린아이는 "순진무구요 망각이며 새로운 시작, 놀이, 제힘으로 돌아가는 바퀴이며 최초의 운동이자 거룩한 긍전"[38]이 되는 것이다. 한마디로 말하면 자기성찰적 글쓰기는 자기존재의 긍정에 바탕을 둔 자기창조적인 행위이며, 그 무엇으로부터도 방해받을 수 없고 오직 미래를 향한 자유로운 행위여야 한다.

니체의 시각에서 자기성찰적 글쓰기 교육은 과거가 아닌 미래를 봐야 하며 치유가 아닌 자기창조, 피동적이거나 의무적인 것이 아니라 자발적인 놀이의 성격을 가져야만 한다. 이 점에서 볼 때 니체는 현재의 자기성찰적 글쓰기 교육은 '자기 자신을 위한 글쓰기'가 아니다. 현재의 자기성찰적 글쓰기 교육이 '자기 자신을 위한 글쓰기'가 되려면 위에서 언급한 차원들이 반영된 근본적인 재설계가 필요하다. 근본적 재설계의 내용 중에는 논자가 앞서 제기한 세 가지 문제도 포함되어 있다.

(2) 사르트르의 비판적 글쓰기 논제와 비판적 글쓰기 교육

사르트르 관점에서 비판적 글쓰기 교육을 분석하기 위해서는 비판적 글쓰기론자들의 논의를 살펴볼 필요가 있다. 비판적 글쓰기를 강조하는 논자들은 저학년 고학년을 불문하고 비판적 사고능력이 왜 중요한지에 대한 인식이 빈약하다고 말한다.[39] 이들은 자신들이 시도한 수업운영과 실험적 차원의 교수방법의 성과를 제시한다. 이들의 공통점은 글쓰기의 과정을 문제 삼으며 과정의 수정과 보완을 통해 비판적 글쓰기가 가능하다는 전제 위에 논의를 전개한다는 점이다. 오세영은 비판적 사고능력의 향상을 위해 비판적 읽기와 쓰기 교육에서 교수자-학습자, 학습자-학습자 사이의 협력과 의사소통을 강조하며 그것이 학습자들 스스로 해결하기 어려운 '비판적 의식화의 힘'을 기르는 유효한 방법이

---

38 같은 책, 40쪽.

39 김남미, 「비판적사고 능력 확장을 위한 글쓰기 교수방안」, 『리터러시연구』 5, 2012, 135쪽 참조.

라고 주장한다.[40] 오세영과 다른 비판적 글쓰기론자들 간의 미세한 차이는 그가 '비판적 의식화'라는 개념을 사용했다는 점이다.

오세영을 포함한 비판적 글쓰기 논자들이 비판적 사고에 근거한 비판적 글쓰기를 반복적으로 강조하지만, 논자의 관점에서 볼 때 '비판적 글쓰기 기술론' 이상을 넘어서지 못한다. 비판적 글쓰기 교수방법의 개선을 문제 삼기 전에 '왜 무엇을 위해 써야만 하며, 왜 비판적이어야만 하는지, 비판적 글쓰기의 최종적 목적이 무엇인지'에 대한 교수자와 학습자의 분명한 인식이 필요하다. 왜냐하면 '비판적 글쓰기 기술론'은 이 문제를 생략하거나 심도 있게 다루지 않으며 비판적 글쓰기를 학술적 글쓰기의 완성도, 논증적 정합성의 향상, 문제해결-대안 제시능력, 설득적 의사소통능력의 문제로 수렴시킨다. 비판적 글쓰기의 목적을 위와 같이 설정한 이상, 비판적 사고 필요성의 언급에서 시작된 비판적 글쓰기론은 글쓰기 기술론에 빠지는 위험에 노출되게 되며 실제로 그 범주를 벗어나지 못한다. 논자가 볼 때 사르트르의 비판적 글쓰기 논제는 비판적 글쓰기 교육에 시사하는 바가 크다.

앞서 살펴보았듯이 사르트르는 작가가 자신의 할 말에 대한 물음을 지속적으로 던져야 한다고 보았다. 이 관점을 글쓰기 교육에 적용하면 하고 싶은 말을 찾아내는 자기학습의 과정으로 이해할 수 있으며 주제의식을 만들어가는 글쓰기의 사전 단계다. 이 단계에서 교수자가 주의를 기울여야 하는 것은 성급하게 주제를 정하고 관련 자료를 수집해 글쓰기를 하도록 하지 않는 것이다. 학습자 스스로 주제의식을 심화할 수 있는 충분한 시간을 주는 것이 중요하다. 가령 글쓰기 전체 과정에서 30% 이상의 시간 점유율을 부여해야 한다. 나머지 과정들은 글의 형식과 부분수정이라는 기술적 성격을 갖는다. 이 점에서 글쓰기 전 단계의 '할 말에 대한 물음과 자기 응답'이 중요한 것이다. 다른 글쓰기 교육과 달리 비판적 글쓰기 교육은 학습자들로 하여금 '자신이 할 말을 찾고 다

40 오세영, 「학문적 글쓰기를 위한 비판적 읽기와 쓰기 과정의 분석 연구」, 『리터러시연구』 20, 2017, 157쪽 참조.

듣는 작가의식'을 갖도록 자극해야 한다. 이를 위해 생각할 수 있는 방안 중에 하나는 학기당 글쓰기 주제를 제한해야 한다. 하고 싶은 말을 찾는 작가의식을 촉진하는 데 시간의 축적은 불가피하기 때문이다.

비판적 글쓰기 교육에서 학습자의 주제의식과 작가의식의 촉진만큼이나 중요한 것이 '학습자 스스로 글쓰기의 목적이 무엇인가'를 의식하게 만드는 것이다. 글쓰기의 목적성에 대한 자기의식은 글쓰기가 단순한 감정의 표현이거나 개인적 수준의 일반적 주장, 특정한 사건에 대한 의견표출에 있지 않다는 인식에서 출발해야 한다. 글쓰기는 개인적·사적 행위가 아니라 일종의 사회적 행위이며 동시에 공적 행위라는 인식이 절대적으로 필요하다. 공적 행위이자 사회적 행위로서 글쓰기를 인식할 때 글쓰기는 실존적 범주를 넘어서 사회적 범주로 이행하게 된다. 비판적 글쓰기 교육은 학습자가 범주 이행을 하도록 유도해야 한다.

비판적 글쓰기 교육이 그것을 수행하지 못한다면, 일반 글쓰기 교육과 다를 바가 없게 된다. 공적·사회적 의미를 획득한 비판적 글쓰기의 주요 주제는 '사회'가 된다. 비판적 글쓰기 교육 담당자는 학습자와 함께 사회의 작동 메커니즘과 그것을 읽어내는 다양한 시각의 문제들, 더 나은 사회의 가능성에 대한 물음을 학습자와 함께 탐구하고 비판적 글쓰기의 주체인 학생들 스스로 그것에 대한 나름의 대답을 찾는 데 보조자 역할을 해야 한다.

사르트르 관점을 적용하면 이와 같은 비판적 글쓰기 교육은 학습자로 하여금 사회와 세계에 대하여 자신도 책임이 있음을 인식하도록 만들어야 한다. 또한 비판적 글쓰기 교육은 글쓰기 연습을 하는 주체인 학습자로 하여금 '사회적 부정의를 간파하고 민감하게 반응하는 능력'을 촉진시켜야 한다. 사르트르 방식으로 표현하면 비판적 글쓰기 교육은 총을 쏘기로 작정하고 과녁을 제대로 맞혀 쏘도록 하는 실천적 교육이다. 여기서 과녁은 사회변화, 더 정확히 말해 사회개혁이다. 비판적 글쓰기 교육은 총 쏘는 놀이를 가르치는 것이 아니라 '의식화된 사회변화'를 추구하는 비판적 의식교육을 전제한다. 결국 비판적 글쓰기 교육은 비판적 사회인식 능력을 신장시키는 교육이며 동시에 사회변화를 위한 자기 의식화를 수행하도록 만드는 실천적 교육활동인 것이다.

그런데 과연 기존의 비판적 글쓰기 교육이 사르트르적 의미에서 성공했는가? 혹은 미래에 그와 같은 교육이 성공할 수 있는가? 다르게 말하면 '비판적 글쓰기 교육이 사르트르적 의미의 '총을 쏘는 작가'를 만들었고 만들 수 있는가'의 문제다. 그것이 가능해지려면 비판적 글쓰기 교수자가 먼저 그와 같은 작가의식을 가지고 있어야 한다. 분석적이고 종합적 사고교육을 잘할 수 있는 교수자, 형식논리의 구조화 능력, 사회비판적 글에 대한 명료한 해석 및 오류 찾기 훈련을 잘 시킬 수 있는 교수자, 건전한 도덕의식의 소유자로서 교수자의 모습으로는 총을 쏘는 작가를 만들어낼 수 없다.

그와 같은 능력을 소유한 교수자는 기존의 추상적이며 논증적 의미의 비판적 글쓰기 교육자는 될 수 있지만, 사르트르적 의미의 실천적이며 비판적인 글쓰기의 교육자는 될 수 없다. 현재의 비판적 글쓰기 교육이 글쓰기의 교수 방법론과 글쓰기 기술에 치중하는 한 교수자 스스로 왜 총을 쏘아야 하고 그 목적이 무엇인지를 망각하게 된다. 목적 상실의 총 쏘는 기술교육에서 벗어나 사회변화를 위한 의식적 글쓰기 교육이 곧 비판적 글쓰기 교육이라는 교수자의 자각과 의식화가 비판적 글쓰기 교육의 성패를 좌우할 것이다.

5) 두 글쓰기 교육모델의 개선방향

지금까지 니체와 사르트르의 글쓰기 테제와 그 관점에서 자기성찰적 글쓰기와 비판적 글쓰기 교육모델을 비판적으로 검토했다. 여기서는 두 철학자의 글쓰기 논제에 근거해 글쓰기 교육모델의 개선방향을 모색하고자 한다. 첫째, 니체의 자기 자신을 위한 글쓰기 테제나 사르트르의 더 나은 사회, 정의로운 사회변화를 위한 비판적 글쓰기 테제는 자기성찰적 글쓰기 교육과 비판적 글쓰기 교육에서 글쓰기의 근본적인 목적성, 글쓰기의 본질에 대해 재사유할 것을 촉구한다. 그와 같은 재사유는 두 가지 글쓰기 모델이 빠진 방법론적 오류를 벗어나는 시발점이 될 수 있다. 목적성에 대한 근본적인 재사유의 과제는 1차적으로 교수자들에게 있다.

둘째, 자기성찰적 글쓰기 교육과 비판적 글쓰기 교육은 각각 자유의 정신과 사회비판 정신에 충실한 살아 있는 글쓰기 교육이 되어야 한다. 이 문맥에서 니체적 의미의 영혼은 자연의 정신이며, 강제된 글쓰기, 목적을 위한 도구적 글쓰기로부터 벗어나 자연스러운 표현의 정신적 리듬을 의미한다. 피동적이고 학습된 글쓰기나 목적 지향적인 글쓰기가 아니라 자신의 생각, 정신의 움직임에 의해서 쓰는 글쓰기가 자기 자신을 위한 글쓰기다. 니체의 자기 자신을 위한 글쓰기는 자유로운 영혼에 의한 글쓰기이고 최종적으로 자기를 실현하려는 실천적 글쓰기다. 니체에게 자유로운 영혼 없는 글쓰기는 영혼의 글쓰기가 아니라 '손'으로 쓰는 기계적인 활동에 불과한 것이다.

니체의 자유로운 영혼의 글쓰기가 실존적 자유의 범주에 머물러 있다면, 사르트르가 말하는 비판적 글쓰기는 실존적 자유의 범주를 넘어서 실존적 자유가 가능한 사회적 조건을 검토하는 글쓰기, 사회적 범주에서 개인의 자유가 실현되는 것, 곧 사회적 자유의 실현 가능성을 모색하는 글쓰기 행위다. 논자가 볼 때 니체의 자신을 위한 글쓰기 논제와 사르트르의 비판적 글쓰기 논제는 결국 '어떻게 자유를 실현할 수 있는가'에 대한 문제의식의 산물이다. 이때 글쓰기는 '어떻게 자유를 실현할 것인가'에 대한 사유의 장(場)이자 싸움의 장이다. 이런 맥락에서 두 가지의 글쓰기 모델은 서로 경쟁하는 관계가 아니라 상호보완적인 관계다.[41] 따라서 글쓰기 교육에서 두 모델의 균형이 필요하다. 저학년 단계에서 자기성찰적 글쓰기 과정을 마치고 심화과정으로 비판적 글쓰기 교

---

41 김주현은 성찰적 글쓰기와 비판적 글쓰기 교육론자들이 성찰을 사적인 것으로, 비판을 공적인 것으로 간주하는 이분법적 오류를 범하고 있다고 지적하며 성찰적 글쓰기가 곧 비판적 글쓰기임을 주장한다. 포괄적인 차원에서 그의 주장은 타당하다. 그러나 김주현과 성찰적 글쓰기론자들은 일반적 의미의 성찰과 특수한 의미의 성찰을 개념적으로 구분하지 못하고 있다. 김주현, 「왜 성찰적 글쓰기인가?: 2016 이화 에크리 기행문 수상작을 중심으로」, 『수사학』 27집, 2016, 143, 160쪽.

육을 진행할 것인지, 동시에 할 것인지는 학교와 학습자들의 특성에 근거해 결정해야 할 것이다.

셋째, 교수자 입장에서 가장 어려운 일은, 남의 글을 베껴 쓰기나 복사하는 것에 대한 민감성이 없는 학습자와 직면하는 상황이다. 자발적 의지를 갖고 독립적인 생각을 써 내려가는 학습자를 만들어가거나 유도하는 것은 결코 쉬운 과제가 아니다. 그럼에도 불구하고 사적 감정을 토로하는 일기장 수준의 글쓰기가 아니라 공적 대상을 위한 글쓰기인 이상, 한 글자 한 글자마다 정성을 쏟는 글쓰기 훈련을 해야 하며, 그러한 과정이 필요하다는 것을 학습자에게 인식시켜야 한다. "쓰려면 피로 써라. 그러면 너는 피가 곧 넋임을 알게 될 것이다"[42]라는 니체의 말에는 글쓰기 = 피 = 정신 = 영혼의 활동이라는 등식이 자리 잡고 있다.

글쓰기에 대한 니체의 비유는 자기성찰적 글쓰기나 비판적 글쓰기를 불문하고 모든 종류의 글쓰기 교육의 제1원칙이 '어떠한 자세로 글을 써야 하는가'에 있음을 시사한다. 글쓰기 교육이 '글쓰기 태도'에 관심을 기울이지 않는 한, 글쓰기 교육 기간에 배운 글쓰기는 시간이 지나면 폐기되거나 의미 없는 것이 될 것이다. '태도'가 체화되지 않은 글쓰기는 '정신이 빛나는 글'이 될 수가 없다. 니체가 말하는 '피로 쓴 글'을 1학기 동안 만들어내려면 과제를 남발하는 글쓰기, 토막 글쓰기, 지나친 참고자료를 활용한 글쓰기 방식들이 재정비되어야 한다.[43]

넷째, 글쓰기 교육자들이 놓치지 말아야 하는 것은 학습자들로 하여금 글쓰기 이전에 생각하는 태도를 길러주어야 한다는 점과 결과를 제출받기 이전에 글쓰기 주제에 대해 사유할 수 있는 시간을 충분히 주어야 한다는 점이다. 글 쓰는 태도만큼이나 중요한 것이 글의 내용이기 때문이다. 글의 내용은 타고난 글재주나 학습된 글쓰기 기술이 아니라 사유의 산물이다. 사유가 수반되지 않는 글쓰기는 자칫 내용 없는 과격

---

42 니체, 『차라투스트라는 이렇게 말했다』, 정동호 역, 책세상, 2012, 63쪽.

43 특정 대학의 글쓰기 학습자를 대상으로 한 조사 연구이긴 하나 학습자는 지나친 과제요구와 과도한 글쓰기 교재 분량에 대한 부정식 인식을 드러냈다. 유미향, 「대학 글쓰기 교재에 대한 교수자와 학습자의 인식 연구」, 『리터러시연구』 10(4), 2019, 350쪽 참조.

성, 깊이 없는 수다, 가벼운 말장난, 메시지 없는 웅변에 그칠 수밖에 없다. 니체가 사색 없는 글쓰기에서 사색하는 글쓰기로, 사르트르가 사회에 대한 비판적 사유를 강조하는 이유가 거기에 있다.

생각이 동반되지 않는 글쓰기는 신변잡기나 가벼운 감상적 글쓰기, 그것도 아니면 정보전달형 글쓰기에 그치고 만다. "더 훌륭하게 글을 쓰는 것이 동시에 더 훌륭하게 사유하는 것"[44]에서 오는 것임은 자명한 사실이다. 생각하는 방법, 생각하기에 익숙해지는 것을 가르칠 때 일반적 의미의 글쓰기 교육이 완성된다는 것이 니체와 사르트르의 생각인 것이다. 사유하는 법을 가르치고 사유가 수반되는 글쓰기 교육이 되기 위해서는 하나의 글쓰기 주제를 3~4주 단위로 나누어 수업하는 것을 추천할 수 있다. 전체 수업 총 시간에서 주제에 대한 집중적인 숙고를 할 수 있는 시간을 1/2로 배분하는 것도 의미 있는 수업운영이 될 것이다. 결과중심형 평가방식을 최소화하면서 글쓰기 주제선정과 주제에 대한 집중적인 사고과정에 대한 평가가 전체 평가에 반영되어야 한다.

다섯째, 넷째에서 언급한 내용을 과감히 확장해 두 글쓰기 교육모델에서 평가형식을 소논문 형식과 '나는 누구인가'와 같은 제하의 자기 정체성과 가치지향을 스스로 검토하는 '긴 글'을 요구하는 것이다. 가치, 자기형성, 가치가 개입된 규범적·논증적 글쓰기라는 점에서 평가방식을 절대방식, 당락으로 할 것을 제안한다. 여섯째, 자기이해-사회이해-세계이해의 논리적 유기성과 개인에 대한 사회적 메커니즘의 강력한 흡인력을 고려할 때 위의 범례를 그 어떤 것보다 잘 드러내는 텍스트를 수업자료로 선정해 총체론적 관점에서 함께 사유(Mitdenken)하도록 할 것을 제안한다. 이를 위해 앞서 얘기했던 두 글쓰기의 방점에 기초한

---

44 니체, 『인간적인 너무나 인간적인』 II, 김미기 역, 책세상, 2002, 87장, 286쪽. 니체는 사유를 춤에 비유하고 있다. 그는 생각이 춤의 일종임을 말하면서 "펜을 가지고서도 춤출 수 있어야만 한다는 것을 아직도 말해야 하는가"(니체, 『우상의 황혼』, 백승영 역, 책세상, 2012, 139쪽)라고 묻는다. 펜이 추는 춤은 개념과 말로 추는 생각의 놀이 곧 생각과 사색의 춤이라는 것이며 춤은 곧 글쓰기인 셈이다. 춤으로서의 글쓰기가 되지 않는다면, 그러한 글쓰기는 쓰기를 위한 글쓰기이든가, 아니면 죽은 언어들의 배열이라는 생각을 니체는 춤의 비유에서 보여주는 것이다.

교육과정과 논자가 제안한 텍스트 기반의 글쓰기 교과목을 계발해 병렬적으로 운영하는 유연성을 발휘할 수도 있다.

마지막으로 두 가지 글쓰기 교육모델 담당자들의 자유로운 사고, 창의적 글쓰기와 글쓰기 형식에 대한 유연한 태도, 학생 지도에서의 신축성을 제안한다. 위의 요구는 두 글쓰기 교육모델에서만이 아니라 일반교육에서도 요구되는 것이나 두 글쓰기 교육모델에서 더 필요한 부분이다. 왜냐하면 글쓰기 자체의 내재적 성격이 창의성과 관련이 있기 때문이다. 가령 비판적 글쓰기 교육 담당자는 '비판적 글쓰기 교육에서 글쓰기 형식이 왜 반드시 논리적 정합성을 드러내는 논문형식만을 취해야 하는가'라고 스스로 질문을 던져야 한다. 니체, 아도르노, 벤야민이 보여주는 압축적 글쓰기나 아포리즘에서, 또 문화사회학, 도시사회학, 미시사회학을 정초한 사회학자인 짐멜의 경우에서 확인할 수 있듯이 에세이 형식 또한 그 어떤 형식적 학술서보다 더 강력한 논증력을 보여준다. 전체는 아니더라도 비판적 글쓰기 교수자의 상당수가 정형화된 글쓰기 교육관을 과감히 수정하거나 재검토하는 반성적 사유와 글쓰기 형식과 방식에 대해 유연성 있는 태도를 제안한다.

2

자기이해로서의 독서와 교양독서교육

1) 대학의 독서교육 열풍

독서문화 진흥을 위한 민·관의 노력이 전방위적이다. 문화체육관광부는 2008년 제1차 독서문화진흥기본계획을 시행한 이래 현재 제3차(2019~2023년) 독서 진흥사업을 하고 있다. 한국연구재단은 2014년부터 인문학도시사업을 꾸준히 진행하고 있다.[1] 지자체 차원에서의 독서문화 진흥을 위한 노력도 계속되고 있다. 구미시의 경우 2019년부터 '인문학 마을·평생학습 공동체 조성 및 지원사업'을 진행하고 있다.[2] 실제로 많은 지자체에서 지역 내 독서동아리 지원사업을 추진하고 있다. 문화체육관광부의 주관하에 시작된 독서교육종합지원시스템은 2001년 2개 교육청의 시범운영을 거쳐 2015년 전국의 모든 초·중·고등학교에서 활용되고 있다. 사회에서는 〈책읽는 사회문화재단〉을 중심으로 12년째 '책읽는 사회만들기 국민운동'을 전개하고 있다.[3] 또 독서내용을 공유하는 각종 인터넷 사이트가 넘쳐나고 있다.

이와 같은 사정을 볼 때 대한민국은 독서를 위한 하드웨어와 소프

1 김지원·윤용득, 「인문도시지원사업의 현황 및 시사점: 한국연구재단 선정사업을 중심으로, 문화산업연구」, 『문화산업연구』 17권 2호, 2017, 20쪽 참조.

2 http://www.guminews.co.kr/ArticleView.asp?ArticleId=57053&Section=02:28

3 http://www.bookreader.or.kr/index.html

트웨어가 충분히 갖추어졌다고 평가할 수 있다. 과장의 어법을 사용하면 대한민국은 책을 위한 나라, 책 읽는 시민이 사는 나라처럼 보인다. 그러나 '과연 그런가'라는 질문을 던진다면, 각종 독서 관련 통계들은 부정적인 대답을 내놓는다.

사실 본격적인 의미의 독서문화 형성과 정착을 위한 각종 독서 프로그램의 운영과 독서교육은 국가나 시민 영역에서가 아니라 대학에서 시작되었다. 2000년대 초반에 국내대학에서 독서교육의 열풍이 불었다는 것은 주지의 사실이다. 대학마다 권장도서, 추천도서, 필독서라는 이름으로 책을 선정하고 교양필수 교재로 사용하거나 읽기를 권했다.[4] 오늘날 대학의 독서교육은 정규 교육과정과 비정규 교육과정으로 이원화되어 있다. 정규 교육과정은 〈독서와 토론〉, 〈인문학 토론〉, 〈고전읽기와 토론〉 등 다양한 이름의 공통필수 과목으로 개설되어 운영되고 있다. 비정규 교육과정에서 독서교육을 강화하기 위한 교육 프로그램으로는 독서인증제, 독서마일리지, 신입생 책 읽기 프로그램, 독서 골든벨, 각종 작명기법을 활용한 독서클럽 지원프로그램, 독서 멘토링 제도 등이 있다.[5]

그렇다면 '이와 같은 대학의 노력이 빛을 발하고 있는지' 묻고 확인할 필요가 있다. 대학 독서교육의 성과에 대한 평가는 퇴행과 가능성의 양상이 중첩된다는 점에서 '판단을 유보'할 수도 있다. 문화체육관광부가 발표한 〈2019년 국민 독서실태 조사〉에 나온 대학생의 독서실태를 보면, 2017년 대비 2019년도에 1주일에 1회 이상 책을 읽는 소위 '습관적 독자' 비율이 55.6%에서 17.1%로 대폭 감소했다. 그런가 하면 반

4 교양필독서 선정은 연세대, 한국외대(2000)를 시작으로 후발 주자인 KAIST(2008), 건양대(2009), 한양대(2009)로 이어졌다. 교양필수로 고전 과목을 개설하지 않은 대학들도 추천도서를 선정한 대학이 많이 있다.

5 변상출·박준규, 「교양 키워드 읽기'를 활용한 《독서와 토론》의 수업내용 연구: 대구대학교 공통교양 《독서와 토론》 강좌를 중심으로」, 『교양교육연구』 7권 5호, 2013, 287쪽 이하 참조; 김민채·김영환, 「국내 독서교육 관련 연구 동향에 대한 교육공학적 분석: 2011~2015년 국내 학술지 게재 논문을 중심으로」, 『독서연구』, 41집, 2016, 12쪽 이하 참조.

대의 경향이 나타났다. 비습관적 도서를 하는 대학생의 비율이 35.1%에서 68.5%로 수직상승한 것이다. 이러한 이중 현상은 간헐적 독서층을 습관적 독서층으로 이행시키는 것이 대학 독서교육의 목적이라는 점에서 평가하면, 퇴행적 결과라고 평가할 수 있다.

논자가 볼 때 대학생의 독서실태에 대한 다양한 해석과 평가, 독서율 향상을 위한 방안 등의 기술적 문제에 대한 숙고보다 더 중요한 문제가 있다. 그것은 오늘날 대학에서 진행되는 독서교육과 독서의 목적에 대한 근본적인 재사유의 필요성이다. 독서의 목적에 대한 재사유는 단순히 독서의 중요성에 대한 재서술이 아니라 역량 중심의 교육과정 설계에 기반한 역량 향상을 위한 맞춤형 독서교육, 취업이나 진로교육과 연계된 기능적 독서, 전공공부를 위한 학습형 독서 등에 관한 재검토의 필요성에 의해 근거한다.

이러한 문제의식에서 출발해 논자는 독서의 궁극적 목적이 자기이해와 자기교육에 있음을 가다머의 해석학적 사유를 원용해 규명하여 거기에 근거해 대학의 독서교육 전반에 대한 비판적 성찰을 시도하고자 한다. 이 논의는 크게 세 부분으로 구성된다. 먼저 가다머의 '이해' 개념이 종국에는 자기이해이며 독서의 궁극적 목적이 자기이해여야 함을 논증한다. 둘째, 해석학적 방법론의 관점에서 '독서' 행위를 분석하며 '진정한 독서'를 위한 해석학적 방법의 적용 가능성을 검토한다. 셋째, 첫째와 둘째의 논의를 바탕으로 대학에서 이루어지는 독서교육을 비판적으로 고찰한 후 개선방향을 제시한다.

2) 이해의 기술에 의존한 독서에서 자기이해의 독서로

가다머는 자기이해(Sichverstehen)로서의 독서 개념에 대한 논의를 단일 주제로 전개한 바가 없다. 그러나 그의 주저인 『진리와 방법』과 기타의 해석학적 성찰에서 독서 문제에 대한 답변을 직간접적으로 찾아낼 수 있고 암시를 받을 수 있다.[6] 독서와 관련된 모든 논의에서 제일 먼저 던져야 할 질문은 '독서란 무엇인가'다. 이 질문에 대한 가다머의 대답은 간명하다. 자기이해가 독서의 목적이다. 그에게 "독서는 순수한 내재성의 과정"으로 "공개적인 낭독이나 상연에 따라오는 모든 기회와 우연성에서 완전히 벗어난"[7] 것이다. 순수한 내면으로 진입하는 과정에 독서에 대한 그의 관점과 자기이해로서의 독서에 대한 인식이 내재한다. 자기이해로서의 독서에 대한 개념을 파악하기 위해서 가다머의 이해(Verstehen) 개념을 살펴봐야 한다. 신학적 해석학이든 철학적 해석학이든 해석학의 근본문제는 결국 '이해의 문제(Probleme des Verstehens)'다.

가다머는 자신의 이해개념을 논구하기 전에 클라데니우스(J. M. Cladenius)와 슐라이어마허의 이해개념을 먼저 검토한다. 그의 주장처럼 고대부터 존재했던 해석학이 해석의 기술(Kunst der Auslegung)에 그쳤다면, 근대의 해석학은 이해의 해석학이다. 그에 따르면 클라데니우스의 해석학이 교육상황에서 객관적 의미를 파악하고 올바른 이해를 추구하는 교육학적 성격을 갖는 것이었다면, 해석학을 학문의 위치로 확립한 슐라이어마허의 해석학은 본질적으로 '이해의 기술(Kunst des Verstehens)'이다. 왜냐하면 그는 "해석학이란 잘못된 이해를 피하는 기술"[8]이며 그것이 곧 해석학의 과제라고 생각했기 때문이다.

슐라이어마허의 해석학은 문법적 해석에 덧붙여 저자의 창작 과정의 추체험에 의해 창작행위를 재구성하는 심리학적 해석의 방법을 동

---

6 『진리와 방법』에서 가다머가 독서에 대한 언급은 예술형식으로서 문학에 대한 짧은 논의에서 몇 줄밖에 되지 않는다. 정은해는 가다머의 놀이로서의 예술 개념을 독서행위에 적용해 놀이로서의 독서 개념을 제시한다. 정은해에 앞서 조지아 원키는 이미 1987년에 독자만이 아니라 연극관람자, 그림감상자가 예술작품의 경험구조의 놀이성과의 유사성을 암시하고 있다고 지적했다. 조지아 원키, 『가다머-해석학, 전통 그리고 이성』, 이한우 역, 민음사, 1999, 93쪽 이하 참조; 정은해, 「문학과 독서에 대한 예술이론적 해석: 가다머를 중심으로」, 『현대유럽철학연구』 11집, 2005, 115쪽 이하 참조.

7 H. G. Gadamer, *Wahrheit und Methode* Grundzüge einer philosophischen Hermeneutik (이하 WM.으로 표기), Gesammte Werk, Bd. 1., Tübingen, Mohr, 1986, 165쪽.

8 H. G. Gadamer, WM, 188쪽.

원해 완벽한 이해를 추구한다. 그런데 ‘이해’를 위해 “무의식적이며 가장 내적인 근거까지 들어가는”[9] 슐라이어마허 방식의 심리해석학도 이해기술의 범주에 속한다. 전통적인 신학적 해석학과 슐라이어마허의 해석학적 관점에서 볼 때 독서는 텍스트에 대한 정확한 이해와 해석을 시도하는 행위이며 그것이 독서의 목적이다. 양자의 해석학이 적용될 수 있는 독서는 문학작품이든 철학 서적이든 상관없이 지식과 학습을 위한 독서를 위한 기술이다.

해석학의 근본문제는 결국 이해의 문제인데, 가다머는 기존의 이해의 기술로서의 해석학과 결별한다. 가다머가 이해기술로서의 해석학과의 이론적 대결 과정에서 ‘해석학의 궁극목적, 해석학의 정신이 무엇인지’를 재차 문제 삼는다. 그에게 해석학은 “본질적인 자기와의 관계에 참여”[10]한다는 점에서 실천철학이다. 해석학은 자기이해를 수행하는 실천철학이라는 것이다.

> 이해는 바로 기술로 익히는 어떤 능력을 활용하는 것 그 이상이다. 이해는 언제나 확대되고 심화된 자기이해를 뜻한다. 이러한 사실이 의미하는 것은 해석학은 철학이며, 철학에서도 실천철학이다.[11]

이해가 심화된 자기이해라는 의미는 모든 이해의 활동이 텍스트의 단순한 이해에 있는 것이 아니라 그것을 매개로 한 자기이해를 내적 목적으로 하며, 텍스트에 대한 중단 없는 해석학적 운동이 자기이해로 이끄는 계기로 작용할 수 있음을 포함한다. 가다머가 말하는 자기이해는 그 말을 처음 사용한 피히테나 헤겔의 자기의식을 의미하지 않는다. 다

---

9 가다머, 『과학시대의 이성』, 박남희 역, 책세상, 2017, 121쪽.

10 같은 책, 107쪽.

11 같은 책, 125쪽. 가다머의 자기이해 개념은 단순히 실존론적 차원에 머물러 있지 않다. 그는 ‘인류의 새로운 자기이해’가 필요하다고 강조한다. 문명이 만들어낸 인간의 자기소외를 해결하기 위해서는 인류 스스로 자기이해의 길로 들어서야 한다는 것이다. 같은 책, 143쪽 참조.

시 말해 자기의식의 산출과 구성 및 전개 과정의 엄밀성과 논리성의 일관적 운동을 인식하는 의식으로서의 자기의식이 아니다. 또 자기이해는 과학과 학문적 앎의 총체성을 획득했을 때의 자연스러운 결과도 아니다. 계속해서 가다머는 자기성찰의 긍정적 결과가 자기이해라는 일반적 관념을 거부한다. 그래서 그는 자기이해가 "삶의 자명한 자기 통찰성"[12]과 아무런 관련이 없다는 것을 분명히 한다.

그렇다면 그가 말하는 자기이해는 무엇인가? 간단히 말해 자기이해는 해석학적 경험에서 산출되는 정신적 경험의 총체를 뜻한다. 해석학적 경험인 "이해가 이루어지는 바로 그곳에서 이해의 내재화가 이루어지는데, 이와 같은 이해의 내재화는 하나의 새로운 경험으로서 우리 자신의 정신적 경험의 전체"[13]라고 말할 수 있다. 해석학적 경험에서 발생하는 이해의 내재화가 총체적인 자기이해의 계기로 작동하는 것이다. 가다머가 말하는 자기이해는 이해의 내재화 없이 불가능하다. 따라서 자기이해는 이해-이해의 내재화-자기이해라는 논리적 순서를 거치게 되는 것이다.

한편 가다머는 자기이해의 성격을 규명하기 위해 해석의 개념을 다시 한번 환기시킨다.

> 해석의 개념은 해석이 단지 가까이 다가가는 것으로, 동의할 수 있고 풍요롭기는 하나, 명백한 방식을 취하면서도 최종적인 것을 추구하지 않는다고 전제하듯이 … 최종적 해석이란 말은 그 말 안에 모순이 있다. 해석이란 언제나 과정 중에 있다.[14]

해석의 미완결성, 지속으로서의 해석 개념에 의거하면, 자기이해 역시 완결된 것이 아니며 지속적·과정적 성격을 갖는다. 왜 자기이해는

---

12 같은 책, 115쪽 참조.

13 같은 책, 123쪽.

14 같은 책, 115쪽.

과정이며 완결되지 않는가? 그에 따르면 '자신에 의해 완성된 현재와 관계하는 것'이 아닌 한 인간은 도달할 수 없다. 그는 그 어떤 인간도 완전한 자기이해에 도달하지 못하며 완전한 자기이해의 가능성에 대한 믿음 자체가 환상임을 지적한다. 해석학적 관점에서든, 생철학의 관점 또는 사회적 실존의식에서든 가다머의 주장은 지극히 당연한 주장이다. 자기이해가 단순히 개별자의 차원이 아니라 사회이해, 세계이해의 토대이자 동시적 사건이라는 관점에서 볼 때 인간심리의 구조만이 아니라 사회나 세계에 대한 해석 역시 인간의 자기이해를 위한 과정이라고 볼 수 있다. 이 측면에서 가다머는 프로이트의 정신분석학과 마르크스의 정치경제학을 바라보며 그 이론 자체가 인간의 자기이해의 제한성을 보여주는 사례라고 시사한다. 가다머의 시사는 두 이론에서 보여주는 해석틀의 법칙성 때문일 것이다. 해석의 미완결성이란 동시에 해석과 이해의 법칙성, 환원주의적 이론 태도 자체가 승인하지 않기 때문이다. 가다머의 관점에서 완전한 자기이해가 불가능하듯이 완전한 해석틀로 간주하는 이론적 태도 역시 환상의 성격을 갖는 것이다.

가다머가 말하는 자기이해의 과정성, 좁은 의미의 텍스트만이 아니라 타자, 사회, 세계를 포함한 넓은 의미의 이해가 자기이해라는 시각에서 보면, 교양독서 프로그램의 설계와 운영은 참여하는 학생들의 자기이해 증진에 초점이 맞추어져야 한다. 왜냐하면, 모든 독서교육이 그러하듯이 교양독서교육도 자기이해를 위한 독서교육이 주요 목적 중의 하나라는 전제를 부정할 수 없기 때문이다. 교양교육과 교양독서교육을 동시에 실시하는 대학에서 교양의 목적에 부합하고 독서교육의 전제를 고려하면 교양독서 교육의 최종 목적은 자기이해 교양독서교육이 되어야 한다.

이러한 관점에서 교양독서교육 담당자가 특정 목적을 위한 기능적 독서 프로그램을 가능한 한 운영하지 말아야 한다. 교양독서의 근본 목적과 교양이 지향하는 바는 자기이해의 증진에 있으므로 선정된 교양도서의 독서 지도에서 해석과 이해기술의 전수 역시 지양해야 한다. 교양독서교육의 자기 목적성의 상실을 억제하면서 자기이해를 위한 독서의 전략이 있을 수 있는가? 있다. 여기서 말하는 독서의 전략은 단순한 독서기술을 의미하는 것이 아니라 '텍스트를 마주하는 해석학적 활동의 성격'을 가다머적 의미에서 실천한다는 것을 말한다.

3) 자기이해 증진을 위한 독서 방법론

자기이해가 독서의 궁극적 목적이 되어야 한다면, 그다음의 질문은 '어떻게 독서할 것인가'다. 이 문제를 '무작정 자유로운 독서의 방법'이라는 우연성에 맡길 수 없다. 우연성을 주장하더라도 목적을 전제한 방법론적 접근이어야 한다. 논자는 가다머가 말하는 해석학적 경험과 실천에서 자기이해를 위한 독서의 방법론적 전략이 포괄적으로 시사되고 있다고 판단한다. 논자는 그의 해석학적 사유의 주요 개념에서 교양독서교육에 적용될 수 있는 방법론적 차원의 독서 개념을 뽑아내고자 한다.

(1) 선입견의 문제와 '열린 독서'

자기이해의 증진을 위한 방편으로서 독서를 한다면, 임의적이고 자기중심적인 독서를 지양해야 한다. 이와 관련해 가다머의 선입견(Vorurteil)에 대한 논의를 주목해야 한다. 그 이유는 그의 선입견 논변에서 열린 독서가 자기이해에 이바지하는 독서라는 논거를 발견할 수 있기 때문이다. 가다머는 열린 태도, 개방적 자세로 텍스트와 마주하기를 요청한다. 그에 따르면 인간은 누구나 선입견을 품고 있으며 인식의 한계와 존재의 역사성이 그 원인이라는 것이다. 그의 시각에서 보면, 교양도서로 선정된 도서를 읽을 때 선입견은 필연적으로 수반되며 그것이 선정된 도서의 선이해를 규정한다. 선입견을 가지고 선정된 도서를 읽어나갈 때 텍스트의 이해를 제약하거나 오해할 소지가 매우 크다. 특히 정치사회적 이념이나 사건을 다룬 도서의 경우 선입견의 영향은 강력하다.

신념화된 특정 이념의 추종자나 소유자들이 반대의 신념을 이론화한 텍스트를 읽을 때 선입견은 '이해'를 불가능하게까지 한다. 진보주의자가 확증편향을 가진 채 베버의 사회학을 읽는다거나, 철저한 현대 민주주의자가 플라톤의 국가론이나 아리스토텔레스의 정치학을 현재의 의식과 눈으로 읽는다면, 그것 역시 역사성을 이해하는 데 방해되는 "편파성에 의한 선입견"[15]으로 지속해서 작용한다. 또 무조건 새로운 것을 선호하는 "경솔함에서 오는 선입견"[16] 역시 이해를 방해한다.

가다머는 "이해의 모든 과정이 본질상 선입견을 수반할 수밖에"[17] 없지만, "올바른 이해로 인도하는 진정한 선입견과 잘못된 이해를 유발하는 그릇된 선입견을 구별"[18]한다. 선입견의 문제로 인한 이해의 난점을 해결하기 위해서 가다머는 "텍스트가 말하게 하라"고 한다. "텍스트를 이해하려는 사람은 텍스트 스스로가 어떤 것을 말하도록 놔두어야 한다"[19]는 것이다. 같은 차원에서 그는 "이해의 첫걸음이 그 무엇인가가 우리에게 말을 걸어오는 데서 시작"[20]된다고 말한다. 결국, 그의 주장은 선입견의 유보나 배제하는 열린 태도가 이해의 첫걸음이라는 것이다. 그런데 가다머는 온전한 이해를 위해 그릇된 선입견만이 아니라 근거 없는 공상, 협소한 사고방식의 제거를 제안한다.[21] 이것이 그가 말하는 이해의 전제조건이며 텍스트를 제대로 이해하기 위해 '사태 자체'에 초점을 맞추는 행위다.

---

15 H. G. Gadamer, WM, 283쪽.

16 같은 책, 282쪽.

17 같은 책, 274쪽.

18 같은 책, 304쪽. 가다머에게 선입견 자체가 부정적인 것은 아니다. 선입견의 이해를 위한 긍정적 의미를 수반하기도 함을 그는 역설했으며 그런 의미에서 그의 철학적 해석학의 주요과제 중에 하나는 계몽주의적 전통에서 폄하된 선입견과 권위 개념을 복권시키는 것이었다.

19 같은 책, 273쪽.

20 같은 책, 304쪽.

21 같은 책, 302쪽 참조.

(2) 해석학적 순환, 영향사적 원리, 지평융합의 내적 관계와 '깊이 읽기'

텍스트를 온전히 이해하기 위해서는 전체에서 부분으로, 부분에서 전체로의 해석학적 순환(Hermeneutischer Zirkel)이 요구된다. 해석학적 순환을 통해 개별적인 문제가 전체의 맥락에서 이해될 수 있으며 전체는 개별적인 문제에 의해 비로소 이해될 수 있다. 가다머에 따르면 해석학적 순환이 작동하는 해석학적 상황에서 중요한 것은 '영향사적 문제의식(Wirkungsgeschiches Bewusstsein)'을 가져야 한다는 점이다. 왜냐하면, 탐구자 혹은 해석자가 자각하지 못하더라도 모든 이해행위에서는 영향사의 영향이 작용할 수밖에 없기 때문이다. 모든 종류의 자기인식이 선행하는 역사로부터, 전통으로부터 영향을 전혀 받지 않는다고 가정할 수 없다. 역사적 존재로서 텍스트의 이해자는 그와 같은 영향사적 자각을 가지고 역사적 지평을 확보해야 한다. 역사적 지평을 확대해야 하는 이유는 이해의 주체가 전체의 맥락 속에서 텍스트를 이해하기 위해서다. 역사적 지평의 형성은 현재의 지평 형성과정과 연결되어 있다. 이해하는 주체가 선입견의 타당성을 검토하고 전통을 이해하려는 역사적 지평을 확보하려는 과정에서 현재의 지평이 형성된다. 역사적 지평과 현재의 지평은 이렇듯 상호적이다.

이 두 지평이 배타적으로 작동하지 않고 온전한 이해를 위해 자신의 경계선을 넘어 합쳐지는 것이 지평융합(Horizontverschmelzung)이다. 이런 의미에서 가다머는 지평이 역동적인 것이며, "서로 무관하게 존재하는 것처럼 보이는 다른 지평들의 상호융합 과정"[22]이 이해라고 말한다. 이 지점에서 가다머 해석학의 독특성을 발견할 수 있는데 그것은 적용(Anwendung)이라는 개념이다. '적용'이란 개념은 간단히 말해 지평융합을 의식적으로 수행하는 것으로서 좀 더 구체적으로 말하면 '그때그때의 상황과 조건에 근거해 새롭게 이해하는 것'을 의미한다. 가다머가 이 문맥에서 강조하는 것은 적용이 이해의 전제조건이 아니라 이해가 곧 적

22 같은 책, 311쪽.

용이기도 하다는 것이다. 적용의 과정이 곧 이해의 과정이라는 의미에서 이해가 곧 적용이라는 것이다. 이해의 명시적 형태로서 해석이 이해임을 강조한 가다머는 이해=해석, 이해=적용이라는 주장에 근거해 이해=해석=적용의 작용이 긴밀한 내적 관계 속에서 동시적으로 작용한다고 본다.[23]

가다머가 말하는 이해의 주체가 수행하는 이해의 활동으로서 해석학적 순환-영향사의 원리-지평융합의 긴밀한 내적 연관관계는 기분 풀이용 독서나 취향 독서에서가 아니라 소위 '깊이 읽기'에서 활용도가 매우 높다. 순수이론, 고전, 사상서 등의 독서에서 특히 그러하다. 논자는 가다머의 해석학을 활용한 깊이 읽기 및 교양독서 교육방식을 다음과 같이 제시한다.

① 선정된 도서가 다루고자 하는 주제나 문제와 관련된 개념지도를 만들도록 한다.
② 개념어를 의미 층위, 중요도, 성격, 관련성 정도 등에 따라 분류한다.
③ 주제나 문제의 선역사나 사상적 연원을 추적 조사한다.
④ 주제나 문제가 발생한 역사적 배경, 진행 과정, 결과 및 후대의 영향을 검토한다.
⑤ 동시대에 유사한 주제나 문제가 다른 지역에서 발생하지 않았는지 비교하도록 한다. 발생했다면 어떤 차이가 있는지 그 이유는 무엇인지, 같다면 왜 그러한 결과가 나타났는지 파악한다.
⑥ 그 주제나 문제를 주도한 당대 인물들의 연대기와 시대인식, 역사의식, 사상 관계도와 사회 관계도를 작성한다.
⑦ 주도적 인물과 당대의 다른 인물들이 그 문제에 대해서 어떻게 생각하고 대응했는지, 그 차이는 어디서 왔는지, 당대에 미친 영향이 무엇인지에 대해 검토한다.

23 같은 책, 313쪽 이하 참조.

⑧ 주도적 인물들의 당대 평가와 후대 평가와 평가의 정당성을 검토하며 미래사회에서의 평가를 예측해본다.

⑨ 주제와 문제의 역사성과 현재성, 우리 시대에의 적용 가능성과 그 한계 및 의의를 생각한다. 이와 같은 방식의 책 읽기는 가다머의 이해-해석-적용으로서의 해석학적 책 읽기만이 아니라 일반적 의미의 '깊이 읽기' 독서 방법론으로도 활용될 수 있다.

(3) 창조적 활동으로서 이해와 '비판적 독서'

독서는 창조적 활동인가? 가다머의 이해 개념은 그 단서를 제공한다. 그에게 이해는 '그 자체가 창조적 활동'이다. 여기서 '창조'가 의미하는 바는 슐라이어마허가 말하는 창조 개념, 즉 저자의 창작 과정을 재구성해 저자가 파악하지 못했던 문제까지 파악해 저자가 다룬 문제에 대해 저자보다 더 잘 이해한다는 의미의 창조가 아니다.[24] 가다머는 슐라이어마허 해석학이 전제하는 저자에 대한 독자의 원칙적 우월성을 인정하지 않는다. 가다머에게 텍스트 이해에서의 창조적 활동이란 저자와는 다른 방식으로 저자가 다룬 문제를 이해하려고 시도하는 행위를 의미한다.[25] 저자와 다른 방식으로 책을 읽는다는 것은 한마디로 '비판적 독서'를 의미한다.

비판적 독서를 하기 위해서는 저자의 읽는 방식과 '거리 두기'를 해야 한다. 이러한 거리 두기를 할 때 독자는 비로소 저자 따라 읽기를 중단하고 자기 방식으로의 책 읽기를 할 수 있다. 다른 방식으로의 책 읽기는 저자가 제기한 동일한 문제나 사건을 다루지만, 접근방법과 관점, 독해방식에서 차이를 만들어낼 때 가능하다. 이와 같은 방식으로 저자와 다르게 책을 읽을 때, 저자의 논의를 재구성하고 내재적 비판을 수행

24 같은 책, 196쪽 참조.

25 같은 책, 302쪽 참조.

할 수 있다. 가다머가 말하는 '창조적 활동으로서의 이해'를 독서교육에 적용하는 경우 제일 먼저 '핵심 요약'에서 끝나는 책 읽기와 독서토론을 지양해야 한다.

작가의 권위에 눌려 작가의 논의에 의문을 품지 못하고 작가의 논변을 옹호하는 독서는 비판적 독서가 아닌 권위에 순응하는 독서다. 논자의 시각에서 교양독서교육에서 비판적 독서를 하기 위해서 다음과 같은 방법이 유효하다. ① 참여자들에게 선정된 독서와 같은 주제를 다룬 책을 소개한다. ② 선정된 도서를 읽기 전에 선정된 도서가 다루는 주제에 대한 참여자들의 생각을 먼저 정리하도록 한다. ③ 독서를 진행하며 '주장-논거-결론'을 찾아내도록 하며 논거의 타당성을 검토하게 한다. ④ 타당성 검토 내용을 분류하고 타당성이 가장 약한 논거를 중심으로 반론을 제기하도록 한다. ⑤ 저자 논변의 타당성과 참여자가 작성한 반론 정합성의 검토를 위해 시간을 주고 다른 참여자들과 상호 논평을 하도록 한다. ⑥ 동료로부터 논평을 받은 후 그 논평의 타당성을 재검토한다. ⑦ 프로그램 지도자는 선정된 도서와 같은 주제를 다루는 다른 도서들의 논변을 소개하고 참여자들에게 선정된 도서의 논변을 비교 검토하게 한다. ⑧ ⑦의 작업을 수행한 후 선정도서-다른 도서-프로그램 참여자의 3가지 논변을 최종 검토하고 평가한다.

(4) 물음과 대답의 변증법으로서 이해와 '문제제기식 독서'

'독서를 한다는 것은 무엇인가'라는 문제에 대한 가다머식 해석학의 대답은 다양하기 그지없다. 독서행위를 물음과 답변의 논리가 작동하는 변증법적 운동으로 간파하는 것도 그중의 한 대답이다. 사실 가다머의 답변은 그의 해석학에 대한 지식이 없이도 신중한 독서를 하는 사람들이 일반적으로 수행하는 책 읽기 방식이다. 그는 이해되는 독서가 되려면 '문제제기의 논리'에 입각해야 한다고 말한다. 문제를 제기한다는 것은 저자가 제시한 근본 주제나 문제에 대해 '물음을 던지는 것'을 의미한다. 왜 물음이 중요한가? 대답은 자명하다. "물음은 밝혀내고자 하는 요구에 대한 대답"이다. 이러한 의미에서 가다머는 "모든 질문은 대답"[26]이라고 언명한다.

그의 말로 표현하면 "텍스트를 이해하려는 사람이 계속해서 질문을 가지면서 서술내용의 이면"[27]을 논구하는 것이다. 이 과정에서 중요한 것은 물음의 범위다. 가다머는 이해의 주체가 단순히 서술내용의 이면을 이해하는 데 그치는 것이 아니라 저자가 제시한 문제에 대하여 저자가 파악하지 못했거나 간과한 것 등 문제 자체에 대해 던질 수 있는 모든 물음을 던져야 한다는 것이다.[28] 이런 의미에서 텍스트를 이해한다는 것은 저자가 애초에 제기한 문제의 지평과 문제에 대한 저자의 답변을 파악하며 동시에 그것에 대한 새로운 문제제기까지 할 수 있는 것을 의미한다. 문제제기의 논리, 독서의 방식으로서 물음과 답변의 변증법적 운동이란 결국 저자가 제기한 문제제기와 답변을 둘러싼 저자와의 대결, 가상적 논쟁이라 할 수 있다. 가다머가 말하고자 하는 바는 '물음 없이 이해 없고, 답변 없이 문제제기 없다'라는 표제어로 요약할 수 있으며 문제제기식 독서로 명명할 수 있다.

그렇다면 가다머의 물음과 대답에 기초한 문제제기식 독서방식을 교양독서교육에서 구체적으로 어떻게 적용할 수 있는가? 논자의 시각에서 다음과 같은 방식이 '문제제기식 독서'에 유용하다고 본다. 첫째, 문제제기의 내용이 무엇인지 한 문장으로 요약한다. 둘째, 문제제기에 사용된 핵심개념의 일반적 의미와 저자가 사용한 문맥의 특수한 의미가 있는지, 있다면 일반적 의미와 어떤 차이가 있는지 파악한다. 셋째, 저자에 의해서 제기한 문제제기와 관련된 주제군을 만들어보고 애초의 문제제기와의 내적·문맥적 관계를 파악한다. 넷째, 저자의 문제제기의 이론적·현실적 배경이 무엇이며 그것에 기초해 문제제기의 타당성이 있는지 검토한다. 다섯째, 물음 형식으로 정식화된 저자의 문제제기 명제

---

26 가다머, 『과학시대의 이성』, 박남희 역, 책세상, 2017, 119쪽.

27 H. G. Gadamer, WM, 375쪽.

28 같은 책, 380쪽 참조.

에 가정된 전제들이 어떤 것이 있으며, 가정 자체의 타당성을 검토한다.

여섯째, 저자의 문제제기에 기초한 논의 전개방식이 저자의 논지에 적합한 방식인지 따져본다. 일곱째, 논증 구성의 정합성을 검증하고 오류 추리 등이 있는지 확인한다. 여덟째, 주제에 대한 결론이 이론적·현실적 측면에서 얼마만큼 타당하고 유효성이 있는지를 묻는다. 아홉째, 같은 주제에 대해 다른 논자들은 논증을 어떻게 구성했고 어떤 결론을 도출했는지 비교·분석한다. 열째, 저자가 다룬 문제나 문제의식이 오늘날 얼마나 유용하고 적용 가능성이 있으며 논의의 한계와 의의가 무엇인지 평가한다. 열한째, 저자가 제기한 주제나 문제에 대한 지금까지의 비판적 질문내용을 종합검토한 후 그것에 기초해 저자와 다른 방식의 문제를 제기한다. 이러한 순서에 따른 문제제기식 독서는 저자와 가상적 논쟁을 통해 자신의 입장과 논증을 구성하면서 동시에 자신이 전개하는 논변의 약점도 파악하고 방어 논리를 만들어 논증의 정합성을 강화하는 장점이 있다.

앞서 살펴본 것은 가다머의 이해 개념에 근거한 독서 개념이라 할 수 있으며 동시에 자기이해의 증진을 위한 광의의 독서방법론으로 이해될 수 있다. 이제 논자는 이러한 논점들이 교양독서 교육에 시사하는 바가 무엇인지를 포괄적으로 다루고자 한다.

4) 교양독서교육에 대한 비판과 대안

(1) 자기이해를 위한 독서로서 자유교양독서의 목적성 회복

자기이해를 위한 독서에 가장 부합되는 독서가 자유교양독서다. 이것은 자유독서와 교양독서 개념의 결합체를 의미한다. 교양(Bildung)은 스스로 행하는 자기형성교육[29]이라는 점에서 자신을 만들어가기 위한

29 이종하, 「소외된 교육과 해방의 교육-아도르노의 교육현실 비판」, 『시대와 철학』 16권 2

독서가 교양독서다. 강요와 타율에 의한 교육은 자기교육으로서 자기형성교육과 대립된다.[30] 따라서 자기형성을 위한 독서는 자유교양독서의 성격을 가질 수밖에 없다. 자유교양독서는 목적성, 기능성, 도구성을 배격하는 독서행위를 의미한다. 따라서 목적형 독서, 기능적 독서, 기술적 독서방법론을 원천적으로 거부한다. 자유교양독서는 독서시간이 정해져 있지 않다. 독서 주체가 읽고 싶을 때 읽고, 읽고 싶지 않을 때 읽지 않는 독서행위가 자유교양독서다. 자유교양독서는 의사소통 능력, 문해력, 전공지식 숙지, 취업이나 인간관계술 향상과 같은 목적을 갖지 않는 무목적적 독서행위를 말한다.

자유교양독서는 그것의 내재적 특성상 교과교육으로서 독서교육이나 비교과 독서 프로그램 자체를 거부한다. 왜냐하면 독서 자체는 철저하게 사적인 행위이고 자유의지적 행위로서 어떤 종류의 강제력을 허용하지 않는다. 또한 자유교양독서는 내재적 특성으로 인해 독서의 대상화를 거부한다. 즉 독서력 측정, 평가(인증제도, 감상문 시상, 토론대회), 향상 목표의 명료화 등을 거부하는 자족적인 독서행위가 자유교양독서다. 이런 점에서 자유교양독서는 '관리되는 독서'의 대립개념인 것이다.[31] 자유교양독서는 정당한 권위 이외에 어떠한 권위도 거부하는 독서행위이기 때문에 작가중심주의 곧 작가의 메시지에 대한 정확한 이해와 수용에 관심이 없다. 임의적이고 자의적인 해석으로 출발해 스스로 해석을 재해석하는 과정의 연속이며 동시에 해석 자체를 거부하기도 하는 독서행위가 자유교양독서다.

또한 자유교양독서는 독서의 범위나 난이도 등이 미리 규정되어 있

호, 2005, 186쪽 참조.

30 한스 게오르크 가다머, 『교육은 자기교육이다』, 손승남 역, 동문선, 2004, 11쪽.

31 김수경은 독서의 본질을 자유교양독서 개념에서 파악하고 있으나 독서 전후의 활동을 연결하는 독서 코디네이터의 역할을 강조한다. 이는 자신이 말하는 독서의 본질 개념과 내적 모순을 이루는 주장이다. 자유교양독서는 코디네이터 역할도 독서 주체 자신이 하는 독서행위인 것이다. 김수경, 「독서의 본질과 독서 프로그램 운영」, 『한국 도서관정보학회지』 37권 3호, 2006, 261쪽.

지 않다. 체계적인 독서교육, 단계적 독서전략에 관심이 있는 독서지도사나 자유교양독서 지도자의 시각에서 볼 때 자유독서는 '무질서한 독서행위'에 불과하다. 독서행위에서의 무질서함이 자유교양독서의 본질이다. 자유교양독서는 무질서함의 연속이며 그것 자체를 문제 삼지 않는 독서행위다. 자유교양독서는 무질서에서 질서 있는 독서로의 발전을 스스로 압박하지 않고 놔두는 '유유자적한 독서행위'다. 이러한 유유자적, 무목적적, 무질서적 자유독서 과정에서 독서 주체는 좌충우돌하면서 자신이 어떤 존재인지에 대한 막연한 느낌에서 이해로의 이행이 일어난다. 또 그 과정에서 자기 존재의 개성을 파악하고 만들고 확장하는 연습을 하게 된다.

자유교양독서는 한편으로는 특정 시점에 섬광이 번뜩이듯 독서 주체의 비약적 성장의 가능성이 있는 독서행위다. 자유교양독서의 축적의 특정한 시점에 자기이해와 비약적 성장이 발생한다. 다른 한편으로 자유교양독서를 하는 특정한 주체의 경우에는 완만하게 자기이해-사회이해-세계이해의 지평이 질서가 잡혀갈 수 있다. 이 두 경우는 자기이해의 발현의 두 양태로 이해해야 한다. 이러한 관점에서 보면 자유교양독서는 비체계성의 체계성을 내재한 독서행위이며 자기이해의 먼 길에 최적화된 독서라고도 평가할 수 있다. 물론 단계적 독서전략보다 많은 시간의 확보가 필요하다. 자유교양독서의 중요성이 재인식된다는 것은 교양독서교육의 본래성을 회복하는 첫걸음이며 전통적 교양 개념을 독서교육에서 실현하는 전제가 된다. 자기교육이 교육의 본지로 보는 가다머의 시각에서 볼 때 이것이 자기이해를 위한 독서의 원리다.

(2) 자기이해를 위한 독서에 반하는 '관리되는 독서'의 지양

오늘날 대학의 교양독서교육은 독서의 본래적 성격에 충실하며 자기이해의 증진을 위한 독서교육에 힘쓰고 있는가? 대학의 교양독서교육은 독서문화 정착, 독서 장려 프로그램 운영에 매몰되어 있으며 가시적인 성과창출에 매달리고 있다. 이를 위해 대부분의 대학이 독서인증제, 독서 마일리지를 운영한다. 1년 동안 일반도서 1권도 구매하지 않은 대학생이 21.8%나 되는 상황을 고려하면, 고육지책의 성격이 강하다. 논자가 볼 때 대학이 독서인증제의 목적을 인문학적 소양의 육성으로 제시하지만, 학생들의 스펙 관리 지원의 성격이 더 강하다. 왜냐하면 인문학적 소양을 기르기 위해서 '인증제'가 반드시 필요한 것이 아니며 소양 자체가 양적 평가의 대상이 될 수 없기 때문이다.

김성연이 정확히 지적한 바와 같이 독서인증제는 "'스펙'으로서의 교양 강화수단, 의사소통의 유용성을 전제로 한 표현능력 강화수단"[32]으로 작용한다. 논자의 입장에서 독서인증제는 '관리되는 독서'에 불과하며 결코 자율적인 독서, 가다머식으로 표현해 자기교육으로서의 독서, 성숙을 위한 독서가 아니다. 취업 준비를 위한 기능적이며 목적 지향적 독서다. 교양독서교육 담당자는 준취업 도우미로서 관리되는 독서의 운영주체가 아니라 '자유교양독서'의 촉진자로서의 역할에 대한 모색에 집중해야 한다. 척박하고 제한된 조건 내에서도 가다머가 말하듯 스스로 질문을 던져야 한다. 그 질문에 이미 대답이 함축되어 있는 것이다.

(3) 권장도서 중심의 독서에서 자율선정의 자유교양독서로

가다머가 '해석' 개념을 질문과 대답의 변증법적 사유운동으로 간주하며 '질문이 곧 대답'임을 주장한 사실을 위에서 확인했다. 이 관점에서 독서문화 향상을 위해 각 대학이 추천하는 권장도서 중심의 교양독서교육의 문제를 검토해봐야 한다. 가령 '왜, 반드시 추천된 교양도서는 우선적으로 읽어야 하는가', '어떤 근거에서 100권, 혹은 200권을 추천하는가', '추천도서의 영역별 배분은 적절한가' 등과 같은 질문은 '독서교육에 대한 인식과 현황, 문제'들에 대한 '이해'를 추구하는 질문이자 대답의 성격을 갖는다. 다시 말하면 그러한 질문형식은 현재의 교

32 김성연, 「대학 교양/기초 교육으로서의 독서교육 방향 탐색」, 『한어문교육』 38집, 2016, 8쪽.

양독서교육과 독서 프로그램에 대한 타당성을 묻는 것이며 타당성이 있다고 판단했다면 제기하지 않을 물음들이다. 인문교양교육의 강화 차원에서 고전 중심의 권장도서에 의한 교과독서교육이나 비교과 독서 프로그램 또는 학생 상호 간에 이루어지는 독서멘토링 프로그램 역시 권장도서 중심으로 운영되고 있다.[33]

교양독서의 본래 목적 중의 하나는 자율적이고 독립적인 성숙한 인간성의 함양에 있다. 이 점에서 교양독서는 권장도서 내에서의 협소한 독서가 아니라 철저하게 학생 자신의 자율적인 도서선정에 기초해야 한다. 스스로 읽을 책을 자율적으로 선정하는 과정 자체에 취향과 개성에 대한 자기인식이 명료해지는 경험을 하며 동시에 자율적 판단능력을 함양할 수 있다. 또한, 자율적 도서선정에 대한 시행착오와 도서선택의 규칙을 스스로 만들어가는 과정은 독서활동을 통한 훌륭한 독서가로서의 성장의 길에 그치는 것이 아니라 그러한 경험에서 촉발한 내적 성장의 계기를 제공한다. 가다머의 관점에서 보면 자율적인 도서선정 자체는 이미 선정 전의 책과 독서 주체 간의 낮은 차원의 해석학적 순환관계가 성립된 것이며 해석학적 의미의 자기이해의 도정에 들어선 것이다. 또한 교양 개념에서 도출된 교양독서교육의 목적이라는 측면에서 보면, 자율적 도서선정에 의한 독서행위는 자유인 육성을 위한 자기교육의 촉매자 역할을 할 수 있다. 자기이해의 과정과 자유인이 되는 과정의 시작이 소위 자율선정의 자유교양독서에 있는 것이다.

(4) 지식과 학습을 위한 교양독서교육의 지양

가다머는 '이해'가 순수이론적 차원, 곧 정확한 지식학습의 이해 차

---

33 동국대 경주캠퍼스에서 시행한 독서 멘토링의 경우도 협소한 권장도서로부터 시작해 권장도서의 폭을 넓히는 방향으로 운영되었으나 폭 자체가 제한적이었기 때문에 자유독서 개념을 적용할 수 없다. 특히 도서선정에서 멘토의 영향에 크냐는 점에서도 자유독서의 성격보다 학습을 위한 독서멘토링이라고 평가할 수 있다. 조아라·이윤선·황지영, 「동국대 경주캠퍼스 비교과 교육과정 프로그램 독서 멘토링의 운영사례 연구」, 『리터러시 연구』 10호, 2015, 55쪽 이하 참조.

원이 아니라 자기이해를 위한 '실천행위'임을 주장했다. 이러한 관점에서 볼 때 교양독서교육 프로그램이나 참여자들은'실천지향적 독서'를 해야 하며 자기이해의 확장을 위한 '구체적 실천'을 염두해야 한다. 여기서 실천, 구체적 활동이란 내적인 차원의 이해-해석-적용이 동시적으로 발현하는 해석학적 운동을 뜻한다. 이것이 그가 말하는 이해의 실천적 차원이다. 여기에 덧붙여 가다머가 말하는 실천적 차원의 범주를 확장시킬 수 있다. 논자가 볼 때 이해의 실천적 차원으로부터 발원하는 2차 행위들로는 숙고, 자기 자신과의 관계하는 시간의 확대, 자기이해를 확장할 수 있는 다른 독서에로의 이행 등을 들 수 있다.

이 점과 관련해 대학의 각종 독서 프로그램 운영이 도서의 난이도에 따라 기계적으로 이루어져야 할 이유가 없다. 왜냐하면 그와 같은 단계별 독서 프로그램이 자기이해를 확장하는 것과 근본적인 관계가 없으며 그 효과성도 명확하게 증명되지 않았다. 가다머가 비판한 클라데니우스처럼 교양도서교육은 학습을 위한 전공독서거나 전문독서가 아니기 때문에 '어떤 구절의 참된 이해'라는 교육학적 접근이 되어서는 안 된다. 그러나 교양독서교육의 현실이 여전히 "고전 텍스트의 독해와 이해 중심"[34]이라는 주장이 지속적으로 제기되고 있다. 이러한 현상은 한마디로 말해 '전문독서와 자유교양독서의 개념 착오'에서 비롯된 것이다.

교양독서교육에서 자기이해를 위한 독서를 지원하기 위해서는 독서 관련 비정규 교과, 특별프로그램 등의 기획과 운영 시에 새로운 지식을 습득하고 전파를 목적으로 하는 '학습을 위한 독서'를 지양해야 한다. 여기서 주의를 기울여야 하는 것은 전공교육과 관련해 전공과 연관된 순수 지식습득을 위한 학습독서 자체를 부정하는 것이 아니라는 점이다. 혹자는 전공교육과 관련된 확장된 독서의 필요성을 강조하며 그것이 독서교육의 중요한 과제 중에 하나로 본다. 그러한 주장은 전공학습의

34 한광택, 「4차 산업혁명과 인문학 교육의 미래」, 『비평과 이론』 23권 1호, 2018, 48쪽. 한광택은 자유교양독서와 전공독서의 경계를 무시한 채 독해 중심의 고전텍스트 교육을 비판하고 있으나 이는 전문학습과정의 특수성과 자유독서의 목적에 대한 범주 착오로 볼 수 있다.

연장으로서의 독서이지 순수한 의미의 교양독서, 자기이해를 위한 독서가 아니다.

(5) 독백적 독서에서 토론중심형 교양독서교육으로

가다머의 '이해' 개념에서 볼 때 다양한 교양독서교육 프로그램, 특히 선정된 도서 읽고 감상문 제출하기, 보고서용 형식적 토론 및 독후감 수상전은 새롭게 검토할 필요가 있다. 가다머는 독서가 혼자 읽고 혼자 이해하는 활동이 아님을 분명히 한다. 그에게 '이해한다는 것'은 상대방의 생각 속에 들어가서 서로를 이해하는 것을 뜻한다. 가다머의 생각은 단지 텍스트-독자 관계에서만이 아니라 같은 텍스트를 읽고 토론하는 독자-독자 관계에서도 적용할 수 있다. 이러한 적용을 독백적 독서의 지양이라고 칭할 수 있다. 이것은 교양독서교육이 토론중심형으로 이루어져야 함을 시사한다. 또한 지정도서 독서토론회를 할 때 프로그램 운영자나 참여 학생들은 위에서 언급한 상호이해의 방식과 목표를 간과하지 말아야 한다. 다르게 말하면 독서토론회에서 질의응답을 하는 경우 '비판을 위한 비판'이나 손쉽게 '사람마다 생각이 다르다'라는 식의 결론을 도출하고 끝나는 방식을 지양해야 한다.

독서토론에서 '서로를 이해한다는 것'은 토론자들이 대화 상대방이 '어떻게 그러한 견해를 갖게 되었는가'를 스스로 생각해보는 과정을 전제한다. 바로 여기서 본격적인 의미의 생산적 토론과 상호이해가 시작된다. 가다머는 이것을 토론 참여자 사이에서 '공동언어(Gemeinsame Sprache)'가 형성된 것으로 본다.[35] 그는 토론에서 공동언어가 형성되면 단순히 토론자의 생각 변화만이 아니라 토론자 자신이 변한다는 놀라운 주장을 한다.

공동언어를 찾게 되면 토론은 풍요로워진다. 토론에 참여한 자들은 토론

35 H. G. Gadamer, WM, 375쪽 참조.

> 이후 변화되어 헤어진다. 토론에 참여한 각각의 개별적 양상이 변화한다. 그들 자신이 변하는 것이다. 그것이 바로 일종의 발전이다. 물론 연구의 발전이라든가 발전 후에 퇴보가 있을 수 없는 발전이 아니라 언제나 다시 삶의 긴장 속에서 새로워지는 발전이다.[36]

가다머의 관점을 준용하면, 자기이해와 타자이해를 증진하는 교양독서 방법론은 토론중심형 운영이라고 해도 과언이 아니다. 교양독서교육에서 토론형 독서 프로그램을 운영하고 있으나 형식성에서 실제성을 강화하는 방향으로 나아가야 한다는 것을 가다머의 공동언어 창조론에서 확인할 수 있다. 논자가 볼 때 공동언어의 형성 때문에 '인식론적 전회'가 이루어졌다고 해서 개별자가 삶에 영향을 미칠 것이라는 생각은 다소 낭만적인 주장이라 할 수 있다. 인식의 전회와 삶의 변화는 개별자에 따라 다른 결과가 나타나기 때문이다. 그럼에도 불구하고 이해와 상호이해를 위한 교양독서교육은 토론중심형으로 이루어져야 한다.

혹자는 학년, 성차, 이해수준, 기초지식의 차이 등으로 토론 참여자 구성의 어려움과 구성이 된 후에도 실질적 효과에 의문을 가질 것이다. 생산적인 토론이 아닌 지도형 토론이 될 위험이 있다고 지적할 수 있다. 이론적 가정이 가능하고 현실화될 여지도 많으나 그러한 이유로 가다머의 주장이 호소력을 갖는 것이다. 토론형 교양독서의 본래 목적은 생산적 토론 효과의 창출에 있는 것이 아니라 이해와 자기이해, 상호이해를 도모하는 데 있다. 여기에 실현 가능성과 무관하게 토론 참여자의 성장과 퇴보의 가능성이 있는 것이다.

(6) 보상적 독서 프로그램에서 자기 보상적 교양독서로

보상적 독서 프로그램의 대표적인 것이 독서인증제다. 정대현과 김경남은 독서인증제가 핵심역량 강화를 위한 최적의 방법이며 독서인증

---

36 가다머, 『과학시대의 이성』, 박남희 역, 책세상, 2017, 124쪽.

제의 실효성과 인증 신뢰성 제고의 중요성을 강조한다.[37] 상금을 주는 독서 관련 이벤트 등이 자기이해를 위한 독서, 자유교양독서 교육의 이념에 충실한 독서교육 행태인가? 이것은 자유교양독서 교육 개념에 반하는 것이며 동시에 독서의 정신에 반하는 제도다. 인증제나 마일리지와 같은 보상적 독서 프로그램이나 이벤트성 행사는 독서를 위한 동기부여를 촉진한다는 차원에서, 고육지책인 측면이 있음을 부정할 수 없다. 그런데 보상적 독서교육의 효과의 지속성과 효력 범위에 대한 신뢰할 만한 추적연구를 찾아볼 수 없다. 또한 보상적 독서는 일회적 성격이 강하기 때문에 일시적 효과 이상을 기대할 수 없다.

게다가 보상적 독서 프로그램이나 행사에 참여하는 학생들의 대부분은 습관적 독서인 범주에 속하는 경우가 대부분이기 때문에 새로운 교양 독서층 발굴효과가 미미하다. 현재까지 여기에 관한 추적연구나 종단연구도 없다. 독서인증제에 대한 대학생의 인식에 관한 최근의 경험연구에서도 의무성을 부여하는 인증제보다는 자율적 독서를 더 선호하는 것으로 나타났다.[38] 이 조사결과는 독서교육이 기관에 의해 주어지는 보상에서 자기보상으로 전환되어야 함을 시사한다. 가다머가 말하는 자기이해를 위한 독서의 개념의 관점에서 자발적인 교양독서 자체가 이미 자기 자신이 자기에게 주는 최상의 자기보상이라 할 수 있다. 왜냐하면 교양독서의 폭과 깊이가 자기이해를 높이는 데 주요요인으로 작용할 수 있기 때문이다.

(7) 교양독서와 목적형 독서를 결합한 교육 프로그램의 해소

조미숙은 "면담교과목에 도서와 인성을 연계시켜 독서멘토링을 하

---

37 정대현·김경남, 「핵심 역량 강화를 위한 독서 인증제 실시 방안 연구」, 『우리말교육현장연구』 10권 1호, 2016, 365쪽 이하 참조.

38 방미영·이건웅, 「독서환경의 변화와 독서진흥 방안 연구: 대학생의 독서행동을 중심으로」, 『한국출판학연구』 46권 1호, 2020, 20쪽 참조.

는 것"[39]을 제안한다. 인성을 함양할 수 있는 진로 관련 독서 멘토링' 프로그램이 독서문화 정착, 독서율 증가에 도움이 될 것이라는 취지다. 조미숙의 이러한 제안은 자기계발 및 진로상담과 가치교육으로서의 인성교육 개념을 구분하지 못하는 데서 비롯된 주장이다. 직업준비 교육과 사람됨을 지향하는 인성교육은 목적 자체가 다르다. 직업준비라는 특수한 목적을 위한 기능적 독서는 전공과 연계된 독서교육의 형태를 띠어야 하며 교양독서와 엄격하게 구분해 교양독서교육이 이루어져야 한다. 그렇지 않다면 교양독서교육을 훼손하는 결과를 낳게 된다.

조미숙의 제안처럼 진로교육+독서+인성을 연계시키는 경우에 교양독서를 위한 시간 확보 자체가 어렵다. 대부분 대학이 진로교육과목을 공동필수로 운영하기 때문이다. 창의융합역량을 높이는 데 독서활동이 매우 유용한 매개 효과가 있음을 주장하며 독서교육 강화를 제안한 김경진, 문성호나 독서와 아동 창의성의 상관성을 조사하며 독서교육을 강조한 이태상의 주장은 자유교양독서에 반하는 목적형 독서다.[40] 창의성 향상을 위한 독서와 자유독서의 결합과 성공은 단지 관리되는 범위 내, 관리 기간에만 효과의 유의미성을 가질 뿐이다. 교양독서와 목적형 독서의 결합에 대한 욕구는 '아름다운 주장'이나 장기적으로 독서의 피로감과 자발적 독서 동기의 약화를 초래할 것이다.

5) 자기이해를 위한 자유교양독서의 가능성

논자는 자기이해를 위한 자유교양독서의 문제점과 나름의 대안을 제시했다. 여기서는 결론을 대신해 자유교양독서의 활성화를 위한 정책적 차원의 아이디어를 언급하고자 한다. 사실 자유교양독서 증진을 위

39 조미숙, 「효과적 대학 독서 교육 방안 연구」, 『동남어문논집』 40집, 2015, 318쪽.

40 이태상, 「초등학생의 독서 환경과 창의적 인성의 관계 분석」, 『한국교육논단』 10권 2호, 2011, 130쪽 참조.

한 방안을 모색하기는 쉽지 않은 과제다. 게다가 방안의 모색이 자유교양독서 개념에 완전히 부합한다고 볼 수 없는 측면이 강하기도 하다. 제시되는 방안 자체가 근본적인 대책이 될 수 없는 것도 자명하다. 문화체육관광부가 발표한 「2019년 국민 독서실태 조사」에서 그 단서를 찾을 수 있다. 이 조사에 따르면 독서하기 어려운 이유로 "책 이외의 다른 콘텐츠 이용"(34.1%), "공부 때문에 시간이 없어서"(30.5%), "다른 여가 활동으로 시간이 없어서"(13.7%), "책 읽는 것이 싫고 습관이 들지 않아서"(11.8%) 순이었다. 마지막에 제시된 이유를 제외하고서는 매체환경, 취업난과 같은 사회적 구조환경과 관련되며 단기간에 해결될 수 있는 사안이 아니다.

자유교양독서 증진을 위한 방안의 효과는 근본적으로 사회적 환경의 변화 여부에 달려 있지만, '시도'의 차원에서 몇 가지 제안을 하고자 한다. 첫째, 〈독서와 토론〉 같은 공통교과나 독서 관련 선택과목을 운영할 때 수업 연계 독서과제를 최소화하며 평가 중심의 수업운영을 지양한다. 이러한 조치가 실행된다면, 이론적으로는 교양독서를 위한 시간을 확보할 가능성이 있다. 둘째, 공통교재를 사용하지 말고 각 분반에서 학생들의 자유토론에 의해 선정된 도서로 수업을 운영한다면, 도서선정의 자율성과 자유독서에의 관심을 유도할 수 있다. 능력 있는 교수자라면 지도가 가능한 범위 내에서 조를 편성해 자유독서를 위한 도서를 선정해 수업을 운영해도 될 것이다.

셋째, 독서를 위한 환경조성과 조정이 중요하다. 책이 가까이 있어야 책을 읽을 기회가 이론적으론 늘어난다. 각 단과대학이 중심이 되어 현관 로비나 로비가 없는 경우 강의실 중 하나를 인문예술교양 도서를 배치한 북카페 형태로 조성해 편안하고 안락한 독서환경을 제공해주는 것이다.[41] 자유독서를 위한 공간창출이라는 면에서 공간구성의 제1의

41 김경진, 문성호는 도서관에 문화복합공간과 프로젝트 랩을 구축할 것을 제안하며 협력적 성찰활동에 도움이 될 것으로 판단한다. 이 주장도 의미 있으나 대단위 대학에서 공간의 중집화는 근접성과 이용률을 저하시켜 실효성에 문제가 있다. 독서환경 공간의 재구조화의 목적은 양자가 주장하듯 협력적 성찰활동의 공간 확보나 캠퍼스 공간의 효율적 활용

원칙은 자유롭고 편안한 분위기를 구현해야 한다. 이 공간에 배치되는 도서는 베스트셀러부터 인문사회 고전까지 선택의 폭을 최대한 넓혀 관심을 유도해야 한다. 또 배치도서 선정을 학생들이 주도하고 선정하도록 해야 한다. 공간조성, 도서선정, 운영 등을 학생 중심으로 진행해야 한다.

관련 교학팀과 교수자는 지원자의 역할에 충실하고 개입을 최소화한다. 독서의 주체에게 자유의 경험을 제공하는 것이다. 이 공간의 일부에서 정례적인 학생 사이의 자율적 독서상담 멘토링, 낭독회, 주제가 있는 자유토론 등을 진행하는 시도도 필요하다. 중요한 것은 권고와 지원이다. 관리와 성과에의 집착은 시도의 목적성 자체를 다시금 훼손시키는 '관리형 교양독서교육조치'다. 이러한 시도는 자유교양독서의 주체 사이에 해석학적 상황에서의 경험에 준거한 '공동의 언어'를 주조해낼 기회를 제공하는 것이다. 가다머가 볼 때 이러한 시도는 미완결성으로서 이해와 자기이해의 증진을 위한 과정의 장을 만드는 것이며 자유교양독서의 주체들이 "자유를 얻는 데 도움이 될 것이다."[42]

에 있지 않다. 김경진·문성호, 「대학생의 독서활동과 창의융합역량의 관계에서 자기성찰의 매개효과」, 『청소년학연구』 26권 5호, 2019, 405쪽 참조.

42 가다머, 『과학시대의 이성』, 박남희 역, 책세상, 2017, 143쪽.

제4장

예술교양과 예술교육

1

'예술교양'의 형성과 실천에 관한 비판적 이해

1) 예술교육의 목적과 예술교양

인간의 역사에서 교육행위가 시작된 이래로 미와 예술교육은 교육에서 빼놓을 수 없는 영역이다. 교육의 궁극적 목적이 무엇인가에 대한 답변에서도 미와 예술교육의 중요성이 확인된다. 이 질문에 대한 전통적인 답변은 '인간성 함양'이다. 인간성을 함양하기 위한 교육내용의 중핵은 진선미 교육이다. 진선미 교육에서 진(眞, truth)은 확실하고 명료한 지식을 추구하는 인식태도와 활동 일반을 가리킨다. 선(善, goodness)은 도덕감각과 도덕의식을 갖추고 도덕적으로 옳은 행위를 지향하는 자세, 규범을 존중하고 실천하는 행위능력을 의미한다. 미(美, beauty)는 아름다움에 대해 감각하고 이해하며 향유하는 것과 관련이 있다. 플라톤은 『크리톤』에서 아름답게 사는 것과 훌륭하게 사는 것을 같은 의미로 간주했으며 『향연(symposion)』에서는 미의 이데아를 발견하기 위해서 개별적인 사물과 대상에서 아름다움을 발견하고 향유해야 것을 우선적으로 강조한다.

칸트에게 미와 예술의 문제 역시 인간의 근본문제다. 그의 순수이성 비판, 실천이성 비판, 판단력 비판의 저작기획은 진선미가 인간이 추구해야 할 최고의 가치이자 교육의 목적임을 보여주는 것이다. 인식능력, 도덕능력, 심미적 능력을 다루는 세 비판서는 그와 같은 능력

(Vermögen)의 형성과 사용에 관한 논의다. 이런 맥락에서 켄 윌버는 자신이 주장하는 인간이 추구하는 3대 가치인 과학, 도덕, 예술에 관한 전형을 칸트에서 찾고 있는 것이며 칸트적 전거 제시는 타당하다고 평가할 수 있다.[1] 플라톤, 칸트 등에서 확인할 수 있듯이 인간교육은 진선미 교육의 중심축이다. 근대 유럽인들에게 진선미를 균형 있게 가져야 한다는 것은 서양의 근대 사유에서 '인간적인', '교양 있는', '교육받은', '문화화된', '세련된', '우아한 영혼을 가진' 인간임을 의미한다. 교육과 교양(교육)의 목적은 진선미 교육을 통해 그러한 인간을 만드는 것이다. 실러의 경우는 심미적 경험과 심미적 판단능력 및 향유능력을 촉진하는 미적 교육이 "인간을 인간으로"[2] 변화시킬 수 있는 최적의 교육적 수단이며 미적 교육이 곧 인간교육임을 강조했다. 그는 『인간의 미적 교육에 관한 서한』에서 미적 교육=탈야만화-문화화교육=자유교육=아름다운 품성교육=인간교육=정치사회적 문제해결 기여라는 논리 위에 미적 교육 만능론을 전개했다.

실러의 미적 교육 만능론의 수준은 아니지만 오늘날 대학에서 예술교육은 새롭게 부각되었으며 다양한 형태로 이루어지고 있다. 전통적인 차원의 예술을 위한 교육이 예술 관련 학과에서 이루어지고 있으며 교양교육과정에서는 '예술을 통한 교육(education through art)'이 활발히 이루어지고 있다. 이러한 교육적 현상은 시대의 교육적 흐름을 그대로 반영하고 있다. 창의성 교육이 교육의 중심 패러다임이 되던 시기에 예술교육은 일반 창의성 교육의 일환으로 활용되었다. 2010년대 들어서 예술교육은 창의적 과학융합 인재양성을 위한 새로운 과학교육 방법론으로 동원되었다.[3] 이 시기부터 국내 대부분의 대학은 과학예술융합교육

---

1 켄 윌버, 『모든 것의 역사』, 조효남 역, 대원출판사, 2005, 212쪽 이하 참조.

2 F. Schiller, "Aesthetische Erziehung des Menschen", in: Saemrliche Werke Band V, Gerhard Fricke/Herbert G. Göpfert(Hg), Muenchen, 1975, p. 315.

3 2011년 교육과학기술부 추진업무 보고서에 과학예술융합교육의 전 방위적 확산을 위한 정책을 발표했으며 한국과학창의재단을 중심축으로 관련연구와 교육 프로그램을 개발해 왔다. 교육과학기술부, 『창의인재와 선진과학기술로 여는 미래 대한민국. 2011년 업무보

(STEAM) 프로그램을 본격적으로 교육과정에 도입했다.

이와 함께 교양교육과정 및 비교과 교육과정 전체를 감성 및 예술체험 교육에 기반해 '학부교육 선도사업(ACE 사업)'을 진행한 대학도 나타났다.[4] 문제는 현재 진행 중인 국내대학의 예술교육이 인성, 창의성, 융합형 인재, 과학교육 등의 발전 차원에서, 다시 말해 교육방법론적 차원, 기능과 수단의 차원에서 이루어지고 있다는 점이다. 이것은 예술교육의 본래적 목적에 충실하다고 보기 어렵다. 예술교육은 예술교양의 형성과 실천을 통해 성숙한 인간성의 발달과 삶의 풍요로움, 정신의 아름다움을 가꾸는 데 근본적인 목적이 있다. 그런데 문화교육, 예술교육 연구자나 종사자 관련 정책입안자와 집행자들 사이에 '예술교양'에 관한 이론적·실천적 담론은 찾아보기 어렵다. 이 글은 이러한 문제의식에 근거해 먼저 '예술교양' 개념의 정립과 형성 문제, 예술교양의 이념적 토대로서 예술 민주주의를 다룰 것이다. 여기에 덧붙여 대학교육과정을 포함해 예술교양의 보편적 향상을 위한 전략과 개선방향을 탐구할 것이다.

2) 예술교양이란 무엇인가?

예술교양(artistic literacy)[5]의 형성과 실천 논제를 쟁점화하려면 예술교양에 대한 개념의 정의가 우선적으로 요구된다. 사전적 차원에서 예

고』, 2010.

4 목원대가 추진했던 체험기반 ACE 사업에서 예술체험이 중요한 교육적 패러다임 중 하나였으며 기초학력 증진이나 지성교육만큼이나 감성교육을 중요시해 〈인문감성의 숲〉 프로그램을 운영했다. https://www.mokwon.ac.kr/stokes/html/sub03/030101.html

5 literacy는 일반적으로 문해력으로 이해되고 번역된다. NCAS(National Core Arts Standard)는 artistic literacy를 '예술에 진정으로 참여하기 위해 필요한 지식과 이해'로 이해한다. 예술에서 literacy 개념을 단순히 학습이론적 문맥을 포함한 인지주의적 관점에서 '이해력'으로만 파악해서는 예술을 구성하는 핵심영역인 미적 경험을 개념적으로 포괄하지 못한다. 이러한 약점을 보완하고 예술 수용과 이해의 특수성을 포괄적으로 규정한다는 차원에서 artistic literacy를 예술교양으로 번역한다.

술교양 개념은 예술 개념과 교양 개념의 결합어다. 논자는 예술을 일상의 경험, 일상의 물질적인 것과 구분되는 독특한 심미적 경험의 산물이며 자유로운 상상력과 구상력을 통해 만들어진 물질의 질료적, 형태적, 의미론적으로 재구성된 형성물로 정의한다. 또한 논자는 넓은 의미에서 교양을 자기 자신과 세계에 대한 균형 잡힌 이해력과 인격적 성숙미의 종합체로 정의하고자 한다. 예술과 교양의 개념을 위와 같이 정의한다면, 두 개념의 조합어로서 예술교양은 형식적으로 자기이해, 세계이해, 심미적 경험, 상상력, 창조적 형상화, 예술이해력이라는 의미요소들을 포함한다. 예술교양 개념을 정의하는 데 있어 예술과 교양 개념의 의미요소의 형식적 결합만으로 불충분하다.

논자는 일반적이며 포괄적인 차원에서 예술교양을 '예술에 대한 교양을 소유하는 것' 또는 '예술 일반에 대한 감성력과 이해력 및 향유능력을 갖고 실천하는 것'으로 정의한다. 예술교양은 태어나면서 누구나 갖는 자연적 재능과 같은 것이 아니다. 예술교양은 예술가나 작품에 대한 기초적인 정보를 갖고 있는 것을 의미하지 않는다. 예술교양은 단순한 인상비평 수준의 가벼운 감상을 지칭하거나 개인 고유의 예술경험 없이 표준화된 예술상품을 단순 소비하는 것과도 관련이 없다. 논자가 볼 때 예술교양은 예술과 관계하는 내적인 예술감각과 예술 외적 환경에 대한 인식과 탐구의 지속적 활동으로 이해되어야 한다. 좀 더 정확히 말해 예술교양은 미적 경험, 예술이해, 예술창작이라는 3가지 범주의 조화로운 형성과 활동이다.

미적 경험(aesthetic experience)에 대한 가장 일반적인 정의는 아이스밍어가 제시한 바와 같이 일반적인 경험과 다른 '미적 마음의 상태'를 말한다.[6] 미적 감수성의 작용에 의한 예술과 예술작품의 감상활동 일반과 감상활동 이후의 내적 경험을 통칭한다. 가령 거대한 자연을 보며 경험하는 숭고미나 특정 작가의 작품을 감상하는 내적 경험이 심미적 경험

6 G. Iseminger, "Aesthetic Experience", in: Jerrold Levinson (ed.), *The Oxford Handbook of Aesthetics*, Oxford University Press. 2003, p. 100 참조.

이다. 미적 경험은 투자나 과제용도 등의 도구적인 차원의 경험이 아닌 한 그 자체로 정서적·의미적 질성(quality)을 산출한다는 의미에서 내재적 가치를 갖는다. 칸트적 의미에서 순수 미적 경험은 인간에게 '무관심적 미적 쾌락'을 경험하게 만든다.

미적 경험은 일상적·반복적·기계적 경험과 달리 예술이 다루는 소재, 대상, 주제, 기법과 형식, 구성 등에 대한 새로운 내적 지각체험과 그러한 것에 대한 기존 인식과 다른 예술적 문법을 추체험한다. 미적 경험은 새로운 내적 지각경험을 함으로써 미적 감각의 민감성과 감수성을 향상시킨다. 또한 미적 경험은 일상 문법과 전혀 다른 논리와 문법을 다양한 형식과 방식으로 체험하며 창작자의 고유한 눈에 의해 구성된 예술작품을 통해 인식지평의 확대와 새로운 통찰의 획득, 기존의 것에 대한 새로운 시각, 다양한 관점과 가치들에 대한 개방적이며 유연한 태도, 세계에 대한 개방적 태도, 소설이나 역사화 등의 예술작품 속에 내재한 정보와 지식의 축적에 의한 인지적 성장, 예술작품마다 다른 미적 구성에 참여하면서 예술적 상상력의 발달, 미적 감수성의 민감성의 향상과 예술의 일상적 실천을 가져올 수 있다. 이 점에서 미적 경험의 확대는 내면세계의 질적 성장과 삶의 풍려함을 가져온다. 미적 경험은 예술에 대한 감성적 수용과 관련이 있다는 점에서, 예술창작자를 포함해 누구나 특정 예술의 감상자가 될 수 있다는 점에서 예술교양의 제1의 형성요소다.

예술교양을 구성하는 또 다른 요소는 예술의 이해다. 예술이해는 예술지식의 측면과 예술이해의 측면으로 구분할 수 있다. 예술지식이 예술 일반과 예술사, 작가와 작품의 배경에 대한 지식, 형식미학과 양식사적 정보의 단순한 소유여부를 의미한다면, 예술이해력은 단순한 예술지식의 총체에서 실현되는 인지능력이 아니라 예술지식의 분류, 종합, 재구성 능력이 있을 때 획득된다.[7] 예술이해력은 예술가와 예술가, 예술

---

7 린치는 일반적 차원에서 지식과 이해를 인지능력의 차이, 인지주체의 수동적 수용과 능동적 재구성 활동의 차이 등의 관점에서 설명한다. Micheal Patrick Lynch, "Understanding and Coming to Understand" in: Stephen R. Grimm (ed), *Making sense of the world: New essays on the Philosophy of Understanding*, Oxford University Press, 2017, p. 200.

과 예술, 예술작품과 예술작품, 예술가와 감상자 사이 등의 복합적·중층적 관계의 차이의 섬세한 독해능력만이 아니라 특정한 예술작품이 미적 가치(aesthetic value)를 간파하며 동시에 다양한 해석들의 이해능력 및 자율적이고 독자적인 비평능력을 의미한다. 지식 없는 이해는 내용 없는 이해와 다를 바 없다는 점에서 예술이해는 예술지식을 전제로 한다.

예술지식 없이 기하추상, 색면추상, 개념미술 등과 같은 현대미술 작품들에 대한 미적 경험과 작품이해가 어렵다는 사실이 이를 말해준다. 팝아트의 거장 워홀을 평가하는 미학자 아서 단토(Arthur Danto)의 생각이 이를 대변한다. 그는 주제와 소재의 개념을 파괴하며 대중적인 작품소재와 실크스크린과 같은 대중보급형 생산방식을 고수한 워홀을 현대예술의 창조자로 간주한다. 예술사를 워홀의 대표작인 〈브릴로 상자〉의 전과 후로 구분한 단토에게 〈브릴로 상자〉는 재현으로서의 예술개념의 종말이자 '철학'이 있는가 여부가 '예술인가 아닌가'의 판별기준이 되게 만든 작품이다.[8]

예술교양을 구성하는 제3의 요소는 예술행위 능력 혹은 창작능력이다. 예술교양 개념을 인지주의적 관점으로만 이해하려는 인식태도를 가진 경우 예술행위 능력을 예술교양 개념에서 배제한다. 또한 예술창작을 전문작가의 영역으로 한정시킨다. 이와 같은 인지주의적 예술 개념에 근거한 예술창작에 대한 전문주의, 엘리트주의는 예술의 제도화가 성립된 근대적 창작 개념에 뿌리를 두고 있다. 그런데 예술창작은 인간이 가지는 자연적 충동 중의 하나인 표현충동의 예술적 표출이다. 표현충동이 창작욕구로 나타나고 물질적으로 구현되는 것이 바로 예술창작이다. 주의를 기울여야 하는 것은 예술창작이 본질적으로 미적 경험과 관련이 있다는 점이다. 미적 경험이 예술교양을 구성하는 가장 중요한 제1의 요소라는 점에서만이 아니라 예술창작의 본질은 모든 창작행위에 동일하다는 점에서 예술창작 능력은 예술교양의 한 요소인 것이다.

그렇다면 예술창작은 무엇인가? 한마디로 말해 예술창작은 미적

---

8 아서 단토, 『예술의 종말 이후』, 이성훈·김광우 역, 미술문화, 2004.

경험의 외재화, 물리적 형상화다. 창작자의 고유한 미적 경험을 자신의 방식으로 형성화하는 작업이 예술창작이다. 미적 경험이 미적 감성을 자극하는 대상에 대한 독특한 수용적 경험이라면, 예술창작은 자신의 미적 경험들을 자신만의 임의의 방식으로 구성하는 미적 행위다. 다르게 말해 예술창작은 미적 경험의 적극적인 자기화다. 이 관점에서 예술창작은 수용적 미적 경험주체와 예술의 해석주체의 통합적 성격이 있다고 볼 수 있다.

여기서 '해석'은 이중적인 의미를 갖는다. 첫째, 창작자 자신의 미적 경험에 대한 자기해석적 측면을 의미한다. 둘째, 고유한 미적 경험에 대한 자기해석과 실제적인 창작과정에서 창작자는 자기해석과 같은 소재와 주제를 다룬 다른 예술가, 다른 예술기법 등과 내적인 대결을 하게 된다. 이 대결의 결과가 최종 해석이 되는 것이며 창작자는 그것에 기초에 창작을 한다. 창작의 과정에서 미적 경험-해석 1-해석 2-창작의 경로는 창작에서 예술교양의 형성을 보여주는 것이다. 논리적 차원에서 볼 때 미적 경험에 기초한 그림 그리기나 음악연주도 위와 같은 창작의 성격이 함유되어있으며 예술교양의 형성 논리가 내재하고 있다.

'예술교양이란 무엇인가'에 대한 논자의 답변은 '미적 경험, 예술이해력, 예술창작력의 조화로운 균형미'라고 요약할 수 있다. 미적 경험은 풍부한데 예술이해력이나 예술창작력이 없는 경우 '순수예술 감상자'는 될 수 있어도 예술교양을 가졌다고 보기 어렵다. 예술에 대한 감각적 소비에 집중하는 경우, 예술교양을 소유하고 있다고 말할 수 없다. 그것은 물신화되고 상업화된 예술소비자에 불과한 것이다. 예술소비자에게 예술은 '다른 성격의 소비재'에 불과한 것이다.[9] 예술창작력은 있는데 예술지식과 예술이해력이 없다면 역시 예술교양이 있다고 말할 수 없다.

---

9 아도르노에게 예술은 물화의 안티테제이며 교환가치로 환원될 수 없는 활동이다(Th. W. Adorno, Gesammelte Schriften, Bd. 7, Aesthetische Theorie, hrsg von R. Tidemann, Frankfurt/M., 1997, p. 203, 461 참조). 음악과 미술의 사물화 양상에 대한 아도르노 논의로는 이하준, 「예술의 사물화 비판과 예술의 공공성: 아도르노와 듀이의 가상적 대화」, 『동서철학연구』 80호, 223쪽 이하 참조.

예술지식과 예술이해력은 높으나 미적 감수성과 미적 경험 및 창작능력이 전무하다면 예술교양을 소유한다고 할 수 없다. 예술교양에서 창작 요소의 중요성은 소극적 감상과 이해의 예술 주체에서 예술창조 주체로의 확장이라는 점에서만이 아니라 예술민주주의 시대의 예술시민 행위자의 탄생이라는 데에 있다. 이와 같이 예술교양을 정의할 수 있다 하더라도 문제는 어떻게 예술교양을 형성하고 실천하는가다. 이 문제는 순수 개인의 문제로 환원될 수 없는 복잡한 이론적·실천적 지형을 갖고 있다.

3) 예술교양의 형성과 실천의 사회지형도

예술교양의 형성과 실천의 문제는 단순히 개인의 예술관심의 문제이거나 순수 예술학적 또는 예술철학적 문제가 아니다. 이것은 예술-개인-교육-사회-경제라는 다층적이고 다면적인 접근이 필요한 문제다. 삐에르 부르디외의 취향의 사회학은 예술교양의 실제적 형성과 실천의 현실을 분명하게 보여준다. 그는 예술교양을 높이는 "모든 문화적 실천(박물관, 음악회 참가, 독서 등), 문학, 회화, 음악에 대한 선호도는 교육수준(학위나 학교의 재학한 햇수에 의해 측정된다)과 그리고 이차적으로 출신계급과 밀접"[10]함을 경험적으로 증명한다. 취향의 계급론의 문맥에서 예술교양의 수준이라고 할 수 있는 미적 지각과 미적 판단의 차이 자체가 계급 귀속적이라는 것이다. 그는 미적 성향을 크게 정통미학과 대중미학으로 나누며, 순수취향과 야만취향 개념을 동의어로 사용하기도 한다. 부르디외가 제시한 정통미학과 대중미학의 특성은 다음과 같이 정리할 수 있다.

---

10 부르디외, 『구별짓기: 문화와 취향의 사회학 上』, 최종철 역, 새물결, 2006, 21쪽.

정통미학(상류계급-문화귀족)	대중미학(하층계급)
형식과 양식의 지각과 이해, 이미지 중시	형식미학-양식이해 결핍. 기능 중시
무조건적 미학(유미주의)	조건미학(색만 잘 나오면 컬러 사진은 아름답지) 미적 요소 외에 재미요소 요구
아방가르드 연극, 추상화, 실험적 예술에 대한 친숙, 독해능력	아방가르드 연극, 추상화, 개념미술 등 실험적 예술에 대한 거부
윤리적 무관심	작품에 대한 규범적 판단
자유취향, 순수취향, 감수	필요취향, 대중취향, 야만취향
유미주의(예술작품 자체, 작가주의)	실용미학(재현, 상식 존중, 단순설정, 기승전결 형식 선호, 자기투사-감정이입 작품 선호, 해피엔딩)

상류계급의 순수미학적 취향과 중간계급과 하층계급의 대중미학적 취향의 차이를 극명하게 보여주기 위해 부르디외는 노파의 손을 찍은 사진과 라크(Lacq) 공장의 야경 사진에 대한 계급의 직업범주별 미적 반응을 제시한다.[11] 그에 따르면 문화적으로 빈곤한 하층계급에 속한 사람들은 사진을 보면서 느끼는 감정과 윤리적 공감만 나타내지 순수 미학적 판단을 보여주지 못한다.

그렇다면 미적 성향과 예술교양의 결정요인은 구체적으로 무엇인가? 첫째는 경제자본을 토대로 한 학력자본이다. 학력자본은 계급과 직업범주 및 예술교양 획득수준에 상당한 영향을 미친다. 학교에서 예술교육은 명확하고 표준적인 지식을 가르치며 미적 감각을 일정 수준까지 체계화·합리화시켜주기 때문에 학력자본의 유무와 정도는 예술교양의 획득에 중요한 역할을 한다. 부르디외는 민속무용, 최초의 영성체, 임신부, 양배추, 일몰, 뱀 등의 소재에 대한 학력에 따른 미적 판단을 조사하

11 같은 책, 92쪽 이하 참조.

면서 학력자본이 민적 성향과 예술교양을 결정하는 주요요인임을 확인했다.[12] 영화나 대중음악만이 아니라 음악이나 회화 등 고급예술로 지칭되는 정통적인 영역에서도 특정한 장르나 작품의 선호도는 학력자본의 차이가 결정적이다.[13] 둘째는 학력자본과 무관한 출신계급에 따른 문화자본의 크기다. 부르디외는 문화자본의 계급적 차이가 미적 성향과 예술교양의 수준을 결정한다는 사회적 사실을 경험연구로 증명한다. 학력자본이 동일한 경우에도 문화자본의 차이가 취향과 예술교양을 결정하는 데 큰 영향을 미친다. 부르디외가 문화귀족으로 일컫는 신분이 이를 극명하게 보여준다.

태어나고 성장하면서 집안에서 자연스럽고 무의식적으로 축적된 예술경험들, 가령 미술품, 예술작품, 골동품, 고전음악과 예술가들을 쉽게 반복적으로 접할 수 있는 환경에서 자란 문화귀족과 학습의 일환으로 습득한 문화지수의 간극은 육화, 시간의 측면에서 극복되지 않는다.[14] 계급과 문화자본과의 차이가 확실히 드러나는 부분은 “문학에서 회화 또는 고전음악과 재즈나 전위예술로 옮겨갈수록 커지게 된다.”[15] 특히 “음악 취향만큼 한 사람의 계급을 분명하게 확정해주고, 이것만큼 틀림없이 한 사람을 분류해줄 수 있는 것”[16]이 없다. 부르디외의 경험조사 연구에 따르면 정통취향을 고수하는 상류계급은 〈왼손을 위한 협주곡〉, 〈피아노 평균율〉, 〈푸가의 기법〉을 선호한다. 중간계급은 〈랩소디 인 블루〉, 〈헝가리 광시곡〉을 선호한다. 대중적 취향을 가진 민중계급은 〈아름답고 푸른 도나우 강〉, 〈아를르의 연인들〉, 경음악 등을 선호한다.

예술교양의 획득과 실천에 대한 부르디외의 취향사회학은 경제자본의 크기와 성격 및 문화자본의 차이가 취향, 미적 성향, 예술교양을

12 같은 책, 80쪽 이하 참조.

13 같은 책, 41쪽 이하 참조.

14 같은 책, 150쪽 참조.

15 같은 책, 128쪽.

16 같은 책, 47쪽.

결정한다는 입장이다. 문화자본이 경제자본으로부터 완전히 독립적인 자본이 아니라 경제자본을 전제해야 확보될 수 있다는 측면에서 본다면, 부르디외의 미적 성향론과 취향론은 경제환원론, 계급환원론이다. 학력자본이 예술교양을 획득할 수 있는 최적의 방법이지만, 동일 학력자본이라 하더라도 귀속된 가정의 문화자본의 차이를 극복할 수 없다고 보는 부르디외의 시각은 예술교양의 보편적 향상을 통한 진정한 교양인이 되는 데 한계가 있다는 운명론적 함의를 내포한다. 그의 취향의 사회학이 취향의 계급론적 성격과 예술교양의 아비투스를 객관적으로 기술하는 데 탁월한 것은 분명하다.

그러나 인간을 표현충동과 예술본능을 가진 존재로 인식하는 한, 예술교양에 관한 계급결정론적 이해는 넘어서야 할 과제다. 이론적 차원에서만이 아니라 예술정책과 예술교육적인 측면에서 계급의 차이에서 야기되는 예술교양 격차를 최소화해야 한다. 이것은 개인의 실존적 행복 차원만이 아니라 교양문화 시민권의 차원과 국가의 문화예술 경쟁력 측면에서 매우 중요한 문제이기 때문이다. 이 점에서 예술민주주의에 대한 새로운 인식과 실천이 요구된다. 예술민주주의는 예술교양의 보편적 향상을 위한 이념과 실천적 방향을 제시한다.

4) 예술교양의 보편적 향상을 위한 이념적 토대로서 예술민주주의

예술교양의 보편적 향상을 지향하는 이념이 예술민주주의다. 예술민주주의는 예술엘리트에 의한 예술창작과 문화귀족, 상류계급 중심의 예술향유와 같은 전통적인 예술생산과 향유를 거부한다. 예술민주주의는 예술에의 접근, 이해, 향유, 표현이 개개인의 삶의 질과 행복실현에 핵심적 요소임을 전제한다. 이에 따라 예술민주주의는 예술권을 시민의 보편적 권리로 간주하며 차별금지를 지향한다.[17] 철학사나 예술사상사

17 예술민주주의와 이념을 공유하는 것이 문화민주주의다. 시민의 보편적 권리로서 문화권

에서 예술민주주의의 이론적 토대를 제공하는 데 가장 큰 역할을 한 사상가가 듀이다. 그는 예술을 인간과 환경과의 일상적 상호작용에서 오는 '경험'의 표현이며 그러한 일상경험을 특수한 방식으로 형상화한 것으로 이해한다. 여기서 특수한 방식이란 일상경험의 정제와 그 반대의 강화, 경험의 명료화, 단편적 일상경험의 통일적 재구성을 의미한다. 일상경험이 예술의 원천이라는 믿는 듀이는 예술을 일상경험과 분리시키는 태도, 예술을 일상과 거리가 먼 고급적이고 특별한 것으로 여기는 예술숭배, 예술엘리트주의를 비판한다.

그는 이와 같은 탈일상성으로서의 예술 개념을 만든 결정적인 원인으로 국가에 의한 예술기관 설립과 예술품 관리, 재벌 등의 미술품 수집열풍, 미적 개인주의와 결합된 예술신비주의 풍조를 제시한다.[18] 듀이는 예술의 일상성을 회복하는 전략으로 수집가나 기관의 '위대하고 수준 높은 작품'이라는 임의의 자체 평가기준에 의해 특정한 예술작품만 감상의 소재로 제공되는 것을 비판한다. 듀이가 볼 때 일상적 소재와 일상적 경험을 형상화한 작품을 전시에 배제하는 것은 미적 경험의 축소만이 아니라 삶의 일부로서 예술의 심미적 가치를 체화하면서 오는 삶의 풍려함을 저해한다.[19] 이 점에서 듀이의 예술에서 탈일상성에 대한 비판은 애초에 예술에 내재해 있는 예술의 공공성과 예술민주주의 성격을 자연스럽게 드러낸다. 왜냐하면 예술의 일상성 그 자체가 일상세계를 구성하는 한 요소이며, 일상세계를 공유하는 사람들 사이에서 막힘없는

의 인정에 기초해 제정된 법령이 문화기본법(2013)과 문화예술교육지원법이다. 정부는 예술교육 개념의 차원을 넘어 국민의 문화역량 강화와 문화적 삶의 질 향상을 위해 2005년 「문화예술교육지원법」을 제정하고 같은 해에 한국문화예술교육진흥원을 설립해 예술교육 정책과 전문인력 교육을 시행하고 있다. 예술교양의 보편적 향상과 관련해 주목해야 하는 것은 "모든 국민은 나이, 성별, 장애, 사회적 신분, 경제적 여건, 신체적 조건, 거주지역 등에 관계없이 자신의 관심과 적성에 따라 평생에 걸쳐 문화예술을 체계적으로 학습하고 교육받을 수 있는 기회를 균등하게 보장받는다"(문화예술교육지원법 제2장 제7조)라는 조항이다.

18 듀이, 『경험으로서의 예술』, 윤형재 역, 샤론, 1986, 4쪽 이하 참조.

19 같은 책, 8, 23쪽 참조.

소통의 매개 역할을 하기 때문이다.

예술작품을 감상하고 이해한다는 것은 일상경험의 산물인 예술을 지금 경험하는 것처럼 만드는 것을 의미하며 그러는 한에서 예술은 일상성을 나누는 커뮤니케이션이자 공공적 성격을 갖는다. 일상성은 예술가-예술작품-감상자를 읽는 매개자라는 점에서 일상성의 경험이 녹아들어 있지 않은 예술은 창작자를 위한 예술에 불과하다. 또 그러한 예술은 공공성의 성격이 원천적으로 봉쇄된 '사적인 것'이며 커뮤니케이션이 일어나지 않는 '고립과 독백'의 표현물이 된다. 이런 의미에서 듀이는 예술을 "공공세계의 공유된 성질에 의해, 가장 보편적이며 안전한 커뮤니케이션의 형태"[20]로 간주한다. 공유되는 일상세계의 커뮤니케이션으로서의 예술 개념은 예술민주주의 개념을 구성하는 요소인 개방성, 공개성, 공공성, 민주성, 공익성의 요소를 함축하고 있는 것이다.

개방성은 개인이나 소수그룹만이 아니라 사회구성원 모두에게 열려있다는 것을 의미한다. 공개성은 사적 영역에 귀속되어 있지 않으며 공동체 구성원이 사는 공통세계의 공적 공간에 드러나 있다는 것을 뜻한다. 따라서 예술과 관련된 모든 사안을 '사적 영역'의 문제나 개인의 문제로 두어서는 안 되며 공적 영역 안에서 공공의 문제로 접근해야 한다. 예술의 공공성은 예술작품의 공공재적 성격에 기인한다. 예술작품의 사적 소유권이 인정되지만, 예술작품 자체가 가지고 있는 심미적, 도덕적인 보편가치를 공중이 공유할 보편적 권리가 있다는 점에서 예술공공성을 갖는다. 예술향유의 권리 측면에서도 '오직 1인의 감상권 보장을 위한 예술'은 존재하지 않는다. 예술작품은 소유권과 무관하게 복수의 감상자를 전제로 하기 때문이다. 이런 점에서 예술민주주의는 공공성을 전제로 하는 것이다.

예술민주주의의 또 다른 원리인 공익성은 예술 그 자체에 '공익(public interest)'적 성격이 있다는 것을 의미한다. 다시 말해 사회 전체에 긍정적인 이익을 산출한다는 의미다. 예술의 공익적 성격으로 인해 국

---

20 같은 책, 235쪽.

가나 지자체는 예술정책을 수립·집행하며 예술 관련 각종 시설과 재화 및 예술행정 서비스를 제공한다. 여기에 국공립 미술관, 예술의 전당, 예술복지카드, 예술 바우처, 공공예술 등이 포함된다. 이것은 생존을 위한 필수 재화나 서비스는 아니지만 예술민주주의의 실현과 예술교양의 보편적 향상을 위한 공공재인 것이다. 예술의 공공성을 위한 행정행위인 예술행정의 항상적인 문제는 예술의 자율성과의 긴장과 갈등의 문제다.

예술의 자율성이 침해되는 한 예술의 공공성은 내용 없는 형식적 공공성으로 전락할 것이며 공익성도 예술행정 이익만 남게 될 것이다. 이 점에서 예술창작자-예술계-예술기관-시민-예술행정 사이의 예술의 사회적 공익성에 대한 인식의 공유가 필요하다. 김정수의 지적처럼 예술행정에서 공익에 대한 명확한 기준을 설정하는 데는 한계가 있다.[21] 김정수가 간과하는 것은 공익계산법이 아니라 예술 관련 행위주체들의 공익 지향성과 공익 결정과정의 절차적 민주주의의 확립이다. 이런 점을 개선하기 위해서 예술 공익에 대한 사회의 동의는 절차적 정당성과 민주적 의사소통 합리성 기반 위에 도출되어야 한다. 예술행정에서 수학적 공익성과 효율성만 지나치게 강조하면, 예술인에게 결과적 효율에 대한 중압감으로 인해 창작의 자율성을 침해할 수 있다. 또한 예술 공공성의 구성주체인 예술가의 공공예술 참여의지를 약화시켜시킬 수 있다.[22]

예술민주주의에서 가장 중요한 것은 민주성의 원리다. 예술민주주의를 한마디로 정의한다면, 예술과 관련된 의사결정 과정만이 아니라 대부분의 문제가 민주성의 원리에 의해 작동되는 것을 말한다. 따라서 예술민주주의는 예술정책과 행정, 예술자원의 분배, 예술교육, 예술향유 등에 있어 아래로부터 위에로의 절차적 민주성과 정당성을 중시한다. 예술민주주의를 구성하는 민주성은 공익성 원리와 긴장관계에 놓여

21 김정수, 「행정학적 관점에서 본 예술과 공공성의 관계」, 『문화예술경영학연구』 2권 2호, 2009, 9쪽 참조.

22 장석류, 「문화행정의 공공성 가치충돌에 관한 실증연구: 행정인, 기획인, 예술인 집단 비교분석」, 『예술경영연구』 56집, 2020, 46쪽 참조.

있기도 하다. 특히 민주성은 표현충동과 창작의 자유, 예술정책의 효율 극대화의 원칙들과 대립적이다. 예술과 외설 시비, 공연 제한, 관변중심의 예술정책, 예술전문가 중심의 권위주의적 예술교육, 예술이론과 지식 중심의 주입식 예술교육을 지양한다. 또한 예술민주주의는 예술 향유계층의 저변확대, 예술 창작과정과 향유에서 시민들의 참여, 고급예술의 대중화, 공공예술 프로젝트라는 다양한 형식을 취한다.[23]

예술민주주의는 예술권의 차별 없는 실현을 예술정책의 근간으로 삼아야 하기 때문에 예술복지 특히 예술 소외계층의 예술복지 실현이 중요하다. 현재 문화복지정책으로 문화예술기관이나 지자체 등에서 시행하는 공연나눔사업, 전시나눔사업, 예술창작 교육 프로그램 등이 문화복지 이름으로 시행되는 예술복지 향상 프로그램이다.[24] 문제는 예술복지 수요만큼 충분한 정책적 대응과 공급이 이루어지고 있지 않다는 점이다. 특히 지자체나 민간 예술복지기관들의 사업에 장애우나 실업자, 직장인의 예술복지 수요에 대한 탄력적 대응과 지원이 부족하다. 예술민주주의에서 예술권 향유격차의 극복만이 아니라 예술창작자의 복지도 중요한 의제가 된다.[25] 정부와 지자체 및 문화예술재단 등의 문화

23 이하준, 「예술 공공정책의 이념으로서 예술 민주주의와 예술의 공공성」, 『공공정책』 171호, 2020, 88쪽 참조.

24 국공립 문화예술 기관들이 제공하는 대표적인 세부 예술복지 사업으로는 〈꿈의 오케스트라〉, 〈사랑티켓〉, 〈예술꽃씨앗학교〉, 〈소외계층문화순회〉, 〈찾아가는 영화관사업〉, 〈책 읽어주는 문화봉사단〉, 〈문화바우처〉 등이 있다. 김동일, 「문화복지 가능성 실현을 위한 제언」, 『사회과학논총』 18권, 2018, 41쪽 이하 참조.

25 2020년 한국예술인복지재단의 예술인 창작지원 및 생활복지 예산은 전년대비 크게 증가했다. 기준 예술인 생활안정자금융자지원사업 예산액 190억 원으로 2019년 대비 2배 증액, 창작준비금 지원예산 362억 원으로 2019년 166억 원 대비 2배 이상 증액, 프리랜서 예술인 저금리(2~3%) 대출제도가 보완되었다. 2020년 한국문화예술위원회의 문예진흥기금 공모사업에서도 예술가 개인지원사업에서 10%에 해당되는 자기부담금 제도를 폐지하고 응모방식의 간편화, 지원액 증가 등의 개선책이 시행되었다. 2021년은 코로나19 특별융자금이 증액되었다. 대표적인 예술인 복지사업으로 예술인 심리상담, 사회보험료 지원, 예술인 자녀돌봄, 예술인생활안정자금융자, 예술인 역량강화사업 등이 있다. 양적·질적 측면에서 예술인 복지가 개선되고 있다. 시민의 예술권의 보장은 좋은 예술품의 창작을 전제로 한다는 점에서 예술가 복지는 예술행정적 편의성이 아니라 창작자 관점, 창작활동의 관점에서 더더욱 정교하게 설계·운영되어야 한다. 한국예술인복지재단, 『2021

예술지원사업이 진행되고 있다. 예술창작 지원과 창작자의 생활복지 및 예술 소외계층의 예술복지 증대는 시민과 학생의 예술교양을 보편적으로 향상시키기 위한 전제조건이자 첩경이다. 예술창작자 복지의 핵심은 비예술활동을 통한 창작환경 조성이 아니라 예술가의 예술활동을 통한 생활안정과 창작환경 조성에 있다.[26] 예술창작자 복지정책과 행정은 철저하게 예술인 중심, 창작자 관점에서 시행되어야 한다.

이것이 아래로부터의 예술민주주의의 이념이 실현된 예술정책과 예술행정이다. 아래로부터의 예술민주주의는 공공예술 프로젝트, 지역예술 정책, 소외계층 예술복지사업, 각급 학교의 예술교육 등 예술 관련 행정 전반에 깊이 뿌리내려야 한다. 예술민주주의의 행위주체인 예술창작자-예술행정가-예술계 종사자-예술중개자-예술산업계 모두가 아래로부터의 예술민주주주의에 대한 인식을 공유하고 실천한다면 예술교양의 보편적 향상이 이루어질 것이다.

5) 예술교양의 보편적 향상을 위한 방향과 제언

인간의 표현충동과 예술본능에 대한 일반적 차원의 동의와 예술의 민주주의와 예술의 공공성을 향상시키기 위한 노력이 있어왔다. 해외에서만이 아니라 2000년대 이후 국내에서도 다양한 영역의 예술 대중화 운동이 벌어졌다. 이 운동은 찾아가는 클래식 공연, 도시 안에 자리 잡은 공공미술 프로젝트의 조형물, 박물관, 미술관의 여름 야간개장 시간 연장, 공연장과 공연물의 증가 및 미술관 수와 아트페어 수의 증가로 나

한국예술인복지재단 사업안내』, 2020, 22쪽 이하 참조.

26 경험연구들은 국내 예술인들의 예술인으로서의 만족도를 결정하는 핵심적인 두 요소로 생활에 필요한 소득과 예술활동 시간의 증가를 제시한다. 윤수영·허식, 「문화예술인의 예술근로 만족에 관한 연구: 스로스비의 근로선호 모형 적용」, 『문화정책논총』 30집 2호, 2016, 81쪽 이하 참조; 박현승·김현철, 「예술가의 가치와 만족: 공연예술 종사자의 사회·경제적 특성과 예술활동 만족도 간의 관계 분석」, 『산업경제연구』 30권 2호, 2017, 731쪽 이하 참조.

타났다. 그 결과 정통예술에 대한 접근성이 높아졌으나 예술향유 인구의 획기적인 성장이 있다고 보기 어렵다.[27] 여기서는 예술교양 수준의 보편적 향상을 위한 개선방향을 몇 가지 제시하고자 한다.

(1) '예술교양' 개념의 체념적 계급화 및 사사화의 해체

예술교양의 보편적 향상을 위해서는 학생들의 정통예술을 보는 기본적인 시각의 전환이 요구된다. 고급예술의 향유주체를 문화귀족에 한정시키며 스스로 대중미학적 취향에 몰두하는 미적인 태도의 개선이 필요하다. 오래전부터 예술가나 예술기관에서 추진해온 정통예술의 대중화와 대중예술의 고급예술화의 예술적 성과의 향유에 참여한다면 중간취향의 예술교양을 획득할 수 있을 것이다. 이 외에도 한국사회에 상존하는 예술교양에 대한 몰이해가 개선되어야 한다. 아직도 많은 한국인들은 예술교양을 한가한 여성이나 주부들의 그림 그리기, 악기 연주 능력, 작품사진 촬영 활동 등과 동일시 한다. 예술교양을 소비적이며 사적인 취향의 문제로 환원시키는 인식이 개선되고 삶의 한 구성요소로 인식해야 한다. 이럴 때 예술교양은 다양한 예술적 체험을 통해 미적 쾌락을 불러오며 삶의 행복을 증진시키는 역할을 하게 될 것이다.

(2) 핵심역량 설계와 정규-비정규 교육과정의 통합운영을 통한 예술교육의 강화

예술교양의 형성과 실천에 대한 부르디외의 논점 중에 하나는 단순히 학교의 예술교육을 통해서 예술교양의 평준화가 달성되는 데 근본적

---

27 2003~2012년 사이의 문화향수 실태조사 결과에 의하면, 예술교양 향상을 위한 다차원적 접근과 시도에도 불구하고 격차를 보여주는 의미 있는 진전이 없는 것으로 나타났다. 코로나19 발생 이전 시점에도 변별력 있는 격차를 보여주는 조사들이 발견되지 않는다. 여기서는 예술교양 수준의 보편적 향상을 위한 몇 가지 개선방향을 제시하고자 한다. 김응천·김재범, 「예술 공론장 개념을 통한 예술의 공공성에 대한 탐색적 연구」, 『예술경영연구』 29, 2014, 6쪽 이하 참조.

인 한계가 있다는 것이었다. 그에 따르면 유년기부터 집안의 예술적 환경에 노출되어 있고 예술가들을 정기적으로 접촉할 수 있는 기회와 일상적인 예술실천을 통해 형성되는 문화귀족의 '시간'과 문화귀족에서 발생하는 문화자본의 유산과 상속을 넘어설 수 없다. 그럼에도 불구하고 학교에서의 예술교육이 문화교양을 높이는 데 매우 유용한 수단이며 현실적인 방법임은 분명하다. 이호영과 서우석은 한국의 문화교육이 서구의 공인된 문화자본의 획득을 의미하며 사회불평등 변수들이 문화교양의 획득에 영향을 미치지만, 학교에서의 문화예술 교육경험이 문화불평등을 해소하는 데 유의미한 결과를 가져온다고 주장한다.[28] 경험적 연구에 바탕을 둔 양자의 입장은 곽덕주에 의해서 강화된 테제로 발전한다.

곽덕주는 예술을 통한 교육을 확대하는 방식으로 '모두를 위한 예술교육'을 실시해야 한다고 주장한다.[29] 곽덕주는 경제자본의 불평등과 중간계급의 문화적 계급상승 욕구로 인해 사교육의 영역에서 발생하는 예술교육 격차극복에 대한 구체적 대안을 제시하지 못한다. 그럼에도 불구하고 그의 모두를 위한 예술교육 주장은 예술교양의 보편적 향상을 위한 예술민주주의의 이념과 궤를 같이하고 있으며 옳은 방향이라 평가할 수 있다. 삶의 풍려함과 행복을 위한 예술교양의 보편적 향상을 위한 문화예술교육을 강화하기 위해서는 이화여대와 같이 '문화예술역량'을 핵심역량 중의 하나로 규정하고 그에 준하는 정규-비정규 교육과정을 통합적으로 운영해야 한다.[30] 이것이 전인교육을 위한 진선미 교육과 일치하는 것이며 '교양' 개념에 부합되는 표준적인 역량설계다. 교육과정 운영에서 중요한 것은 논자가 제시한 예술교양의 3요소의 균형을 맞추어야 하며 이를 위해 이론과 실천의 균형을 추구하는 교육과정을 운영해야 한다는 점이다.

---

28 이호영·서우석, 「문화예술 교육 경험이 문화 불평등에 미치는 영향」, 『문화정책논총』 25(1), 2011, 102쪽 이하 참조.

29 곽덕주·서정은, 「'문화-예술-교육'의 의미와 그 개념적 관련성 고찰: 예술에 대한 탈근대적 이해 및 그 교육적 가치를 중심으로」, 『문화예술교육연구』 15권 5호, 2020, 31쪽 참조.

30 http://www.ewha.ac.kr/ewha/intro/talent.do

(3) 자유창작 연습실 운영

왜 예술교양을 위해 자유창작 연습실이 필요한가? 첫 번째는 전방위적 취업압박 해소에 부분적으로 기여할 수 있다는 점이다. 신자유주의 경제 이데올로기의 범람, 노동의 유연화에 따른 평생직장 신화의 해체, 고용 없는 성장, 전산화와 로봇노동의 확산, 무한경쟁 등이 대학을 취업준비의 장으로 변화시킨 지 오래다. 이러한 현상의 교육적 대응으로 나타난 것이 진로설계 혹은 미래설계라는 이름의 교육과정이다. 대부분의 대학이 이 교과목을 교양필수화했고 취·창업 강좌가 전체 교양 교과목에서 차지하는 비율이 높아지고 있다. 대학경쟁력과 신입생 유치 전략 차원에서 이러한 경향은 유지될 것이다. 이것이 의미하는 바는 일자리 부족으로 인한 살인적인 취업경쟁 스트레스, 취업문제로 인한 가정과 동료집단 내의 긴장감에 또 다른 취업 스트레스 요소로 작용할 수 있다는 것이다. 이것이 취업경쟁력 강화 차원에서 도입된 교육과정의 부정적 수반 효과다.

충분한 지원하에 자유창작 연습실이 운영되는 경우 일시적·부분적이나마 학생들의 취업압박을 해소하고 스스로 관리하는 데 활용될 수 있다. 또한 기분전환을 통한 취업에너지의 재정비 효과도 얻을 수 있다. 자유창작 연습실을 운영해야 하는 두 번째 이유로는 상상력에 자신을 내맡기며 아무런 목적을 설정하지 않은 채 순수 자유의 세계를 경험하게 하는 교육효과를 들 수 있다.[31] 전통적인 교양교육의 이념은 자유인을 위한 교육이었다. 자유창작 연습실은 편견과 선입견, 잘못된 신념과 인식으로부터의 해방, 자유로운 사고와 자율적 행동, 자기책무성을 추구하는 자유인을 위한 교양 이념의 실험공간이며 학생들에게는 상상력에 기초한 자유정신의 발현공간이 될 수 있다. 예술교육과 창작경험이 창의성을 기르는 데 기여한다는 수많은 경험연구들이 보여주듯이 자유

---

31 F. Schiller, “Aesthetische Erziehung des Menschen”, in: Saemrliche Werke Band V, Gerhard Fricke/Herbert G. Göpfert(Hg), Muenchen, 1975, p. 400 참조.

창작 연습실은 창의성 발달을 자극하는 부수효과를 가져올 것이다.

(4) 자율적 예술공론장의 지원체계 구축

학생들의 예술교양의 보편적 향상을 위해 필요한 것 중에 하나가 학생자율형 예술공론장의 활성화이며 이를 위한 지원체계 구축이다. 학생자율형 예술공론장은 미학 스터디 동아리, 예술사 동아리, 각종 미술과 음악 동아리, 문학 동아리, 창작 동아리 등 다양한 형식으로 존재한다. 이 동아리는 단순히 향유의 장이 아니라 예술 관련 주제의 자유로운 선택과 토론 및 논쟁을 통해 담론 참여자들의 미적 감수성, 예술감각, 예술이해력을 확장하는 '상호계몽의 공간'[32] 역할도 수행한다. 학생자율형 예술공론장에 참여하는 학생들은 사물화된 예술과 예술의 상품화에 대한 비판적 시각만이 아니라 예술의 공공성에 대한 안목도 스스로 체득할 수 있다. 또한 예술사회학적 감각과 예술을 매개로 한 비판적 사유능력을 갖출 수 있다.

학생자율형 예술공론장의 형성과 활성화를 위해 대학은 예술공론장 성격의 학생동아리 전담 담당자를 두고 지원관리를 체계화해야 한다. 지원내용으로 예술공론장을 위한 독립공간 제공, 정기적인 예술 관련 토론회 지원, 학생이 선정한 예술인과의 대담 프로그램 지원, 학생에 의한 학생을 위한 순수 예술교양축제 지원, 예술평론대회 개최지원 등을 들 수 있다. 자율적 예술공론장의 지원에서 가장 중요한 것은 관리의 유연성이다. 형식주의, 기록주의에 매몰된 예술공론장의 관리체계는 예술공론장을 유지·확장하는 데 방해요소다. 최소개입원칙, 장기적인 안목에서 예술공론장을 관리해야 한다. 예술공론장의 자율성을 최대한 보장하고 장기적인 지원을 할 때 학생들의 평균 예술교양 수준이 타 대학에 비해 높아질 것이며 사회의 예술공론장과 예술문화를 선도하는 인재

---

32 하버마스, 『공론장의 구조변동』, 한승완 역, 나남, 2001, 115, 286쪽 참조. 하버마스는 모든 다양한 형식의 공론장은 논제 선정능력, 의사소통 이해능력, 토론능력, 공론화의 조건들이 충족되어야 한다고 본다.

의 산실이 될 수 있다.

(5) 지역의 예술교양 자원의 활용과 관련 업무 수행기관과의 협력사업 개발

학생들의 예술교양을 향상시키기 위해서는 대학의 교양교육 과정의 재검토와 개선만큼이나 중요한 것이 지역의 예술교양 자원의 활용과 관련 기관과의 협력을 통한 교육 상승효과를 산출하는 것이다. 대학이 소재하는 지역마다 지자체가 운영하는 박물관, 미술관, 예술의 전당, 무형문화재 전수관, 공공미술 프로젝트, 조각공원, 각종 공연예술전시장 등이 있다. 개인이나 민간단체에서 운영하는 특정 작가의 문학관이나 미술관 등도 있다. 학생들의 교양문화 향상을 위해서는 교육방향과 수업내용의 설계단계부터 지역 예술교양 자원의 활용을 적극 고려해야 한다. 또한 지역의 예술교양 관련 업무수행 기관과의 전략적 협력이 필요하다. 구체적 협력방안으로 이 기관들이 주관하는 내부 프로그램에 학생을 참여시키는 것과 교육콘텐츠를 공동제작해 수업에 활용하는 것을 들 수 있다. 이와 같은 방식으로 지역의 예술교양 자원을 활용한다면 예술교양 수준의 증진만이 아니라 지역문화 정체성 함양에 도움이 될 것이다.

위에서 논자가 제시한 예술교양의 보편적 향상을 위한 방향과 개선을 위한 다섯 가지 제언이 현실화된다면, 예술교양을 갖춘 아름다운 영혼의 소유자를 육성하는 차원을 넘어서 진선미를 갖춘 전인적 인간의 양성이라는 (교양)교육의 궁극적 목적에 한발 더 가까이 갈 수 있다. 그러나 표현충동을 예술을 행한 충동으로 견인하고 예술교양의 발전을 꾀해야 할 대학의 교양예술교육과정은 소수 우수사례를 제외하곤 빈곤하기 그지없다. 교양대학을 리버럴아츠칼리지로 개편한 가천대, 대전대, 대구대의 경우가 전체 교양예술 강좌수나 이론과 체험형 강좌의 균형이라는 측면에서 전통적 의미의 일반교육으로서 교양교육을 실시하는 대학보다 낫다고 볼 수 없다. 또한 한밭대, 금오공대, 한국과학기술대와 같은 대학은 이론형과 체험형 교양예술 강좌수가 4개 이하로 절대적으로 부족한 실정이다.[33] 최근 교양예술 신규교과목을 개설하는 대학들에서 확인할 수 있는 것은 과학과 예술, 사회와 예술을 결합하는 융합형 예술교육을 지향하는 특징이 있다는 점이다. 두 사례가 보여주는 것은 예술교양을 향상시키기 위해서는 이론형+체험형 예술교과목의 수의 의미 있는 증가와 기능형, 융합형 교과목보다 예술교양 형성의 형성과 실천을 위한 순수 예술교과목의 충실한 운영이 선행되어야 한다는 점이다.

33 국내대학의 교양교육과정에 나타나는 예술교육 유형과 교육과정에 대한 비판적 분석과 대안에 대한 논의는 이하준, 「교양예술교육의 목적과 교육과정에 대한 재사유: 실러의 미적 교육론의 관점을 중심」, 『동서철학연구』 90호, 2018, 499쪽 이하 참조.

2

교양예술교육의 목적과 교육과정에 대한 재사유

실러의 미적교육론의 관점을 중심으로

1) 교양예술교육의 현실에 대한 검토 필요성

대학에서 교양교육의 중요성이 새롭게 부각되고 교양교육과정을 새롭게 설계해 운영되어온 지도 근 10여 년이 흘렀다. 진선미를 갖춘 성숙한 인격의 형성이라는 교양교육의 목적에서 볼 때 심미적 교육을 담당하는 교양예술교육에 관한 본격적인 담론이 활성화되지 않았다는 것은 주지의 사실이다. 교육실천의 차원에서도 교양교육이 역량기반 교육과정으로 재편되는 과정에서 심미적 역량을 교양교육의 핵심역량으로 설계한 대학을 찾아보기 쉽지 않다. 교양예술교육과정의 경우 인지주의적 예술교육과정만이 아니라 체험기반 교육과정이 빈약한 대학들도 상당수 있다. 여전히 많은 대학들이 구색 맞추기 식의 예술이론 교과목 몇 개를 개설하거나 취미생활 수준의 실기교과목을 운영한다.

실러의 지적처럼 심미적 예술교육이 "우리 시대의 취향과 거리가 멀고"[1] 예비취업학교로 대학의 기능과 역할이 축소되는 환경에서 교양예술교육의 중요성은 간과되고 있다. 그런가 하면 교양예술교육에서 부

1 F. Schiller, Aesthetische Erziehung des Menschen, in: Saemrliche Werke Band V, Gerhard Fricke/Herbert G. Göpfert(Hg), Muenchen, 1975, p. 314.

분적인 교육적 경향도 발견되는바 교양예술교육+융합예술교육, 융합예술교육+유사융합 예술교육, 창의성, 인성, 예술마케팅에 초점을 둔 특수목적형 예술교육으로 유형화할 수 있다. 이러한 부분적인 교양예술교육의 트렌드를 교양예술교육의 목적의 충실도라는 측면에서 보면 심미적 교양예술교육은 제자리를 못 찾고 있다. 이것은 교양교육을 강화하는 대학, 교양교육이 잘 이루어지고 있다고 일반적으로 평가받는 대학, 리버럴아츠칼리지를 표방하는 대학에서도 발견되는 현상이다.

주지하다시피 실러는 아름다운 인간의 육성이 교육의 목적만이 아니라 교양교육의 목적이라고 보았다. 그는 이성과 감성의 조화, 도덕성과 심미성을 겸비한 품성을 지닌 통합적 인간성을 가진 인간이 진정한 의미의 교양인임을 말한다. 이 글은 전인교육에 관한 실러적 인식을 전유하면서 심미적 예술교육이 강화되어야 교양교육의 목표를 구현할 수 있음을 논증하고자 한다. 이를 위해 논자는 첫째, 실러에서 교양-예술교육의 관계와 교양예술교육의 지향점을 살펴볼 것이다. 둘째, 한국대학의 교양예술교육 현황과 실태를 실러의 관점을 확장해 분석한다. 셋째, 이러한 분석에 기초해 교양교육 목표와 역량의 재설정과 조정 문제, 창의적 역량 함양과 인성교육의 수단으로 변질된 교양예술교육의 문제를 검토한다. 넷째, 교양예술교육의 본래적 목적성과 그것에 부합하는 교육과정의 운영방향을 모색할 것이다.

2) 실러의 미적 교육 논제와 교양예술교육의 관계

실러의 『인간의 미적 교육에 관한 서한』(이하 서한으로 표기)은 시대비판, 문화비판, 정치비판, 교육비판, 예술비판, 인간비판을 수행하면서 대안으로서 미적 교육을 제시한다. 따라서 서한에서의 주요 쟁점인 인간품성론, 충동이론, 교육 및 교양교육, 예술교육 문제들은 상호 밀접한 내적 연관성을 갖는다. 서한의 논의방식은 당대의 인간상과 시대문화의 타락상 및 야만성에 대한 그의 비판적 인식에 기인한다. 실러는 당대를 유용성이 지배하는 시대로 규정하며 그러한 논리가 지배하는 사회적 분업체계에서 인간은 "자기가 하는 사업이나 학문의 복제품에 불과한 존재"[2]로 전락했다고 진단한다. 그에 따르면 유용성의 논리가 지배하는 사회에서 인간은 욕망이라는 폭군의 노예가 되었으며 그와 같은 시대적 분위기와 학문적인 정신이 예술에 침투해 예술이 축소되었다.

예술을 포함한 문화의 역할과 기능에 대해 실러는 루소와 마찬가지로 인간성의 타락을 야기하는 주원인으로 간주한다.[3] 그가 볼 때 당대의 문화는 세련된 사교생활과 이기주의의 표현 이상의 것이 아니며 인간의 자유가 아니라 자유를 강제하는 역할을 수행한다. 실러의 눈에 당대의 인간정신은 "도착과 조야함 사이에서, 반자연과 맹목적 자연 사이에서, 미신과 도덕적 무신념 사이에서 흔들리고 있으며, 오로지 악의 균형"[4]만을 보여주고 있다. 이와 같은 "야만화(Verwilderung)"[5]를 목도한 실러는 그 해결책으로 예술교육과 교양교육을 강조한다. 왜 그가 예술과 교양에서 해결의 단서를 찾으려 하는가에 대답은 그의 충동이론에서 발견할 수 있다. 그에 따르면 인간의 본성을 지배하는 근원적인 힘은 충동(Trieb)이다. 충동은 자연의 법칙을 따르는 감각충동과 이성의 법칙을 따르는 형식충동으로 나뉜다.

---

2 같은 책, p. 325.

3 장 자크 루소, 『학문과 예술에 대하여 외』, 김중현 역, 한길사, 2007, 35쪽 이하 참조.

4 F. Schiller, Aesthetische Erziehung des Menschen, in: Saemrliche Werke Band V, Gerhard Fricke/Herbert G. Göpfert(Hg), Muenchen, 1975, S. 322. 실러의 시대비판의 한복판에 프랑스혁명에 대한 비판과 당대 사회의 사회적 분업체계로 인한 인간소외가 배후에 있었다는 김민수의 주장은 타당하다. 김민수, 「실러의 인간학적 윤리학과 총체성: 시간 속의 인간과 이념 속의 인간의 통일을 중심으로」, 『윤리교육 연구』 49집, 2018, 247쪽 이하 참조.

5 F. Schiller, p. 321. 사프란스키는 문명비판가, 사회비판가로서 실러를 '문화의 의사'로 표현한다. 하버마스는 실러의 미적 교육론이 단순히 현대적 의미의 예술비판의 한 전형만을 보여주는데 그치지 않고 예술의 사회혁명적 역할을 주문하는 예술유토피아적 기획물로 이해한다. R. Saframski, *Schiller oder die Erfindung des deutschen Idealismus,* Muenchen/Wien, 2004. S. 412; J. Habermas, "Exkurs zu Schillers Briefen ueber die aesthetische Erziehung des Menschen", in: *Der philosophische Diskurs der Moderne*, Frankfuet/M. 1983, p. 59 참조.

두 충동은 서로 대립하고 서로를 제한하지만 본성상 서로 부딪치지 않는다. 실러는 두 충동의 상호작용을 자기 안에 결합시키며 균형과 조화를 이루는 새로운 충동으로 놀이충동(Spieltrieb)을 제시한다. 놀이충동은 "살아 있는 형성력(lebende Gestalt)"[6]으로서 내적으로나 외적으로 어떤 강요도 받지 않는 놀이를 지향한다. 이 놀이충동의 자유로운 발현이 곧 자유의 상태다. 이때 자유는 어떤 종류의 목적성이 배제된 놀이 자체를 의미한다. 그는 놀이충동이 현상의 모든 미적인 특성과 아름다움에 관계하며 인간의 총체적 품성의 아름다움을 촉진시킨다고 보았으며 놀이충동에 의해 놀이 안에서 인간은 비로소 온전한 인간이 될 수 있다고 주장한다.[7]

그가 말하는 아름다운 인간은 놀이충동을 작동시키며 융화적 아름다움(die schmelende Schoenheit)과 역동적 아름다움(die energische Schoenheit)을 통일시키며 고귀한 품성을 성취해 자기 삶을 완성시키는 이상적 인간을 말한다. 실러는 미적 교육 및 교양교육의 목적과 과제가 거기 있음을 천명한다. 교양교육의 목적은 "가능한 것(예술)과 필연적인 것(도덕)을 결합"[8]시키는 것이며 그와 같은 인간을 육성하는 것이다. 미적 교육에 기반한 교양교육은 "기술이 파괴해버린 우리 본성의 총체성을 더 높은 기술을 통해 다시 창출해내는"[9]일이다. 실러에게 교양인이란 도덕성과 감성, 통일성과 다양성을 동시에 갖춘 인물, 품성의 총체성(Totalitaet des Charakters)을 소유한 인간을 의미한다.[10] 교양인의 내면의 본질은 자유함에 있으며 교양인은 이 자유함을 통해 내면의 다양성을 이상적으로 통일시키는 인물이다. 실러는 교양인, 자유함을 가진 인물을 품위 있는 사람, 고귀한 영혼, 섬세한 영혼, 숭고한 인성, 개성의 소유자를 아름다운

---

6 같은 책, p. 354.

7 같은 책, p. 357 참조.

8 같은 책, p. 335.

9 같은 책, p. 329.

10 같은 책, p. 320 참조.

인간이라고 통칭한다.

그렇다면 어떻게 이와 같은 교양인을 양성할 수 있는가? 그것은 "모든 인간의 행동 영역을 아름다움의 법칙에 종속"[11]시켜 미적 상태에 이를 때 가능하다. 실러는 이를 위해 심미적 경험과 심미적 판단능력을 촉진하는 예술교육이 필요함을 강조한다. 그에게 예술교육은 특정 예술의 기예의 학습과 예술이론 학습을 통한 예술 리터러시 능력을 성장시키는 것을 의미하지 않는다. 그가 말하는 예술교육은 인간됨(미적 인간)을 위한 예술교육이다. 그는 예술이 "행복에서 가장 중요한 부분과 관계가 있고 인간 본성의 도덕적 고귀함과도 결코 떨어져 있는 것이 아니며"[12] "인간을 인간으로 만드는 것"[13]에 기여한다고 믿었다. 이런 맥락에서 그에게 예술교육의 목적, 교양교육, 문화의 목적, 인간교육의 목적은 동일하다.

예술교육의 중요성은 여기에 그치지 않는다. 그는 예술교육의 성공이 "정치적인 문제의 해결"[14]에 기여할 것이라 주장한다. 왜냐하면 정치적인 문제의 해결의 단서는 "품성을 고귀하게 만드는 일"[15]에서 주어지며 그 최적화된 수단이 예술교육에 있기 때문이다. 실러는 예술교육의 성공이 품격을 상실한 시대를 구할 것으로 전망하면서 미적 인간들이 존재하는 가상의 미적 국가를 상정한다. 미적 국가에서 "인간은 오직 형성력으로만 나타나고 자유로운 놀이의 대상으로만 서로를 대한다. 자유를 통해 자유를 주는 것"[16]이 미적 국가의 기본원리다. 미적 국가란

---

11 같은 책, p. 385.

12 같은 책, p. 311.

13 같은 책, p. 315.

14 같은 책, p. 314.

15 같은 책, p. 333.

16 같은 책, p. 406. 미적 국가는 감성과 이성의 조화를 이루는 자유로운 존재들의 연합체로서 가상이지만 이 가상은 곧 실러의 미적 교육론의 유토피아적 성격을 보여준다. 실러적 관점에서 미적 교육은 좁은 의미에서 유토피아 건설의 인간학적·교육적 처방이며 넓은 의미에서는 사회적 개혁의 기본 단서를 제공한다. K. L. Berghahn, Aesthetische Reflexion als Utopie des Aestherischen, in: Utopieforschung. Interdiszipplinaere Studien zur neuzeitlichen Utopie Wilhelm Vosskamp, Stuttgart, 1985, Bd 3, S. 164 이하 참조.

자유가 실현된 이상적 자유공동체의 다른 이름이다. 그는 미적 국가의 실현 가능성을 인정하나 그 가능성을 제한적으로 보았다. 엄밀하게 말하면 회의적이었다. 왜냐하면 소수그룹에서나 미적 인간이 될 가능성을 보았기 때문이다.[17] 이처럼 예술교육의 중요성을 강조했음에도 불구하고 실러는 미적 교육을 '어떻게 할 것인가'에 대한 구체적인 대답을 내놓지 않았다. 하지만 서한에서 파편적으로 제기한 언급 속에서 어느 정도의 방향성을 찾아낼 수 있다.

3) 교양으로서의 예술교육은 무엇을 지향해야 하는가

당대의 문화, 정치, 교육, 인간성의 상실 문제를 해결하는 단서로 아름다운 인간, 진정한 의미의 교양인을 육성해야 하는 미적 교육은 전공영역이 아닌 교양교육의 영역이다. 그렇다면 교양으로서의 예술교육은 어떤 원칙과 방향을 가져야 하는가? 그는 먼저 예술교육이 지배적인 시대의 정신과 취향을 좇지 말아야 한다고 강조한다. 그가 반복적으로 말하듯이 시대정신으로서 유용성, 실용성의 논리는 순수 예술교육의 축소로 나타날 수밖에 없기 때문이다.

실러의 시대보다 그와 같은 논리가 더 강화된 오늘날 대학의 공통과목에 교양교육의 목적에 부합되지 않는 IT, 취업진로 교과목이 빠지지 않는다. 선택교양으로 개설되는 〈예술과 경영〉, 〈예술기획과 마케팅〉과 같은 강좌들은 예술교육에서 상품논리의 침윤을 의미한다. 이와 더불어 학문실용주의의 또 다른 변형인 융복합교육이 예술교육과 결합되면서 융복합예술교육이 선택교양과목으로 개설되고 있다. 이와 같은 현상은 아름다운 인간 그 자체를 목적으로 하는 예술교육의 본래적 목적에 반하는 것이며 창의성으로 포장된 실용주의적 예술교육이라 할 수 있다.

---

17 같은 책, p. 408 참조.

둘째, 실러는 즐거움만을 추구하는 예술교육을 비판한다.[18] 체험중심형 예술교육은 자유로운 상상력의 발휘라는 교육적 취지에 바탕을 두고 있지만 예술교육과정 전반을 체험 중심으로 편성했을 때 자칫 감각적 재미와 즐거움에 빠지는 위험에 노출되기 쉽다. 재미추구형 교양예술 교과목은 문화센터 수준의 취미활동 이상의 성과를 거둘 수 없다. 이것은 인간의 "마음 안에서 아름다움의 기원"[19]을 찾아보려는 예술교육의 본래 목적에 부합되지 않는 '기능적 향유'다. 통합적 품성의 양성, 인성교육[20]으로서 교양미의 향상이 예술교육의 중요한 목적이라는 실러의 시각에서 체험기반 예술교육 이름하의 취미함양 수준의 교과목이 비판의 대상이 되는 것은 자연스러운 것이다. 기능적 예술 향유는 미적 교육의 한 목적인 도덕성의 세련화와도 관련이 없다."[21]

셋째, 실러는 진리와 아름다움을 사랑하도록 만드는 예술교육이 되어야 함을 강조한다. 그에 따르면 예술은 철학과 마찬가지로 모든 기존의 것, 인류의 관습을 벗어나는 것으로서 보편적인 진리와 아름다움을 추구하는 정신이다.[22] 따라서 예술은 법칙이나 양식, 예술적 문법에 매몰되어서도 안 되며 즐거움과 향락적 소비의 대상이 되어서도 안 된다. 이러한 실러의 관점에서 볼 때 교양예술교육은 '진리와 아름다움이라는 파괴되지 않는 생명력'을 보존하는 것을 목표로 삼아야 한다. 교양예술교육은 단순히 예술에 관한 지식교육이 아니라 예술작품 속에 깃든 보

---

18 같은 책, p. 334 참조.

19 같은 책, p. 364.

20 강선보, 김영래, 임태평, 이화식 등 국내의 교육학자들은 실러의 미적 교육론을 인성교육론적 관점에서 해석하며 인성의 도야가 미적 교육의 목적임을 강조한다. 실러의 문맥에서 인성은 가치교육이나 도덕성 교육과 같은 협의의 인성교육이 아니라 교양미 있는 아름다운 인간교육이다. 이 점을 고려한다면 인성교육이라는 개념보다 인간교육이라는 개념이 더 적절하다. 이화식, 「쉴러(F. Schiller)의 미적 교육론 함의」, 『미술교육연구논총』 36집, 2013, 53쪽 이하 참조.

21 F. Schiller, Aesthetische Erziehung des Menschen, in: Saemrliche Werke Band V, Gerhard Fricke/Herbert G. Göpfert(Hg), Muenchen, 1975, p. 337 참조.

22 같은 책, p. 333 참조.

편적 진리의 가치를 재인식하고 자기화하는 데 힘을 쏟아야 한다. 그의 지적처럼 교양예술교육에서 주지주의적 예술교육과 진리와 아름다움을 추구하는 교육을 엄격하게 분리하는 교육적 지혜가 필요하다. 이것을 통해서 수동적인 의미의 시대의 아들로서의 예술이 아니라 "시대를 정화"[23]하는 예술의 정신과 호흡을 맞출 수 있을 것이다.

넷째, 예술교육은 '예술을 향한 충동(Drang)'을 자극하는 데 집중해야 한다. 실러는 지성교육이 지나치게 현실성을 추구하는 폐단을 막고 "사물의 현실적 존재에 대해 또는 자연영역에 대해 자신의 영역을 구분해주는 경계를 존중"[24]하면서 제약 없는 자유 속에서 가상을 즐기도록 해야 한다고 말한다. 그러기 위해서 예술교육은 현실과 가상을 엄격하게 분리하고 살아 있는 형성력이 활성화되도록 자극해야 한다. 이와 같은 의미에서 실러는 "상상력에 그 고유의 절대적 입법권을 인정"[25]해야 하며 그럴 때 예술충동이 빠르게 발전할 수 있다고 보았다. 이런 의미에서 "아름다움의 본질은 자유에 있다"는 실러의 말은 예술을 향한 충동의 자기전개를 말하는 것이다. 실러적 의미에서 교양예술교육에서 예술을 향한 충동을 촉발시키기 위해서는 생활미술, 실용미술 교과목을 과감히 배제해야 한다. 이는 가상의 세계에서 상상력의 자유로운 유희를 약화시키며 장식미술을 위한 기예교육으로 변질될 수 있기 때문이다.

다섯째, 실러는 통합예술교육의 필요성을 주장하는 것으로 보인다. 그는 각각의 고유한 예술영역의 특성이 있지만 상이한 예술장르들이 인간에게 미치는 영향의 유사성과 지향점이 같다고 본다.

> 상이한 예술장르들이 기질에 미치는 작용의 측면에서도 서로 점점 더 유사해지는 것이 예술적 완성의 필연적이고도 자연스러운 결과다. 음악은 최고도로 고귀해진 가운데 형성력이 되어 고대의 고귀한 힘으로 우리에

---

23 같은 책, p. 344.

24 같은 책, p. 397.

25 같은 책, p. 400.

게 작용해야 한다. 조형예술은 최고로 완전한 가운데 음악이 되어 직접적이고 감각적인 현재를 통해 우리에게 감동을 주어야 한다. 시 예술은 가장 완전하게 발전된 상태에서 음악처럼 우리를 강렬하게 사로잡고 동시에 조각 작품처럼 고유한 명료함으로 우리를 둘러싸야 한다. 각 예술양식이 각각의 특수한 이점을 없애지 않으면서도 그 한계를 없애고, 각자의 독특함을 현명하게 이용해 각각의 예술에 더 한층 일반적인 특성을 부여하는 것이야말로 그 예술의 완전한 양식에 대한 표지가 되는 것이다.[26]

위 인용구는 예술적 완성도가 있는 예술작품을 교양예술교육에서 다루는 것이 좋은 품성을 기르는 데 중요할 뿐만 아니라 특정 예술장르 교육에 치우치는 교양예술교육을 지양하고 통합적 교양예술교육을 지향해야 한다는 것을 시사한다. 동시에 개별 교과목의 분과주의적 성격을 완화하기 위해 통합예술교육을 위한 위원회의 설치운영과 세미나와 같은 연구모임의 필요성을 암시한다. 통합예술교육은 교양예술교육의 목적의 실현과 실효성이라는 측면, 자발적인 통합적 구성력이 부족한 교양예술 교과목 수강자에 대한 교육자적 책무라는 측면에서 시행되어야 한다.

4) 국내대학 교양예술교육의 현실

여기서는 위에서 검토한 실러의 미적 교육 논제에 기초해 한국대학의 교양예술교육 현실을 진단·분석한다.

26 같은 책, p. 379.

(1) 교양교육의 목적설정에서 예술교육의 교육적 위상

국내대학의 교양교육의 비전, 목적과 목표, 철학 및 방향, 역량설계에서 예술역량이나 예술교육의 중요성을 명시하거나 언급한 대학은 거의 없다. 교육역량 설계에서 예술역량을 핵심역량으로 설계한 유일한 대학이 이화여대다. 이화여대의 호크마교양교육대학은 문화예술역량 함양을 5개 역량 중 하나로 규정하고 세부역량으로 예술적·심미적 창조, 문화적 통찰력, 조화로운 정신을 제시한다. 이 대학은 "자유, 즐거움, 소통이 이루어지는 문화와 예술의 가치를 이해하고 향유하며, 문화적 통찰력을 바탕으로 창조적 성취를 이루는 역량"[27]으로 문화예술역량을 정의한다.

교양교육의 영역별 하위 목표나 지향점으로 예술 리터러시 능력과 심미적 감수성 교육을 언급하고 있는 대학들도 생각보다 많지 않다. 성숙을 교양교육의 목표로 설정하며 후마니타스 칼리지를 운영하고 있는 경희대는 교양교육의 수많은 지향점 중의 하나로 "아름다운 것을 인지하고 평가하는 심미적 교감과 표현의 능력, 예술을 이해하고 사랑하며 예술적 창조성을 존중하는 능력"[28]의 함양을 제시한다. 동국대의 경우 교양교육의 목표에는 예술교육에 관한 언급이 없으나 "인간의 보편적 가치와 사회를 이해하고 인간이 만들어낸 문화와 예술에 대한 이해력 제고"[29]를 일반교양 영역 목표 중의 하나로 설정하고 있다. 그러나 교과목 개발과 운영이 목표에 근접하고 있다고 보기 어렵다. 이는 교과목의 다양성 결여, 이론교과목과 체험교과목의 부족에서 확인된다. 숙명여대도 7개 교양교육의 목표 중의 하나로 "균형 잡힌 지적 소양과 심미적 이해능력"[30]을 제시한다. 목원대는 교양교육의 목표로 6가지의 '개인'

---

27 http://hokma.ewha.ac.kr/

28 http://hc.khu.ac.kr/v2/01/02.php

29 https://www.dongguk.edu/mbs/kr/images/sub/05_life/2018_course.pdf, 21.

30 http://www.sookmyung.ac.kr/sookmyungkr/1070/subview.do

상을 제시하고 있는데 그중에서 교양예술과 관련된 교양교육의 목표로 "정서적 안정감을 가진 심미적으로 풍요로운 개인(심미적 개인)"의 육성을 내세우고 있다.

교양대학을 리버럴아츠칼리지로 확대 개편한 가천대, 대전대, 대구대의 경우도 교양교육에서 예술교육에 대한 분명한 목표를 설정했다고 보기 어렵다. 가천대는 가천리버럴아츠의 교육목표나 교육방향에서 예술교육에 대한 언급을 적시하지 않고 있다. 다만 교양교육의 강화사업 중 교양과 전공융복합 신규과목 개발의 5개 요소에 '예술적 창조성'을 제시하고 있는 정도다.[31] 대전대는 "지성과 덕성을 겸비한 창의인재를 육성하는 핵심역량 중심의 교양교육"을 교양교육의 목표로 설정하고 있다. 이는 리버럴아츠칼리지의 고유한 교육목표와 대학의 일반적 교육목적 사이의 차별성을 보여주지 못한다고 평가할 수 있다. 목표역량 설계나 대학이 제시하고 있는 교양교육의 지향점을 설명한 대목에서도 예술교육의 중요성에 관한 언급은 발견되지 않는다.[32] 이 밖의 서울 소재 대학이나 지방광역시 대학들을 살펴보아도 심미적 예술교육을 교양교육의 목적을 위한 주요 교육방향으로 제시하고 있지 않다는 것을 확인할 수 있다.

(2) 교양예술 교육과정에서 공통교양화의 예외적 사례

교양교육의 이념과 교육내용과 관련해 국내대학 중 예술교육을 제한적 범위 내에서 교양필수 교과목으로 지정해 운영하는 대표적인 대학이 목포대와 서원대다. 목포대의 생활과학예술체육대학 학생들은 〈생활과 예술 I〉, 〈생활과 예술 II〉를 전공연계 교양필수로 이수해야 한다.[33]

---

31 http://glac.gachon.ac.kr/about/goal

32 https://www.dju.ac.kr/kor/file/2017_DAEJEON_UNIVERSITY/2017_DAEJEON_UNIVERSITY.html, 194.

33 http://www.mokpo.ac.kr/planweb/board/list.9is?boardUid=

서원대의 경우 예체능 기초학업계열의 공통필수 과목으로 〈예술의 이해〉를 개설해 운영하고 있다.[34] 유아교육과와 뷰티학과 1학년은 이 교과목을 필수로 이수해야 한다. 뷰티학과나 유아교육과의 교육과정에 예술 관련 교과목은 전무하다. 이 대학은 예술 관련 전공기초과목을 개설하지 않은 대신 일반적으로 균형교양과목으로 편성되는 〈예술의 이해〉 과목을 예체능 필수 교과목으로 지정했다. 전공연계형 필수 교과목이라는 점에서 일반적인 교양예술교육이라고 보기 어려운 측면이 있으나 선택교양의 기능도 동시에 한다는 측면에서 예술교육의 폭을 넓힌다는 의미를 부여할 수 있다.

공통필수 과목으로 교양예술 교육과정이 편성되어 있지 않으나 선택필수 과목으로 지정된 대학으로는 명지대와 동국대가 있다. 명지대는 핵심교양 문화와 예술 영역의 3강좌 중 택1 하게 되어 있는데 그중의 한 강좌가 〈예술과 창조성〉 과목이다. 국내 최고의 고전교육과정을 운영하고 있다고 평가할 수 동국대는 공통교양인 〈세계명작세미나〉의 5개 영역 중 하나로 문화와 예술영역을 설정하고 3개 영역 9학점 취득을 의무화하는 방식을 통한 예술교육을 시도하고 있다. 예술이론 강좌를 선택필수로 지정한 명지대와 동국대의 사례는 매우 주목할 만하며 교양교육의 이념에 충실한 교육과정 편성이라고 평가할 수 있다.

(3) 교양예술 교육과정의 운영 유형

① 이론형, 이론중심형 교육과정 사례

취미형 혹은 체험기반 예술교육 교과목을 교육과정에서 배제하는 것을 이론형 교양예술교육의 기준으로 삼을 경우 부산대, 상명대, 연세대, 홍익대[35], 명지대, 동덕여대, 고려대가 이론형으로 분류할 수 있다.

---

34 http://seowon.seowon.ac.kr/cgi-bin/timetb821.pgm?ZZZ20182ACAC

35 http://www.hongik.ac.kr/front/hakkwainfoview.do?campusGubun=1&dept_cod

뒤의 세 대학은 이론 교과목의 다양성이라는 기준에서 보면 강한 이론형 교양예술교육을 실시하는 대학으로 보기 어렵다. 적은 수의 강의 예술체험 교과목을 운영하는 이화여대나 다양한 영역의 예술체험 교과목을 운영하고 있는 서울대에 비해 이론강좌가 오히려 적기 때문이다. 상명대는 〈미와 예술의 이해〉, 〈현대미술사와 이론〉, 〈현대음악과 문화〉 등의 예술기초 교과목을 균형교양에 배치하고 있으며 선택교양에서 취미교육 수준의 예술체험 교과목을 완전 배제했다는 면에서 소극적인 이론형 교양예술 범주군에 포함시킬 수 있다.[36]

고려대 역시 선택교양에서 예술체험 교과목을 운영하지 않고 이론중심형 예술교육을 하고 있으나 강좌 개설 수가 많지 않다. 교양 영역인 문학과 예술 영역과 선택교양 영역에서 미술사, 미술이론, 현대미술과 관련된 교양교과목을 찾아볼 수 없다.[37] 연세대도 체험형 선택교양 교과목을 두고 있지 않다. 강한 이론형 교양예술교육을 실시하는 대학이 부산대다. 부산대는 취미형 예술교육 교과목을 선택교양에서 배제했으며 〈서양미술입문〉, 〈미학과 예술세계〉, 〈불교예술과 미의식〉을 포함 21개의 순수 예술이론 강좌를 개설한다. 그 외 예술을 기반으로 한 다수의 융복합 강좌를 운영하고 있다.[38]

이론중심형 대학으로는 이화여대를 들 수 있다. 이 대학은 무용, 재즈, 기초드로잉, 합창을 포함해 7개의 예술체험 교과목을 운영하는 데 비해 전통적인 교양예술 강좌를 많이 개설하고 있다. 이런 점에서 이론중심형 교양예술교육 범주군에 포함된다. 위에 해당되는 교과목으로는 〈서양음악의 이해〉, 〈한국미술의 이해〉, 〈서양미술의 이해〉, 〈동양미술의 이해〉, 〈무용의 이해〉, 〈연극이론과 실제〉, 〈현대미술사〉, 〈예술가와

=A24100&depth=2e

36 https://smgs.smu.ac.kr/user/indexSub.action?codyMenuSeq=110121&siteId=culture&menuUIType=sub

37 http://registrar.korea.ac.kr/registrar/registrar/establishment_subject3.do

38 https://e-onestop.pusan.ac.kr/menu/curriculum/B03/B03001?menuId=2000020301&rMenu=02

그의 시대〉, 〈21세기 예술과 인간〉, 〈여성과 예술〉, 〈사물과 예술〉, 〈디지털매체와 예술〉, 〈예술과 사상〉, 〈미학과 미술〉, 〈포퍼먼스인문학: 제의, 놀이, 연극〉, 〈옛시와 그림의 만남〉, 〈표현예술 그리고 시대정신〉, 〈인간은 왜 춤을 추는가?〉, 〈한국현대미술 감상〉 등이 있다.

숙명여대는 서양화와 한국화 각 2강좌의 예술체험 교과목이 개설되어 있다. 넓은 의미에서 숙명여대도 이론중심형 예술교육을 실시한다고 볼 수 있다. 경북대 역시 첨성인 균형영역에서 〈아름다운 인간이란 무엇인가〉를 포함해 많은 이론강좌를 개설하고 있으며 〈한국음악의 실습과 감상〉 이외에 다른 체험형 교과목을 개설하지 않고 있다.[39] 강원대의 경우 취미형 예술교육 과정을 편성하고 있지 않으나 이론형 강좌의 수가 10여 개 정도라는 점에서 완전한 의미의 이론형으로 분류하기에는 어려움이 있다.[40] 이론중심형 교양예술교과목이 전반적으로 늘어나는 추세는 교양교육의 학술성 강화, 자유교육의 이념에 충실한 교육과정 재편성과 맞물려 있는 것으로 평가된다.

② 체험집중형 교양예술 교육과정 사례

체험집중형 교양예술교육을 하는 대표적인 대학이 목원대다. 이 대학은 제3교양 영역인 문화와 예술영역에서 체험교과목을 대폭 운영하고 있다. 주요과목으로는 〈레드바이올린〉, 〈무대연기〉, 〈미술체험과 소통〉, 〈드럼연주를 통한 음악의 이해〉, 〈장르별 보컬의 실제〉, 〈춤 이야기〉, 〈판화-나만의 작품 만들기〉, 〈화가의 달콤한 미술체험〉, 〈아름다운 시와 음악〉, 〈오페라, 뮤지컬산책〉, 〈선교합창 1, 2〉 체험교과목이 있다. 이 밖에 다른 영역의 체험 중심 예술교과목으로는 〈미디어아트 트렌드〉, 〈음악과 미술 마주보기〉, 〈한국화 쉽게 그리기〉가 있다. 이 대학의 경우 이론 중심의 교양예술 강좌는 찾아보기 쉽지 않다. 〈미술의 이해와 감상〉, 〈뮤지컬

39 https://fle.knu.ac.kr:446/course/co03_new4.php

40 http://curriculum.kangwon.ac.kr/bbs/board.php?bo_table=sub2_2&page=1

의 이해〉, 〈미술사〉, 〈음악으로의 초대〉, 〈예술과 지식재산〉, 〈영화의 이해와 감상〉, 〈미술을 통해 보는 세계사〉가 그 범주에 해당된다.[41]

③ 이론-체험 균형형 교육과정 사례

이론과 체험기반 교양예술교육을 동시에 하는 대학 중에서 강좌의 다양성이라는 측면에서 가장 주목할 만한 대학이 서울대다. 서울대는 이론강좌로 〈아시아미술의 이해〉, 〈현대미술의 이해〉, 〈서양음악의 이해〉, 〈한국음악의 이해〉, 〈서양문명과 음악〉, 〈현대음악의 이해〉, 〈음악 속의 철학〉, 〈음악의 원리〉, 〈페미니즘 미학과 예술〉, 〈동양예술론 입문〉, 〈동양의 미술과 문명〉, 〈영상예술의 이해〉, 〈예술과 가치〉, 〈종교와 예술〉, 〈예술과 과학〉, 〈예술과 신화〉, 〈예술과 역사〉, 〈예술과 비평〉, 〈음악론 입문〉, 〈미술론 입문〉, 〈공연예술의 이해〉, 〈현대예술의 이해〉, 〈예술과 사회〉 등을 개설하고 있다.[42]

미적 체험을 위한 교양연주 교과목으로는 〈해금〉, 〈단소〉, 〈거문고〉, 〈가야금〉, 〈색소폰 1, 2〉, 〈소묘의 기초〉, 〈수채화의 기초〉, 〈수묵화의 기초〉, 〈도예의 기초〉가 있다.[43] 예술체험을 위한 강좌에서 단소나 거문고와 같은 한국 전통악기를 교과목으로 설강한 대학이 매우 드물다는 점에서 이 대학 예술체험 교육의 특징으로 볼 수 있다. 원광대는 일반적 수준의 이론-체험 균형형에 속한다. 미적 체험교육과 관련해 이 대학의 특징은 타 대학에서 보기 드문 〈생활서예〉나 〈중국고미술 체험〉 교과목을 개설하는 데 있다. 이 외의 기타 많은 대학들이 이론과 체험교육을 동시에 하고 있는 것이 교양예술교육의 현실이다. 이들은 낮은 차원인가, 평균 수준인가, 높은 차원인가로 범주화할 수 있으나 대부분 낮은 차원, 보통 수준의 균형형에 가깝다.

41 http://liberalarts.mokwon.ac.kr/sub0203

42 http://liberaledu.snu.ac.kr/index.php?hCode=EDWD_LIST&idx=134

43 http://liberaledu.snu.ac.kr/index.php?hCode=EDST_LIST&idx=141

④ 이론-체험 빈약형 교육과정 사례

아주대는 문학과 예술영역에서 〈예술이란 무엇인가〉, 〈음악의 세계〉와 체험형 교과목으로 〈드로잉 연습〉과 〈살아 있는 미술관〉 2개 교과목을 설강하고 있다는 점에서 같은 규모의 타 대학과 비교해 이론 및 체험형 교양예술교육이 부족하다고 평가된다.[44] 목포대는 문화와 예술 선택교양 영역에서 이론강좌로 〈서양음악의 이해와 감상〉, 〈연극의 이해〉와 체험형 교과목인 〈발성테크닉과 가창법〉 1개 교과목을 운영하고 있다. 이 점에서 규모에 비해 기초예술 교과목과 체험교육 교과목 모두 매우 빈약하다 볼 수 있다. 공학 중심 기반 종합대학인 한국기술교육대의 경우도 이론 및 체험 교양예술교육이 개선될 필요가 있다.

이 대학은 〈미학〉, 〈미술사〉, 〈음악감상〉, 〈오페라의 이해〉, 〈사진촬영과 감상〉 총 4강좌를 운영하며[45] STEAM 교과목으로 〈이성과 감성〉을 개설하고 있다. 같은 공대 중심 대학인 한밭대의 경우는 사정이 매우 열악하다. 공개된 교육과정표에 의하면 동 대학은 순수이론 분야의 교양예술 강좌가 전혀 개설되어 있지 않으며 선택교양 영역인 체육과 예술 영역에서 〈문학과 영화〉 한 과목이 개설되어 있는 실정이다.[46] 금오공대는 미적 체험형 교육과정을 운영하지 않으며 이론교과목으로 〈음악의 이해〉, 〈미술의 이해〉, 〈연극의 이해〉 총 3개를 개설하고 있다.[47]

⑤ 교양예술교육의 신규교육과정 구성의 특징

교양예술교육의 교육과정은 지금까지 주지주의적 교양예술교육 중심으로 교과목들이 개설되었으며 여기에 체험기반 교과목이 부가적으

44 http://uc.ajou.ac.kr/uc/intro/intro05.jsp

45 https://www.koreatech.ac.kr/kor/sub03_01_12_05.do

46 http://newclass.hanbat.ac.kr/ctnt/liberal/cms.php?mno=03.01.01

47 http://latt.kumoh.ac.kr/facility/latt/page/subLocation.do?menu_no=30050305

로 개설되는 정도였다. 그러나 최근 10년 전후에 융복합 교육이 전공 및 교양교육에서 새로운 교육 트렌드를 형성하면서 융합형 교양예술 교과목 개설이 전국적인 현상으로 나타나고 있다. 또한 신규 교양예술 교과목의 특징으로 특수목적형 교과목들이 개발·운영되고 있다. 교과편성에서 가장 큰 흐름이라 할 수 있는 융합형 교양예술 교과목은 크게 인문학과 예술, 과학과 예술, 사회과학과 예술 융합교과목으로 구분된다.

인문학과 예술의 융합형 강좌를 살펴보면 이화여대 〈옛시와 그림의 만남〉, 〈현대예술과 철학의 만남〉, 서울대 〈예술과 역사〉, 고려대 〈한시, 영화와 엮어 읽기〉, 부산대 〈중국문명과 예술의 흐름〉, 〈사유, 문명, 예술의 원리와 가치〉, 경북대 〈르네상스 문학과 미술〉, 〈음악, 철학 그리고 문화〉, 배재대 〈예술과 리듬〉, 계명대 〈현대미술과 인간〉, 인하대 〈문학과 음악의 만남〉, 홍익대 〈문학과 미술〉 등이 있다. 인문학과 예술의 융합교과목은 엄밀한 의미에서 다른 융합형 예술교과목에 비해 그 융합의 정도가 낮다고 볼 수 있다. 또한 타 융합형 예술교과목과 비교해 교수 1인에 의해 수업이 진행되는 경우가 상대적으로 높다.[48]

과학과 예술을 융합한 교양예술 교과목의 대표적인 사례로는 서울대 〈테크놀러지와 예술: 전시예술공학〉, 〈예술과 과학〉, 경희대 〈예술과 테크놀리지〉, 〈과학과 예술의 만남〉, 대전대 〈예술과 과학〉, 한남대 〈예술과 수학〉, 가톨릭대 〈그림 속의 과학과 인간〉, 부산대 〈화학과 예술〉 등의 교과목을 들 수 있다. 위와 같은 융합형 교과목들은 지속적으

---

48 김경미, 「인문예술융합 교양교과목을 통한 자기계발 가능성 모색」, 『교양교육연구』 10권 4호, 2016, 81쪽 참조. 논문저자가 개발한 교과목인 〈미술과 문화〉의 주차별 수업주제는 미술과 정치, 미술과 죽음, 미술과 종교, 미술과 도덕, 미술과 철학, 미술과 과학, 미술과 문학, 미술과 자연생태, 미술과 혁신, 기술, 미술 속의 여성이미지, 미술 속 유토피아 버전, 미술 속 이국적 관심, 미술 속 문화 읽기 등 실로 다양하다. 이 교과목이 미술과 문화를 융합하는 융합교과인지 미술 속의 관련 정보 찾기 교과목인지 교수내용을 보기 전에는 대답하기 어려울 지경이다. 이 경우가 융합형 교과목 개설의 어려움을 반증하는 것이며 동시에 협동강의의 필요성이 제기되는 지점이다. 배재대의 소정화 교수가 단일 교수자로서 자신이 개설한 강좌 〈예술과 리듬〉 수업사례를 소개한다. 소정화, 「배재대학교 융합적 교양예술수업의 사례: '예술과 리듬'」, 『한국교양교육학회 학술대회 자료집』, 2017. 11, 230쪽.

로 증가하는 추세다. 이와 같은 성격의 융합형 교과목은 융합의 성격상 이질성이 타 융합형 예술교과목보다 높다는 측면에서만이 아니라 교수자와 수강생의 상호 이해도를 증진시켜야 한다는 점에서 두 명의 전공자들에 의한 협동강의가 바람직하다. 그러나 현실적으로는 단일 교수자에 의해 수업이 진행되는 경우가 많다.

사회과학과 예술의 융합형 교과목은 전통적으로 서울대 〈예술과 사회〉, 이화여대 〈예술가와 그의 시대〉, 〈예술의 사회학적 읽기〉, 부산대 〈동서양의 음악과 사회〉, 서원대 〈스마트 시대의 예술과 사회〉, 홍익대 〈예술과 법〉 등의 교과목에서 보여주듯 사회와 예술의 상호관계를 중심으로 교육내용이 구성되어있다. 전통적인 융합교과목과 달리 최근 들어 예술시장 분석과 마케팅, 예술경영 관련 과목들이 증가하는 새로운 경향이 나타나고 있다. 이는 문화예술시장의 확대경향을 반영한 교과목 설계라고 판단된다. 홍익대 〈미술마케팅〉, 동국대, 〈문화예술과 경영의 만남〉, 서원대 〈문화예술마케팅과 홍보〉, 가톨릭대 〈예술경영과 기획의 이해〉, 강원대 〈예술경영〉, 원광대 〈문화예술 창업실무〉와 같은 교과목이 이에 해당된다.

'예술과 경영, 예술마케팅과 관련된 교과목의 확대경향은 시대변화에 조응하는 신축적인 교과목 개발이라고 평가할 수 있으나 실러의 관점에서 보면 미적 교육의 목적에 반하는 교과목이다. 왜냐하면 예술은 현실을 떠나 대담하게 현실의 욕망과 필연성을 넘어서려는 정신이며 예술교육은 그러한 정신을 기르는 교육이기 때문이다. 자유의 딸인 예술을 다루면서 "물질의 지시"[49]를 받아서는 안 된다는 것이 그의 기본 입장이다. 그의 시각에서 볼 때 유용성과 실용주의는 예술교과목이 아니어도 배울 수 있으며 그와 같은 도구적 예술교육은 예술교육을 스스로 축소시키는 우를 범하는 교육행위다.

신규 교양예술 교과목 중에서 두드러진 특징 중에 하나는 인성교육

49 F. Schiller, Aesthetische Erziehung des Menschen, in: Saemrliche Werke Band V, Gerhard Fricke/Herbert G. Göpfert(Hg), Muenchen, 1975, p. 313.

을 위한 보조수단으로서 인성과 예술을 결합한 융합형 교과목 운영이다. 예술교육에 바탕을 둔 인성교과목을 운영하는 서원대는 균형교양(문학·예술·문화) 영역에서 〈문학예술과 함께하는 인성〉, 〈음악과 인성〉 두 과목을 운영하고 있다. 인성함양을 교육목적으로 설정한 교과목을 교양과목에 두는 경우가 흔치 않다. 한 과목 정도 개설된 대학이 종종 있긴 하나 서원대의 경우는 특수한 사례라고 평가할 수 있다.

관련 과목을 개설한 대학으로는 가톨릭대 〈예술과 자아성장〉, 충북대 〈인문과 예술로 만나는 삶과 인성〉을 들 수 있다. 실러의 관점에서 볼 때 미적 교육의 목적이 미적인 인간의 육성이며 미적 인간이야말로 "가장 숭고한 인간성"[50]을 가진 존재라는 의미에서 인성교육과 예술교육을 결합시킨 융합형 교과목은 매우 의미 있는 교과목 운영이라 평가할 수 있다. 하지만 교육내용의 정합성, 체계성, 결합의 완성도, 충실성이 실러적 의미에서 성취도의 판별기준이 될 것이다.

5) 교양교육 이념에 충실한 교양예술교육의 방향

(1) 교양교육의 목표 설정과 교양예술 교육과정 편성의 불균형 해소

본문에서 지적했듯이 교양교육의 목표나 역량설계에서 예술역량 혹은 심미적 문해역량을 제시한 대학을 찾아보기 힘들었으나 그것을 표방한 대학에서도 교양예술 교육과정 편성과 불일치하거나 불균형한 대학들이 있다. 강원대는 실사구시의 건학이념을 표방하며 대학 전체가 지향하는 교육철학 중의 하나로 "학술·예술·기술에 대한 연구와 배움을 실천하고 인류 공동선에 이바지함"[51]을 제시한다. 그러나 교육과정 편성에서 예술교육이 차지하는 비율이 낮고 강좌 다양성이 확보되어 있

50 같은 책, p, 394.

51 http://www.kangwon.ac.kr/www/contents.do?key=5&

다고 보기 어렵다. 그와 같은 교육철학을 명시적으로 표방하지 않는 서울대나 부산대 등과 같은 대학에 비해 위의 부분이 미약하기 때문이다. 이런 경우는 숙명대의 경우에서도 확인된다. 대학이 심미성 교육을 교양교육의 목표, 하위목표로 설정했다면, 교양예술교육이 특화된 교육과정을 편성해야 할 것이며 선택교양 영역이 아니라 균형교양이나 핵심교양 영역에 교과목을 집중 배치해야 할 것이다. 교양교육에서 교양예술교육의 중요성을 감안한다면 선택교양의 경우에도 전체 교과목에서 최소 15~20%의 비율로 교과목을 개설하는 것이 타당하다고 본다.

위의 문제제기와 관련해 반드시 언급되어야 하는 것이 리버럴아츠칼리지를 표방하는 대학에서의 교양예술교육과정의 결핍이다. 한국형 리버럴아츠칼리지를 지향하는 대학 중 대구대 인문교양대학(S-LAC)의 순수 예술교육강좌는 〈동서미술의 이해〉, 〈사진의 이해와 표현〉, 〈미술과 사회〉, 〈예술과 디지털커뮤니케이션〉, 〈디자인의 이해〉, 〈만화와 웹툰〉, 〈현대영상예술의 이해〉, 〈과학과 예술〉, 〈문학과 예술의 사회사〉 등이다.[52] 대전대의 혜화리버럴아츠칼리지의 예술균형교양 강좌는 〈예술과 과학〉, 〈서양연극사〉, 〈서양음악사〉, 〈영화예술의 이해〉, 〈대중음악론〉, 〈예술문화의 융합적 이해〉다.

선택교양 강좌로 〈예술과 인생〉, 〈연기〉가 있다.[53] 가천대 가천리버럴아츠칼리지의 예술강좌는 〈음악과 연극의 사회사〉, 〈음악의 이해〉, 〈한국미술의 이해〉, 〈문학과 예술〉, 〈예술과 철학〉, 〈심리학과 예술〉, 〈현대미술과 철학〉, 〈그림으로 보는 철학〉, 〈교양합창〉, 〈공연예술체험〉, 〈공예스타트업〉, 〈생활과 디자인〉, 〈미술감상 및 비평〉, 〈음악감상 및 비평〉, 〈국악의 이해〉, 〈자유드로잉〉이 있다.[54] 대구대, 가천대, 대전대의 리버럴아츠칼리지는 그 이름에 걸맞게 교양예술 교과목이 개설되어 있지 못하다. 이

52 https://duuc.daegu.ac.kr/sub.php?Tid=331&Ctnum=383&Ctid=HM383

53 https://www.dju.ac.kr/kor/file/2017_DAEJEON_UNIVERSITY/2017_ DAEJEON_UNIVERSITY.html

54 http://glac.gachon.ac.kr/notice/notice_view?uid=102

들 대학은 전통적인 자유교육의 이념을 내세우지 않는 타 대학과 비교해 교양예술 교과목 강좌수(이론, 실기 포함)보다 적다는 점, 실기 학점의 배점이 낮은 경우도 있다는 점, 특화 및 집중화된 교양예술 영역을 구축하지 못한 점들이 개선되어야 이름에 부합하는 교양예술교육이 이루어질 것으로 평가된다.

(2) 균형과 조화의 원리에 기초한 교양예술 교육과정 운영

교양예술교육을 어떻게 운영할 것인가의 문제에 대한 이론적인 입장은 크게 두 가지다. 교양교육의 학술성 강화 차원에서 체험기반 예술 교과목 반대 입장과 창의성과 생활예술 감각의 신장 차원에서 체험형 예술실기 교과목 강화 혹은 집중 개설해야 한다는 입장이다. 현실은 체험형 예술교과목이 사라지는 경향이 나타남과 동시에 목원대처럼 체험 중심의 교양예술교육 경향도 나타난다. 최종철은 대학의 교양예술교육이 소기의 성과를 거두기 위해서는 실기 중심이어야 한다고 강조한다. 그는 창의성을 기르는 전략적인 영역, 학교 이외에 예술실기를 경험할 기회의 부족, 중등교육 과정에서 예술교육 불모현상, 타 교양교과목보다 학습참여도와 만족도의 우위를 논거로 제시한다.[55] 논자가 볼 때 최종철의 주장은 예술이론 없는 실기교육의 기술교과화를 피할 수 없다는 점, 정규교과 이외에 비교과로 대체보완이 가능하다는 점, 창의성 교육의 중요한 수단이긴 하지만 유일한 수단은 아니라는 점, 흥미형 실습강좌의 만족도와 참여도 상승은 강좌특성에 기인한다는 점에서 약한 논거들이다. 논자의 입장은 예술이론과 체험형 교육의 유기적인 상호보완이 가능한 교양예술교육 과정이 설계되어야 한다고 본다. 논자의 생각은 실러의 입장과 궤를 같이한다.

실러의 시각에서 이론 중심이냐 실기체험 중심이냐의 논의는 지양

---

55 최종철, 「한국의 대학 교양교육에서 예술 실기체험형 교육과정을 어떻게 운영할 것인가?」, 『교양교육연구』 3권 2호, 2008, 166쪽 이하 참조.

되어야 한다. 그가 인간의 총체적 품성을 논할 때나 시대비판, 당대문화 비판을 할 때 반복적으로 주장하는 것이 도덕과 감성, 이성과 감성의 균형과 조화다. 그는 지나친 분석능력과 추상능력이 생동하는 감수성의 표현인 "상상력에 그 힘과 불꽃을 빼앗으며"[56], 지나치게 "화려하게 펼쳐진 상상력이 어렵게 얻은 지성의 재배지를 황폐"[57]하게 만든다고 지적한다. 실러의 이러한 지적은 교양교육에서 주지주의적 교양교육과 심미적 교양교육 간의 균형과 조화가 이루어져야 한다는 의미와 함께 교양예술교육에서 예술이론만이 아니라 예술경험을 가능하게 하는 감수성 향상 프로그램과의 균형과 조화를 시사한다고 해석해야 한다.[58]

문제는 감수성의 생동감을 더해주는 예술교육을 단순히 취미생활 수준의 체험형 예술교육으로 이해해서는 안 된다는 것이다. 그와 같은 강좌는 실용적 생활예술 범주를 넘어서지 못하며 제작기술의 훈련 이상의 의미를 갖지 못하기 때문이다. 논자의 관점이나 실러의 관점에서 볼 때 이론과 체험예술교육의 균형 있는 비율이 필요하다. 문제는 실기교육을 정규 교육과정화할 것인가 비정규 교육과정화할 것인가다. 앞서 언급한 것처럼 비정규 교과로 운영이 가능한 교과목을 '반드시' 정규 교육과정화할 이유는 없다. 수업의 집중성과 동기 강화는 비정규 교육과정의 예술실기 과목 수강생들에게 더 있으며 최종철이 염려하는 정규교과 과목에서 실기능력의 차이에 따른 평가의 문제가 제기되지 않는다. 또한 그가 말하는 스트레스 해소라는 소극적 효과보다 심미적 경험이라는 긍정적 교육효과를 낳을 수 있다.

---

56 F. Schiller, Aesthetische Erziehung des Menschen, in: Saemrliche Werke Band V, Gerhard Fricke/Herbert G. Göpfert(Hg), Muenchen, 1975, p. 317.

57 같은 책, p. 324.

58 조창오 역시 감성특화 교육으로서의 예술교육이나 주지주의적 예술교육은 교양교육 이념에 반하는 것이라고 주장한다. 조창오, 「현행 교양교육 이념과 실러와 헤겔의 예술교육」, 『철학논총』 92집, 2018, 254쪽 참조.

(3) 교양예술교육의 활성화 방안

실러의 관점에서 예술교육의 활성화는 곧 '예술을 향한 충동'을 촉진시키는 것이다. 이 촉진의 정도는 "가상에 머무는 것을 사랑"[59]하도록 만드는 데 있다. 가상을 사랑한다는 것은 현실의 요구를 버리는 정직함과 현실로부터 도움을 필요로 하지 않는 독자성의 획득을 의미하며 이는 제약 없는 자유 속에서 상상력을 발휘하는 충동의 활성화를 가리킨다. 음악사나 예술사 혹은 미학이론 중심의 순수예술교육은 순수한 가상의 세계에서 자유로운 상상력을 발휘하지 못하게 할 위험이 있다. 예술감상이나 체험형 예술교육에서 이론의 틀로 인해 자유로운 상상력을 제한하기 때문이다. 체험 중심 수업이 자칫 재미와 실용성에 근거해 운영되면 실러가 말하는 예술충동은 사라지게 될 것이다. 가상의 세계에서 상상력의 발휘는 재미와 실용성의 법칙과 무관하다. 이것을 실러의 표현방식으로 말하면 예술충동이 현실의 요구에 복속되어 정직성, 독자성, 순수 가상성을 잃어버리는 것이다.

예술교육에서 예술충동을 활성화하는 시키는 방식은 '욕망 없이 즐기기', '목적에 대해 질문하지 않기', '자유로운 상상력에 내맡기기'다.[60] 대학교육에서 실러의 생각을 충실히 반영하려면 학점이 부여되지 않는 비교과 교육과정으로 감상 및 실기수업을 운영해야 한다. 학점을 부여하는 정규교육과정에서는 모든 교양예술 교과목에 P/F 제도로 운영해야 한다. 그럴 때 학습자 예술충동의 작동공간을 확보할 수 있을 것이다. 예술교육의 활성화를 위해서 체험형 교과목을 정규교육과정으로 운영하는 대학은 학점을 3학점으로 상향조정할 필요가 있다. 이론형+체험형 교양예술교육을 하는 서울대의 경우 음악실기 7과목이 모두 1학점이며 미술실기 4과목은 2학점 이수체계다. 음악실기와 미술실기의

59 F. Schiller, Aesthetische Erziehung des Menschen, in: Saemrliche Werke Band V, Gerhard Fricke/Herbert G. Göpfert(Hg), Muenchen, 1975, p. 397.

60 같은 책, p. 400 참조.

학점이수체계의 차이가 어떤 근거인가를 묻기 전에 예술충동의 활성화 차원에서 학점을 3학점으로 상향조정할 필요가 있다. 시수의 확보는 실러식대로 말하면 순수 가상의 세계를 사랑할 시간을 더 확보하는 것이다.

또한 체험기반 예술교육은 집중이수제가 효과적이다.[61] 명지대, 동덕여대와 같이 예술실기 과목이 전무하거나 빈약한 대학은 실러의 관점에서 보면 예술교육의 빈곤으로 볼 수 있다. 소재충동, 놀이충동이 발현될 공간이 학습자에게 전혀 주어지지 않기 때문이다. 이 문제와 관련해 목원대처럼 '예술충동의 활성화를 위해 체험형 실기교과목 위주로 교양 예술교육을 실시하는 것이 바람직한가'라는 질문을 던질 수 있다. 이 경우는 상상력의 유희를 강화하는 데는 유의미한 교육효과를 산출할 수 있지만 실러가 말하는 형식충동을 개발하는 데는 한계가 있다. 체험 중심 교육과정 설계는 예술교육에서 규정하는 능력으로서 이성의 능동성을 개발시키지 못한다. 일반교육과 마찬가지로 예술교육에서도 감각충동과 형식충동의 상호작용을 통한 놀이충동의 활성화에 의한 진정한 아름다움인 '살아 있는 형성력'을 만드는 것이 핵심이기 때문이다.

논자가 볼 때 교양예술교육의 활성화를 위해서는 융합예술교육보다 순수예술교육이 강화되어야 한다. 앞서 교양예술교육과정 구성상의 특징을 분석하면서 살펴보았듯이 다양한 형식의 융합예술 교육은 교양교육에서 하나의 메가트렌드를 형성하고 있다. 스템교육에서만이 아니라 융복합 교육이 활성화되어 있는 대학들은 예술과 과학기술 영역에서 융복합, 예술과 인문과학 영역에서 융복합, 예술과 사회과학 영역에서 융복합 강좌를 개발운영하고 있다. 그러나 교과운영상에서 보면 과연 융합예술 강좌인지 의심스러운 경우가 많다.

---

61 정옥희는 방학 중 5일간의 체험기반 예술교육의 성장을 성장에세이를 통해 보여준다. 논자가 볼 때 집중이수는 2주가 적절하며 집중적인 작업을 위해 최소 2~3일의 합숙 수업도 필요하다. 또한 이론을 완전히 배제하기보다는 2:8 혹은 3:7 비율의 체험 중심 수업이 바람직하다. 정옥희의 주장처럼 체험형 예술교육은 학생평가의 기준과 객관성이 문제다. 이 문제와 교양예술교육의 목적을 고려한다면 P/F 평가시스템 도입이 필요하다. 정옥희, 「예술체험을 통한 대학 인문교양교육 활성화 사례연구」, 『조형교육』 64집, 2017, 187쪽 이하 참조.

단독 교수자로서 신학자가 〈예술과 신학〉을, 사학자가 〈그림 속의 세계사〉, 철학자가 〈예술 속의 과학기술〉을 가르치는 것이 교과목 개설 목적에 부합하는 융합예술교육이라고 말할 수 없을 것이다. 융합예술교육의 파행성 이전에 더 중요한 문제는 순수교양예술 교과목 총량에 비해 융합예술 교과목이 상대적 많은 경우다. 전체 교양교육 교과목에서 순수예술 교과목과 융합예술 교과목 비율은 5:1이나 4:1이 적정하다. 교양교육 이수학점의 제한이라는 기술적인 이유만이 아니라 순수예술 교과목의 충실한 이수가 전제되어야 융합예술교육의 교육적 효과를 보증할 수 있으며 양자의 상호작용을 통한 교양예술교육의 교육 시너지 효과도 기대할 수 있을 것이다.

제5장

시민교육과 세계시민교육

1
아렌트의 시민 개념과 대학의 시민교육

1) 코로나 사회와 코로나 이전 사회 그리고 '시민 되기'의 문제

'정치적 담론'은 과거나 현재의 정치현상이나 사건, 사안만이 아니라 공적으로 문제가 될 만한 사회적 이슈에 관한 쟁점적인 논의나 활동 일반을 지칭한다. 하위정치적 관점에서 정치적 담론에 참여한다는 것은 엘리트 정치집단이나 정치평론 전문가들의 전유물이 아니라 사회에서 발생하는 이슈들에 대해 시민의 한 사람으로서 의견이나 입장을 밝히는 것을 말한다. 생활정치적 주제, 즉 수질오염, 황사에 대한 문제에 직간접적으로 자유롭게 의사를 밝히는 것이 시민으로서 정치적 담론에 참여하는 것이다. 이러한 관점에서 볼 때 2021년 7월, 대한민국의 시민은 두 가지 측면에서 정치담론에 공식·비공적적으로 참여한다.

첫째는 코로나19와 관련된 정치담론의 참여다. 마스크 착용, 방역과 방역의 수준, 백신 공급 및 접종 대책, 팬데믹 대응 상황에서 국가와 시민의 의무, 권리, 역할 등에 대한 이론적이며 실제적인 담론이 공적 영역에서 활발히 이루어지고 있다. 코로나 팬데믹이 전 사회적 차원에서 코로나 정치지형과 정치담론을 산출한 것이다. 현재 우리 사회에 사는 개인은 더 이상 사적 개인으로 머물지 않고 코로나 방역, 백신접종 순위의 적절성, 사회적 거리 두기 단계 평가와 확정의 적절성, 초중등 등하교 시기, 면대면 수업이나 접촉의 허용수준 등의 담론에 적극 참여하는 공적 영역의 시민으로 존재하는 양상이다.

둘째는 대통령 선거 관련 정치담론에의 참여다. 코로나 정치담론의 공식적·비공식적 참여활동과 더불어 대한민국의 시민은 정치의 계절 한복판으로 소환되고 있다. 대선·지선이 시행될 때마다 여야의 당내 대선 후보들과 상대 당 후보 간의 경쟁과 비방 관련 보도들이 그것을 실감하게 만든다. 정치의 계절이 도래하면 할수록 선거권을 가진 시민들은 선거 일반, 대통령 자질, 정당선택, 정당정책 평가, 한국사회의 미래방향 등에 대해 공적 영역에서 다양한 형식과 강도로 입장을 밝히게 될 것이다. 위로부터 촉발되는 정치의 계절이든 아래로부터 시작되는 시민정치의 능동성을 보여주든 코로나19 사태와 대전정국과 같은 특별한 상황은 시민이 시민의식을 갖고 책임 있는 역할을 하도록 자극하는 촉매 역할을 하고 있다.

이러한 특별한 상황에서 '누가 시민이며 진정한 시민 되기의 가능성은 어디에 놓여있는지'와 '시대가 요구하는 좋은 시민을 육성하는 시민교육(citizenship education)은 어떻게 이루어져야 하는지'에 대한 탐구는 시의적절한 이론적 작업이 될 수 있다. 논자는 정치적인 것의 복원을 요청하는 아렌트의 정치이론적 사유를 통해 그것에 대한 유의미한 답변을 제시할 수 있다고 본다. 그 이유는 시민교육의 이념과 아렌트의 정치적인 것의 복원 사유는 근원적으로 일치하기 때문이다. 논자의 입장을 논증하기 위해 먼저 아렌트가 말하는 '인간의 조건'이 시민 되기의 필수조건이라는 점을 분명히 할 것이다. 다음으로 아렌트의 관점에서 누가 "좋은 시민(the good citizen)"[1]이며 '어떻게 좋은 시민이 될 수 있는지'에 대해 분석한다. 마지막으로 대학의 시민교육 현주소를 검토하며 아렌트적 시민 개념의 관점에서 개선방향을 제시할 것이다.

---

1 아렌트, 『공화국의 위기』, 김선욱 역, 한길사, 2011, 101쪽.

2) 인간의 조건과 시민 되기

아렌트에게 시민은 태어나면서 획득되는 자연적 산물이 아니다. 아렌트에게 시민은 조건과 과정의 문제다. 다시 말해 '시민은 되어지는 것'이다. 그의 시민 개념을 논하기 위해서는 무엇보다도 인간의 조건을 검토해야 한다. 왜냐하면 아렌트의 사유에서 인간이 된다는 것과 시민이 된다는 것은 같은 의미를 갖는다. 그렇다면 인간의 조건은 무엇인가? 주지하다시피 아렌트는 인간의 삶을 정신적 삶과 이에 대비되는 활동적 삶(vita activa)으로 나눴다. 활동적 삶을 구성하는 범주가 노동, 작업, 행위다. 노동(labor)은 생물학적 필요성과 관련된 활동이다. 작업(work)은 인공적 세계를 만드는 인간적 활동으로 지칭한다. 이 중에서 '시민 되기'와 관련된 인간 활동이 바로 행위다.

행위(action)는 "사물이나 물질의 매개 없이 인간 사이에 직접적으로 수행되는 유일한 활동"이며 "모든 정치적 삶의 '필요조건'일 뿐만 아니라 '가능조건'이라는 의미에서 절대적 조건"[2]이다. 행위는 '인간 사이'에 일어난다는 점에서 행위는 인간 존재의 복수성과 다원성을 전제로 한다. 행위의 가능조건으로서 복수성이란 다원적인 인간, 특수한 개성을 가진 인간의 존재를 말한다. 아렌트가 언급하는 인간 실존의 일반적 조건인 탄생성과 사멸성의 관점에서 볼 때 행위는 새로운 시작을 의미하는 탄생성의 범주에 귀속된다. 여기서 중요한 것은 아렌트가 행위=새로운 시작=탄생성의 논리구조를 정식화하면서 행위가 인간의 다원성에 근거한 '정치적 활동'임을 강조한다는 점이다. 행위만을 정치적 활동으로 강조하는 한 활동적 삶을 구성하는 노동, 작업, 행위에서 행위와 관련된 활동은 다른 활동적 삶과 비교해 유일한 정치적 활동이며 동시에 '우월한' 활동이다.[3]

활동적 삶의 요체인 정치적 활동으로서의 행위의 중요성을 강조하

---

2 아렌트, 『인간의 조건』, 이진우·태정호 역, 한길사, 2007, 56쪽.

3 위의 책, 55쪽 이하 참조.

기 위해 아렌트는 동물과 인간의 근본적 차이에 주목한다. 그에게 행위는 동물과 구별되는 인간만의 배타적 특권이라고 간주한다. 행위한다는 것은 곧 하나의 개체로서의 탄생을 의미하며 비로소 인간이 된다는 것, 정치적 행위주체가 된다는 것을 의미한다. 아렌트는 동물의 생물학적 공동생활과 인간의 그것과의 차이가 '선택적 공동생활'의 여부에 있으며 그것을 '사회적'이라고 언명한다. 아렌트는 인간과 동물의 결정적 차이를 '사회적인 것'에서가 아니라 정치적 삶의 유무에서 찾는다. 이상적인 정치의 모델을 아테네에서 찾았던 그에게 정치적 동물(zoon politikon)을 사회적 동물(animal socialis)로 번역한 세네카를 언급하며 '정치적'의 의미를 분명히 한다. 아렌트는 공동생활에서의 모든 활동을 정치적인 것으로 보지 않고 인간의 행위와 말로 대변되는 언어활동만을 '정치적'인 것으로 간주하며 사람들이 말과 행위를 함으로써 발생하는 조직체를 폴리스로 규정한다. 폴리스는 지리적 개념이거나 역사적 도시로서 아테네를 의미하는 것도 아닌 것이다.[4]

말과 행위의 공유에서 발생하는 것이 정치 영역이며 '정치적'의 의미는 "힘과 폭력이 아닌 말과 설득을 통하여 모든 것을 결정한다는 것"[5]을 의미하며 그러한 활동이 다름 아닌 정치활동이다. 정치를 이와 같이 규정하는 한, 누가 정치적이고 비정치적인가의 기준이 명료해진다. 이 관점에서 볼 때 폭력을 의사 관철의 주요 수단으로 삼는 야민인과 노예는 '비정치적' 존재인 것이다. 여기서 확인되는 것은 인간 되기와 시민 되기 근본조건은 인간의 조건에서 결정적인 다원성에 기초해 행위하는 존재이며 정치적 활동의 주체여야 한다는 점에 있다. 인간의 조건을 충족한 정치적 주체인 시민이 활동하는 공간이 공적 영역이다. 아렌트의 시민 개념을 파악하기 위해서 공적 공역(public sphere)에서 시민 되기와, 정치적 시민으로 살아가는 조건과 한계를 검토해야 한다.

---

4 위의 책, 260쪽 이하 참조.

5 위의 책, 78쪽.

3) 시민 되기와 공적 영역

아렌트의 정치사유에서 공적 영역은 행위와 언어, 말과 설득에 의한 결정의 과정이 진행되는 장소다. 한마디로 공적 영역은 말과 설득이 제한 없이 전개되는 정치적 삶의 공간이다. 공적 영역은 생물학적 필요와 욕구에 따라 작동되는 필연성의 장소로서 사적 영역과 대립된다. 사적 영역의 대표적인 경우가 가족 공동체다. 가족 공동체는 필요와 욕구에 기초한 사적 영역이며 공적 영역과 비교해 불평등·비대칭적 관계가 지배하는 영역이다.

공적 영역은 사적인 것과 완전히 분리된 공간이며 모두에게 공통인 공간이자 공통세계(common world) 그 자체와 그 세계 안에서 살아가는 사람들을 연결하고 분리하는 관계성을 뜻한다. 아렌트의 시각에서 인간의 복수성과 사이 존재성의 공간으로서 공적 영역 자체가 곧 '세계'다. "모든 것이 공적 사건이 되는 공간"이며 사이 존재로서 "남들에게 받아들여질 만한 모양새를 갖춰야 하는 공간"[6]이다. 이런 의미에서 아렌트는 공적 영역을 "개성을 위해 준비된 곳"이며 "자기의 모습을 보여줄 수 있는 유일한 장소"[7]라고 규정한다. 한마디로 공적 영역은 "정치를 위한 공간"[8]으로서 세계를 의미한다.

정치 공간으로서 공적 영역의 성격을 좀 더 밝히기 위해서는 행위와 말에 대한 그의 논의를 검토해봐야 한다. 말과 행위에 대한 아렌트의 입장은 이중적이다. 행위는 사유, 의지, 판단이 응축된 인간 탄생의 전제조건이다. 말은 차이성에 상응해 다원성의 인간조건을 실현하는 방식으로 간주한다. 아렌트의 이 시각은 인간조건의 시작으로서 탄생성의 보편성과 타자와의 차이를 드러내는 특수성의 성격을 강조하는 것이다. 그러나 말과 행위는 인간이 세계에 참여하는 방법이자 수단이며 동시에

6 아렌트, 『한나 아렌트의 말』, 윤철희 역, 마음산책, 2020, 66쪽.

7 아렌트, 『인간의 조건』, 이진우·태정호 역, 한길사, 2007, 94쪽.

8 아렌트, 『한나 아렌트의 말』, 윤철희 역, 마음산책, 2020, 59쪽.

"모든 인간관계를 구성하는 요소"[9], "인간으로서 서로에게 자신을 드러내는 양식"[10]이라는 공통성이 있다. 자신을 드러내는 방식이 각자의 차이를 드러내는 다원성과 창발성에 의존함으로써 말과 행위는 곧 자기 자신의 성격, 인격, 정체성을 가장 구체적이며 객관적으로 드러낸다.

아렌트는 이 점에서 말과 행위는 계시적 성질을 갖고 있다고 주장한다. 말과 행위가 완전히 드러나고 개성적 인격을 실현할 수 있는 장소, 행위의 수단화가 배제되어 행위주체들의 '빛나는 밝음'이 실현되도록 보장된 장소가 공적 영역이다. 공적 영역에서 개성적 인격이 실현된다는 것이 공적 영역의 개인화나 공적 영역에서 사적 개인의 실현을 의미하는 것이 아니다. 말과 행위를 통해 사적 개인이 공적 영역에서 권리와 의무를 가진 공적 주체로 구성된다는 것을 의미한다.[11] 이런 의미에서 아렌트는 특정한 목적을 위해 말과 행위가 기술적으로 활용되고 기만과 현혹의 공적 영역이 아니라 독립된 정치적 행위주체들의 자기실현과 구성의 공적 영역을 요청한다는 것을 볼 수 있다.[12] 주목할 만한 점은 아렌트가 "말하기도 행위의 한 형태"[13]라고 주장한다는 점이다. 이 말은 말이 행위와 같은 기능과 작용을 하며 그러한 효과를 수반한다는 것을 뜻한다. 이해, 판단, 대화와 설득의 수단인 말은 정치적 의미작용과 해석의 매개체이므로 공론 영역에서 말을 한다는 것은 곧 정치적 행위이며 활동인 것이다.

그런데 문제는 인간의 조건의 결정적인 행위가 작동하는 공간으로서 "공적인 정치 영역이 소멸"[14]되어가는 데 있다. 공적 영역의 소멸 위기에 대한 아렌트의 심각한 우려는 그것이 곧 인간을 인간 되게 하는 정

---

9 아렌트, 『인간의 조건』, 이진우·태정호 역, 한길사, 2007, 243쪽.

10 같은 책, 235쪽 참조.

11 아렌트, 『혁명론』, 홍원표 역, 한길사, 2004. 194쪽 참조.

12 아렌트. 『인간의 조건』, 한길사, 2007, 236쪽 이하 참조.

13 아렌트, 『한나 아렌트의 말』, 윤철희 역, 마음산책, 2020, 71쪽.

14 아렌트, 『인간의 조건』, 이진우·태정호 역, 한길사, 2007, 109쪽.

치적 행위능력과 활동의 장을 불구화함으로써 인간 존재 자체의 사회적 실존의 위기를 불러오기 때문이다. 시민교육과 관련해 주목해야 하는 점도 바로 이와 같은 아렌트의 문제 인식과 극복을 위한 대안적 사유다. 아렌트는 공적 영역의 축소와 소멸의 원인을 근대에 발생한 사회적인 것의 전면화와 사적 영역의 확대에서 찾는다. 사회적인 것에 의한 공적 영역의 축소는 사적 소유의 인정과 관리가 공적인 핵심 문제로 변화된 사태를 지칭한다.

아렌트가 볼 때 사회적인 것의 지배는 자본주의의 발전이 사적 영역에 속한 소유와 자본증식을 목적으로 하는 경제행위를 근대적 자본-임노동 체제에 완전히 편입시키는 방식을 통해 인간의 다원성에 기초한 토론과 설득의 정치행위에 대한 관심의 약화를 가져온다. 말과 정치적 행위를 행하는 가운데 개성적 인격을 실현하는 장으로서 공적 영역의 가치는 자본과 교환의 논리의 전일화의 다른 말인 사회적인 것에 압도당하게 된 것이다. 이와 함께 아렌트는 공적 영역만이 아니라 사적 영역에서 발견되는 개인의 내적 주관성과 친밀성의 관계 역시 교환가치의 원리에 복속시킴으로써 사적 영역에서도 사회적인 것이 얼마만큼 전면화되었는지를 부각시켰다.

이와 더불어 간과하지 말아야 할 것은 사적인 것의 확대에 내재한 부정성에 관한 아렌트의 논의이다. 특히 주목해야 하는 것은 아렌트가 명확하게 언명하지 않고 있으나 사적인 것의 강조와 실천에서 내밀하게 작동하는 이데올로기적 기능이다. 아렌트의 시각에서 사적 영역의 확대는 공론 영역 쇠퇴의 산물이다. 그는 공적 영역의 상실이 탁자, 고양이, 꽃병 등과 같은 작은 것의 소유에서 오는 기쁨과 향유에서 오는 행복의 기술을 발전시켰다고 본다. 공적 영역에 무관심하고 말과 행위의 수행을 중단한 개인은 '작은 행복'에 몰입하며 그것이 주는 '무아경과 마력'에 취하게 된다.[15]

사적인 것의 확대는 인간의 조건을 강화하는 긍정적 결과를 야기하

15 위의 책, 122쪽 이하 참조.

는 것이 아니라 인간 위기의 내적 요인으로 작동하는 것이다. 논자가 볼 때 아렌트의 이 지적은 국내에 열광하는 '소확행 실천과 향유'에 관한 정치철학적 비판의 전거를 제공한다. 소확행은 공적 사건에 대한 관심의 감소와 공적 활동의 참여의지를 약화시키며 '자기 정당화 논변을 자유롭게 구사하는 능동적인 안식처 거주자'를 만든다. 그렇다면 왜 이러한 능동적인 안식처 거주자들이 등장하는가? 프로이트의 정신분석학적 관점에서 소확행의 열광적 실천과 과잉 의미부여 행위의 단서를 찾을 수 있다.

논자의 시각에서 그 원인은 공적 영역에서 꿈과 이상의 실현 가능성에 대한 체념, 노력 대비 정당한 사회경제적 보상에 대한 의구심, 공적·사적 영역을 지배하는 신자유주의 논리에 대한 개별적 저항의 한계 경험, 심리산업에 의해 만능열쇠로 포장된 행복심리학의 위력과 흡입력 등의 복합적인 상호작용에 있다. 소확행 문화의 범사회적 확장은 한시적 정치적 무관심 그룹과 탈정치화를 촉발시킨다. 문제는 이에 대응하기 위한 국내의 각 정당이 이벤트형 쇼의 정치, 경쟁형 매표정치, 프레임 정치대결에 몰두함으로써 악순환를 구조화하는 데 일조한다는 점이다.

이와 같은 사태는 사적인 것의 확장에 대한 아렌트의 지적의 타당성과 소확행의 문화 메가트렌드 시대에 시민교육의 중요성과 교육적 실천을 다시 한 번 인식하게 만든다. 시민교육의 궁극적 목적이 좋은 시민 되기라면, 정치적 활동의 주체로서 사적인 것에 빠지지 않으면서 자기 실현적 공간인 공적 영역의 소멸 위기를 극복하는 것임은 분명하다. 아렌트가 위기극복 전략을 명시적으로 제시하고 있지 않으나 그의 정치사유의 중핵으로부터 의미 있는 단서가 발견된다. 아렌트의 인간의 조건인 정치적인 것의 복원을 목표로 하는 위기극복 전략은 시민교육의 관점에서 좋은 시민 되기 모델이 될 수 있다.

4) 좋은 시민 되기: 사유, 판단, 행위, 책임의 주체

인간의 조건으로서 정치적 주체의 회복 문제는 '어떻게 좋은 시민(the good citizen)이 될 수 있는가?'의 문제로 수렴된다. 바로 여기서 아렌트 철학을 구성했던 근본적인 철학적 문제의식과 시민교육의 가능성의 단서이자 시민교육 성공의 열쇠를 좌우하는 근본전제가 공유될 수밖에 없음을 확인할 수 있다. 아렌트에게 인간의 조건을 갖추는 것 곧 정치적 주체로의 복귀는 사유, 판단, 행위, 책임의 주체가 되는 것이며 이것은 시민교육의 가능성의 토대이자 궁극목적이 되어야 한다. 사유, 판단, 행위, 책임 주체의 정치적 성격을 분명히 드러내기 위해 아렌트는 도덕주의와 결별하며 아리스토텔레스와 소로의 도덕주의를 비판한다.[16]

아렌트는 좋은 시민 탄생의 전제가 '좋은 폴리스'의 존재라는 아리스토텔레스의 관점과 정치적 불복종의 근거로서 소로가 말하는 '양심의 규칙'을 비판한다. 아렌트는 아리스토텔레스가 강조하는 자기성찰로서의 좋은 습관을 가진 시민이 곧 좋은 시민이 될 수 없다고 말한다. 왜냐하면 아리스토텔레스가 암묵적으로 가정하는 사회적·교육적·지적 수준의 여부와 좋은 습관은 다른 문제이기 때문이라는 것이다. 좋은 폴리스의 조건을 시민의 말과 행위에 의한 정치적인 것의 활성화에서 찾는 아렌트의 시민중심주의 시각에서 아리스토텔레스 논의는 폴리스 중심주의라고 볼 수 있다. 소로의 도덕주의에 대한 아렌트의 비판은 양심의 규칙이 일반화될 수 없다는 점과 양심의 선천적 소유와 좋은 시민으로서의 의무실천의 직접적 관련성이 없다는 데서 찾을 수 있다. 아리스토텔레스와 소로에 대한 아렌트의 비판은 선한 인간-좋은 시민 되기 일치, 도덕과 정치적인 것이 동일시될 수 없다는 그의 관점에서 출발하는 것이다.

그렇다면 좋은 시민이 되기 위해 아렌트가 가장 중요하게 생각하는 것은 무엇인가? 한마디로 끊임없이 질문을 제기하고 판단하는 비판적

---

16 아렌트, 『공화국의 위기』, 김선욱 역, 한길사, 2011, 101쪽 이하 참조.

사유를 멈추지 않는 것이다. '생각하지 않는 것'이 '악의 평범성'을 낳는다는 아렌트의 생각에서 좋은 시민 되기를 위한 교육의 제1과제가 비판적 사유능력을 키우는 것임이 분명해진다. 그는 자신의 언어가 아닌 상투어와 관청어밖에 말할 수 없는 '말하는 무능력(inablity to speak)'이 '생각하지 못하는 무능력(inability to think)'에서 비롯된 것임을 지적한다. 생각하지 못하는 무능력은 단순히 사고능력의 유무를 의미하는 것이 아니라 타인의 입장에서 생각하지 못하는 무능력[17]을 뜻한다. 타인의 입장에서 생각하지 못하는 무사유(thoughtlessness)는 "자기가 (타자에 대해) 무엇을 하고 있는지 결코 깨닫지 못하는"[18] 판단능력의 결여를 수반한다. 인류에 대한 범죄의 가담자이면서도 죄책감을 느끼지 않는다고 주장한 아이히만을 만들어낸 원인으로서 무사유는 "인간 속에 아마도 존재하는 모든 악을 합친 것보다도 더"[19] 많을 뿐만 아니라 인간으로서 상상할 수 없는 반인륜적 범죄행위의 적극적 참여자가 되게 만든다. "사유 없이 판단 없다"고 믿는 아렌트가 아이히만 재판보고에서 하고 싶었던 말은 한마디로 무사유로 인한 판단능력의 결여가 가져오는 최악의 상황이 어느 정도로 참혹한가다.[20] 이것이 "예루살렘에서 배울 수 있는 교훈"[21]인 것이다.

무사유가 낳는 엄청난 악을 막은 것이 사유에 있음은 자명하다. 그렇다면 사유한다는 것은 구체적으로 무엇을 의미하는가? 아렌트에게 생각한다는 것은 추상적인 문제들에 대한 관조적 활동을 의미하는 것이 아니라 말과 행위하는 공적 영역의 활동적 삶의 행위주체가 되기 위한

---

17 아렌트, 『예루살렘의 아이히만』, 김선욱 역, 한길사, 2015, 106쪽 참조.

18 위의 책, 391쪽.

19 같은 책, 392쪽.

20 아렌트에게 판단의 중요성은 사유, 의지, 판단을 정신활동의 3가지 축이라고 보는 데서만이 아니라 정치적 사유와 행위의 본질이 '판단'에 있다고 주장하는 데서 확인할 수 있다. 판단기능의 붕괴가 전체주의를 낳고 그것은 정치적 삶과 자유 및 인간성의 종말을 낳는다. 중단 없는 판단의 지속만이 자유의 실현으로서 정치적 삶의 가능성을 확보할 수 있다.

21 아렌트, 『예루살렘의 아이히만』, 김선욱 역, 한길사, 2015, 392쪽.

‘구체적 사유’를 의미한다.

> 사유함이란 활동은 내가 길에서 어떤 사건을 목도한 연후에 또 어떤 사건의 발생과정에 연루된 연후에 방금 내게 무슨 일이 일어났는지에 관해 숙고하기 시작하고, 그 일에 관해 내 자신에게 이야기 형식으로 털어놓을 때, 뒤따른 다른 사람들과의 대화를 위한 이야기를 준비한 경우에 현전한다.[22]

인용구에서 보듯이 아렌트에게 생각한다는 것은 특정 사건에 대한 밀도 있고 구체성을 담지 한 사유를 뜻한다. 그는 사유를 하나의 ‘과정적 활동의 총체’로 이해하며 진정한 사유는 사건발견 → 발생과정과 자기 관계성 숙고 → 사건에 대한 자신과의 대화 → 사건에 대한 타자와의 의견교환 준비라는 표준적인 사유의 과정을 거치게 된다고 본다. 아렌트가 제시한 표준적인 사유과정에서 사건의 발생과정에 대한 비판적 검토와 자기관계성에 대한 숙고가 가장 중요한 단계이다. 왜냐하면 이것을 통해서 의심 없이 통용되는 기존의 척도, 규칙의 타당성과 정당성을 묻게 된다면, 맹목적 신념, 근거 없는 무조건적 복종, 도덕적 타락과 부정의의 가능성이 해소될 수 있기 때문이다. 사변적 사유가 아닌 사건준거적 구체성의 사유가 중요한 것은 그것이 판단의 전제이기 때문이다. 사유능력이 곧 판단능력인 것이다.

아렌트에게 판단은 임의적이고 주관적인 차원의 규정과 평가가 아니라 자신의 판단과 정신의 확장을 통해 타자의 가상적 판단과의 비교의 결과를 의미한다. 다시 말해 판단은 이론적 관조가 아니라 다른 인간과 함께 존재하는 공적 영역에서 자기판단-반성적 비교판단을 하는 정치적 능력을 함축한다. 그런데 아렌트는 한발 더 나가 어떤 상황에서도 판단을 멈추지 않는 용기와 판단 수행을 요구한다. 왜냐하면 인간 자신을 이끌어주고 인간을 인간이게 하는 것이 판단의 본질적 기능이기 때문이다. 따라서 인간은 “각각의 일들이 일어날 때마다 판단”을 해야 한

---

22 아렌트, 『책임과 판단』, 제롬 콘 편집, 서유경 역, 필로소픽, 2019, 194쪽.

다. 이것만이 아니라 "자기 주위의 모든 사람들의 만장일치의 의견으로 간주해야만 하는 것과 완전히 어긋나는"[23] 상황에서도 옳고 그른 것에 대한 판단을 밀고 가야 한다. 아렌트의 시각에서 "전체주의 공동체의 일원"[24]으로서 아이히만은 무사유에 그친 것이 아니라 판단을 하지 못한 것이며 그에 따른 행위를 한 것이다.

아렌트는 가상의 판결문에서 아이히만의 단순 기능인 논증, 우연성과 불가피성 판단에 따른 행위에 대한 책임을 물어 사형판결을 내린다. 여기서 확인할 수 있는 것은 아렌트의 사유, 판단, 행위는 개별적으로 분리되는 정치행위 단위가 아니라 사유-판단-행위-책임 사이의 유기적 단위로 봐야 한다는 점이다. 아렌트의 관점에서 '어떻게 좋은 시민을 기를 것인가'라는 시민교육의 궁극적 목적의 실현여부는 사유-판단-행위-책임의 주체능력 육성에 달려 있으며 그 출발과 중심은 '사고하는 능력', 좀 더 정확히 말해 '비판적으로 사유하는 능력'이다.

그에게 비판적 사유는 공동세계의 동료인간인 '타자의 입장에서 생각하는 것'만이 아니라 소크라테스의 비판정신이 보여주는 넓은 의미의 명령과 관습, 전통과 지배적 관념 등과 같은 기존의 모든 기준과 척도들에 의문을 던지는 태도와 활동을 말한다. 이것만이 아렌트 정치이론적 사유의 주도적인 문제였던 '어떻게 소멸된 공적 영역의 상실, 그로 인한 인간조건의 붕괴를 재건할 것인가'에 대한 그의 최종적인 답변이다. 아렌트의 답변은 모든 민주시민교육의 궁극적 목적 달성을 위한 근본적인 조건이자 토대임은 자명하다. 이 점에서 아렌트의 시각으로 민주시민교육 현장에서 과연 얼마만큼 그와 같은 교육적 실천이 이루어지고 있는가에 대한 비판적 검토와 수용 및 보완 가능성을 탐구하는 것은 유의미한 일이다.

---

23 아렌트, 『예루살렘의 아이히만』, 김선욱 역, 한길사, 2015. 400쪽.

24 임미원, 「아렌트의 정치적 판단력 개념과 그 적용에 관한 일고찰: 아이히만 사례와 관련하여」, 『법학논총』 31집 3호, 2014, 60쪽.

5) 아렌트 시민 개념 관점에서 대학의 민주시민교육

(1) 민주시민교육의 현황과 실태

아렌트의 시민 개념 관점에서 대학 시민교육을 검토하고 개선방향을 제안하기 위해서 먼저 현재 국내대학의 시민교육 현황과 실태파악이 선행되어야 한다. 논자는 이것을 필수 교육과정 운영 측면과 지역시민성 교육 측면에서 점검하고자 한다. 초·중등 교육과정에서 시민교육은 윤리 및 사회과 교육과정에서 민주시민교육이라는 이름으로 오래전부터 시행되고 있다.[25] 이와 달리 고등 교육과정에서 '시민교육'과 같은 개별 교과목을 통한 시민교육은 거의 이루어지지 않고 있다. 각 대학이 설정한 역량육성 목표에서나 인재상에 대한 소개 혹은 인성교육 등에서 '시민' 개념들이 등장하고 이를 강조하면서도 시민성 육성을 목표로 하는 필수 교과목을 운영하거나 일반교과목을 설강하는 대학을 찾기란 매우 힘든 실정이다.

대학의 교양교육과정에서 '시민교육'을 필수 교육과정으로 운영하는 대표적인 대학이 경희대다. 이 대학은 "좋은 사회를 만드는 일에 기여하는 것이 대학의 큰 책임" 중에 하나이며 책임 있는 시민의 양성을 시민교육의 궁극목적으로 설정했다. 책임 있는 시민이란 "① 자유민주주의를 지탱하고 민주사회를 발전시킬 역량을 가진 합리적·비판적 민주시민, ② 공동체적 삶을 유지하는 데 필요한 신뢰, 선의, 공감, 배려, 봉사, 유대의 덕목을 가진 따뜻한 이웃, ③ 한 나라의 시민임과 동시에 지구사회를 생각하는 세계시민"[26]을 의미한다. 경희대의 시민교육의 특성은 일국의 시민성만이 아니라 소위 '글로벌 시민성' 교육도 동시에 강조하고 있다는 점이다.

---

25 배영호, 「공화주의적 민주시민교육을 위한 사회과 통합적 교육 방안 탐색」, 『사회과교육』 60(1), 2021, 61쪽 참조; 이영제·김윤철·윤종희, 「공동체와 민주주의 발전을 위한 시민교육: 시민교육의 원칙과 현재적 과제」, 한국민주주의연구소, 2016, 26쪽 이하 참조.

26 http://hc.khu.ac.kr/v2/02/03_02.php

글로벌 시민성의 육성은 지구화된 사회에서 시민교육의 중요한 요소라는 점에서 적절한 하위 교육목표라고 볼 수 있다. 이 대학은 시민교육과 사회봉사가 유기적으로 결합(교육2+봉사1, 3학점)해 하나의 통합 교과목으로 운영한다. 이러한 시도가 의미 있는 것은 대학마다 산발적으로 관리되었거나 단순히 인성교육 차원에서 접근한 사회봉사 활동을 시민교육 차원에서 통합적으로 관리·운영함으로써 시민교육 효과를 제고하는 데 있다. 지역사회에 대한 이해와 책임성을 향상시키기 위한 목적하에 이론 시민교육교과와의 긴밀한 연계 및 별도의 시민교육 주무부서에 의해 체계적으로 관리되지 않는다면, 실천적 시민교육을 위한 비교과 교육과정으로 교육효과를 산출할 수 없다.

시민교육을 교양필수 교육과정으로 운영하는 경희대와 달리 주목해야 하는 시민교육의 모델은 서울대라고 볼 수 있다. 서울대는 국내대학 중 시민을 키워드로 한 일반교양 교과목을 가장 많이 개설하는 대학이다. 이 대학이 개설한 교과목으로는 〈시민의 역사〉, 〈국가와 시민〉, 〈민주시민과 기본적 인권〉, 〈시민생활의 법적 이해〉, 〈인권, NGO, 세계시민사회〉 등이 있다.[27] 이와 반대로 시민을 주제어로 하는 교과목만이 아니라 넓은 미의 시민교육의 범주에 들어갈 강좌가 전혀 개설되지 않은 대학이 있다.[28] 대표적인 대학이 대전의 유성구에 소재한 모 대학이다. 대학의 시민교육 현황을 검토할 때 빼놓을 수 없는 것이 지역시민성 교육이다.

지역시민성 교육의 목적은 단순히 민주주의에 대한 이해만이 아니라 삶의 공간인 거주지역의 이해와 시민으로서 해당 지역에서 책임 있는 지역 활동을 촉진시키는 데 목적이 있다. 따라서 각 대학은 대학이 소재한 지역사회의 역사와 문화 및 사회경제적 환경과 삶의 이해를 높이기 위한 교과목과 지역사회에 적극적으로 참여할 수 있는 다양한 통

---

27 https://liberaledu.snu.ac.kr/node/69; https://liberaledu.snu.ac.kr/node/70

28 http://www.hanbat.ac.kr/liberalarts/sub03_0102.do; http://www.hanbat.ac.kr/liberalarts/sub03_0103.do

로와 형식을 갖춘 실천적 참여 프로그램을 제공해야 한다. 같은 지역에 소재하지만 지역시민성 교육과 관련해 접근상의 차이를 보이는 대전광역시의 H 대학과 D 대학의 경우를 보자.

H 대학의 경우 이론중심 교과목으로 〈대전바로알기(3)〉, 〈대전의 재발견(2)〉을 개설하고 있다.[29] 이 대학은 대전시와 대전 소재 대학들이 공동운영하는 연합교양대학에서 개설한 〈대전학〉 강좌 이수를 학점으로 인정하고 있다. D 대학은 H 대학과 같이 대전의 역사문화 이해를 목적으로 하는 독립적인 교과목을 개설하지 않고 있다. H 대학이 지역시민성 교육을 지역성의 이해와 현장답사 교육으로 접근한다면, 이 대학은 H 대학보다 직접적인 정치사회적인 접근을 통해 지역시민성을 키우는 전략을 취하고 있다. 여기에 해당되는 독립교과목이 〈정치커뮤니케이션〉과 〈지방자치와 지방재정〉이다. 〈정치커뮤니케이션〉 교과 개설목적은 "정치커뮤니케이션의 핵심이라고 할 수 있는 미디어 선거가 갖는 본질과 과정, 효과 그리고 이를 둘러싼 다양한 쟁점에 대한 이해와 분석을 통해 정치커뮤니케이션을 종합적으로 이해함으로써 민주시민으로서의 의식"[30]의 고양에 있다.

시민정치 활동의 꽃이라 할 수 있는 선거와 관련된 정치커뮤니케이션의 분석적 비판을 통해 '시민교육'을 수행하는 것이 강좌개설의 목적임을 분명히 한다. 〈지방자치와 지방재정〉의 개설 목적은 "지방자치와 지방재정은 학생들이 생활하면서 꼭 알아야 할 사항으로 지방자치는 왜 필요한지 살펴보고 국가재정과 지방재정의 관계를 체계적으로 접근하여 지방예산이 어떻게 편성하여 쓰이고 있는지 학습하여 열악한 지방재정 위기 극복방안과 자치단체장의 선심성 사업에 대한 문제점을 제시하여 예산이 낭비되지 않도록 감시할 수 있는 실력을 배양하도록 학습 … 학생이 소속된 지방자치단체에 시책개발 및 일자리가 창출될 수 있도록

29 http://tlac.hannam.ac.kr/contents/refinement/refinement_010000.html
http://tlac.hannam.ac.kr/contents/refinement/refinement_020000.html

30 https://www.dju.ac.kr/education/cm/cntnts/cntntsView.do?mi=4545&cntntsId= 2798

건의하고 열악한 지방재정난 타개 방안과 예산낭비가 최소화될 수 있도록 건전재정 운영원칙을 학습하고 이해"[31]시키는 데 있다.

D 대학이 개설한 두 강좌의 개설 목적에서 확인할 수 있듯이 이 대학의 지역시민성 교육은 지역사회의 정치경제적 환경과 현안 인식 및 대안제시 능력의 신장에 있다. '정치적인 것의 복원'이라는 아렌트의 시민 개념에서나 국내외의 시민교육의 범례와 비교해볼 때 대전학 기반 시민교육 목적형 강좌를 운영하는 D 대학이 지역시민성 교육의 더 나은 모델이라 평가할 수 있다. 정치행위의 핵심수단으로서 '말'과 아테네식 참여정치의 모델을 정치적인 것의 지표로 삼았던 아렌트의 시각에서 보면, D 대학 모델은 평가할 만하다. 여기에 덧붙여 구의회, 시의회 의정활동에 관련된 활동에 직간접적으로 참여하는 교육 프로그램을 운영한다면, 의미 있는 지역시민성 교육모델이 될 것이다.

(2) 아렌트의 시민 개념의 관점에서 시민교육의 개선방향

① 반성적 판단능력 육성을 위한 비판적 사고교육

앞서 살펴본 바와 같이 아렌트의 시민 개념은 한마디로 '주체적·비판적 정치주체'다. 다르게 표현하면 '주체적이며 비판적으로 사유할 수 있는 시민'이 진정한 정치주체로서의 시민이 될 수 있다. 일반적으로 말해 아렌트의 시민 개념은 오늘날 시민교육에서 말하는 시민의 자질과 특성에 부합되는 주장이다. 아렌트의 시민 개념에 기초해볼 때 오늘날 시민교육은 반성적 판단능력을 육성하는 비판적 사고교육이 되어야 한다.[32] 그런데 주의를 기울여야 하는 것은 '비판적 사고'의 의미다. 칸트의 '정신의 확장(enlargement of the mind)' 개념을 원용해 비판적 사고를 규정한다.

---

31 https://www.dju.ac.kr/education/cm/cntnts/cntntsView.do?mi=4548&cntntsId= 2801

32 아렌트, 『정신의 삶』, 홍원표 역, 푸른숲, 2019, 163쪽 참조.

아렌트에 따르면 비판적 사고의 최종목적은 정신의 확장을 통한 '타자에 관한 참된 이해'다. 정신의 확장이란 "우리 자신의 판단에 우연히 수반되는 한계"[33]로부터 벗어나는 경우에 나타나며 상상력을 발휘해 우리 자신의 판단과 가상적 판단을 비교함으로써 타자의 입장에서 보고 생각하는 것을 지칭한다. 아렌트가 말하는 비판적 사고는 자기 자신의 관점, 생각, 판단을 타인의 관점에서 불편부당하게 보면서 더 나은 제3의 논점 가능성을 열어놓는 태도를 의미한다. 따라서 비판적 사고는 '상당할 정도의 느긋함과 융통성'의 덕목을 갖춘 채 상상력을 발휘해 공적 영역에 개방된 자세로 참여하는 지성적 활동이다.[34]

아렌트의 비판적 사고 논의는 민주시민교육에 적극 수용되어야 함은 의심의 여지가 없다. 아렌트가 언급하고 있지 않지만, 논자가 볼 때 비판적 사고 개념에는 공론 영역에 참여하는 타자 사이의 동등성과 평등성을 전제로 한다. 또한 비판적 사고가 제대로 수행되기 위해서는 '의도적 관점의 전환'이 필수적이다. 타자의 시각에서 객관화하고 평가하기 위해서 의도적인 관점의 전환이 수행되어야 선입견과 편견 혹은 오인과 오해로 인한 인식에 관한 정당성과 타당성 및 자의적이며 임의적인 판단여부가 비로소 검토될 수 있기 때문이다. 이와 같은 검토가 아렌트가 말하는 '정신의 확장'을 꾀하는 방법이다.

선입견, 편견, 오해, 대상과 사람에 대한 막연한 애착과 혐오의 정서에 기초한 단순판단과 같은 것을 극복하는 것이 곧 정신의 확장이라고 말할 수 있다. 또 그와 같은 정신의 확장을 통해 단순판단의 오류를 피하는 판단을 반성적 판단으로 명명할 수 있다. 아렌트의 시각에서 제대로 된 시민교육은 결국 정신을 확장시키는 반성적 판단능력을 기르는 비판적 사고력 교육이어야 한다. 아렌트적 시각이 현재의 시민교육에 제대로 구현된다면, 인류에 대한 범죄를 저질렀어도 참회하지 않은 아이히만을 낳은 무사유의 무능력을 극복할 수 있을 것이며 타자에 대

33 같은 책, 2019, 631쪽.

34 아렌트, 『칸트 정치철학 강의』, 김선욱 역, 푸른숲, 2004, 92쪽 이하 참조.

한 참된 이해를 촉진할 수 있을 것이다. 이 경우 타자나 시민 전체에 대한 전체주의적 폭력이나 억압이 조직적 차원에서 발생하지 않으며 시민과 시민 사이에도 상호이해를 통한 협력과 연대의 길을 모색하게 될 것이다. 개념적인 차원에서 시민 교육과정의 설계자나 현장의 교수자들이 아렌트가 말하는 비판적 사고교육을 논리교육으로 오인하거나 축소하는 일이 벌어지지 않도록 경계해야 한다.

② 토론교육의 강화

아렌트의 시민 개념을 시민교육에 적용하고자 할 때 위에서 언급한 반성적 판단능력을 촉진하는 비판적 사고 교육만큼이나 중요한 것이 주체적 시민생산적인 토론교육이다. 아렌트는 인간을 정치적 존재로 만드는 것이 '말'임을 반복적으로 강조했다. 말을 통해 인간은 자신의 개성을 표출하며 의사결정의 주체로 자신을 구성해나가기 때문이다. 그에게 정치적인 것의 복원은 곧 시민 되기 조건이라는 점에서 말이 가장 자유롭게 구사되는 '자유로운 토론'의 활성화와 토론능력의 신장은 매우 중요하다. 이와 같은 아렌트적 관점에서 시민교육의 방법론으로 최적화된 수단이 바로 자유로운 토론교육이다.[35] 공적 주제와 사안에 관한 자유로운 토론과정에서 문제의식의 명료화, 문제의 쟁점화, 설득논거의 구성과 반론구성력 강화를 가져올 수 있으며 공동의 의사결정 과정을 경험하면서 문제해결능력을 공유할 수 있다.

아렌트의 시각에서 볼 때 나치 시대에 시민들이 위와 같은 능력을 가졌다면, 전체주의가 결코 발생하지 않았을 뿐만 아니라 무사유와 판단기능의 마비의 상징적 인물인 아이히만도 출현하지 않았다. 거기에 대해 그는 전체주의의 재발에 대한 자신의 경고도 불필요하다고 생각할

---

35 필립 페팃, 『신공화주의: 비지배 자유와 공화주의 정부』, 곽준혁 역, 나남, 2012, 368쪽 참조.

것이다.[36] 시민교육의 핵심 방법론으로 자유토론이 제시된다면, 시민교육 교재 역시 자유토론 방법론을 적용하는 데 최적화되어야 한다. 최적화의 조건은 의제중심, 주제중심, 사안 및 사례중심으로 교재편성에 있다. 시민교육에서 토론교육이 제대로 되기 위해서는 시민교육에 참여하는 학습자의 비판적 사고 및 판단능력만이 아니라 실제 토론 상황에서 의사소통적 합리성의 발현에 대한 교육자의 이해와 공정한 조정능력이 매우 중요하다. 시민교육 차원의 토론교육에서 간과하지 말아야 할 것은 '토론에서 이기는 기술'을 가르치는 토론교육이 되어서는 안 된다는 점이다. 시민교육에서 토론교육의 궁극목적은 평등한 시민적 주체로서 공동의 문제인식과 문제해결을 위한 공동의 실천력을 배양하는 데 두어야만 한다.[37]

③ 학교 시민성 교육 강화와 학내 정치참여의 활성화

아렌트의 시각에서 대학은 공적 영역이며 정치의 현장이다. 그가 말하는 행위로서의 말과 토론이 일상화된 곳이라는 측면에서 보면 가장 정치적인 활동이 활발하게 작동하는 정치적 공간이다. 그러나 오늘날 대학이 과연 민주적 의사결정 구조와 절차적 민주주의, 참여와 숙의 민주주의가 실현되고 있는지 묻지 않을 수 없다. 아렌트가 볼 때 오늘날 대학은 관료제적 행정문화가 광범위하게 뿌리내려져 있고 형식적 민주주의 틀 안에 운영되고 있다. 이런 측면에서 보면 대학에서 정치가 소멸됐다. 대학이 공적 영역인 한 학생은 대학이라는 정치적 공간의 시민이며 대학의 시민교육은 학내 정치의 주인공인 학생들로 하여금 학내 시

---

36 아렌트, 『전체주의의 기원 1』, 이진우·박미애 역, 한길사, 2011, 8쪽 이하 참조.

37 김국현은 시민교육 교수-학습론을 전개하면서 시민의 정체성과 민주적 의사결정 문제에 대한 교육을 실시할 때 토론식 교수-학습 방법을 배제했다. 그가 제시한 민주적 가치, 시민의 권리와 의무, 민주적 사회참여만이 아니라 위의 두 영역에서도 토론법이 기본학습 방법으로 채택되어야 한다. 수동적 시민성 아니라 민주적 시민성의 형성은 교육은 쌍방형 상호작용성에 기초해야 하기 때문이다. 김국현, 「예비교사의 시민교육 역량 강화 교육방안 연구」, 『윤리연구』 125호, 2019, 41쪽 참조.

민성을 촉진시키고 학내의 정치시민으로서의 능력과 역할을 갖추는 데 역점을 두어야 한다. 논자가 볼 때 대학의 시민교육은 '사회 안의 시민성 교육'에 집중하고 있을 뿐, 학교 시민성의 육성과 실천에 대한 교육은 매우 빈약하다.

이 경우에 학사정책과 대학의 주요 의사결정에서의 학생참여 보장과 의사의 합리적 반응이 가능한 민주적인 의사결정 체제가 정착될 수 있다. 통합적 공적 영역의 확립 없이 대학사회에서 민주적 리더십, 민주시민교육은 한계가 있다. 학교대표-학생, 학교대표-학생대표-교수대표, 외부인사-학생대표-학교대표와 같은 복수적 공적 영역의 활동에 대한 학생들의 직간접 경험과 훈련의 과정은 학생들의 자기표현과 의사형성 능력, 정체성의 형성과정이라는 점에서 아렌트적 의미의 정치행위이자 '정치적인 것'의 체화다. 그는 자발적인 결사체의 적극적 참여가 "공적으로 활동하는 능력"[38]을 신장시킬 것으로 확신했다. 논자가 볼 때 복수적 공적 영역의 활성화가 학교 당국과 학생 사이의 단일한 공적 영역보다 민주시민교육에 더 기여할 수 있다. 왜냐하면 사회에 있는 다양한 공적 영역의 상호 갈등과 협력의 메커니즘과 공적 영역에서 필요한 실천 역량을 학습할 수 있는 경험을 제공하기 때문이다.

④ 정치적 책임의식의 함양

아렌트가 수행한 전체주의 발생원인과 재발방지에 대한 강조에서나 아이히만 재판을 목도하고 분석한 자신의 가상 사형판결문에서나 '정치적 책임'에 대한 엄격주의가 발견된다. 자유를 전제로 한 정치적 삶의 공간인 공적 영역은 모든 인간이 함께 살아가는 공동세계이며 이 공동세계에서 발생한 사건들에 대해 공적 영역의 구성원은 정치적 책임을 갖는다. 이런 시각에서 아렌트는 전체주의를 불러온 당대의 독일 대중에게 정치적 책임을 물었으며, 악이 지배하는 공적 영역에서 악에 대

38 아렌트, 『한나 아렌트의 말』, 윤철희 역, 마음산책, 2020, 69쪽.

해 분노하지 않는 경우에 공적 영역이 빛을 잃게 되는 책임이 있음을 지적했다. 또한 공적 영역이 파괴되는 일에 참여, 동조만이 아니라 어두운 시대에 내면의 세계로 도피하는 것에 책임을 물었다. 아렌트는 공동세계에 대한 책임의 문제는 함께 살아가는 사람들의 연대책임의 문제로 보았다. 책임의 범위도 세대와 당대를 넘어선다.

아렌트는 1933~1945년 독일 역사가 없었다고 보려는 경향과 역사 교과서에서 특정 부분을 삭제할 수 있다고 행동하는 경향, 과거의 부정적인 측면을 축소하려는 경향들이 정치적 책임을 지지 않으려는 태도에서 비롯된 것으로 비판한다.[39] 이와 같은 공적 영역에 대한 아렌트의 연대책임론은 시민의식의 형성과 고취를 중시하는 시민교육의 목적과 궤를 같이한다. 아렌트의 연대책임론으로부터 시민교육이 배워야 할 점은 시민교육에서 악에 대한 분노, 폭력에 대한 혐오와 시민의 자유를 초법적으로 제한하는 권력에 대한 저항의식을 가르치는 것이 곧 민주시민이 가져야 할 정치적 책임의식을 고취하는 핵심이라는 것이다.[40] 정치적 책임의식을 고취하는 데 공동체적 가치와 문제해결 능력을 기르는 교육과정 도입이 필요하다.

⑤ 공동체적 가치를 중시하는 교과목 계발과 운영

좋은 시민을 양성하는 것이 시민교육의 궁극적 목적인 한 시민교육에서 빼놓을 수 없는 것이 공동체적 가치교육이다. 아렌트가 강조하는 정치적인 것의 복원 모델인 아테네형 모델은 시민적 공화주의 모델이라 볼 수 있다. 특정한 집단이나 세력이 아닌 사회 전체 그룹의 협력을 강조하는 공화주의 모델에 근거한 시민교육은 '공동체적 가치', '공공선'

---

39 아렌트, 『어두운 시대의 사람들』, 홍원표 역, 한길사, 2019, 60, 89쪽 참조.

40 정치적 책임교육이 삶을 소중하게 여기는 태도를 길러주거나 죽음의 의미를 고찰할 기회를 제공할 수 있다는 주장은 공적 영역의 연대책임성에 대한 아렌트의 논점을 약화시킬 뿐만 아니라 사적 영역의 관점에서 해석할 근거가 불충분한 과잉해석이다. 권미정, 『한나 아렌트 공적 영역의 시민교육적 함의』, 한국교원대 박사학위, 2020, 179쪽 참조.

을 중시하는 교육을 지향한다. 아렌트의 모델의 관점에서 중요한 것은 전체주의 정치체제에서 보듯이 공동체적 가치나 공공선이 폭력적 수단과 억압에 의해 임의로 규정돼서는 안 된다는 점이다. 공동체적 가치는 그가 그토록 강조하는 누구나 모든 것을 보고 듣는 상태의 가장 폭넓은 공적 공간에서, 공동으로 결정되어야 한다.

이와 같은 아렌트의 시각은 오늘날 시민교육이 추구하는 가치방향과 다르지 않다. 공적 가치교육의 장으로서 민주시민교육이 되기 위해 실천지향적인 교양 교과목을 개발할 필요가 있다. 이런 차원에서 〈정의와 한국사회〉, 〈시민사회와 심의민주주의〉, 〈따듯한 자본주의〉, 〈연대와 갈등의 사회학〉 등과 같은 강좌를 개설할 수 있다. 이러한 강좌의 운영은 1994년 유네스코의 교육분과 회의에서 추진된 평화·인권·민주주의 교육에 관한 선언 및 통합 행동 체계(Declaration and Integrated Framework of Action on Education for Peace, Human Rights and Democracy)에서 언급한 바와 같은 비폭력적인 방식에 의한 갈등해결 능력, 시민의 책임성, 여성과 아동 및 인종 등 모든 종류의 차별과 폭력에 대한 민감성을 강화하는 데 기여할 수 있다.[41]

⑥ 세계시민성 교육의 강화와 실천교육과정과의 체계적 연계성

아렌트는 인간 존재는 단독으로 살 수 없으며 복수적으로 존재하는 인간들의 말과 행위에 의해 만들어지는 공동세계인 공적 영역에서 타인과 함께 살아갈 때 참된 인간으로 존재할 수 있다고 주장했다. 아렌트는 이러한 인간존재의 사태를 인간의 복수성과 다원성으로 규정했다. 시민들을 위한 시민에 의한 시민교육 자체는 이미 인간의 복수성과 다원성

41 선언문은 고등교육기관에서 민주주의 실천, 직업윤리, 정의의 실현, 사회적 책임과 관련된 교육과정의 도입을 강조함과 더불어 시민교육이 학교나 교육기관 밖의 세계, 가령 언론, 지역사회, NGO와 협력할 것을 강조한다. UNESCO, Declaration and Integrated Framework of Action on Education for Peace, Human Rights and Democracy, 1995, p. 8 이하 참조(www.ibe.unesco.org/sites/default/files/REV_74_E.pdf).

을 전제로 한다. 그런데 아렌트는 시민들이 함께 살아가는 공동세계에서 인간은 입장의 차이와 관점의 다양성으로 인해 흩어지며, 관계 맺기 및 분리가 항상적이라고 보았다. 그와 같은 문제의식은 '어떻게 함께 살아가는 세계의 토대를 공고히 할 수 있는가'를 낳는다. 이에 대한 아렌트의 대답은 간단하다. 인격적 동등성, 관점과 차이의 상호인정, 정치적 평등성에 기초한 관계구성이며 이때만이 인간이자 한 사람의 시민으로서의 삶을 살아갈 수 있다.

함께 살아가는 세계인 공적 영역의 활성화와 공고화를 위한 아렌트의 생각은 통합과 연대, 공존과 협력, 나눔의 가치에 토대를 둔 시민교육의 기본이념과 일치한다. 함께 살아가는 공적 세계에 대한 아렌트의 생각은 세계화 시대에 일국의 시민성만이 아니라 세계시민성 교육을 적극 수용할 필요가 있다. 시민교육에서 장애인, 성적 소수자, 계절노동자, 외국인, 이주민, 다문화가정, 난민 등과 같은 소수자의 권리와 호혜적 삶의 문제는 핵심적인 교육내용이 되어야 한다. 국제적 수준의 비영리 시민단체와 연계한 실천 교육과정, 세계평화교육, 해외봉사 프로그램과의 상호연계를 추진한다면 학생들의 세계시민성을 기르는 데 크게 기여할 수 있다.

6) 좋은 시민 되기를 위하여

아렌트의 사유에서 '시민이 누구인가'의 문제를 추적하는 데 있어 가장 핵심적인 텍스트인 『인간의 조건』에서 확인한 바는 인간의 조건을 갖는 것이 곧 시민이 되는 것임을 확인할 수 있었다. 인간이 된다는 것은 관조적 삶이 아닌 '활동하는 삶'에 있으며 '행위'가 인간의 조건에서 가장 중요한 것이다. 행위는 본질적으로 정치적인 것이며 공적 영역에서 이루어지는 직접적인 활동이다. 공적 영역에서 말은 행위로, 행위는 말로 이해되며 인간은 말과 행위를 통해 자신의 개성을 실현하며 타인과의 차이를 발견한다. '공적 영역'이란 말과 행위에 의해 정치적 활동이 이루어지는 정치의 공간이다. 정치, 정치적이란 말과 설득을 통해 모든 것이 결정되는 활동을 지칭하며 아렌트는 아테네 정치모델을 정치의 본질로 삼았다. 문제는 근대 이후 사회적인 것의 전일화가 정치적인 것의 상실을 불러왔고 공적 영역이 소멸되기에 이르렀다는 데 있다.

인간의 다원성과 관점의 복수성에 기초한 시민 모두의 공통세계로서 정치를 위한 공간인 공적 영역이 축소·소멸하고, 그 자리에 정치공학만이 득세하며 말과 행위의 정치주체로서 시민이 죽음을 맞이한다. 아렌트는 전체주의와 아이히만에 대한 비판적 분석을 통해 위와 같은 결론에 이른다. 바로 이 지점에서 좋은 시민의 핵심조건이 발견된다. 좋은 시민이란 '무사유'가 아니라 비판적 사유와 "한 인간이 정치적 존재로서 가진 근본적인 능력 가운데 하나"[42]인 판단 수행능력을 가진 사람이며, 공적 영역에서 끊임없이 생각하는 힘을 바탕으로 한 '구체성의 사유와 옳은 판단능력'을 가동할 때 비로소 좋은 시민이 되는 것이다. 이 점에서 좋은 시민은 완결이 아닌 '과정의 시점'에서 파악되어야 한다.

시민교육이 제대로 이루어지지 않는 대학의 시민교육 현주소에서 볼 때 아렌트의 시민 개념은 제대로 시민교육을 새롭게 시작하는 데 중요한 이론적 단서만이 아니라 시민교육의 방법론으로 적극 수용할 만한 제안을 제시한다. 특히 아렌트가 시민이 되는 조건으로서 사유하는 능력을 신장하며 동시에 정체성과 개성을 발현시키는 통로로 제시하는 토론교육의 강화는 매우 중요하다. 토론교육이 교양교육과정에서 쉽지 않지만, 학교 시민성, 일국시민성, 세계시민성, 디지털 시민성을 기르는 데 중요한 수단인 것은 분명하다. 토론에서 다원성, 복수성, 다양성, 관점의 전환, 타자의 입장에서 생각하는 능력, 차이의 인정과 협력의 중요성, 연대의 가치 등을 습득할 수 있기 때문이다. 다른 어느 교양교과목보다 공동체적 가치와 책임 있는 시민양성을 목적으로 하는 시민교육의 핵심 방법론으로 토론교육이 이루어져야 한다. 시민교육 교수자와 학습자가 놓치지 말아야 하는 것은 시민교육에서 토론교육이 논쟁에서 이기는 기

42 아렌트, 『과거와 미래 사이』, 서유정 역, 푸른숲, 2005, 295쪽.

술교육이 아니라는 점이다.

대학 시민교육의 현황 검토에서 확인했듯이 국내 대부분의 대학이 세계와 지역사회에 봉사하는 건전한 시민과 글로컬 인재 양성을 교육목적으로 제시하면서도 정작 〈시민교육〉이란 교양선택 과목조차 개설되지 않는 상태에서 제일 먼저 해야 하는 교육적 실천은 시민교육을 제1목적으로 하는 교과목의 운영이다. 이러한 교육과정이 각 대학에서 편성된다면, 대학 시민교육의 본격적인 시작이자 패러다임의 전환이라 할 수 있을 것이다. 이 밖에 시민교육이 제대로 이루어지기 위해서는 시민교육의 공통교과목화, 공동체적 가치를 함양하는 교과목 개설, 학내 자치활동의 활성화 조치와 각종 학교위원회 학생참여 보장, 시민교육을 전담하는 행정자원의 통합적 운영 등이 거시적이고 입체적인 안목에서 설계되고 추진되어야 한다. 대학의 시민교육은 단순히 좋은 시민을 만드는 것에 머무는 것이 아니라 시민으로서 행복하게 살 수 있는 좋은 사회를 만드는 초석이 되어야 한다는 인식의 전환이 필요하다. 만약 각 대학의 교육과정 설계자 및 의사결정자와 시민교육 담당자에게 이와 같은 인식의 변화가 일어난다면, 시민교육의 질적 전환을 이루는 계기가 될 것이다.

2

코로나 시대, 울리히 벡의 방법론적 세계시민주의와 세계시민교육

1) 코로나 시대 대유행과 세계위험사회론의 재인식

인류가 1년이 넘게 코로나라는 전대미문의 시대를 살고 있다. 인류의 역사 이래 코로나 대유행만큼 전 지구를 실제적인 위험과 잠재적 위험으로 몰아넣은 예는 없다. 특히 잠재적 위험의 범위와 강도, 지속성, 근접성이라는 측면에서 더더욱 그렇다. 중세의 흑사병의 피해가 유럽에 제한적이었다면 코로나 대유행은 전 지구를 잠재적·실제적 차원에서 위험에 빠뜨리고 있다. 중국에서 시작된 코로나는 일국의 위험문제처럼 보였으나 초기 위험 인식 부재와 관리 미비, 이동 교통수단의 발달로 인해 그 어떤 환경적 재해보다 빠르게 세계를 코로나 위험사회로 만들었다. 일국적 차원의 코로나 위험사회에서 각국의 코로나 위험 인식과 위험책임, 위험에 대한 대응방식은 마스크 착용 문제, 예방조치, 확진 진단과 치료과정 전반, 자가격리, 지역봉쇄, 출입국 통제와 봉쇄, 백신 개발 등에서 상이하게 나타났다. 2020년 후반부터 성과가 서서히 나타난 백신 개발과 백신 확보 전쟁에서 소위 '코로나 민족주의'가 득세했다. 코로나 백신 접종 우선순위 논의에서도 코로나 글로벌 위험사회(Weltrisikogesellschaft)에서 제기되어야 할 문제가 확연히 드러나지 않았다.

코로나 대유행기에 지구의 모든 나라는 자국 우선주의, 민족주의로 회귀한 것처럼 보인다. 이것은 코로나 글로벌 위험사회가 되었으나 한

국가와 민족의 자기보존이 실제적 위험 앞에서 제1원이라는 것을 보여준다. 실제적이고 구체적인 위험에 직면했을 때 위험을 지구적 차원에서 공동으로 극복하기 위한 방법론적 접근이나 세계시민주의적 노력이 매우 미미하다. 이러한 현실은 울리히 벡이 제기했던 글로벌 위험사회론과 그것의 이념적 토대로 제시한 세계시민주의(cosmopolitanism)에 대해 심각한 의문을 제기하는 것처럼 판단된다. 그러나 코로나만이 아니라 앞으로 닥쳐올 다양한 형식의 재난이나 잠재적·실제적 위험을 지구적 차원에서 해결하는 데는 오히려 벡이 말하는 세계시민주의의 '방법론적 성격'과 글로벌 위험사회에 제대로 대응하기 위한 세계시민교육(global citizenship education)의 중요성과 그 내용을 면밀하게 재검토해볼 필요가 있다. 이를 위해 다음과 같은 순서로 논의를 전개하고자 한다. 첫째, 벡이 말하는 위험과 위험의 성찰적 계기를 분석한다. 둘째, 위험사회에서 세계위험사회로의 이행의 문제를 검토한다. 셋째, 위험극복을 위한 벡의 방법론적 세계주의를 비판적으로 고찰한다. 넷째, 방법론적 세계주의 관점에서 벡의 교육적 제안과 대학의 세계시민주의 교육을 비교·분석한다.

2) 위험사회와 위험사회의 성찰성

벡의 세계시민사회 담론과 그에 기초한 세계시민교육을 검토하기 위해서는 불가피하게 그의 위험사회론을 논의의 출발로 삼아야 한다. 그의 세계시민사회 논의는 위험사회-세계위험사회-세계시민사회의 논리적 구조에 토대를 두고 있기 때문이다. 위험의 관리 차원과 범위의 내적 연관성이 핵심쟁점인 까닭이기도 하다. 주지하다시피 벡에게 위험은 과학기술과 산업의 발전, 근대화의 결과물로서 인간이 만든 것, "인간의 손과 머리의 합작품"[1]이다. '위험' 개념을 축으로 사회의 발전경로, 사회

---

1 울리히 벡, 『글로벌 위험사회』, 박미애·이진우 역, 길, 2010, 57쪽. 벡은 전통적 의미의 산

구조의 특성과 문제를 분석하고 대안을 제시하는 '위험의 사회이론'은 위험의 개념과 위험의 발생원인부터 분석한다. 위협(Gefaehrdung)과 위험(Risiko)은 다르다. 벡에 따르면 위협은 눈으로 보이는 위험, 감각적으로 감지되는 위험 즉 비인공적인 자연적 위험을 의미한다. 이에 반해 리지코는 산업사회에서 '인위적으로 만들어진 것'이다. 리지코는 체르노빌의 방사선 낙진, 중금속 오염, 식품에 첨가된 위해성분, 유전자 변형식품 등에서 볼 수 있듯 감각적으로 인지되지 않으며, 기술적 선택능력의 발전과 임의성으로 인해 위험계산 자체가 불가능한 위험을 말한다. 다르게 말하면 리지코는 위험 가능성을 인식하나 '아직 발생하지 않은 결과로서의 위험'이다.[2] 그렇다면 위와 같은 위험은 왜, 어디에서 유래하는가? 벡의 대답은 자명하다. 위협이 아닌 위험은 근대적 의미의 과학기술 발전에 기초한 산업화와 과학기술 문명의 산물로서 그것이 의도하지 않은 '부수효과(Nebenfolge)'라는 것이다.

벡은 전근대 사회를 넘어 생산성을 위한 경제적 유용 원리가 지배하는 산업사회 초기를 단순근대라 지칭하며 이 시기에 위험에 대한 맹목적 무시가 부의 생산과 분배를 가져왔으나 불가피하게 위험사회로 이행하는 동인으로 파악한다.[3] 위험사회는 위험의 생산과 조건, 분배, 기능, 관리와 극복이 사회의 메커니즘이자 지속적인 사회적 의제가 되는 사회다. 이렇듯 위험은 사회적으로 구성된다. 이것은 사회적 질서를 규정하는 중심이 산업사회처럼 계급이 아니라 위험에 있다는 것을 의미한다. 자본과 빈곤은 위계적이지만, 스모그는 민주적이라는 벡의 비유

업사회에서 위험사회로의 이행을 대략 1970년대로 추산한다. 그 근거는 1970년 이전에는 부의 분배가 사회의 중요한 의제였으나 그 시점을 전후로 위험의 분배 문제가 새로운 사회적 의제로 등장했다는 데 있다. 벡에 따르면 위험사회에서 위험의 분배와 매개는 계급사회에서 부의 분배와 다른 것이며 일치하지 않는다. '위험 지위가 계급 지위가 아니다'란 벡의 주장은 위험사회에서 위험의 영향을 받지 않는 자가 없다는 근본 인식에 기초한 것이다. 벡, 『위험사회』, 홍성태 역, 새물결, 2006, 82쪽 참조.

2 U. Beck, Risikogesellschaft Auf dem Weg in eine andere Moderne, Frankfurt a. M., 1996, p. 27, p. 43.

3 같은 책, pp. 79-82.

는 스모그로 대변되는 위험의 보편성을 강조하면서 그러한 이유로 산업사회에서의 계급 지위가 위험사회에서 위험지위로 직결되지 않는다는 점을 보여준다. 위험의 보편성은 위험을 매개로 한 위험정치의 주요 행위자가 더 이상 산업사회적 계급 지위수행자가 될 수 없으며 '스모그'에 노출된 개별자로 이행됨을 의미한다.[4] 위험의 보편성은 위험의 규정, 유무 판단, 허용기준과 범위를 정하고 문제를 풀어가는 과정에서 과학자 그룹과 기존과 다른 사회정치적 집단이라는 새로운 권력을 창출한다. 이 집단은 산업사회에서 볼 수 없었던 새로운 사회정치적 영향력을 행사한다.

위험의 보편성 논제에서 위험은 단순히 생태환경의 문제만이 아니라 금융과 경제적 위험, 노동의 탈표준화에서 오는 위험, 제도적 개인화에서 오는 개인의 실존적 위험, 갈등과 테러 등에서 산출되는 위험을 포함한다. 경제적 유용성에 입각한 기술적·경제적 결정에 따라 산출된 위험은 위에서 부정적이지만은 않다. 왜냐하면, 위험은 전근대 단계를 넘어서 산업화(근대화)를 추구하는 '단순근대(Einfache Moderne)'의 목적달성을 의미하며 동시에 단순근대가 낳은 위험과 위험사회가 단순근대와 다른 새로운 근대성의 발전을 촉진시키기 때문이다. 단순근대의 비의도적인 산물로서 위험사회는 위험의 문제를 해결하려는 성찰적 근대화(Reflexive Modernisierung)의 전기를 제공한다. 단순근대가 성찰적 근대로 발전한다는 것은 인간이 "더 이상 자연을 이용하거나 인류를 전통적 제약들에서 해방시키는 데에만 관심을 기울일 것이 아니라, 기술-경제적 발전 자체에서 발생하는 문제들"[5]을 주제화하는 것이다.

성찰적 근대화는 산업화를 가져온 단순근대가 낳은 파국적 "부수효과들의 사회-경제-정치적 결과들"[6]을 사회적 의제로 설정하고 해결을 모색하는 것을 의미한다. 성찰적 근대화의 성찰적 양상은 단순과학화

---

4 같은 책, p. 48 참조.

5 같은 책, p. 26.

6 같은 책, p. 31.

에서 성찰적 과학으로 나타난다. 성찰적 과학은 스스로 생산하는 실수와 위험의 정의 및 분배에 관심을 기울이는 과학, 과학의 탈독점화를 스스로 요구하는 과학이다. 성찰적 과학은 저항의 과학으로도 나타나는데 과학을 저항의 수단으로 활용하는 환경운동이 그 예시다.[7] 그러나 엄밀히 말해 벡의 이 지적은 저항으로서의 과학과 저항적 성격의 활용 가능성을 개념적으로 구분하지 않았다고 볼 수 있다. 성찰적 근대화의 문제는 위험사회에서 지구화된 글로벌 위험사회로 이행되는 시점에 다른 층위의 성찰적 근대성을 보여주는데, 그러한 차원에서 벡은 글로벌 위험사회에 내재한 성찰적 계기성, 계몽의 계기성에 주목한다.

3) 글로벌 위험사회로의 이행과 방법론적 세계주의

벡에 따르면 위험사회는 필연적으로 글로벌 위험사회로 이행하게 된다. 이행의 필연성은 위험의 성격에 기인한다. 위험은 잠재적, 미래적, 비실제적임과 동시에 '실제적'이다. 잠재적, 미래적, 비실제적 위험의 내용이 인간의 현재적 경험과 행동에 영향을 미칠 수 있을 뿐만 아니라 '원인'이 될 수 있다는 점에서 위험은 실제적이다.[8] 또한, 위험은 더 이상 국지적이거나 일국의 문제가 아니다. 오염물질의 경계 없는 이동, 대양의 플라스틱 문제, 지구적 차원의 생태계 파괴와 온난화 문제에서 보듯이 위험은 국경의 경계가 사라진 초국가적이다. 과학의 발전과 근대적 산업화가 잉태한 위와 같은 위험은 그 자체에 이미 "세계화 경향이 내재(immanente Tendenz zur Globalisierung)"[9]되어있다.

벡은 "위험의 지구화"[10]의 특징으로 위치와 장소를 규정할 수 없다

7 Ibid., pp. 259-264.

8 Ibid., p. 44 참조.

9 Ibid., p. 48.

10 벡, 『글로벌 위험사회』, 박미애·이진우 역, 길, 2010, 94쪽.

는 점, 위험계산의 한계, 보상의 유효성 상실 곧 보상할 수 없다는 점을 제시한다.[11] 위험의 세계화는 시공간적 차원과 사회적 차원에서 나타난다. 위험의 시공간적 차원만큼 사회적 차원 역시 중요하다. 위험은 단지 세계적 차원의 환경 의제만이 아니라 사회경제적 의제이기도 하기 때문이다. 벡은 세계 금융자본주의에 편입된 상태에서 발생하는 사회적 차원의 위험규명 자체가 쉽지 않다고 본다.

위험의 세계화에 대한 인식은 크게 개선의 여지에 대한 허무주의적 반응, 위험의 일상화에 대한 추상적 인식에서 비롯되는 무감각한 반응, 그리고 적극적인 대응으로 나타난다. 주목해야 하는 점은 벡이 글로벌 위험사회로 이행된 지구사회를 냉소적이거나 부정적으로만 보지 않는다는 점이다. 오히려 그는 글로벌 위험사회에 숨겨져 있는 '역사적 간계', 곧 인류 생존의 문제를 야기한 위험의 세계화 속에 내재한 '역설의 계기성'을 강조한다.[12] 이 역설의 계기성은 '글로벌 위험사회가 갖는 세계주의적 계기성'으로 '자기파괴와 새로운 시작'의 국면에서 발생한다.[13] 이 계기성은 세계주의적 운명의 보편적 경험이 붕괴되거나 재구성될 수밖에 없다는 불안한 예감[14] 및 글로벌 위험의 통제 가능성과 예측 불가능성이라는 양의성에 내재한다. 벡은 글로벌 위험사회의 세계주의적 계기성을 '역동성' 개념으로 파악한다. 역동성은 위험에 관한 한 "원하든 원하지 않든, 또는 인식하든 인식하지 않든 모두가 가까운 이웃이라는 점, 다시 말해 타자가 누구인지 분명하게 선을 그을 수 없는 세계"에 살며

11 같은 책, 101쪽 참조.

12 『글로벌 위험사회』에서의 '역사적 간계' 혹은 '계몽의 기능'에 대한 벡의 생각은 그와 같은 개념을 사용하고 있지 않았어도 『위험사회』에서 그 단초가 곳곳에서 발견된다. 가령 벡은 비록 소극적이고 방어적인 성격이 강하지만, 모든 위험으로부터 자유로워지고자 하는 유대에 기초한 '위험사회의 유토피아'가 싹틀 계기성이 있다고 믿었다. 또 위험사회에서 촉발하는 다양한 층위의 하위정치의 활성화에 대한 그의 믿음 역시 그가 『글로벌 위험사회』에서 정치 영역에서의 역사적 간계, 계몽의 계기성을 함축한다.

13 벡, 『글로벌 위험사회』, 박미애·이진우 역, 길, 2010, 98쪽 이하 참조.

14 같은 책, 116쪽 참조.

"문화적 타자를 포함시킬 수밖에 없는 상황"[15]을 지시하는 개념이다.

주목해야 하는 것은 벡이 위험의 세계주의적 계기성이 낳은 세계주의를 '강요된 세계주의'이지 자발적 세계주의가 아니라고 파악한다는 점이다. 그는 강요된 세계주의를 철학적이고 규범적 이념에 기초한 세계주의와 구별해 '현실주의적 세계주의'라고 지칭한다.[16] 위험의 세계화가 촉발한 강요된 세계주의는 글로벌 위험에 대응하는 인류의 생존을 위한 협력과 결속의 공동행위를 이끌어낸다는 점에서 부정적인 것만은 아니다. 왜냐하면 현실주의적 세계주의는 어떻게 글로벌 위험을 해결할 것인가라는 물음을 촉발시키기 때문이다.

> 어떻게 발전된 근대화 과정에서 체계적으로 동반 생산된 위험과 위해를 저지하고, 최소화하며, 극적으로 드러내거나, 일정한 방향으로 흘려보낼 수 있는가?[17]

현실주의적 세계주의는 "문명의 묵시록이 드리우고 있는 그림자"[18]와 "어두운 밤 잃어버린 지갑을 가로등 불빛으로 찾으려는 만취한 술

---

15 같은 책, 107쪽 참조.

16 현실주의적 세계주의, 방법론적 세계주의는 일국적 준거틀에서 현실의 위험을 인식하고 접근하는 일국적 현실주의와 규범적 일국주의 관점을 비판하며 국민국가의 문제도 세계시민적 현실주의를 배제할 수 없다는 입장이다. 가족, 계급, 윤리, 경제, 공론장, 정치 등 제1근대성의 근간을 이루는 것에 대한 '방법론적 일국주의' 패러다임에서 '방법론적 세계주의'로의 패러다임 전환이 불가피하다는 것이다. 벡, 『글로벌 위험사회』, 박미애·이진우 역, 길, 115쪽 참조; 울리히 벡, 『세계화 시대의 권력과 대항권력』, 홍찬숙 역, 길, 2011, 100, 189쪽 이하 참조.

17 U. Beck, Risikogesellschaft Auf dem Weg in eine andere Moderne, Frankfurt a. M., 1996, p. 26.

18 울리히 벡, 『글로벌 위험사회』, 박미애·이진우 역, 길, 2010, 57쪽. 벡은 전통적 의미의 산업사회에서 위험사회로의 이행을 대략 1970년대로 추산한다. 그 근거는 1970년 이전에는 부의 분배가 사회의 중요한 의제였으나 그 시점을 전후로 위험의 분배문제가 새로운 사회적 의제로 등장했다는 데 있다. 벡에 따르면 위험사회에서 위험의 분배와 매개는 계급사회에서 부의 분배와 다른 것이며 일치하지 않는다. '위험 지위가 계급 지위가 아니다'란 벡의 주장은 위험사회에서 위험의 영향을 받지 않는 자가 없다는 근본 인식에 기초한 것이다. 벡, 『위험사회』, 홍성태 역, 새물결, 2006, 82쪽 참조.

꾼"[19]을 처리하는 '현실주의적' 방법론이라 할 수 있다. 이 점에서 강요된 세계주의가 낳은 현실주의적 세계주의는 방법론적 세계주의다. 방법론적 세계주의는 민족국가, 개별국가 차원, 일국적 관점을 넘어서 세계시민사회적 차원과 관점에서 위험 거버넌스를 구성하지 않는 한 글로벌 위험을 극복하지 못한다는 인식에서 출발한다. 그래서 필요한 것이 "지구사회적인 관계망, 경제적·생태적·문화적·시민사회적 지구성, 지구화 속에서의 위상설정"[20]이다. 방법론적 세계주의는 논리적으로 타자의 내재화와 '세계시민화'를 함축한다. 벡의 관점에서 이 과정이 '내재적 세계화'다. 내재적 세계화가 전환의 과정에 관한 기술이라면, 세계시민화는 관점을 전환하는 주체의 성격 변화를 지칭한다.

'주체의 성격 변화'란 개별국가에서 세계시민사회로의 행위주체의 확장, 핵심적 행위영역으로서 정치 영역과 정치적 역할의 중요성을 의미한다.[21] 벡은 1995년 세계적인 석유기업 셸이 쓸모없어진 시추선을 대양에 폐기처분하지 못하게 만든 '반셸동맹' 사례로 제시하면서 "전 지구적 차원의 하위정치(Sub-Politik) 내지 직접정치(Direkt-Politik)"[22]의 중요성을 강조한다. 반셸동맹에서 볼 수 있듯이 위험사회나 글로벌 위험사회에서 "정치의 개념과 장소와 매체"[23]는 변했다. 또 벡의 시각에서

19 벡, 『글로벌 위험사회』, 박미애·이진우 역, 길, 2010, 145쪽.

20 울리히 벡, 『지구화의 길』, 조만영 역, 거름, 2000, 211쪽.

21 세계시민교육에서 쟁점 중의 하나가 시민성 개념인데 벡은 규범적 차원, 실제적 차원, 행위적 차원에서 세계시민 개념을 사용한다. 벡의 세계시민 개념은 야스퍼스, 앨브로우, 러셀 등이 주장하는 세계정부 개념하에서의 세계시민 개념이나 법적 지위 개념으로서 세계시민 개념 그리고 공동체주의자들의 지역시민성 우선성과 대별된다. 또한 싱어와 같은 도덕주의, 공리주의적 입장의 세계시민 개념과 구별되는 '현실적·실제적' 세계시민 개념이다.

22 벡의 하위정치 개념에서 '정치'란 위험사회의 행위주체가 된 개인이 위험 관련 의제의 포괄적 의미의 의사 형성 활동에 참여하는 것을 뜻한다. 울리히 벡, 『지구화의 길』, 조만영 역, 거름, 2000, 136쪽.

23 U. Beck, Risikogesellschaft Auf dem Weg in eine andere Moderne, Frankfurt a. M., 1996, p. 300. 반셸동맹에서 확인할 수 있듯이 셸과 같은 다국적 거대기업과 맞서는 세계시민사회도 일종의 권력작용을 한다. 이런 점에서 벡은 세계시민사회를 세계경제에 맞서는 아래로부터의 대항권력으로 간주한다. 울리히 벡, 『세계화 시대의 권력과 대항권력』, 홍찬숙 역, 길, 2011, 197쪽 이하 참조; 장준호, 「세계위험사회와 국가의 대응전략 탐색: 울리히

그 사건은 상징적인 의미에서 산업사회에서 확립된 의회제 민주주의의 원리적 핵심이 더 이상 작동하지 않으며 더 이상 의미 있는 유효성을 갖지 못한다는 것을 보여주는 것이다.[24] 문제는 벡이 주장하듯 글로벌 위험에 대응하는 가장 적극적인 방법으로서 반셸동맹과 같은 세계시민적 차원의 하위정치가 일상화될 수 있는지는 의문이다. 또한 벡이 글로벌 위험의 엄중성에 대한 인식을 가능하게 하는 "잠재적인 성찰성"[25]을 세계시민에게 가정하지만, 위험의 해결을 위한 분쟁 과정에서 잠재적 성찰성이 민족주의로 회귀하는 퇴행 현상으로 나타날 수도 있다는 것을 완전히 배제할 수 없다. 이 점에서 벡은 글로벌 위험사회에 내재한 '계몽의 기능'에 대한 믿음에 충실하다고 볼 수 있다.

4) 방법론적 세계주의의 교육적 실천으로서 세계시민교육

벡은 글로벌 위험사회에서 글로벌 위험에 대한 대응으로서 방법론적 세계주의를 제안했다. 그런데 세계시민적 차원의 방법론적 세계주의만으로 글로벌 위험이 해결될 수 없으며 교육적 대안이 불가피하게 요구된다. 이를 인식한 벡은 『위험사회』에서 이미 교육 패러다임의 전환을 촉구했으며 『글로벌 위험사회』에서 세계시민주의 교육으로의 교육 패러다임의 전환을 주장했다. 이러한 벡의 주장은 매우 이례적이며 혁신적인 생각이라고 평가할 수 있다. 왜냐하면 세계시민교육이 세계적 차원에서 본격화된 것은 벡이 문제를 제기한 시점으로부터 대략 10여 년 후다.

2012년 들어 유엔에 의해 '글로벌교육 우선구상(GEFI, Global Edu-

벡의 세계시민적 현실주의를 중심으로」, 『세계지역연구논총』 28집 1호, 2010, 348쪽 이하 참조.

24 U. Beck, Risikogesellschaft Auf dem Weg in eine andere Moderne, Frankfurt a. M., 1996, p. 19 참조.

25 Ibid., p. 299.

cation First Initiative)'이 출범했으며 GEFI의 핵심목표 중의 하나가 세계시민교육이다. 세계시민교육이 국제사회에서 위상을 확실히 한 계기는 2015년에 유네스코가 개최한 세계교육포럼(World Education Forum)에서다. 이 포럼에서 세계시민교육이 2030년까지 유네스코 차원의 핵심 교육과제로 채택되었다. 놀라운 것은 글로벌 위험사회에 대한 벡의 사회학적 논의에서 도출된 글로벌 위험극복을 위한 교육적 요청이 세계시민교육의 주요 교육목표와 교육주제를 이미 선취하고 있다는 점이다.

벡은 글로벌 위험사회에 대한 인류의 대답이 "교육사회와 지식사회의 구축과 개발"에 있음을 천명하며 이 과정에서 정치의 역할을 강조한다. 그는 정치가 글로벌 위험사회에서 세계시민으로서 "지구사회라는 초국민적인 지형과 모순들 가운데서 스스로 헤쳐나갈 수 있는 능력과 방향"[26]을 육성하는 데 중요한 역할을 해야 한다고 믿었다. 이때 정치는 좁은 의미의 엘리트 정치를 의미하는 것이 아니며 지구적 이슈를 해결하려는 조직적이고 광범위한 거버넌스 활동을 의미한다. 벡이 말하는 글로벌 위험사회에서 교육은 글로벌 위험 해결을 위한 정치-교육학적 활동이자 세계시민교육이다. 그는 글로벌 위험사회에서 교육의 목표를 "사회적 능력, 협동능력, 갈등조정 능력, 문화에 대한 이해력, 네트워크 사고력, 제2의 근대가 안고 있는 불안정성과 역설에 대한 대응력"[27] 향상으로 설정한다.

'제2의 근대가 안고 있는 불안정성과 역설에 대한 대응력'을 기르는 교육은 글로벌 위험사회에 사는 세계시민으로서 가져야 할 '잠재적 성찰성'을 함양하고 글로벌 위험에 대한 성찰적 실천역량을 육성하는 것을 목표로 한다. 벡의 관점에서 볼 때 이와 같은 교육이야말로 세계시민교육의 중핵이라 할 수 있다. 위에서 벡이 설정한 교육목표는 글로벌 위험사회의 극복을 위해 필요한 역량이며 메리필드, 옥스팜 등을 포함한 세계시민주의 교육론자들이 주장하는 세계시민교육의 범주 및 목표

---

26 울리히 벡, 『지구화의 길』, 조만영 역, 거름, 2000, 259쪽.

27 앞의 책, 259쪽.

역량과 크게 다르지 않다.[28] 벡의 관점에서 가장 중요한 것은 위험의 세계화에 대한 인식이다. 위험이 개별국가의 문제가 아닌 이상 위험의 세계화에 대한 인식이 글로벌교육 차원에서 이루어져야 하며 동시에 위험의 양의성을 인식시켜야 한다. 글로벌 위험의 인식이 인지적 차원이라면 위험의 양의성 교육은 글로벌 위험을 극복하는 데 필요한 '가치교육'에 해당한다. 연대와 협력이 핵심가치다. 양의성 교육은 글로벌 극복을 위해 할 수 있는 것과 그것에 필요한 역량을 기르고 갈등관리와 협력 및 복잡성과 불안정성으로 인한 위험의 통제 불가능성에 대한 교육을 의미한다.

벡은 '교육정책의 새로운 방향 전환'으로서 세계시민교육의 교육목표와 필요역량만 제시한 것에 그치지 않고 한발 더 나아가 교육과정의 개편 방향도 제안한다. 그는 먼저 산업사회에서나 요구되는 취업 중심의 대학교육 과정을 재편하거나 폐지할 것을 주장한다. 벡의 입장은 산업사회의 부산물인 글로벌 위험사회에 대응하는 세계시민을 육성하기 위해서는 넓은 의미의 취업을 위한 기술적 지식이 아니라 배운 지식을 폭넓게 응용·활용할 수 있는 능력의 배양이 우선되어야 한다는 문제의식에 기초한다.

> 요즈음에는 여기저기에서 예컨대 (대학의) 교육과정과 교과목에서도 초국민화 과정 연구(글로벌 스터디)와 같은 교육과정이 필요하다는 말이 곧잘 들리곤 한다. 그런 과정을 통해 학생들은 초문화권적인 소통을 할 때 생기

---

28 메리필드가 주장한 세계시민교육의 7가지 범주는 벡의 현실주의적 세계시민주의에 기초한 세계시민주의 기본방향에 가장 근접한다. 그가 말하는 세계시민교육의 7가지 범주는 다음과 같다. 인류와 전 세계를 역동적이고 유기적이며 상호의존적인 체계로 이해하기, 전 지구적 쟁점 이해하기, 다양한 문화와 관점 이해하기, 지역적 차원 및 전 지구적 차원에서 의사결정을 내리고 행동하는 데 필요한 지식, 기능, 책임감 갖기, 인류의 역사적 상호의존, 간문화적 이해 상호작용 의사소통, 편견 해소 및 도덕교육. 또한 옥스팜이 제시한 세계시민교육의 핵심요소 중에서도 벡의 세계시민의 요소와 본질적으로 같은 요소들이 존재한다. 가령 세계화와 상호의존 자아 인식과 자기성찰, 인간과 인권 존중, 평화와 갈등 협력과 갈등 해결, 환경과 지속 가능한 발전에 관한 관심, 힘과 거버넌스를 잘 알고 숙고하여 행동, 정체성과 다양성 공감능력, 사람이 변화를 이끌어낼 수 있다는 믿음, 지식과 이해 기술적 능력 가치와 태도, 복잡성과 불확실성 관리능력 등이다. Oxfam, *Education for Global Citizenship – A guide for schools*, UK: Oxfam, 2015, p. 5.

는 어려움이나 갈등을 더 쉽게 이해하고 대응할 수 있게 될 것이다.[29]

인용구에서 보듯 벡이 요구하는 새로운 교육과정은 초국민화 교육과정, 다시 말해 세계시민교육이다. 그가 제안한 새로운 교육과정 편성 목적은 "학생들에게 글로컬한 삶과 행위의 다차원성 및 그 함정을 이해하고 비켜갈 수 있는 인식의 지도"[30]를 형성시키는 데 있다. 다시 말해 글로벌 위험사회에서 세계시민교육은 세계 문제의 복잡성과 다차원성에 대한 인식능력과 함께 문제 접근과 해결의 지형도 및 해결과정의 전체 경로를 읽어내는 힘을 길러야 한다는 것이다. 또한 벡은 세계시민교육이 단순히 세계시민적 주체의 육성에 그치는 것이 아니라 세계시민사회가 안고 있는 복잡한 문제지형 속에서 하나의 개별자로서 자신의 삶을 스스로 개척하고 만들어가는 실천능력을 형성시키는 교육이어야 함을 강조한다.[31]

그가 세계시민이라는 공적 주체 교육을 말하면서 동시에 한 개인으로서 삶의 실현을 위한 실천력을 강조하는 데는 두 가지 이유가 있다. 개인의 운명을 개인의 탓으로 돌리는 개인주의화의 가속화와 개인이 더 이상 자기 삶의 상황, 생존 불안을 계산하고 통제할 수 없는 '위험의 생애(Risiko-Biographie)'로부터 벗어날 수 없다는 점이다.[32] 논자의 시각에서 볼 때 벡의 세계시민교육은 궁극적으로 글로벌 위험의 해결을 위한 협의의 세계시민교육과 세계시민사회에서 개인의 사회적 생존과 자기실현을 위한 개인 역량교육이라는 두 축의 조화와 균형을 추구한다.

29 울리히 벡, 『지구화의 길』, 조만영 역, 거름, 2000, 260쪽.

30 앞의 책, 같은 쪽. 벡은 세계화 시대의 세계시장의 형이상학, 자유무역, 위험의 연출, 혁명적인 무정치성, 파국적 사유에 대한 비판, 흑색 보호주의, 녹색 보호주의, 적색 보호주의 등을 포함한 10가지 함정을 제시한다. 세계시민교육은 이 함정을 인식하고 함정에 빠지지 않는 교육을 해야 한다는 것이 벡의 일관된 주장이다.

31 같은 책, 261쪽.

32 같은 책, 288쪽 이하 참조; 이하준, 「울리히 벡의 개인개념과 한국사회」, 『사회와 철학』 28집, 2014, 76쪽 이하 참조.

5) 국내대학의 세계시민교육 현황과 실태

벡의 현실주의적 세계주의에 입각한 세계시민교육(global citizenship education)과 별개로 세계화 논쟁이 본격적으로 시작된 1990년대 중후반 이후 국내대학에서 글로벌 역량, 글로컬 역량교육을 내세웠다. 교육 당국에서는 대학의 국제화지수 대학평가 항목 중 하나로 채택해 영어강의 확대, 외국인 교원과 유학생 유치를 부추겼다. 주지하다시피 글로벌 역량교육은 언어교육으로 환원되거나 거기에 더해 〈~ 문화의 이해〉와 같은 강좌 개설로 나타났다.

오늘날 국내의 4년제 대학 중 글로벌 역량을 가진 인재상을 표방하지 않는 대학은 없다. 그러나 벡이 말하는 주체의 성격을 변화시키는 세계시민화를 위한 기초과목, 즉 세계시민의식, 세계시민성 교육을 핵심으로 하는 교육과정을 운영하는 대학은 미미한 수준이다.[33] 국내대학의 세계시민교육 현황은 다음과 같이 유형화할 수 있다. ① 세계시민교육을 위한 공통교양 교과목을 운영하는 대학, ② 세계시민 역량 함양을 대학의 공식 교육목표로 표방한 대학, ③ 세계시민교육을 위한 교양선택 독립교과목을 운영하는 대학, ④ 글로벌(글로컬) 역량교육을 교육목표로 삼고 있으나 세계시민교육 관련 독립된 교양선택 교과목을 운영되지 않는 대학(대부분 대학), ⑤ 글로벌(글로컬) 역량교육을 교육목표로 설정하지 않은 대학이다.

①에 속하는 대학이 숙명여대와 경희대다. 숙명여대는 국가와 민족, 인류발전에 이바지하는 여성 지도자 배출을 교육목적으로 설정하고 있다. 이 대학은 교양핵심 영역 4영역을 글로벌 시민역량으로 설정하고 1학년 공통필수 교과목으로 〈세계시민교육과 리더십〉(2학점)을 운영

---

33 김이경 등의 조사에 따르면 유네스코 아시아태평양 국제이해교육원 세계시민교육 강좌 개설 지원사업(2016~2019)에 참여한 대학이 총 21개교로 국내 전체 대학의 약 10%에 불과하다. 부산, 대구, 울산과 같이 광역시급 지역대학과 강원, 전북 소재 대학에 참여가 전무하다. 김이경·민수민·이세미·김해련, 「세계시민교육 대학 강좌 개설 지원사업의 추진 성과와 과제」, 『국제이해교육연구』 15(1), 2020, 44쪽.

한다. 많은 대학이 교육목적 중의 하나로 '인류발전에 기여'하는 교육을 표방하지만, 그것을 위해 이 대학처럼 공통필수를 개설하는 대학이 거의 없다는 점에서 높게 평가해야 한다. 〈세계시민교육과 리더십〉 교과목 개설목적은 "글로벌 공동체의 시민으로 성장하기 위한 자기성찰과 다양성, 인권, 정의 등 기본소양을 익히고 구체적 문제의식을 함양"[34]이다. 이것은 일반적인 세계시민교육의 목적에 부합되며 울리히 벡의 세계시민이 갖추어야 할 성찰성 및 세계적 이슈에 대한 식견 및 참여에 대한 요구가 반영되었다고도 볼 수 있다. 경희대는 국내대학의 세계시민교육 부분에서 가장 앞서가는 대학이라고 평가할 만하다.

경희대는 교양과목 조직원칙 자체를 지구성, 다양성, 복잡성의 원칙에 두고 있다는 점에서 세계시민주의에 기초해 교양교육 과정 전체를 설계·운영한다고 볼 수 있다. 이 대학의 교양과목 조직 원칙은 벡의 방법론적 세계주의가 전제하는 지구사회적인 관계망, 세계시민사회적 지구성, 글로벌 차원의 문제인식과 문제해결을 위한 복잡한 지형도에 관한 언급과 동일한 인식에 기반한다고 해도 과언이 아니다. 이러한 인식을 토대로 경희대는 1학년 필수 교과목으로 〈세계와 시민〉(3학점)을 운영한다. 또 기초필수 교과목으로 〈시민교육〉(교육2+봉사1, 3시간 3학점) 교과목을 개설하고 있다. 이 과목은 "일국 시민성과 지구사회적 시민성의 조화"[35]를 이루는 시민의 육성과 "세계의 다양한 정치적·사회적·문화적 문제들을 여러 각도에서 볼 줄 아는 능력, 개인/집단들 사이의 상충하는 이해관계를 조절하고 소통, 연대, 협력의 가능성을 확장하는 사회적 능력 — 이런 능력과 덕목들을 갖춘 신뢰할 만한 인간이자 책임 있는 시민을 양성"[36]을 목적으로 한다.

논자가 볼 때 〈시민교육〉 강좌의 교육목표는 벡의 현실주의적 세계

---

34 https://gei.sookmyung.ac.kr/fro_end/html/dep_02/2210.php#modalSuccess

35 http://hc.khu.ac.kr/v2/02/03_02.php

36 http://hc.khu.ac.kr/v2/02/03_02.php; 울리히 벡, 『지구화의 길』, 조만영 역, 거름, 2000, 259쪽.

시민주의의 관점에서 세계시민이 갖추어야 역량으로 제시한 지구적 이슈의 인식과 문제해결을 위한 갈등 조절능력, 협동능력, 네크워크 사고력 등을 기르는 것과 다르지 않다. 배분이수 교과의 제4 주제영역 교과목인 〈글로벌 의식과 세계시민: 전 지구적 문제 살펴보기〉는 개별국가 단위에서 행해지는 시민교육의 일반적 성격보다 '세계시민성과 세계시민으로서 갖추어야 할 자질'에 초점을 맞추어 교육이 이루어지고 있음을 교과목 개요에서부터 확인할 수 있다.[37] 이 밖에도 이 대학은 타 대학과 비교해 세계시민교육을 위한 교과목을 상당히 많이 개설·운영한다. 특히 현실주의적 세계주의를 주창한 벡이 강조했던 지구적 차원의 정치의 역할과 하위정치 참여 관련 교과목이 이례적으로 많다. 관련된 교과목을 예시하면 다음과 같다. 〈두 얼굴의 인류사: 전쟁과 평화〉, 〈문명의 충돌과 조화〉, 〈공동체 윤리의 빛과 그늘〉, 〈핵 없는 세계를 위한 국제사회의 노력〉, 〈지속가능한 평화를 위한 국제질서〉, 〈세계의 평화주의자〉, 〈세계의 공동체: 사례연구〉, 〈공간과 권력으로 보는 세계〉.

②의 범주에 속하는 대표적인 대학이 단국대, 한국외대다. 단국대의 경우 세계시민 역량을 독립적인 역량교육의 한 부분으로 설정하고 있으나 공통교양의 영역 구분으로 세계시민 영역은 영어 1, 2(3, 3), 제2외국어, 〈한국과 세계소통의 역사〉(2학점)의 과목을 필수로 이수하게 되어있다. 이러한 교과목 이수체계는 세계시민교육을 표방하고 있으나 기존의 교과목을 영역 구분에 따라 재분류한 것으로 봐야 한다. 〈한국과 세계소통의 역사〉가 세계시민교육을 기본 목적으로 개설되었다고 평가하기 어렵다.[38] 한국외대는 2018학번 이후 교양 이수교정에는 하위 역량으로 세계시민 역량을 제시하며 관련 과목으로 간주 될 수 있는 〈시민교육〉(2학점)을 선택필수로 이수토록 하고 있다.[39]

③의 유형에 속하는 대학과 교과목은 다음과 같다. 인하대 〈세계시

---

37 http://hc.khu.ac.kr/v2/02/03_03.php

38 https://cms.dankook.ac.kr/web/liberalarts/-

39 http://minerva-college.hufs.ac.kr/

민교육: 차이를 넘어 공존으로〉, 성신여대 〈세계시민교육과 글로벌 리더십〉, 연세대학교 〈세계시민주의〉, 한국성서대학교 〈세계시민되기〉, 서울대학교 〈세계시민사회〉. 이 대학들은 인하대의 교과목 개요에서 보듯이 세계시민교육의 주요 주제를 다루며 세계이해와 세계시민으로서 필요한 역량의 함양을 표방한다.[40]

원광대, 한남대 등을 포함해 전국의 대부분 대학이 ④의 범주에 속한다 해도 과언이 아니다.[41] 한남대의 경우 '선도적 세계인' 육성을 목표로 삼고 이를 위한 실행 핵심역량으로 글로컬 역량과 나눔 리더십 역량을 제시한다. 이 대학의 경우 글로벌 역량교육을 표방하지만, 선택교양으로 독립적인 세계시민교육 교과목을 개설하지 않고 있다. 위와 같은 대학들의 특징은 외국어 교육을 글로벌 역량교육의 중핵으로 이해하고 있으며, 세계화 담론 이후에 기존의 외국어 교육에 해당 외국어권의 문화(문학, 신화) 관련 강좌를 운영한다. 이러한 교과목이 세계시민주의 관점에서 개설되었다고는 보기 어렵다. 왜냐하면 이러한 교과목은 세계화 담론, 세계시민주의 논의 이전에도 목적형 교과목이 아닌 일반교양 교과목으로 많은 대학들이 개설해왔기 때문이다. 또한 그와 같은 교과목 개설의 증가는 학생들의 교과목 다양성에 대한 요구, 학부교육 선도대학(Advancement of College Education) 사업이라는 외부요인이 크게 작용했다.

⑤ 유형의 대학을 찾기란 현실적으로 거의 불가능하다. 이런 점에서 매우 예외적인 대학이 세명대다. 이 대학은 세상을 밝게 비추는 위세광명인의 육성을 교육목표로 설정하고 있으나 글로벌 역량이나 글로컬 역량을 제시하지 않고 있다. 이 대학이 제시한 5대 역량 중 세계시민교육과 관련해 가장 연관성이 있다고 볼 수 있는 나눔과 배려역량에 대한 설명에도 세계시민성이나 글로벌 역량과 관련된 어떤 내용도 찾아볼 수

---

40 http://generaledu.inha.ac.kr/curriculum/curr_020401.aspx

41 http://tlac.hannam.ac.kr/contents/refinement/refinement_020000.html; https://intra.wku.ac.kr/SWupis/V005/Service/Stud/Course/listByRange.jsp

없다.[42] ⑤ 유형만이 아니라 국내대학의 대부분을 차지하는 ④ 유형의 대학에서 벡이 말하는 세계시민화를 위한 교육과정은 실제적으로 존재하지 않는다고 평가할 수 있다.

6) 벡의 방법론적 세계시민주의 관점에서 세계시민교육의 개선방향

논자가 볼 때 벡의 방법론적 세계주의에서 산출된 세계시민교육 개념과 유네스코나 유네스코 아시아태평양 국제이해교육원에서 밝히는 세계시민교육의 정의나 교육목표를 비교하면 본질적인 차이가 발견되지 않는다.[43] 벡의 방법론적 세계주의를 세계시민교육 관점에서 범주화하면 환경 위험을 포함한 다양한 위험과 위험의 세계화에 관한 인식, 지구화된 위험을 해결하려는 세계시민적 책임의식(글로벌 시민행동)과 앎의 능력을 육성하는 역량계발로 나눌 수 있다. 유네스코 아시아태평양 국제이해교육원은 세계시민교육을 “전 지구적 이슈들을 사회·정치·문화·경제 및 환경적 관점에서 이해”시키며 “지식과 인지적 역량의 발달을 넘어 국제협력 및 사회 변화를 촉진하는 가치관 및 역량, 태도”[44]를 함양하는 교육으로 정의한다.

위에서 말하는 지구적 이슈의 이해는 벡에게서 환경 위험을 포함한

---

42 http://www.semyung.ac.kr/kor/sub01_03_03.do

43 벡의 현실주의적 세계주의에서 세계시민의 명확성과 달리 세계시민교육 논의에서 세계시민(global citizenship)이나 세계시민의식 개념 자체에 대한 미묘한 입장의 차이가 있다. 그러나 내실적인 측면에서 보면 본질적인 차이는 존재하지 않는다. James, Tully., *On Global Citizenship*. London, UK and New York, USA: Bloomsbury Academic, 2014, p. 4; Laura, Oxley & Paul, Morris, “Global Citizenship: A Typology for Distinguishing its Multiple Conceptions”, *British Journal of Educational Studies*, 61(3), 2013, p. 302. 김진희는 세계시민성 담론의 지형(정치적·경제적·윤리적·비판적 접근)도를 소개하고 있다. 김진희, 「Post 2015 맥락의 세계시민교육 담론 동향과 쟁점 분석」, 『시민교육연구』 47권 1호, 2015, 64쪽 참조.

44 유네스코 아시아태평양 국제이해교육원 편, 『세계시민교육 정책 개발을 위한 가이드』, APCEIU, 2017.

다양한 위험에 대한 인식과 동일한 의미다. 유네스코가 "공정하고, 평화롭고, 수용적이고, 안전하고, 지속 가능한 세상에 기여할 수 있도록 가르치는 것"[45]을 세계시민교육의 목표로 제시하는데 벡이 방법론적 세계주의를 주창하는 궁극적 목적과 다를 것이 없다. 그러나 기존의 전통적 세계시민교육과 위험사회와 글로벌 위험사회론에서 제기된 방법론적 세계주의에서 산출된 세계시민교육은 실천적 차원을 매우 강조한다. 이 장에서는 벡의 방법론적 세계주의 관점에서 대학의 세계시민교육의 개선방향과 대안을 제시하고자 한다.

(1) 세계시민교육을 위한 공통교과목의 개설과 선택교과목의 영역 규정

대학의 인재상을 글로벌 인재양성으로 설정한 대학이 교육목적 달성을 위해 공동필수 교과목으로 세계시민교육 관련 교과목을 운영하지 않는다는 것은 교육적 일관성의 빈곤에서 비롯된 것이다. 세계적 지도자 양성이라는 교육목적이 대학교육의 목적 중에 하나라면 그에 해당하는 교육목표-교육과정-교과목-교수방법-평가방식의 체계성과 입체적 운영이 이루어져야 한다. 이를 위한 전제 중의 하나가 바로 공통교과목의 신설과 이 교과목을 지원하는 선택영역에서의 관련 교과목 개설이다. 공통교과목은 반드시 〈세계시민주의〉와 같은 강좌명일 필요는 없으며 〈글로벌 사회의 이해와 인간의 미래〉 등으로 할 수도 있다.

중요한 것은 세계시민성 교육을 목적으로 하는 공통교과목의 개설이다. 지원교과목은 벡의 개념을 따라 '타자의 내재화' 영역과 세계시민화 영역으로 범주화해 교과목을 균형 있게 개발 운영해야 한다. 타자의 내재화를 위한 교과목으로 〈인권교육〉, 〈돌봄과 배려 윤리〉, 〈전쟁과 역사〉, 〈계급과 불평등의 문제〉, 〈남과 여〉, 〈페미니즘〉 등을 예시로 들 수 있다. 세계시민화 영역은 〈다문화의 이해〉, 〈세계평화운동〉, 〈지

45 UNESCO, Global Citizenship Education: Preparing learners for the challenges of the twenty-first century, Paris 2014, p. 5.

속가능한 세계경제〉, 〈국제기구의 역할과 활동탐구〉, 〈문명의 갈등과 화해〉, 〈빈곤, 난민, 평화〉, 〈글로벌 이슈 토론〉과 같은 교과목을 개설할 수 있다.

(2) 국제기구 관련 교과목 계발

벡은 글로벌 위험사회의 문제는 단순히 위험의 세계화에 대한 인식에서 끝나는 것이 아니라 위험관리의 접근방식, 주체설정과 해결 과정에서 정치의 역할을 강조한다. 이와 관련해 벡은 그린피스에 대한 긍정적 평가에 주목할 필요가 있다. 그에 따르면 그린피스가 생태적 위험에 대한 각성과 "절제, 방어, 원조의 의미 지평을 창출"하고 "도덕적 기상도"[46] 아래에서 생태위험을 불러온 주요 행위자의 힘을 제어하는 역설적 반환을 시도했다고 평가한다. 벡의 관점에 착안해 국제기구와 국제적 NGO기구를 세계시민교육에 활용할 수 있다.[47] UN, 국제난민기구(IRO), 유네스코(UNESCO), 국제노동기구(ILO), 국제식량농업기구(FAO), 국제인권위원회 등과 같은 공식 국제기구만이 아니라 그린피스 등과 같은 세계시민 차원의 NGO 기관의 중요성과 역할을 탐구하는 교육과정의 운영이 필요하다.[48]

---

46 울리히 벡, 『지구화의 길』, 조만영 역, 거름, 2000, 139쪽.

47 박희제가 지적하듯이 2008년 발생한 시민들의 미국산 소고기 수입반대 시위에 WTO, GATT, OIE와 같은 국제기구의 논리가 동원되었다. 이런 사례들은 국제기구를 세계시민교육적 관점에서 재인식하고 활용할 수 있다는 점을 시사한다. 하대청, 「위로부터의 지구화와 위험담론의 역사적 구성」, 『ECO』 18(1), 2014, 237쪽 이하 참조. 박희제, 「위험사회에서 세계시민주의로: 울리히 벡의 (기술)위험 거버넌스 전망과 한국의 사회학」, 『사회사상과 문화』 30집, 2014, 116쪽.

48 세계시민교육 강좌를 운영하는 국내대학 중 '국제기구'를 독립 주제로 선정해 수업을 하는 대학으로는 공주대 윤리교육과(글로벌시티즌쉽과 세계시민교육), 숙명여대 글로벌서비스학부(글로벌시민교육과 지속성장목표), 한동대 글로벌 리더십학부(세계시민교육의 역할) 총 세 대학이다. 차봉준·성신형·한윤영, 「대학생 세계시민교육과 환경 담론: 교육과정 구성을 중심으로」, 『문학과환경』 19권 2호, 2020, 249쪽.

(3) 세계시민적 하위정치 행위자 역량육성을 위한 프로젝트 기반 교육강화

환경문제만이 아니라 사회경제적 문제를 해결하는 데 있어 벡은 세계시민이 중심이 되는 하위정치를 강조했다. 그의 시각에서 볼 때 세계시민교육은 '세계적 차원의 하위정치적 참여교육과 활동'이 중심을 이루어야 한다. 글로벌 위험에 대한 인류적 차원의 접근이라는 관점에서 볼 때 벡의 관점이 제대로 실현되려면 세계시민교육은 프로젝트 기반교육(project-based learning) 중심이어야 한다. 프로젝트 기반교육은 북극곰 문제, 열대림 삼림벌채 등 글로벌 이슈를 이해하면서 글로벌 의식을 갖게 되고 문제해결을 위한 단서를 찾아가는 학습의 과정을 통해 글로벌 역량을 키워나가는 최적의 방법이다. 프로젝트 기반교육을 통해 벡이 궁극적으로 원하는 것은 하위정치 행위자로서의 역량, 곧 글로벌 시민 참여 행동에 나서는 역량의 형성이다. 글로벌 차원의 하위정치란 세계시민적 참여행위를 전제로 하기 때문이다.

(4) 세계시민교육 차원의 실천주의적 생태 교육과정 운영

벡은 전 지구적 차원의 생태계 위험에 직면해 새로운 도덕적 기상도가 형성되며, 전 지구적 위험의 강도가 크면 클수록 도덕적 의미 지평은 확대될 것으로 전망한다. 전 지구적 생태계 위험에서 촉발되는 의미 지평은 절제, 방어, 원조와 같은 것이다. 이러한 윤리적 지평은 세계시민교육의 중요한 영역인 '지속 가능한 발전을 위한 의식교육'의 토대를 제공하는 것이다. 벡이 말하는 새로운 의미 지평의 기상도를 체화하고 윤리적 실천으로 이끌기 위해서는 '위험의 지구화'에 따른 생태적 위험의 강도에 의존할 수 없으며 세계시민적 차원의 교육과정, 교과목 개발을 통한 교육적 대응이 필요하다. 한남대나 많은 대학에서 일반선택과목으로 윤리 교과목을 개설하고 있으나 '생태윤리'를 독립교과목으로 개설하는 대학은 생각보다 많지 않으며 그것 역시 대부분이 인지주의적 생태윤리 교육에 치중되어 있다.

인지주의적 생태윤리 교육에서 실천주의적 생태윤리 교육으로 패러다임 전환을 해야 한다. 생태윤리의 이론을 습득하는 인지주의적 학습이 아니라 분리수거 공장 방문학습, 생태하천 복원 성공사례 방문학습, 숲 체험교육 등과 같은 체험 중심, 실천 중심의 생태윤리 교과목을 개발 운영해야 한다. 또한 실천주의적 생태윤리를 세계시민교육적 차원에서 시행하는 경우에 생태협력체계와 민간 영역에서 세계적 생태 운동 단체들의 활동과 실천적 성과의 제고 방안 등을 학습하는 프로젝트 기반 교과목 개발이 필요하다.

여기에 덧붙여 비교과 활동으로 해외 생태 봉사활동 프로그램을 운영하는 것도 생태적 공동체로서 지구사회와 세계시민성을 향상하는 데 도움이 될 것이다. 위험의 세계화에 직면한 세계시민의 생태적 성찰성을 강화하고 전 지구적 차원의 실천력을 향상시키는 계기로 작용할 수 있을 것이다. 벡이 말하는 '절제', '방어'라는 윤리적 지평 위에 행해지는 실천주의적 생태윤리교육과 실천적 의미를 확보하려면 반드시 윤리적 소비와 결합되어야 한다. 윤리적 소비를 위한 실천주의적 생태윤리 교육은 단순히 최소소비, 필요소비의 중요성을 교육하는 것을 넘어서 반생태적인 기업의 생산품의 구입을 최소화하거나 불매하는 '생태적 삶을 위한 보이콧'으로 나아가야 한다. 실천적 생태윤리교육을 위해 윤리적 소비 운동 단체의 현장학습 도입도 필요하다.

(5) 자기 삶을 스스로 헤쳐나갈 수 있는 교육과 세계시민교육

벡은 한 개인으로서 주체적인 삶을 살아가는 데 필요한 교육과 세계시민교육이 별개의 교육이라고 보지 않았으며 교육의 본질에 있어서는 같다는 입장을 취한다. 그는 주어진 문제들에 능동적으로 대응하면서 자신의 삶을 만들어가도록 하는 것이 교육의 역할이자 과제로 간주한다. 같은 차원에서 벡은 세계시민교육은 "글로컬한 삶과 행위의 다차원성과 그 함정을 이해하고 비켜갈 수 있는 인식의 지도"[49]를 제공해야 하며 세계화 시대에 자기 삶을 스스로 헤쳐나갈 수 있는 대응능력을 증진시켜야 한다고 믿었다.

벡의 시각에서 세계시민교육은 세계시민적 주체로서 자기주도적 삶을 살아가는 능력을 기르는 교육이다. 여기서 중요한 것은 주체적인 삶을 살아가는 능력이 집중적인 직업능력 교육에 있지 않다는 점이다. 백은 그러한 유형의 직업교육을 완화하거나 폐지하고 변화된 조건에서도 살아남을 수 있는 중심기능을 교육할 것을 권한다. 즉 세계시민교육은 "사회적 능력, 협동능력, 갈등조정 능력, 문화에 대한 이해력, 네트워크 사고력, 제2의 근대가 안고 있는 불안정성과 역설에 대한 대응력"[50]을 육성하는 교육이며 그것이 세계시민적 주체로서 자기 삶을 살아갈 수 있는 길이라고 강조한다.

(6) 교과 · 비교과 교육과정의 입체적 설계와 단일 운영체제 구축

논자가 볼 때 교양 교육과정에서 세계시민교육을 시행하는 국내대학도 적지만, 세계시민교육의 방향에서 교육과정을 체계적이고 입체적으로 운영한다고 보기 어렵다. 예를 들면 국내대학에서 해외 봉사활동, 유학생과 학생 도우미 제도, 유학생 축제 등의 업무 주관부서가 다른 경우가 많다. 세계시민교육이 제대로 이루어지려면, 단일한 통합운영 체계의 구축이 필수적이다. 특히 모든 대학에서 이루어진다고 할 수 있는 하계 해외봉사활동을 세계시민교육의 일환으로 적극 활용해야 한다. 왜냐하면 해외봉사활동의 교육적 효과에 대한 수많은 경험연구들이 타문화 수용역량, 문화이해 능력만이 아니라 세계시민의식이 향상되었다는

49 울리히 벡, 『지구화의 길』, 조만영 역, 거름, 2000, 260쪽.

50 같은 책, 259쪽. 직업교육과 세계시민교육과의 관계를 논할 때 가장 일반적인 주장이 전공지식과 통합된 세계시민교육의 실천이다. 이 점이 벡과 일반 교육학자의 근본적 차이다. 김은나·임영심, 「예비유아교사 대상 세계시민교육 모형 개발과 적용 효과」, 『열린유아교육연구』 25권 4호, 2020, 183쪽 참조.

것을 보고하고 있기 때문이다.[51] 세계시민교육의 느슨한 관련 사업으로 인식하지 말고, 해외 봉사활동 준비와 사후보고까지 세계시민교육의 핵심 실천 프로그램으로 활용한다면, 인지적 세계시민교육과의 균형과 교육적 상승효과를 기대할 수 있을 것이다. 아울러 유학생 축제도 일회성 관례행사를 벗어나 세계시민교육적 차원에서 새롭게 접근해야 학교 전체 차원에서 세계시민교육의 입체성을 확보할 수 있다.

(7) 가칭 〈세계시민협약 실천 프로그램〉 운영을 통한 세계시민의식 교육의 강화

2019년 기준, 국내 외국인 유학생 수는 16만 165명이다.[52] 세계시민교육의 중요한 교육목표인 세계시민의식의 함양을 위한 다양한 프로젝트를 진행하는 데 충분한 인적 자원이다. 논자는 인지주의적 세계시민교육과 실천주의적 세계시민교육이 유기적으로 결합되어야 보다 유의미한 세계시민의식이 형성 가능하다고 본다. 따라서 인지주의적 세계시민교육 중심의 틀을 벗어나 비교과 프로그램으로 가칭 유학생-내국인 1:1 〈세계시민협약 실천 프로그램〉을 제안하고자 한다. 이 프로그램은 총 45시간(15×3) 공동활동 프로젝트다.

유학생과 내국인 학생이 협의해 48시간 공동활동 계획을 세워 함께 참여하며 결과를 제출 평가받는 교육과정이다. 공동행동은 양국의 공동 이슈와 관련된 것이거나 타문화 참여 활동 등 협의를 통해 자율결정하며 결과보고서를 제출한다. 프로그램의 원활한 진행을 위해 책임교수자는 프로젝트팀을 기준에 따라 선발하며 개별 프로젝트 수립과정

---

51 서홍란·박정란, 「대학생 해외자원봉사 프로그램의 효과성에 관한 기초연구」, 『청소년학연구』 21(2), 2014, 141 이하 참조; 김지혜, 「대학생의 세계시민의식 향상을 위한 해외봉사활동 사례 연구: H 대학을 중심으로」, 『문화산업연구』 15(3), 2015, 70쪽 이하 참조; 강혜라·홍영준, 「해외자원봉사활동이 대학생의 세계시민의식과 다문화수용성에 미치는 영향」, 『시민청소년학연구』 6권 2호, 2015, 32쪽 이하 참조.

52 https://news.joins.com/article/23649832

과 실행 및 결과보고서 작성과정에서 프로젝트 참여자의 자문 요청에 응한다. 교학팀은 행정 및 기타 서비스 제공을 책임진다. 〈세계시민협약 실천 프로그램〉은 대학의 물적·인적 자원 수준과 환경에 따라 다양한 방식으로 활용될 수 있다.

7) 방법론적 세계주의의 세계시민교육적 의의

지구적 차원의 코로나 팬데믹 경험은 코로나와 같은 전염병이 21세기의 가장 중요한 위험이 될 수 있을 것이라는 믿음을 인류에게 심어주고 있다. 실제로 세계경제포럼이 제시한 「2021 글로벌 리스크 보고서」에 따르면 전염병이 인류에게 가장 큰 위험요소가 될 것으로 전망했다.[53] 가치와 규범의 차원에서 디오게네스로부터 시작된 세계시민주의[54]가 지구에 사는 일반 시민들에게 구체적이고 실제적인 의미를 얻기 시작한 것은 이상기후와 같은 환경재해의 공동경험이 축적되기 시작하면서라고 볼 수 있다. 코로나 팬데믹 경험은 글로벌 위험사회가 추상적 개념 차원의 세계가 아니라 실제로 존재하는 구체적 사회이며 세계시민, 세계시민주의 역시 정치적이거나 학술적인 술어가 아님을 확인시켜준다. 이것은 국내에서 시행하는 세계시민교육이 올바른 방향에서 이루어지는 것이 매우 중요하며 이론적·실천적 차원에서 확대되어야 함을 강력하게 시사한다. 본문에서 검토한 바와 같이 국내대학이 글로벌 인재양성을 표방하나 세계시민의식, 세계시민적 주체의 형성을 목적으로 하는 세계시민교육을 근간으로 하지 않는다.

엄밀히 말해 세계시민교육이 전제되지 않는 글로벌 인재양성은 교육적 슬로건이며 세계화 시대의 엘리트주의를 표방하는 교육수사학적 술어에 불과하다고 해도 과언이 아니다. 진정한 의미의 글로벌 리더 양

53 http://biz.khan.co.kr/khan_art_view.html?artid=202101242214015&code=920100

54 마사 C. 누스바움, 『세계시민주의 전통』, 강동혁 역, 2020, 88쪽 참조.

성교육은 모든 문제를 일국적 관점에서, 국민 국가적 관점에서가 인식하고 대응하는 태도가 아니라 국민 국가적인 동시에 세계시민적 관점에서 국민 국가적 문제도 새롭게 인식하는 태도가 선행되어야 하며 그 전제가 세계시민교육이다. 따라서 한국대학이 표방하는 글로벌 인재양성을 위해서 세계시민교육이 정식 교육과정으로 편성되어야 한다. 인권, 평화교육, 다문화, 난민, 지속 가능한 발전, 국제협력과 불평등, 기후와 환경과 같은 글로벌 이슈를 다루는 세계시민교육 교육과정이 제대로 운영된다면, 글로벌 위기와 위험의 인식능력, 상호의존성과 연대 및 협력의 가치를 소중히 하는 글로벌 책임의식, 글로벌 문제와 갈등을 풀어나갈 수 있는 글로벌 문제해결 역량을 키울 수 있다.

논자가 볼 때 지구의 사회경제적 위기나 기후변화와 같은 글로벌 위험의 극복을 위한 벡의 방법론적 세계주의는 국내대학의 세계시민교육을 근본적으로 재설계하는 데 중요한 이론적 전거와 실효성 있는 방향을 제시한다. 그의 방법론적 세계주의는 인지주의적 세계시민교육을 틀어 벗어나 글로벌 위기와 위험의 문제를 해결하려는 실천지향성과 세계시민적 행동력을 강화시킬 수 있다. 그의 방법론적 세계주의를 대학의 세계시민교육 수업모델로 활용한다면, 글로벌 문제해결 능력을 향상시키는 데 이바지할 수 있으며 생활세계에서 발생하는 문제들도 국민 국가적 차원과 세계시민적 차원에서 인식하고 대응하는 하위정치적 실천지성을 키울 수 있다. 오늘날 국내대학에서 선택 교양과목으로 개설되는 세계문화 관련 교과목, 국제질서나 경제 및 환경 관련 교과목처럼 가치 중립적이며 이론학습식의 수업모델과 방법론은 글로벌 책임의식과 글로벌 문제해결 역량을 촉진하는 데 한계가 있다. 따라서 위와 같은 교과목의 수업 설계와 수업 방법론을 벡의 방법론적 세계주의를 준용해 실천지향적 교육방법론으로 전환시켜야 한다.[55] 그것이 이질성, 타자성,

55 국내대학의 시민교육과 세계시민교육 프로그램의 운영사례연구 결과를 보고한 김혜영과 유지현의 연구에 따르면 인지주의적 교육모델보다 실천중심형 교육과정이 시민성과 시민역량 강화에 도움이 된다. 이 사례는 벡의 방법론적 세계주의에서 제시하는 하위 정치저향적 세계시민교육의 방향이 타당하며 의미 있는 교육효과를 산출할 수 있다는 것을 간

다양성, 상호인정, 협력과 연대, 공존과 평화의 공동체적 삶을 지향하는 세계시민교육의 이념에 충실한 교육적 실천이다.

끝으로 대학의 세계시민교육의 확대와 벡의 방법론적 세계주의를 원용의 의미를 넘어서 현실적인 차원에서 교육의 실효성을 높이기 위해서 교수자들의 교수역량 강화가 선행되어야 한다. 소수 대학에서만 세계시민교육이 이루어지는 탓에 교수자 개인 역량에 맡겨지고 있다. 세계시민교육의 특수성을 고려한 교수법 계발, 교수자 전문연수 과정 및 광범위한 주제영역을 망라한 공동 학습자료의 구축 등의 교수지원 프로그램이 단일 대학 차원만이 아니라 관련 기관의 협력이 필요하다.

접 지지한다. 김혜영·유지현, 「대학의 시민교육 프로그램 개발 및 운영사례 연구」, 『시민인문학』 38호, 2020, 28쪽.

제6장

융복합 교육과 철학

1

융복합 시대, 융복합 신화를 넘어서 자기계몽으로

1) 새로운 신화의 등장, 융복합

주지하다시피 마르크스, 엥겔스의 『공산당 선언』의 서론은 다음과 같이 시작한다.

> 하나의 유령이 유럽을 떠돌고 있다 — 공산주의라는 유령이. 옛 유럽의 모든 세력이 연합하여 이 유령을 잡기 위한 성스러운 몰이사냥에 나섰다.[1]

오늘날 산업계와 대학가의 메가트렌드는 융합기술, 융합, 융복합 교육이다. 이와 관련해 논자는 인용된 마르크스의 목소리를 다음과 같이 변주하고자 한다. 융복합이라는 하나의 유령이 우리 사회를 배회한다. 대학과 산업계의 모든 세력이 (창의)융복합이라는 유령을 붙잡기 위해 성스러운 노동을 마다하지 않는다. 모든 대학의 인재상에 부합하는 역량설계에 융복합 역량을 빠뜨리는 것은 심히 불경스러운 일이다. 산업계에서는 융복합 기술이 새로운 블루오션이 된 지 오래다. 확장되는 세계시장을 차지하기 위한 민간기업의 투자와 정부의 지원은 성스러운 사냥을 위한 화살과 같다.

---

1 마르크스·엥겔스, 『공산당 선언』, 이진우 역, 책세상, 2010, 15쪽.

마르크스의 시각에 근거한 융복합 메가트렌드에 대한 논자의 변주는 도발적이지만, 이는 융복합의 이념과 실천이 우리 시대를 지배하고 있음을 웅변적으로 보여주기 위함이다. 마르크스가 말하는 유령은 아도르노의 어법으로 번역하면 신화다. 아도르노 『계몽의 변증법』의 핵심테제를 빌려 말하면 오늘날 인류는 과학(계몽)의 시대에 융복합이라는 새로운 신화적 힘에 빠져들고 있고 그것에 대한 계몽(과학)의 자기계몽이 필요하다. 융복합이 신화인 이유는 그것이 마법과 같은 힘을 발휘하고 '라디오에서 들려오는 총독의 목소리'처럼 때론 교조적인 목소리를 내기 때문이다.

유령 혹은 신화로서 융복합은 사회적 수요와 요구에 부응하고자 하는 대부분 대학의 변화를 야기했으며 구체적으로 융합형 인재양성을 위한 교육과정의 운영으로 현실화되었다. 대학에서 기존의 융복합 교육은 주로 공학계열의 학과를 중심[2]으로 이루어져 왔다. 그러나 최근에는 인문·사회과학 영역에서도 활발한 담론과 함께 실제적인 교육과정을 운영하고 있다. 융복합 교육(과정)[3]은 주로 사회과학과 인문학의 결합의 차원, 인문학과 예술, 인문학과 자연과학의 융합방식 등의 다양한 형식을 취하고 있다.[4] 위와 같이 인문학 전반에서 불고 있는 융복합 교육과정

---

2 연세대의 경우 글로벌융합기술원, 미래융합연구원, 융합기술연구원을 두고 있으며 대학원생을 대상으로 한 〈연세 Junior융합연구그룹〉 프로그램을 운영하고 있다(ttp://yict.yonsei.ac.kr/참조). 그 밖에도 이 대학은 학부생 대상 학술융합프로젝트 공모전 등을 실시하고 있다. 성균관대의 경우 성균융합원, 나노소재기반 휴먼인터페이스 융합연구센터, 신개념 융복합에너지 과학연구소, 스마트융합디자인연구소 등의 연구센터를 운영하고 있다. http://icon.skku.edu/icon/index.jsp 참조. 이 밖의 대학에서도 공학계열의 융합기술을 연구하는 연구기관은 쉽게 찾아볼 수 있다.

3 대표적인 교육과정으로 한국외국어대학교의 Language & Diplomacy 과정이 있다. 이 학부는 국제정치학, 경제학, 국제법 등 융합교육을 표방한다. http://www.hufs.ac.kr/index.html 참조. 성균관대는 2016년 2학기에 '미래인문학' 연계전공을 신설했다. 아주대는 의료인문 연계전공을 신설했다. 이 외에 대부분의 국내대학에서 연계전공의 융복합 학과를 운영하고 있다.

4 지방소재 대학에서도 대부분 교양교육과정으로 융복합 강좌를 10여 개 내외로 개설하고 있다. 예를 들면 〈현대사회와 다문화주의〉(동국대 경주캠퍼스), 〈자동차와 문화〉(한남대), 〈영화로 보는 사회 그리고 범죄 이야기〉(목원대), 〈현대미술과 인간〉(계명대) 등의 교과목이 있다.

개발 붐은 철학 교수들에게도 하나의 자극과 도전이 되고 있다. 이러한 자극은 순수학문적 차원의 관심, 구조조정으로 인한 학제적 생존의 성격[5]과 국가사업 수주와 관련된 대학본부의 압박 등 다양한 원인으로부터 온다.

이에 발맞추어 철학 전공자들이 융합교육에 앞장서야 하며 대학교육의 종착역도 융복합 교육으로 가야 한다는 주장, 철학이 융복합 교육의 주역이 될 수 있으며 그것을 위해 철학을 토대로 한 혹은 철학과 연관된 교과목을 개발해야 한다는 주장이 제기되어왔다. 실제로 철학에 바탕을 둔 융복합 교과목을 개발해 운영하는 철학 교수들도 늘고 있다. 이에 반해 전통적 철학교육의 의의와 중요성을 강조하는 철학 교수도 있고 하나의 '지나가는 바람'이라고 치부하거나 '관심 밖의 사안'이라고 밝히는 철학 교수들도 있다. 이와 같은 융복합 교육, 융복합 교육과정에 대한 상반된 철학적 시선이 존재한다는 사실만으로 융복합에 대한 철학적 논의의 필요성이 제기될 수 있으며 그것 자체를 하나의 철학적 주제로 연구할 만한 가치가 있다.

지금까지 철학 안과 밖에서 이루어진 융복합에 관한 논의에는 다음과 같은 몇 가지 특징적인 주장과 문제점을 공유한다. 융복합 교육서비스를 제공하는 사람들의 주장을 자세히 들어보면 그들이 '융복합이 만병통치약'이라고 확신하는 듯하다. 융복합 논자들은 융복합 교육이 최근에 새롭게 발견되거나 고대부터 행해진 교육방식을 새롭게 보편화하는 교수-학습 방법론이라고 주장한다.[6] 융복합론자나 교육실천가들은 '세상에 융복합 아닌 연구와 융복합적 문제해결을 요구하는 주제'들이 아닌 것이 없다고 주장한다. 그런데 이들이 융합, 융복합, 융복합 교육을 말하고 있지만, 여전히 융합, 융복합이 무엇인지에 대한 합의에 도달하

---

5 아주대 디지털휴머니티 사업단장인 박정식은 "인문 융복합은 인문학이 위축된 현실을 극복하기 위해 구상된 새로운 접근방식"(연합뉴스 2016. 10. 15)이라고 주장한다. 사실 이러한 주장은 인문학 위기담론 이후 디지털인문학, 실용인문학 등의 학술연구 활동이 조직적인 성격을 가지게 되었다는 측면을 반영한 주장이다.

6 안호영, 「융복합 학문과 두 질서의 문제」, 『철학논총』 87, 2017, 314쪽 참조.

지 못한 것으로 보인다. 또한 그들은 융복합 교육에서 제기되는 근본적인 문제 즉 융복합 교육주체의 조건과 적합성, 피교육자의 융복합 능력, 융복합 학습효과와 계량적 측정 분석도구 등의 문제를 해결하지 못하고 있다.

이 글은 위와 같은 문제의식에서 출발해 (철학)융복합에 대한 기초적인 그러나 근본적인 문제들을 다루고자 한다. 첫째, 융복합 개념을 재검토한다. 둘째, '철학이 융복합 교육의 주역이다'라는 주장을 비판적으로 검토한다. 셋째, 융복합 교육을 위한 철학 기반 및 연계교과목 개발 방향에 대한 논의와 개발사례를 분석한다. 넷째, 융복합을 위한 철학의 사회적 기능과 역할에 관해 비판적으로 살펴볼 것이다. 이를 통해 철학에 기초한 융복합 교육에 대한 과도한 신뢰(신화) 및 실천(계몽)에 대한 계몽의 자기계몽을 시도해보고자 한다.

2) 융합, 융복합에 대한 오해와 진실

논자는 '융합, 융복합이란 과연 무엇인가'에 대한 초보적인 논의부터 시작하고자 한다. 왜냐하면 이 질문은 아주 오래된 질문이지만, 어떤 의미에서는 아직까지 해결되지 않은 개념이기 때문이다. 수많은 논자들이 융복합[7]의 중요성을 주장하고 대학의 교육목표로 설정하지만, 사실 융복합 개념에 대해 광범위한 암묵적 동의만 있을 뿐 개념에 대한 체계적인 분석을 다룬 연구서를 찾기가 어렵다. 융복합 교육을 강조하는 철학자들도 사정은 마찬가지다. 사실 이러한 지적은 종종 있어왔다. 고인

---

7 윌슨의 통섭(Consilience) 개념은 생물학적 환원주의이며 융합과 관련이 없다고 봐야 한다. 윌슨은 복잡한 세계를 완벽하게 기술하고 이해하기 위해 환원주의적 전략의 불가피성을 인정한다. 그의 통섭은 방법론적 환원처럼 보이지만 인문학, 사회과학을 생물학에 수렴시킨다는 점에서 수평적 융합이 아니라 통섭이다. 윌슨, 『통섭-지식의 대통합』, 최재천 외 역, 사이언스북스, 2005; 『사회생물학 I, 사회적 진화의 메커니즘』, 이병훈 외 역, 민음사, 1992.

석은 위의 문제가 "지극히 미미한 수준에 머물러 있다"[8]고 말한다.

박일우는 한발 더 나아가 "융·복합 교육의 개념에 대한 언명들이 별다른 이의나 다른 관점에서의 반추과정도 별로 없는 상태"[9]라고 주장한다. 위 문장에서 '교육' 자를 뺐다고 해도 사정은 크게 다르지 않다. 먼저 융합과 융복합의 개념을 명확히 할 필요가 있다. 이론적 차원에서 융합과 융복합은 구분된다. 융합론에 대한 논의에서 융복합이란 개념은 사용되지 않는다. 그러나 교육적 술어로서 융합과 융복합은 개념적 구분 없이 거의 같은 의미로 사용되고 있다. 융복합은 말 그대로 융합과 각 학문의 독립성을 전제로 한 학제적 연구(interdisciplinary studies)를 포함한 개념이다. 이 개념은 두 가지 상이한 연구방식의 조합이다. 이희용은 융합적 교육에 대한 정의에서 융복합 개념을 다음과 같이 서술한다.

> 융합적 교육의 목표는 지식을 단순히 전달받는 것이 아니라, 지식을 스스로 창출할 수 있고, 응용하고 실행할 수 있는 기초능력과 대인간 사회적 의사소통 능력을 길러주는 것뿐만 아니라, 현실적 사태를 충분히 다룰 수 있는 총체적 · 종합적 사유를 길러주는 것이다. 이런 사유를 통해서 어떤 문제든지 해결할 수 있는 폭넓고 깊이 있는 안목과 통찰을 기를 수 있고, 복합적인 현실적 사태를 총체적으로 조망할 수 있는 보편적 능력을 갖출 수 있을 것이다. 이것은 그야말로 철학적으로 표현하자만 이론이성능력과 실천이성의 능력을 겸한 통전적 능력을 갖추는 일이다.[10]

이희용에 따르면 융복합은 총체적 조망능력, 사유능력, 통찰능력,

---

8 고인석, 「생산적인 융합연구를 촉진하는 학제적 소통을 위한 방안」, 『과학철학』 13집 2호, 2010, 97쪽.

9 박일우, 「대학에서 융·복합 교육의 실상과 그 해법」, 『교양교육연구』 10권 1호, 2015, 351쪽.

10 이희용, 「지식융합교육을 위한 교과목 개발」, 『교양교육연구』 5권 2호, 2011, 19쪽. 이 논문은 국내외 대학들의 융합교육모델 예를 들면 〈문학과 철학〉(서울대) 같은 강좌를 간략하게 소개하고 있으나 위와 같은 강좌가 왜 융합교육의 사례인지에 대한 설명은 제시되어있지 않다.

지식생산, 사회적 의사소통 능력, 통전적 이성능력과 관련 있다. 그는 융복합 개념을 '능력', 다시 말해 역량의 문제로 요약한다. 그런데 그는 같은 논문에서 융복, 학제 간 융합, 융복합이라는 개념을 '융복합'의 개념 아래 포괄시키며 자신이 구분한 융복합의 하위개념들 간의 명확한 차이를 제시하지 않고 있다. 그가 제시한 융복합 모델들은 그것이 학제적 연구인지 융복합 교육인지 그 경계가 불분명하다.[11] 홍병선도 융합을 하나의 능력으로 파악한다. 그는 융복합을 지식창출 능력, 통섭능력(consilience), 총체적 이해능력, 문제해결 능력과 관련시킨다. 그의 융복합 개념은 이희용의 그것과 크게 다르지 않다. 그는 융복합을 "사회과학, 자연과학, 예술학이 함께 어우러진"[12] 것으로 파악한다. 위에서 알 수 있듯이 홍병선과 이희용은 융합, 융복합에 대한 분명한 개념 정의 없이 교육적 측면에서 융합, 융복합의 의미를 말하고 있다.

그렇다면 융합은 무엇인가? 일반적인 의미에서 융합(convergence)은 두 학문 혹은 그 이상의 학문(혹은 다른 어떤 것)이 상호삼투를 통해 무엇인가 새로운 것을 만들어내는 것을 의미한다.[13] 다른 것들이 하나로 모여, 즉 수렴되는 것을 전제로 하며 수렴되기 이전의 관여된 것의 각각의 특성과 다른 무엇의 창출을 융합이라고 규정한다. 이러한 융합 개념은 산업계, 특히 공학적 융합기술(converging technology)에 적용되고 있다. 가령 무인 자동차, 무인 의자, 알파고 등은 기계와 IT, 인공지능 기술 등이 녹아 들어간 전형적인 융합기술의 사례다. 이러한 차원에서 이정모는 테크놀로지 영역에서 융합과 인문학, 자연과학, 사회과학에서 융합 개념

11 이희용, 「지식융합교육을 위한 교과목 개발」, 『교양교육연구』 5권 2호, 2011, 25쪽 이하 참조.

12 홍병선, 「융합교육을 통한 기초교양교육 활성화 방안 연구」, 『교양논총』 4집, 2011, 151쪽.

13 융합연구의 결과로서 새로운 전공이 만들어진다면, 더 이상 그것은 융합(연구) 분야가 아니라 하나의 독립된 분과학문이 되며 새로운 권위와 학제를 구축한다. 이 경우 융합연구-융합연구 결과-새로운 학분분과-다시 융합 연구와 같은 학술연구 사이클을 갖게 된다. 새로운 학문에서 융합성을 완전히 배제하지는 못하며 그러한 의미에서 독립성은 상대적인 개념이다. 이런 점을 고려할 때 융합(연구)은 융합의 결과보다 융합지향적 활동 개념으로 파악해야 한다.

을 구분해야 한다고 말한다.[14] 같은 차원에서 최현철은 과학에서 말하는 융합(Fusion)과 수렴으로서 융합(convergence)을 구분할 것을 제안한다. 고인석도 같은 주장을 한다.[15] 고인석과 이정모는 영역별로 융합의 개념을 다르게 이해하고 사용해야 한다고 주장한다.

이들의 논의는 융합에 대한 일반적인 오해를 벗긴다는 점에서 의미가 크다. 특히 고인석은 융합연구에 연루된 두 분야가 문자 그대로 "하나의 새로운 분야 속으로 녹아들어 버리는 융합의 경우는 더욱이 없으며", "오히려 전문분야들 각각의 뚜렷하고 안정적인 자기정체성을 요구"[16]한다고 말한다. 그에 따르면 융합연구의 지속 가능성은 거기로부터 나온다. 논자가 볼 때 고인석의 주장은 옳은 주장이며 자명한 것이다. 융합의 전제가 개별 학문의 자기정체성을 일정하게 버린다는 융합론자들의 전제는 오해에 가깝다. 상호성을 가정하지 않고 융합은 존재할 수 없기 때문이다. 아울러 고인석은 융합연구의 성패를 소통과 교감에서 찾고 있다. 그의 주장은 개별 학문 간의 폐쇄적 연구풍토에 대한 고려에서 나온 것으로 보인다. 그러나 학문적 개방성이 반드시 '소통과 교감'에서 비롯되지 않는다는 의미에서 '덕목'의 성격이 강하다고 볼 수 있다. 실제로 융복합 작업은 소통과 교감을 이미 전제로 하며 그것은 학문활동과 이론사의 내적 역학의 한 성격을 점유한다고 말할 수 있기 때문이다.

이정모는 인지과학의 발달사를 소개하면서 융합(학)의 사례로 인지과학을 제시한다. 그에 따르면 인지과학은 심리학, 철학, 신경과학, 진화심리학, 인류학, 논리학, 인공지능 연구 등을 엮어낸 융합적 연구이며 인지과학에 기초한 융합작업의 주변 학문으로 예술학, 미학, 음악학, 신학, 정치학, 경제학, 미술 등 수많은 연관학문을 제시한다. 이정모의 주

14 이정모, 「인지적 관점에서 본 학문의 융합」, 『철학과 현실』, 2010, 66쪽 참조.

15 고인석, 「기술의 융합, 학문의 통합」, 『철학과 현실』, 2010, 68쪽 이하 참조.

16 고인석, 「생산적인 융합연구를 촉진하는 학제적 소통을 위한 방안」, 『과학철학』 13집 2호, 2010, 113쪽.

장처럼 많은 사람들이 인지과학이나 뇌과학 등을 융합학문이라 규정하는 것은 사실이다. 그러나 그와 같이 융합학을 이해한다면 교육학 역시 철학, 인간학, 행동심리학, 역사학, 인지과학 등 수많은 학문의 '융합'의 시도라고 볼 수 있다. 그의 관점을 확장하면 인류학, 신화학, 문화학, 행복학, 문학도 마찬가지로 볼 수 있다. 가령 '인간학'의 경우도 협소한 의미의 전공분과가 아니라 이정모가 말하는 주변 학문들이 요구되는 학문이다. 이것이 말하는 것은 융합학이나 융복합적 접근과 그것을 표방하는 특정 학문 사이의 '결합의 수준'이 중요하며 내적 측면에서 보면 실제적인 경계가 명확하지 않다는 점이다.

이 밖에 결합의 수준이 낮은 융복합적 접근을 융복합의 의미로 사용하는 경우가 있다. 서영식은 융복합 개념을 적용한 〈법과 인문학〉 교과목 개발사례를 제시한다. 그는 강좌의 목표를 "인간과 사회를 규정하는 핵심적인 요소인 '법'을 철학과 문학 그리고 역사학을 경유해 복합적이고 다층적인 실체로 확장하는 데 있다"고 말한다. 서영식이 제시하는 융복합 개념은 이정모가 이해하는 융복합 개념으로 포섭되지 않는다. 엄밀히 말해 서영식이 말하는 융복합은 융복합이 아니라 '법에 대한 인문학적 성찰'이며 학제 간 연구의 사례라고 평가할 수 있다. 서기자나 이희용 등 인문학 혹은 철학에 기초해 융복합 논의를 전개하는 많은 논자들도 서영식의 경우처럼 융복합과 학제 간 연구 개념을 혼용한다.

철학에서 학제적 연구의 가장 대표적인 사례는 비판이론의 연구방법론이다. 호르크하이머는 1931년 논문 「사회철학의 현재적 상황」에서 마르크스의 방법론을 비판하며 사회를 총체적으로 이해하기 위해서 정신분석학, 예술학, 종교학, 법, 윤리, 정치학, 그리고 유행, 여론, 스포츠, 오락, 라이프스타일 등의 문화학과 대중문화 등을 포함한 문화영역 간의 관계를 분석해야 한다고 말한다. 그는 마르크스와 구별되는 새로운 유물론적 사회연구로서 학제적 연구를 그 방법론으로 제시했다.[17] 호

17 Horkheimer, "Die gegenwaetige Lage der Sozialphilosophie", Max Horkheimer, Gesammelte Schrifren, Bd. 3 herausgegeben von Alfred Schmidt 1988, 29쪽: 이종하, 『호르크하이머의 비판이론』, 2011, 58쪽 이하 참조.

르크하이머의 시각에서 이정모가 말하는 인지과학의 사례는 엄밀히 말해 학제 간 연구다.

논자는 호르크하이머의 입장에 근거해 「융복합 시대의 철학의 역할과 과제」에서 수렴적 융합 개념을 주장하는 논자들과 달리 융합을 화학적 결합의 차원에서, 혹은 새로운 독립성을 갖는 특정 학문의 새로운 출현여부에 의해 정의될 수 없다고 주장했다. 또한 융합연구를 수렴이라는 '결과'에 초점을 맞추지 말고 하나의 '과정적 활동'으로 유연하게 봐야 한다고 제안했다.[18] 논자는 융합을 문제해결을 위한 융합적 접근, 융합적 방법론을 연구의 전 과정에 입체적으로 적용하는 학술적 활동 일반이라 규정하고자 한다. 이 점에서 융합은 문제의 성격과 대상에 따라 개별 학문의 수평성과 수렴성이 특정 지점에 결합된 것에 대한 이름붙이기라고 봐야 한다. 다른 말로 하면 융합은 심화된 학제적 연구의 또 다른 이름이다. 이제 융복합의 시대에 철학의 역할과 과제에 대한 철학계 내부의 논의를 살펴보자.

3) 융복합 교육의 주역으로서의 철학, 철학의 중요성 판단

융복합과 철학의 관계에 대한 국내 철학계의 대답은 다음과 같이 요약 가능하다. 즉 '융복합에서 철학은 매우 중요하다', '철학은 융복합의 주체이자 주역이 될 수 있다', '융복합의 주역이 되기 위해서 철학교육이 중요하다', '융복합에서 철학이 중요한 역할을 하기 위해서는 새로운 교과목을 설계·운영해야 한다'이다. 먼저 서영식은 융복합의 가치와 의미를 철학적 차원에서 고찰한다. 그는 국내 유수의 대학에서 교육의 궁극목표로 전인적 인간의 육성을 교육목표로 제시하고 있으며 그 방법론으로 융복합 과목을 개발하고 교육에 적극 활용해야 한다고 주장한다. 그는 융복합의 가치를 주장하기 위해 융복합의 거장으로 아리스토

---

18 이하준, 「융복합 시대의 철학의 역할과 과제」, 『철학논총』 77집, 2014, 342쪽.

텔레스를 제시하고 있다.

동시에 그는 〈법과 인문학〉과 같은 교과목의 개발을 강조한다. 서영식이 주장하듯이 융복합의 가치와 의미 자체를 부정할 수는 없다. 문제는 그의 문제의식의 출발이 '과연 옳은가'다. 주지하다시피 전통적인 의미에서 교육의 궁극적 목적은 전인적 인간의 육성이며 그것은 진선미를 갖춘 인격의 완성이다. 산업사회 이후 대학 교육목적의 부분적인 수정이 있다는 것을 누구나 인정하더라도 전통적인 교육의 목적 자체는 여전히 유효하다. 문제는 전인적 미래 인재가 융복합적 지식과 능력을 갖춘 인재이며 국내대학에서 그것을 교육목표로 추구한다는 주장이다. 간단히 말하면 국내대학에서 '융복학 능력을 갖는 인재' 육성은 '창의적 전문인'의 하위개념이며 엄밀히 말해 미래 인재가 필요로 하는 다양한 역량 중에 하나의 역량으로 간주된다.

국내대학의 교양교육 과정을 살펴보면, 융복합 강좌를 개발·운영하는 학교가 다수이지만 전체 교양교과에서 차지하는 비율은 극히 미미하다는 점을 상기할 필요가 있다. 융복합의 대가로서 아리스토텔레스의 다학문적 접근을 기준으로 삼는다면 사실 학문이 분화되기 이전의 대부분의 학자들 모두가 융복합의 대가라 말할 수 있다. 그러한 기준을 가지고 아리스토텔레스를 융복합의 거장으로 이해한다면, 문학에서 괴테, 예술에서 다빈치만이 아니라 수많은 융복합의 대가들이 존재한다. 실제로 국내에 다빈치형 융합인간을 인재상으로 설정한 대학도 있다.

많은 국내의 철학자들은 융복합의 시대를 철학이 주도해야 하며, 그렇게 될 수 있다고 말한다. 이 주장은 철학의 본래적 성격에서 그 근거를 찾는다. 즉 철학의 총체적·무제한적·개방적 성격에 바탕을 둔다. 권영우는 융복합이 시대정신처럼 여겨짐에도 불구하고 융복합을 주장하는 많은 학문분야에서 철학의 중요성이 간과되고 있다고 말한다. 그는 융복합의 주체는 철학이 되어야 하며 융복합 교육은 철학교육이 되어야 한다고 주장한다. 이와 같은 그의 입장은 기본적으로 철학이 애초부터 자연과학의 범주를 포함하는 인간과 자연에 대한 포괄적인 '진리'

를 추구했다는 데 근거한다.[19]

손동현은 지식산업 시대와 정보사회에서 융복합적 교육에 대한 요구가 증대되고 있으며 그와 같은 요구는 전통적인 교양교육의 이념과 맥을 같이한다고 본다. 그는 새로운 융복합 교육에 대한 시대적 요구가 철학교육에 대한 수요와 필요성을 증대시키며, 이를 해결하기 위해서 전공철학과 교양교육으로서의 철학을 하나의 프로그램 안에 통합시킬 것을 제안한다.[20] 손동현과 권영우의 차이는 한마디로 방법론적 차이이다. 권영우가 일반적 철학교육에서 그 대안을 찾는다면, 손동현은 전공철학과 교양철학의 유기적 결합에서 그 단서를 찾는다.

"철학이 융복합의 주역이 될 수 있다"는 주장을 검토해보자. 철학의 본질은 억견(doxa)의 배제, 개방성, 반성, 자기비판과 비판을 통한 주체적 자기형성에서 찾을 수 있다. 이런 점에서 철학적 방법의 성격이 융복합적 사유와 실행의 토대를 제공할 수 있다는 것에 동의할 수 있다. 그런데 그것으로부터 과연 철학이 융복합을 주도하는 역할을 할 수 있다는 결론을 도출할 수 없다. 토대 제공자를 '구체적 행위자'로 간주할 수는 없다. 철학은 배후 지원자라고 말하는 것이 타당하다. 또한 융복합적 사고방식을 함양하는 데 철학적 사유의 성격을 훈련시키는 것이 가장 중요한, 혹은 유일한 방법이 될 수 있다는 주장은 타당하다고 보기 어렵다.

방법론과 관련해 위의 논자들이 철학적 사유훈련을 유일한 방법이라고 말하지는 않는다. 그럼에도 불구하고 '강조용법'이 아니라 그렇게 해석할 단서를 충분히 제공하고 있다. 왜냐하면 그들은 '제한'의 용법을 쓰지 않기 때문이다. 융복합적 사유를 함양하는 데 있어 철학적 사유훈련은 매우 중요하지만, 권영우가 주장하듯이 가장 중요한 방법론이라 볼 수는 없다. 융복합적 사유의 함양을 위해서 철학적 사유훈련은 축적

19 권영우, 「철학은 인문학인가? 철학, 과학의 본래적 이름」, 『동서철학연구』 73, 2014, 375쪽 이하 참조; 권영우, 「융복합 관점에서 본 자연과학과 형이상학의 관계와 철학의 미래에 대한 고찰」, 『철학논총』 87, 2017, 27쪽 참조.

20 손동현, 「융복합 교육의 수요와 철학교육」, 『철학연구』 83, 2008, 231쪽 이하 참조.

된 과학적 교수-학습 방법론의 성과들을 창조적으로 수용할 필요가 있다. 이 경우에 철학은 융복합 시대의 주역이 될 가능성이 높아질 것이다.

융복합적 사유와 전통적인 교양교육의 이념이 맥을 같이한다는 손동현의 주장은 타당하다. 주지하다시피 전통적인 교양교육의 이념은 자유교육(liberal education)이며 자유교육은 비판능력, 자유정신, 자기창조성, 창의적 사고, 자율적 행위와 책임을 지향한다. 이러한 관점에서 철학이 융복합의 주역이 되려면 문헌학으로서 철학지식 교육 중심에서 벗어나 교양교육적 성격을 강화해야 한다는 손동현의 주장은 자연스러워 보인다. 그가 제시한 방법론으로서 전공철학과 교양의 유기적 결합은 필요하다. 그는 문헌학적 치밀함을 기를 수 있는 전공철학교육과 보편적 사유능력과 자유정신을 기를 수 있는 교양(철학)이 결합될 때 융복합 시대에 철학이 자신의 역할을 할 수 있다고 본다. 이 주장 자체에 대해 이의를 제기할 이유는 없다. 문제는 단지 '어떻게'에 있다.

손동현은 크게 두 가지 방안을 제시한다. 첫째는 전공철학과 교양철학의 구분을 명목상이나 질적으로 없애고 철학교과목을 초급·중급·고급 과정으로 개설하자는 것이다. 둘째는 교양철학을 수강하는 학생들에게 제공할 정련된 강좌를 개발해야 한다는 것이다.[21] 첫 번째 주장은 기본적으로 전공교육과 교양교육으로서 구분을 없애도 수준별 수업이 되기 때문에 실제적인 전공교육이 될 수 있다는 가정에 기초한다. 그런데 문제는 융복합 교육의 수요와 철학교육의 방향을 제시하는 것과 위의 주장이 과연 얼마만큼 관련성이 있는가다. 현실에서 드문 경우지만 전공철학이 철학 전공자를 양성하는 것을 목적으로 한다면, 교양철학과 전공철학의 구분을 없애거나 수준별 교육을 한다고 해서 철학 전공자를 만들어내는 전공교육을 완전히 충족시키기는 어려울 것이다.

위의 방안을 추진하는 경우 융복합 교육의 수요와 그 목적에 맞추어 철학전공 교육과정을 운영해야 할 필연성이 제기되는 것도 아니다. 두 번째 방안으로 그는 교양철학에서 정련된 교육내용을 갖춘 초급강좌

21 손동현, 「융복합 교육의 수요와 철학교육」, 『철학연구』 83, 2008, 247쪽.

의 개설을 주장하는데 그러한 강좌의 개발은 (교양)철학적 토대에 기초한 융복합 강좌의 개발로 이어져야 할 것이다. 두 번째 방안에 대해서는 학과 생존전략 등의 다양한 이유에서 많은 철학 교수들이 생각을 공유하고 있는 것이 사실이다. 문제는 구체적인 강좌의 개발과 교육과정 운영 및 운영상에 제기된 문제들에 대한 지속적인 환류가 핵심이 될 것이다.

더 근본적인 문제는 위와 같은 환류가 이루어진다 해도 누구에 의해 그와 같은 교육적 실천이 이루어지는가다. 철학 전공자이면서 융복합적인 학문적 배경을 가진 교수자만이 아니라 교과목을 자체 개발·운영할 할 수 있는 교육학적 마인드와 교육방법론적 스킬도 매우 중요하다. 철학에 기초한 융복합 강좌를 개발하기 위해서는 관련된 능력의 함양을 위한 연수과정이 먼저 운영될 필요가 있다. 이 경우에 융복합 교육수요에 부합하는 교양철학 교육이 이루어질 수 있으며 인문학 분야 중에서는 철학이 융합교육의 주도체로서 나아갈 길이 열릴 것이다. 왜냐하면 현재 융복합 강좌를 운영하는 타 전공 인문학자들이 위에서 언급한 특화된 연수과정을 체계적으로 받고 있는 경우는 찾아볼 수 없기 때문이다. 철학에 기초한 융복합 강좌의 개발만이 아니라 강좌 성격에 부합하는 특화된 교수-학습 방법론을 수업에 접목시킬 때 더 나은 학습효과를 기대할 수 있다. '융복합 교육에서 철학이 주역이 될 수 있다'는 주장과 융복합 교육수요를 위한 교양철학의 교육적 방향 역시 현재 운영되고 있는 철학 기반 융복합 교과목의 실제적 분석을 통해 그 가능성을 가늠해볼 수 있을 것이다.

4) 융복합 교육을 위한 철학 기반(연계) 교과목 개발사례 분석

철학계에서 특히 교양철학을 전담하는 일군의 교수들에 의해 철학에 기반을 둔 융복합 강좌의 개발과 그 범례를 제공하는 일련의 시도들이 있어왔다. 이와 관련해 융복합 교과목 개발과 교육에 있어서 근본적인 물음이 과연 해결되었는지 확인할 필요가 있다. 여전히 해결되지 않는 문제는 첫째, 과연 누가 융복합 교육의 주체, 즉 전문적인 교육전문가가 될 수 있는가의 문제다. 둘째, 과연 융복합 교육이 곧 융복합 역량의 성취로 나타나는가다. 셋째, 위의 문맥의 연장선에서 교육학자인 정철민이 주장하는 융복합과 그것의 교육적 가치의 일치 문제다. 첫 번째 문제는 과연 누가 융복합 교육을 할 수 있는가로 요약된다. 쉽게 가정될 수 있는 것은 둘 혹은 그 이상 학문영역의 대가만이 융복합 교육을 할 수 있다는 입장이다.

그렇다면 과연 누구인가의 문제가 남는다. 이상적인 주장이지만 경우의 수가 많지 않다. 학제적 교육과 특정 학문 내에서의 분화는 특정 학문을 아우르는 데 한계를 가질 수밖에 없다. 그렇다면 한 분야의 대가가 융복합 교육의 적임자인가? 예라고 대답한다면 이 대가는 타 학문에 대한 탐구능력과 일정한 지식을 가지고 있어야 한다. 그렇다면 이 경우는 앞서 제시한 경우와 비교할 때 이상적인 융복합 교육의 주체라고 보기는 어렵다. 실제 교육현장에서 인문학+자연과학, 인문학+특정 사회학적 주제를 다루는 강좌들은 대부분 인문학 전공자들에 의해 수업이 진행되며 강의계획서나 강의 내용을 정밀하게 살펴보면, 인문학적 관점에서 바라본 ○○○인 경우가 많다. 이러한 강좌를 담당하는 교강사가 융복합 교육자로 적합한지 의문이다. 최소한 양 분야의 준전문가 수준에서나 융복합 교육의 담당자를 자임할 수 있을 것이다.

두 번째 문제를 살펴보자. 융복합 교육이 이루어졌다고 해서 융복합 능력이 성취되었다고 말할 수 없다. 학부 수준의 학생들이 융복합 교육을 받았다고 해서 융복합 역량이 일정 부분 신장될 것이라는 기대는 지나치게 낙관적으로 보인다. 오늘날 모든 대학에서 융복합 역량교육이 이루어지고 있지만, 교육공급자 입장에서 비롯된 것이지 교육소비자의 요구에 의한 것이 아니라는 점에서 학습동기 유발에 한계가 있다는 점을 인정할 필요가 있다. 이와 더불어 학과 구조조정의 차원에서 동기화된 단순 학과재편성 차원의 융복합학과 신설, 취업제일주의의 학사운영이 되고 있는 대학의 현실, 교수-학습과 관련된 학생들의 인식과 학습활동을 고려할 때 융복합 교육의 효과는 기대만큼 소식의 성과를 거두기 어렵다. 세 번째로 정민철이 주장하는 교육적 가치와의 일치여부를 생각해보자. 그는 융복합이 학생들의 삶의 문제를 해결할 수 있다는 가정이 확증될 수 없으며 실제로 그것이 도움을 준다 하더라도 융복합이 교육적 가치가 있음을 담보하는 것은 아니라고 주장한다.[22] 정민철의 주장은 소위 융복합주의에 대한 일반론적인 비판이라 볼 수 있다.

논자가 위에서 제기한 근본적인 문제의 미해결에도 불구하고 철학과 연관된, 혹은 철학에 기초한 융복합 교과목이 대다수의 대학에서 운영되고 있다. 서영식은 〈법과 인문학〉이라는 융복합 강좌개설을 강조하면서 이 강좌가 역사학, 철학, 문학이 융합된 과목이라고 주장한다. 그는 구체적인 수업설계와 운영에 대해서는 언급하지 않고 수업유형과 교수법에 대해 간단히 지적하고 있다. 그가 제시한 수업유형은 PBL, 팀티칭, 토론 3유형이다. 주지하다시피 그가 말하는 수업유형은 철학 연관적 수업에서만이 아니라 오늘날 일반화된 수업방식이다. 수업유형에 관해 말한다면 〈법과 인문학〉 강좌는 그 외에 프로젝트 수업과 혼합형 학습(Blended Learning)이 추가되어야 그가 원하는 방식의 교수-학습이 이루어질 것이다. 그는 교수법을 아래와 같이 제시한다.

- 강좌의 성격과 지향점 전반에 관한 담당교수의 설명
- 독서 및 글쓰기+세미나식 토론 강의+통섭(consilience)적 문제 이해와 해결
- 개별학습과 협력학습
- 소크라테스식 문답법, 팀티칭, PBL, 액션러닝, 자기주도적 학습
- 제시된 텍스트 읽기, 토론 그리고 글쓰기를 중심으로 학생 간, 교수-학생 간 상호 피드백 진행
- 모둠별 협력학습을 통한 주제별 기획안 마련[23]

22 정철민, 「학문융복합 현상에 대한 교육학적 고찰」, 『교육철학』 54집, 2014, 146쪽.

23 서영식, 「융복합교육을 위한 철학적 성찰」, 『철학논총』 67, 2012, 159쪽.

엄밀하게 말하면 위와 같은 교수법은 융복합 수업만이 아니라 응용 사회과학, 문제해결형 인문학 수업에서 흔히 사용하는 교수법이다. 그는 철학과 연관된 융복합 강좌와 인문학적 성찰을 요구하는 다른 유사강좌 및 융복합 강좌와의 차별성을 보여주지 못한다. 교수내용과 연관해서는 그와 같은 방법론이 어떻게 적용되는지 밝혀야 한다. 서영식이 한 명의 교수에 의해 진행되는 융복합 강좌를 제안했다면, 서기자가 소개하는 목원대의 〈아케이드 프로젝트〉는 키워드 중심의 좀 더 진전된 의미의 다학제적 수업이다. 그가 소개한 2012년 〈아케이드 프로젝트〉는 '소수자'를 다룬 영화를 주제로 경제학·사회학·정치학·미학·생태학·윤리학적 접근을 시도한다[24]는 점에서 의미가 있다.

국내에서 인문학을 기반으로 한 융복합의 중요성을 끊임없이 강조하고 관련 실태조사와 교과목 개발에 매진한 인물인 이희용이 개발한 융복합 교과목 〈세계 속의 나: 글로벌 시민정신〉을 살펴보자. 이 강좌는 서울신학대 강좌로 강의목표가 "글로벌 시민정신을 다학제적으로 이해시키고 융합적으로 함양시키는 것"[25]이다. 이 강좌의 〈세부강의 주제와 담당교수〉를 살펴보자.

주차	강의주제	담당교수
1주차	오리엔테이션, 강좌소개, 강의 이해, 학생활동(개별 및 팀 과제, 토론) 설명, 전체 교수 참여	책임교수: 이희용 강의 담당교수: 7인
2주차	세계화(globalization) 이해	이희용/서양철학/서울신대
3주차	글로벌 시민정신(global citizenship)의 이해	

24 서기자, 「융복합 교양교과목 개발과 효과에 대한 고찰」, 『교양교육연구』 7집 3호, 2013, 179쪽 참조.

25 이희용, 「융복합 교양교과목 〈글로벌 시민정신(Global Citizenship)〉」, 『교양교육연구』 7집 3호, 2013, 209쪽.

주차	강의주제	담당교수
4주차	종교를 통해 배우는 글로벌 시민정신(1)	최현종/종교사회학/외래교수
5주차	종교를 통해 배우는 글로벌 시민정신(2)	
6주차	국가와 민족을 넘어 글로벌 시민으로	서민규/사회철학/외래교수
7주차	독도 문제, 글로벌 시민의 관점에서 해결하기	
8주차	과학기술과 글로벌 시민정신(1)	최현철/과학철학/외래교수
9주차	과학기술과 글로벌 시민정신(2)	
10주차	문학의 입장에서 바라본 글로벌 시민정신(1) -현대시	엄성원/현대문학/외래교수
11주차	문학의 입장에서 바라본 글로벌 시민정신(2) -현대소설	
12주차	예술의 입장에서의 글로벌 시민정신	이화/예술경영/외래교수
13주차	글로벌 시민의 문화적 의사소통	신현규/고전문학/외래교수
14주차	글로벌 시민의 문화적 에티켓	
15주차	팀 프로젝트 발표, 평가 및 발전방향 제시	담당교수 모두 참석
16주차	특강(세계시민이 가야 할 길)	명사 초빙

그가 강의목적에서 밝혔고 강의계획서에서 보듯이 이 강좌는 융복합 강좌가 아니라 학제적 접근을 시도한 강좌다. 여기서 그가 다학제적과 융복합을 동의어로 사용한다는 것을 파악할 수 있다. 담당교수의 구성은 총 7인 중 서양철학 3인, 한국문학 2인, 종교사회학 1인, 예술경영 1인이다. 이 중 서양철학 전공자의 수가 제일 많다. 강사진 구성을 보면 글로벌 시민을 이해하는 데 철학적 관점을 중심으로 이해하고자 하는 기획자의 의도를 볼 수 있다. 논자가 볼 때 다학문적·주제중심적 강좌를 구성하고자 하는 기획자의 의도를 실현시키기 위해서는 세분화와 전공 연관성이 강화되어야 할 것이다.

가령 〈세계화 이해〉는 세계화론자들이 기든스, 울리히 벡 등 사회학자들과 경제학자들이 주를 이룬다는 점에서 사회학자가 맡는 것이 타당하다. 해당 주차에 대한 요약에서도 추상적인 주장들이 나열되어 있고 〈글로벌 시민의 문화적 의사소통〉과 중복되는 내용이 있다. 〈독도 문제, 글로벌 시민의 관점에서 해결하기〉는 민족적·국가주의적 차원에서 해결할 수 없고 세계시민적 관점에서 봐야 한다는 주장에 근거한 수업이다. 역사적·정치적·국제법적 관점 등에서 독도 문제를 어떻게 봐야 할지에 대한 이해를 추구하는 수업내용이다. 그러나 구체적인 내용이 기술되지 않고 추상적인 서술에 그치고 있다. 이 주제는 철학 교수보다 역사학자나 법학자 혹은 국제정치학자가 맡아야 강좌개설 의도를 살릴 수 있을 것이다.

〈과학기술과 글로벌 시민정신(1, 2)〉도 과학철학 교수가 단독으로 전담하기보다 과학사회학자와 과학철학 교수가 맡는 것이 기획자가 말하는 다학문적 이해에 좀 더 다가갈 수 있을 것으로 보인다. 〈예술의 입장에서의 글로벌 시민정신〉은 '글로벌 시민정신의 사상으로 시대의 부조리함을 발언하고 대중과 소통하려는 예술'을 소개하는 것이 의도라고 한다. 이 의도라면 강의자는 예술경영 전공자가 아니라 예술사가나 사회미학·정치미학자가 적절할 것이다. 〈문학의 입장에서 바라본 글로벌 시민정신(1, 2)〉 역시 한국문학 전공자에 의한 강의만이 아니라 해외문학, 한국문학 전공자로 배치해야 더 나은 교육효과를 유발할 것으로 보인다. 〈글로벌 시민의 문화적 의사소통〉과 〈글로벌 시민의 문화적 에티켓〉의 경우 담당교수가 한국 고전문학 전공자라는 것이 놀랍다. 문화간 의사소통 전공자나 다문화 전공자, 문화이론가 등이 담당교수로 적절하다고 판단된다.

앞서 언급했듯이 융복합 교육의 실태와 방향 및 직접 교과목을 개발한 이희용의 교과목 구성은 주제별 적절한 담당교수의 지정과 다학제적 성격의 미흡이라는 측면에서 적잖은 문제가 있다. 수업방법론은 주제의 성격상 적절한 것으로 판단된다. 다만 좀 더 정교한 수업설계와 운영을 위해서 팀 프로젝트의 구성과 운영 및 지도, 평가방식이 치밀하고 구체적으로 제시되어야 한다. 토론의 경우도 마찬가지다. 교과목 개설에서 교수-학습 방법론은 핵심적인 한 축이기 때문이다. 교과목의 개설 의도를 성취하기 위해서는 단지 철학적 열정만이 아니라 '교육학적 숙고와 실천'이 필요하다. 다음으로 강좌 개설 목적과 관련해 근본적인 질문을 던질 수 있다. 그는 강좌를 통해 '글로벌 시민정신의 융합적 함양'을 기대하는 수준을 넘어 교육성과를 확신한다.

이러한 확신은 학습자의 융합능력을 전제로 한 것이며 융복합 교육=융복합 능력의 성취라는 단순한 교육적 믿음에 기초한다. 그는 자신의 믿음에 대한 충분한 경험적 논거들을 제시하지 못하고 있다. 정밀한 교육적 효과 측정이 필요하며 교육효과의 신뢰성을 높이기 위해서는 단기적이며 일회적인 효과분석이 아니라 중장기 추적관찰이 필요하다. 교과목 설계와 운영에서 중요한 것은 환류체계다. 그가 평가와 관련해 강의 성취도 조사항목으로 제시한 5문항은 좀 더 세분화하고 정밀해야 한다. 세계시민의 자질의 향상도 문항에서는 '자질'에 대한 구체화된 문항들이 제시되어야 할 것이다. 효과 측정과 관련해 정성평가에서 중요한 '심층면접 평가'가 제외되었다. 이 부분이 보충된다면 좀 더 유의미한 평가 측정이 이루어질 것으로 보인다.

5) 철학, 융복합의 신화와 계몽 사이에서 다시 자기계몽으로

지금까지 전개한 논자의 입장을 한마디로 요약하면, 융복합은 확실하게 규명되지 않은 채 강력한 담론과 그에 따른 교육적 실천이라는 힘을 발휘한다는 점에서 신화다. 그 근거를 간단하게 테제 형식으로 말하고자 한다. 국내의 철학자들 스스로 융복합의 개념에 대한 천착을 보여주지 않았다. 융복합 시대에 철학이 주역이 되어야 한다는 믿음의 근거를 철학 내재적 성격에서 찾는 것과 융복합의 주역으로서의 역할은 다른 문제다. 철학이 융복합의 중심, 주도적이라는 것을 교육 콘텐츠를 통해 보여주지 않는 한 융복합 시대에 철학은 융복합 교육을 위한 보조자, 보충적 역할에 지나지 않으며 지금은 그 역할에 그치고 있다. 융복합 교육을 위한 철학 기반 혹은 철학 연계형 개별 교과목 운영이 융복합 역량 개발에 어느 정도 기여하는가에 대한 충분한 경험적 연구가 뒷받침되지 않는 한, 융복합 교육에서 철학의 중요성과 융복합 교과목 개설운영의 교육적 효과와 가치는 확신하기 어렵다. 융복합과 철학의 관계에 대한 일반적인 논의와 주장은 충분히 동의할 수 있으나 검증의 시간이 필요하다는 점에서 주역 역할에 대한 과도한 주장은 신화적 성격을 갖는다.

그렇다면 융복합의 신화로부터 철학이 계몽되기 위해서 철학은 무엇을 해야 하는가? 철학은 철학 자신이 할 수 있는 일을 하면 된다. 주역론자들의 논점인 철학의 본래적 성격을 발휘하면 된다. 상황론, 주역론, 개발론의 불투명성 속에 가려진 융복합의 신화에 철학이 매몰된다면 철학은 신화적 힘의 원형운동으로부터 벗어나지 못한 채 신화적 힘을 강화시킬 것이다. 융복합의 신화 앞에서 철학이 나아가야 할 길은 융복합의 신화에 굴복하는 것이 아니라 융복합에 대한 철학적 반성을 감행하는 것이다. 철학은 융복합 담론 이후 여전히 해결되지 않는 문제들 즉 융복합의 주체의 조건, 융복합 피교육자의 융합능력, 융복합 제일주의, 특화된 교과목 개발의 한계 등을 검토하는 데 그치지 않고 융복합과 사회, 융복합 교육과 사회의 문제를 고민해야 한다.

근본적인 질문으로서 철학은 융복합 시대의 인간의 실존과 그것이 배태하는 또 다른 사회와 세계상의 문제를 비판적으로 검토해야 한다. 철학은 융복합 시대에 인류가 더 높은 도덕성을 갖게 될 것인지와 산업사회와 지식사회를 거쳐 지식융합시대에 융복합을 매개로 한 예상되는 사회적 불평등 구조에 대해 주목해야 한다. 철학은 변화된 시대논리와 상황적 필요성을 배제한 채 도대체 누구를 위한 융복합인지 먼저 질문을 던져야 한다. 융복합 교육으로부터 소외된 자들의 사회적 문제를 논구해야 한다. 철학은 융복합 시대에 이성의 요청 즉 자유, 평등, 박애, 합리성, 연대 등이 어떻게 실현될 수 있는지와 더 나은 사회의 건설을 위한 '융복합의 아름다운 약속'의 실현 가능성을 의심해야 한다.

본문에서 제기한 융복합 교육과 철학의 긍정적 역할에 대한 철학자들의 논의를 사회철학적 관점에서 이데올로기적 비판을 할 수 있다. 당파성을 배제할 수 없는 이데올로기적 비판의 근본적인 한계를 감안해도 그 시각에서 보면 본문에서 제기된 융복합 시대에 철학의 적응과 능동적 대응에 관한 논의는 철학적 기능주의다. 과장의 어법을 사용하면 시대적 요구와 환경에 순응하고 적응을 요구하는 융복합을 위한 철학은 암묵적인 체제 이데올로기의 유포이자 원하지 않는 방식으로 체제유지에 기여한다. 비판정신으로서 철학은 적응이 아니라 융복합을 낳은 (계몽)문명적 도정, 융복합을 요구하는 사회, 그것을 교육하는 학교, 역량개발이라는 새로운 교육적 자기개발 강박에 고통당하는 우리에 대해 말해야 한다. 철학은 융복합 시대의 철학의 적극적 대응을 말하기 이전에 이 시대 인간의 실천적이고 구체적인 새로운 삶의 가능성을 먼저 숙고해야 한다. 그것을 위한 첫걸음은 순응이 아니라 비판이다.

철학이 융복합의 문제, 융복합 교육에 대해 비판적 시각을 가져야 하는 이유는 이질성이 복잡하게 편재되어 있고 제한적 의사소통만이 가능한 상이한 언어게임의 다수적 질서, 한마디로 말해 '초복잡 사회'에서 살아가는 인간의 자기이해-사회이해-세계이해의 지평 속에서 주체적 삶의 가능성을 탐구하기 위해서다. 이런 차원에서 융복합적 관점, 융복합 교육은 초복잡 사회의 이해와 삶의 가능성을 위한 하나의 통로이지 그 이상이 될 수 없다. 역량개발이라는 이름으로 융복합의 교육적 강박상황을 만들어가는 데 봉사하는 기술이성으로서의 철학은 비판이성으로 돌아가야 한다. 이 귀향의 성공여부는 융복합을 위한 철학의 자기계몽, 비판력의 회복에 달려있다. 철학은 그 성격상 부정의 용법을 통해 철학과 융복합의 문제를 들여다볼 때 자신의 역할을 제대로 할 수 있다. 위와 같이 철학은 자신의 가장 상투적인 방식을 동원할 때 가장 큰 힘을 발휘할 수 있다.

2

융복합 시대의 철학의 역할과 과제

1) 융복합 교육에 대한 철학적 대응문제

최근의 대학 교육에서 융복합 교육담론이 성행하고 있으며 교양교육 영역에서만이 아니라 전공 간의 융복합 교육이 하나의 교육적 패러다임을 형성하고 있다. 이러한 교육 패러다임은 2005년 윌슨의 이론이 본격 소개된 이후 한창 진행되었던 통섭담론에 대한 교육적 성찰과 그것에 관한 반성적 차원의 교육적 실천이라는 측면, 지식폭발 시대에 지식융합과 통합을 통한 심도 있는 연구와 문제해결이라는 학문 내적인 측면, 분화되고 세분화된 사회적 현상에 적절히 대응하는 융합인재 양성이라는 사회적·교육적 요구 측면, 인문학의 새로운 생존전략적 측면 그리고 전공교육 중심의 고등교육 시스템에 대한 반성으로서 교양기초 교육 강화의 필요성과 같은 실로 다양한 원인들에 기인한다. 위와 같은 다양한 원인에도 불구하고 전공 영역 간의 융복합 교육 콘텐츠의 개발과 실천, 교양교육 교과목 개발에서 융복합적 접근을 시도하는 목적은 지식의 융합과 통합을 통한 체계적이고 종합적인 지성능력, 창의적인 문제해결 능력 및 의사소통 능력을 갖춘 새로운 인재양성에 있다.

이러한 흐름 속에 철학은 어떻게 반응하고 자신의 역할을 수행하는가? 이 문제에 관해서 철학은 비교적 소극적인 반응을 보여왔고, 융복합 교육의 중요 행위자로 자기 역할을 하지 못하고 있다. 교양교육의 중요한 교육 분야에서도 '주도적'이기보다는 '보조적 역할'에 그치고 있다. 이 논문은 이러한 문제의식에서 출발해 융복합 교육 시대에 철학이 어떻게 대응하고 있으며 어떻게 대응해야만 하는지를 진단하고 그 방향을 제시하는 데 목적이 있다. 이를 위해 이 글은 크게 세 가지 문제를 중심으로 논의를 전개할 것이다. 먼저, 통섭 개념의 반성으로서 융복합의 의미를 검토한다. 둘째, 융복합 교육 시대에 국내 철학계는 어떻게 대응하고 있는지를 분석할 것이다. 특히 교양교육의 주요 교육 영역에서 철학의 현재적 역할을 검토하고 새로운 방향을 모색한다. 셋째, 철학에 기초한 융복합 교과목 개발의 예시와 함께 철학과 연계된 융복합 교과목 개발의 가능성을 타진해볼 것이다.

2) 통섭에서 융복합으로

한국에서 통섭에 대한 담론이 본격화된 것은 에드워드 윌슨의 저서 『통섭(consilience)』이 번역된 2005년 이후다. 오늘날 통섭은 사회적 용어가 될 만큼 광범위하게 사용되고 있다. 윌슨의 통섭 개념은 현재 회자되는 융복합의 의미로 오해되거나 긴밀한 학제 간 연구 또는 지식의 통합이나 지식 네트워킹 정도로 오해되어왔다. 그런데 윌슨의 통섭 개념은 근대적 르네상스 인간과 같은 '지식의 통합'이라는 이상적이며 규범적인 요구를 함축하는 개념이 아니다. 그의 통섭 개념은 "서양 철학사의 오랜 꿈이었던 '보편학' 이념과 계몽주의적 전통"[1]을 따르고 있지만, 환원주의자의 아름다운 꿈 이야기라고 할 수 있다. 한국어판 서문에서 윌슨은 인간의 조건을 이해하는 방식으로 ① 자연과학, ② 모든 방법을 한데 묶는 방식이라고 주장하며 그것의 묶는 방식을 자연과학에서 찾는다. 그는 "자연과학은 근래의 사회과학과 인문학의 경계로 그 범위를 확장하여 세 영역을 한데 묶고 있다"[2]고 주장한다. 이렇게 묶는 방식은

---

1 안상헌, 「사회생물학적 통섭(consilience)의 이데올로기적 성격」, 『인문학지』 38집, 2009, 5쪽.

2 에드워드 윌슨, 『통섭: 지식의 대통합』, 최재천 외 역, 사이언스북스, 2005, 26쪽.

자연과학에 의해서만 가능하다는 것이다. 그가 말하는 자연과학은 사회생물학을 의미한다. 묶는 방식이나 활동이 바로 '지식의 통일' 또는 통섭 개념이다.

> 인간조건을 이해하는 길은 모든 방법을 한데 묶는 것뿐이다. 지식의 통일은 서로 다른 학문분과들을 넘나들며 인과적 설명들을 아우르는 것을 의미한다. 예들 들면 물리학과 화학, 화학과 생물학 그리고 더 어렵겠지만 생물학, 사회과학, 인문학 모두를 아우르는 것이다.[3]

결국 통섭은 '서로 다른 학문 분과들을 넘나들며 인과적 설명들을 아우르는 것'의 다른 이름이다. 여기서 '인과적 설명'이란 인간의 문제를 사회생물학적·진화심리학적 관점을 가지고 포착·설명하려는 일관된 환원론적 방법을 말한다. 비환원적 방식에 의한 통섭은 애초부터 배제된다. 이러한 그의 환원주의적 통섭 개념은 사회생물학적 방식에 의해서 사회과학의 기초가 재조직되어야 한다는 그의 초기의 입장에서부터 후기의 유전자-문화공진화 이론까지 일관되게 주장되는 바다.[4] 윌슨의 통섭 개념에 대한 환원주의적 비판과 함께 로티나 세카렐리 등은 자연과학과 인문과학 고유의 가치와 학문적 기능의 차이를 무시하는 윌슨식의 통섭의 필요성 자체를 문제 삼는다.[5]

통섭 개념에 대한 또 다른 문제는 통섭 개념이 가지는 이데올로기적·정치적 함의다. 윌슨식의 통섭 개념은 정치적 보수주의, 과학 이데올로기의 담론효과를 유발한다. 이러한 주장은 사회생물학 논쟁 이후 등장했으며 국내에서는 안상헌, 김동광, 김흡엽 등에 의해 제기되었다. 윌슨의 통섭 개념에 관한 3가지 비판유형의 전제는 통섭 개념 자체가 과

---

3 같은 책, 같은 쪽.

4 에드워드 윌슨, 『사회생물학 I- 사회적 진화와 메커니즘』, 이병훈 외 역, 민음사, 1992, 22쪽 참조.

5 오용득, 「새로운 학문통합과 프로젝트로서의 통섭에 대한 철학적 반성」, 『철학연구』 122집, 2012, 232쪽 참조.

학적 주장의 형식을 띤 이념적 주장이며 진화생물학적 세계관에 입각한다는 점이다. 그 결과 통섭이 학문의 횡단과 경계 허물기를 통한 학문적 토양의 성숙과 개별 학문의 발전을 촉진하는 방식이 아닌 '통섭 파시즘'의 행태로 나타나게 된다.

논자는 통섭 개념에 대한 비판에 동의하면서 그것의 대안 개념으로서 학문의 전통적 분업체계를 일정하게 존중하면서 새로운 차원의 '인간의 조건'이나 '지식의 통합'을 가져올 수 있는 연구방법과 교육적 실천이 융복합이라고 본다. 융복합적 방법론은 통섭의 환원주의적 오류를 빗겨가면서도 학문적 정체성과 고유성을 지식의 통합을 위해 사안에 따라 자율적으로 재설정하며 이데올로기적 함의를 내포하지 않는 정치적으로 중립적인 개념이다. 그렇다면 융복합은 구체적으로 어떤 개념인가? 융복합은 융합과 복합의 결합어다. 사전적 의미의 융합은 특정한 개별 학문들이 하나가 됨으로써 화학적 융합에 이르는 것을 말한다. 그러나 융복합 개념은 사실 대단히 포괄적인 개념이다. 먼저 융합의 개념은 사전적 의미와 달리 하나의 융합학문을 반드시 지향한다고 보기 어렵다.[6] 융합은 통섭과 같이 환원적이거나 한 학문이 다른 학문을 통합하는 토대를 제공하지 않는다. 학문 간 동등한 자격을 갖는다. 여기서 중요한 것은 융합의 폭과 깊이의 문제다. 융합의 폭과 깊이는 융합의 목적과 방법, 문제의 성격과 내용에 따라 그 정도가 결정된다. 다른 학문 간의 융합의 정도는 위의 것에 의해 특정 지점에서 발생하는 것이다.

다른 학문 간의 융합이 일어나는 경우에도 개별 학문의 고유성의 유지 정도 역시 다루는 문제나 주제의 성격과 내용에 따라 결정된다. 또한 융합의 대상도 문제나 주제에 따라 다양할 수밖에 없다. 융합이란 특정한 학문의 고유성을 버림으로써 완전히 다른 새로운 융합학문의 탄생을 의미하는 것이 아니라 융합적 접근, 융합적 방법론을 심층적으로 적

6 심광현은 융합연구가 "각 전공분야가 특정한 주제와 과제를 해결하기 위해 하나의 연구로 수렴되는 방식을 말하며, 이 경우 기존의 여러 전공들이 서로 삼투되어 새로운 전공이 창출될 수 있다"고 정의한다. 심광현, 『유비쿼터스 시대의 지식생산과 문화정치』, 문화과학사, 2009.

융한다는 차원에서 이해해야 할 것이다. 이런 점에서 융합이 특정 학문의 고유성을 상실하고 두 학문의 융합에 의한 완전히 새로운 융합학문이 등장한다든가, 상이한 학문들 간의 하나로의 융합이 최고선이거나 그렇지 않다는 주장들은 융합의 성격에 대한 일면적 이해에 기초한 적절치 않은 주장이다. 사전적 의미에서 융합이 소위 구별이 없어지는 화학적 결합을 의미한다면 복합 개념은 물리적인 결합을 의미한다.

복합은 융합과 달리 복합되기 이전의 학문의 정체성과 고유성이 융합의 경우보다 더 견고하게 유지된다. 다른 학문과의 복합의 정도를 결정하는 요인 역시 융합과 마찬가지로 복합의 대상, 목적, 방법, 문제의 성격과 내용, 복합의 결과 기대되는 효과에 따라 폭과 깊이 및 정도가 결정된다. 융합의 방법론과 달리 복합적 방법론은 기존의 학제적 연구[7]의 성격에 가깝다고 볼 수 있다. 융합과 복합은 결국 기존의 고립되고 세분화된 특정한 학문방법론의 한계를 넘어서서 융복합적 방법론을 통해 특정 문제나 주제를 융합되는 학문의 관점에서 깊이 있게 이해하고 이론적·실천적 문제해결에 기여하고자 하는 연구방법론이라고 봐야 할 것이다.

그렇다면 융복합적 교육은 어떻게 이해할 수 있는가? 융합과 복합 혹은 융복합적 방법론의 교육적 실천이 융복합적 교육이다. 융복합적 교육의 목적은 융복합적 지성능력, 융복합적 인재양성에 있다. 이를 위한 구체적인 방법론은 특정한 융복합적 지성이나 특정한 융복합적 인재상에 따라 다양한 교육형식과 내용을 갖게 된다. 융복합적 지성능력이란 문제나 주제에 대한 융복합적 문제인식 능력과 융복합적 접근 능력, 융복합적 문제해결 능력으로 설정될 수 있다. 이것은 단일한 문제의

---

7 학제적 연구(interdisciplinary research)는 학문이 전문화와 세분화됨에 따라 연구 분야와 연구대상이 협소해짐으로써 복합적인 문제나 사태를 해결하는 데 한계가 있음을 인식하고 독립 학문분야의 폐쇄성과 일면성을 탈피하고 종합적이고 심도 있는 연구를 진행하는 다층적·다원적 연구방식을 의미한다. 학제적 연구는 다시금 초분과학문적(transdisciplinary), 다분과학문적(multidisciplinary), 복수학문적(pluridisciplinary), 교차학문적(cross-disciplinary) 연구 등으로 구분된다. 학제적 연구는 기본적으로 독립학문분과 연구의 미흡한 부분을 다른 학문분야가 보완하는 개념이다. 따라서 융복합적 연구방법보다 학제 간의 독립성이 더 강조되는 연구방법론이다.

식과 관점하에서 인식, 접근, 대안제시 능력보다 중층적이고 종합적인 사고능력을 요구한다. 융복합적 교육은 이러한 지성능력을 육성함으로써 복잡하면서 다차원적 장(場)인 사회적 삶에 성공적으로 대응하는 힘을 갖도록 하는 것을 목적으로 한다. 통섭의 일원론적 태도를 반성하고 융복합적 연구방법과 교육이 지배적인 대학교육의 패러다임으로 자리잡은 작금에 철학을 하는 사람이나 철학교육 종사자들은 융복합 시대에 철학이 어떤 역할을 할 수 있으며 해야만 하는지에 대한 성찰과 고민을 요구받는다. 이러한 사회적·교육적 상황에서 철학은 무엇을 하고 있는지를 살펴보자.

3) 융복합 교육 시대, 철학은 무엇을 하는가?

여기서는 융복합 교육 시대에 대학 내 철학의 융복합적 활동의 현재상을 살펴보고자 한다. 대학 내 철학의 융복합적 활동이란 철학적 방법론과 철학적 교수활동이 다른 인접학문이나 이종학문과 결합하여 이루어지는 활동 전체를 통칭한다. 철학의 융복합적 활동과 가장 관련이 있는 것은 교양교육의 중심축이라고 할 수 있는 글쓰기 교육 영역, 공학인증 교육 및 과학 교과와의 융복합 교육 영역, 비판적·창의적 교육 영역과 전문직업 과정인 로스쿨 교육 영역이다. 먼저 위의 영역에서 철학이 현재 어떤 역할을 하고 있는가를 살펴보고 이들 영역에서 철학이 할 수 있는 융복합적 교육활동의 방향을 검토할 필요가 있다. 이를 통해 융복합 교육 시대에 철학의 새로운 위상 정립의 가능성을 타진할 수 있을 것이다.

(1) 글쓰기 교육과 철학

융복합 시대의 글쓰기 교육은 융복합적으로 이루어지는가? 이 문제에 대한 대답은 이것에 관한 교육적 성찰이 이루어지고 있으며 부분적인 시도가 일부 일어나고 있다고 평가할 수 있다. 그러나 대부분의 대학에서 글쓰기 교육은 신입생을 위한 기초 글쓰기 기술(skills)교육과 그것의 심화과정인 다양한 과목명의 글쓰기 집중·심화과정으로 편성되어 있다. 기초 글쓰기 교육은 문법적 글쓰기 및 학술적 글쓰기를 위한 기초단계라고 할 수 있다. 교양으로 운영되는 글쓰기 집중·심화과정은 크게 통합형 글쓰기 교육을 지향하거나 학술적 글쓰기를 지향하는 것을 목표로 운영되고 있다. 융복합 시대의 글쓰기 교육의 중요성이 새롭게 부각되면서 교수 영역에서 운영상의 변화가 일어났다. 국문과와 문창과 중심으로 편성된 글쓰기 교수요원 체계가 계열별 교수자원으로 새롭게 구축되었으며, 이러한 과정에서 철학자가 글쓰기 교육에 적극 참여하게 되었다.

교양교육 차원에서 진행되는 글쓰기 교육에서 철학자는 인문 글쓰기 교육을 담당한다. 학교에 따라 인문 글쓰기 전문교수를 철학담당 교수가 맡는 경우와 기타 인문학 교수가 담당하는 두 경우가 있다. 철학 전공자가 글쓰기 교육에 참여함으로써 기존의 기초글쓰기 교육이나 전공연계형 학문적 글쓰기 교육의 틀을 벗어나 실용적 글쓰기 교육, 통합적 글쓰기 교육과 융복합적 글쓰기 교육의 내실화에 기여할 것으로 판단된다. 실용적 글쓰기 교육은 자서전 쓰기, 칼럼 쓰기, 기획서 쓰기, 자기소개서 쓰기 등을 들 수 있다. 실용적 글쓰기 영역에서 필요한 것이 성찰능력, 객관화 능력, 분석력과 종합력, 대안제시 능력이란 점을 고려한다면, 철학은 다른 학문 배경을 가진 글쓰기 교육 전공자보다 실용적 글쓰기 수용자에게 더 많은 지도역량을 보여줄 것으로 판단된다. 연구, 글쓰기, 말하기, 프레젠테이션 능력을 통합적으로 가르치는 통합형 글쓰기 교육영역에서 철학담당 교수는 종합적 문제파악 능력, 비판적 사고력, 균형적·지적 감각 및 문제해결 능력에서 타 계열 글쓰기 교수자보다 더 나은 글쓰기 교육을 제공할 수 있다고 판단된다.

융복합 교육시대에 글쓰기 교육과정에서 철학 전공자는 융복합적 글쓰기 교육과정을 계발하고 교육에 적극 참여해야 할 것이다. 융복합적 글쓰기의 목표는 이희용의 주장처럼 "전공심화 교육과 전인적 교육을 위한 기초능력 형성을 목표"[8]로 하기보다는 2개 이상의 학문 간 경계를 넘나드는 통합연계형 사유능력, 비선형성(non-linearity)에 입각한 창의적 사고능력과 두 개 이상의 배경지식을 하나로 조직해내는 자기조직화(self-organization) 능력의 향상을 교육목표로 두어야 한다.

융복합적 글쓰기 교육에서 철학 전공자는 철학이 갖는 보편성과 보편적 사고능력을 통해 다른 상이한 학문이나 주제 간의 다리를 놓는 통합연계형 사고력과 습관적인 사고습관을 벗어나 다른 것들 사이를 연결·조합하는 자유로운 비선형성을 이끌어내고 학생 스스로 지식을 조직화해내는 데에 교육적 역량을 발휘할 수 있다. 안호영과 송현주는 동국대(경주)에서 글쓰기 교육과정의 융합적 글쓰기 교육(6시간)의 사례분석을 통해 융합적 글쓰기의 효과를 밝히고 있다. 한편 두 사람은 융복합적 글쓰기의 가장 심각한 문제점으로 "주제선정과 수업내용이 교수자의 개별적 선호에 의존"[9]한다고 지적한다. 이러한 한계의 극복은 다른 교수자보다 철학전공 교수자에 의해 상대적으로 쉽게 극복될 수 있다.

(2) 로스쿨 교육과 철학

로스쿨 제도의 도입과 함께 법학적성시험(LEET)이 로스쿨 진학을 위한 기본 시험이 되었다. 이 시험의 목적은 법학전문대학원에 필요한 "기본소양과 잠재적 적성"을 측정하는 데 있다. LEET는 언어이해, 추리논증, 논술 세 영역으로 구성되어 있다. 철학 전공자들은 LEET 문제 출제부터 시작해 법학전문대학원 진학을 위한 사설학원, 로스쿨대학원 전역에서 활동하고 있으며 주로 추리논증과 논술 영역 교육을 담당하고 있다. 법학적성시험의 "추리논증 영역은 사실이나 견해 또는 정책이나 실천적 의사결정 등을 다루는 일상의 소재와 논리학, 수학, 인문학, 사

---

8 이희용, 「융복합 교육 시대에 기초교양교육의 내실화와 제역할 모색」, 『교양논총』 4권, 2011, 79쪽.

9 안호용·송현주, 「교양교육과 융합하는 글쓰기: 수업사례를 중심으로」, 『교양교육연구』 7권 1호, 2013, 99쪽.

회과학, 과학기술 등 다양한 분야의 학문적인 소재를 활용하여 법학전문대학원 교육에 필요한 추리능력과 논증능력을 측정하는 시험"[10]이다.

논술영역은 "예비 법조인으로서 갖춰야 할 분석적·종합적 사고력과 논리적 글쓰기 능력을 측정하는 시험"[11]이라 볼 수 있다. 평가영역도 분석과 구성으로 나누어지는데, 분석은 제시문 분석과 논제 분석, 구성은 논증, 표현, 창의로 나누어진다. 여기서 중요한 것은 법학적성시험의 준비과정에서 법학적 소양의 증진을 위해 철학적 능력이 활용되고 있다는 점이다. 이러한 활용을 과연 융복합적이라고 말할 수 있는가? "아니면 법학적성 교육을 위해 철학이 '논증과 논술'의 기술을 제공하는 데 그치고 있는가"다. 엄밀히 말하면 철학은 법학전문대학원 인재양성을 위한 보조학문의 역할을 하는 데 그치고 있다.

여영서는 "철학이 실용성을 증대하기 위해 생산적인 논리학 및 철학수업 준비"[12]를 강조한다. 우정규 역시 비판적 사고능력을 위해 형식적 접근방법을 강조한다.[13] 그러나 그들의 주장이 현실화한다고 해서 법학적성시험이 곧 철학교육의 성격을 담지하지는 못할 것이며 철학과 법학적성시험 교육의 융복합적 성격이 결합되는 데도 한계를 노정할 것이다. 그 이유는 LEET에서 요구하는 철학적 능력은 특수목적에 필요한 특수한 능력만을 기능적으로 훈련시키기 때문이다. 이것은 소위 철학정신 없는 철학기술 연마의 성격으로 봐야 할 것이다. 이러한 이유로 인해 로스쿨 교육과 관련해서 철학과 연계한 융복합적 강좌의 개발이 필요하다. 가령 〈법과 예술〉, 〈법, 인간, 사회〉, 〈법과 도덕〉과 같은 강좌들을 개설할 필요가 있다.[14] 이러한 강좌들이 로스쿨 시대에 철학이 LEET의

---

10 http://.leet.or.kr/

11 http://.leet.or.kr/

12 여영서, 「법학적성시험(LEET)은 논리적 사고력의 측정인가」, 『대동철학』 43집, 2008, 275쪽.

13 우정규, 「형식논리와 기출예제 학습을 통한 비판적 사고력 함양」, 『교양논총』 5집, 2011, 51, 77쪽 참조.

14 서영식은 〈법과 인문학〉 강좌를 제안한다. 서영식, 「융복합교육을 위한 철학적 고찰」, 『철

하위 파트너가 아님을 증명하는 것이며 LEET 교육의 질적 발전을 선도하게 할 것이다.

(3) 공학인증 교육과 철학

공학인증 교육에서 철학의 역할을 살펴보자. 공학인증 교육은 미국의 경우 1930년대 관련 기관이 설립되어 운영되었다. 우리나라의 경우는 1999년 한국공학교육인증원(ABEEK)이 설립되어 2014년에는 국내 83개 대학에서 512개 공학인증 프로그램이 운영되고 있다.[15] 이 기관은 엔지니어에게 요구되는 전문적이며 사회적인 자질을 인증하는 기관이며, 공학인증 교육은 그것을 위한 관련 교육 활동 전반을 통칭한다. 공학인증 교육이 철학과 연관성을 갖게 된 결정적인 계기는 1997년 미국의 공학인증기관(Accreditation Board of Engineering and Technology)이 Engineering Criteria 2000을 채택한 이후다.[16]

소위 EC 2000 공학교육 프로그램은 엔지니어 교육에서 전문가로서의 책임과 윤리적 책임교육을 강조하고 있으며 공학교육과 관련된 윤리 교과목을 운영하도록 하고 있다. 이러한 차원에서 미국 공학교육에서 공학윤리 교육을 위한 엔지니어와 철학자들의 협동연구들이 전개되었다. 엔지니어의 윤리적 감성의 강화, 윤리적 판단력, 윤리적 의지력의 향상을 목적으로 하는 공학인증 교육은 공학윤리 발전을 위한 철학의 융복합적 활동 영역을 확장시키는 결과를 가져왔다고 평가할 수 있다.

한국공학교육인증원은 2012년 KEC2005를 발표하고 공학인증 시 학습 성과 평가영역의 기준을 제시한다. 그중에서 "(9) 공학적 해결방안이 세계적, 경제적, 환경적, 사회적 상황에 미치는 영향을 이해할 수 있는 폭넓은 지식, (10) 시사적 논점들에 대한 기본 지식, (11) 직업적

학논총』 67집, 2012, 126쪽 이하 참조.

15 http://www.abeek.or.kr/htmls_kr/contents.jsp?menu_l=4&menu_m=24

16 이재숭, 「공학인증과 공학윤리」, 『윤리교육연구』 26집, 2011, 279쪽 이하 참조.

책임과 윤리적 책임에 대한 인식"[17]에 관한 교육은 철학이 공학인증 교육에서 역할을 할 수 있는 공간을 제공한다. 그러나 공학인증을 위한 전공별 교육과정의 편성기준에서 공학윤리를 필수 교과목으로 명시하고 있지는 않다. 많은 대학들에서 전문교양교육 학점 내에서 공학윤리 과목을 필수나 선택으로 운영하고 있다. 이것은 철학과 공학교육의 융복합적 접점을 찾을 수 있는 공간이 교육과정 운영상 제한적이라는 것을 의미한다. 또한 공학윤리 교육이 공학윤리 전문가들에 의해 이루어지지 않고 철학과 교수나 강사 및 공학 교수들에 의해 이루어지고 있다.[18] 이 점이 철학과 공학의 융복합적 공간의 확보와 접점을 찾아가는 데 근본적인 개선이 필요한 부분이다.

일반철학 전공자가 교양교육의 연장선에서 실시하는 공학윤리는 책임윤리나 직업윤리 차원의 교육에 머무르기 쉽다. 또한 공학 영역에서 구체적인 문제해결식 교수방법이나 공학적 사례에 입각한 사례연구 교수법으로 진전되는 데 한계를 갖게 된다. 2016년부터 전면적으로 실시되는 공학인증 교육과정에서 철학이 엔지니어의 윤리의식을 고취하는 보조적 수단에서 벗어나기 위해서는 공학적 지식과 공학윤리 전문가들의 육성과 공학도와 공학윤리 전문가들의 협동교육 프로그램의 개발이 요구된다. 또한 〈기술, 과학, 인간〉, 〈로봇, 로봇산업 그리고 로봇윤리〉, 〈유토피아와 기술문명〉과 같은 융복합적 강좌의 운영을 통해 공학인증 교육에서 철학의 공간을 확보해나갈 필요가 있다.

(4) 창의성 교육과 철학

오늘날 어느 대학을 막론하고 창의적인 인재 양성을 교육의 중요한 목표로 설정하고 있다. 동시에 창의성 교육과정이나 프로그램을 운영하

---

17 한국공학교육인증원, 『공학인증기준005(KEC2005), 2쪽.

18 이창훈, 「중등기술교육에서 공학기술윤리 교육의 탐색」, 『한국기술교육학회지』 13권 3호, 2013, 233쪽.

고 있다. 주지하다시피 창의성 개념은 전통적으로 광의의 창의성, 협의의 창의성, 과정으로서의 창의성으로 구분된다. 광의의 창의성은 독창적이고 유용한 산출물을 만들어내는 것을 의미하며 과정으로서의 창의성은 기존의 정보들을 새롭게 재구성하고 유용하게 변형하거나 조합하는 것을 의미한다. 협의의 창의성 개념은 길포드의 개념으로 반응의 수의 다양성을 말하는 유창성(fluency), 융통성(flexibility), 독창성(originality), 정교성(elaborateness) 요소를 포함한다. 창의성 교육은 협의의 창의성 개념으로 흔히 인식한다.[19]

비판적·논리적 사고훈련으로 대변되는 철학교육은 확산적 사고의 반대개념인 수렴적 사고로 인식되고 있다. 그런데 김영정이 옳게 지적한 바와 같이 과학적 사고만이 아니라 광의의 창의성 개념이나 과정으로서의 창의성 개념은 비판적·논리적 사고[20] 영역에 해당되며 창의성 교육에서 비판적·논리적 사고교육의 중요한 역할을 담당해야 한다.[21] 다시 말해 창의적 활동의 시작단계에서는 자료를 수집하고 준비하기 위해 분석, 추론, 논리적 사고는 필수적이며 창의적 활동의 마지막 단계에서 아이디어를 정교화하고 구체화하고 산출물을 만들어낼 때 비판적·논리적 사고가 핵심적 역할을 한다.[22] 이것은 '철학이 창의성 교육에 어떤 역할과 기여를 할 수 있는가'에 대한 하나의 명확한 대답을 제시하는 것이다.

델피보고서(Delphi Report)는 비판적 사고를 "해석, 분석, 평가 및 추론을 산출하는 의도적이고 자기 규제적인 판단이며, 동시에 그 판단에 대한 근거가 제대로 되어 있는지, 증거, 개념, 방법론, 준거, 또는 맥락의

---

19 김영채, 『창의적 문제해결, 창의력 이론. 개발과 수업』, 교육과학사, 1999, 3쪽 이하 참조.

20 서민규는 비판적 사고가 창의적 사고를 배제하지 않는다는 점에서 김영정에 동의하지만, 비판적 사고의 창의적 요소에 대한 김영정이 강조는 비판적 사고 개념 자체를 명료화하는 데 기여하지 못했다고 비판한다. 서민규, 「비판적 사고와 창의적 문제해결」, 『교양교육연구』 6권 3호, 2012, 225쪽 이하 참조.

21 김영정, 「창의성과 비판적 사고」, 『한국인지과학회 논문지』 13권 4호, 2002, 83쪽 참조.

22 정종진, 「창의성에 대한 다원적 접근과 그 교육적 시사」, 『초등교육연구논총』 18권 3호, 2003, 332쪽.

측면들을 제대로 고려하고 있는가에 대한 설명을 산출하는 의도적이고 자기 규제적인 판단"[23]으로 정의한다. 철학적 사고는 논리적이며 비판적 사고이며 철학교육은 소크라테스의 대화에서 보여주듯이 분석, 추리(논증), 종합(변증)의 과정들을 훈련시키는 교육활동이다.

융복합이 대학교육의 중요한 방향으로 자리 잡기 이전에 교양철학의 영역에서 〈논리학〉, 〈논리와 비판적 사고〉와 같은 강좌들이 개설·운영되어왔다. 일반적으로 이러한 강좌들은 일상적 철학교육의 연장선상에서 이루어져온 것이 사실이다. 그런데 지식사회 담론과 전 지구적 지식네트워크의 출현, 급변하는 사회문화적 변화, 융복합적 흐름과 맞물려 기존의 〈논리학〉이나 〈논리와 비판적 사고〉와 다른 새로운 틀과 새로운 교육방향과 내용의 변화를 요구받고 있다. 비판적 사고 향상을 위해서 철학이 할 수 있는 교육방향은 〈논리와 비판적 사고〉와 같은 강좌에서 비형식 논리지문을 융복합적, 문이과 통합적 정보를 다루는 방향으로 개선되어야 한다.

철학이 관여하는 창의성 교육의 융복합적 성격을 강화하기 위해서는 ① 예술, 문화비평 및 신문을 활용한 실용논리 분석과 리뷰쓰기, ② 하병학이 제기한 대화적 글쓰기에 덧붙여 대화적 글쓰기[24]에 대한 비평문 쓰기, 그리고 비평문 상호평가와 비평문 다시 쓰기와 같은 방식을 생각할 수 있다. ③ 주제 중심의 조별 토론 중심교육으로 수업이 운영되어야 하며 조 구성은 이질학과 다양한 성차와 학년으로 구성해 운영한다. ④ 사회적 사건과 철학이론을 매개하여 문제를 해결하는 프로젝트 수업모델을 도입하는 것도 생각해볼 만하다. 위와 같은 교육방향과 방법을 통해 창의성 교육과 결합된 철학의 역할을 확장시킬 수 있을 것이다.

---

23 The American Philosophical Association, "Critical Thinking: A Statement of Expert Consensus for Purposes of Educational Assessment and Instruction", The Delphi Report, ERIC Doc. No. ED 315-423, 1990.

24 하병학, 「논술능력 향상을 위한 비판적 사고와 비판적 사고능력 향상을 위한 논술」, 『철학과 현실』 76집, 2008, 170쪽 참조.

4) 철학과 연계된 융복합 교과목 개발의 사례

이제 융복합 교육 시대에 철학과 연계된 융복합 교과목 개발의 한 예로 〈비즈니스를 위한 사회인문학〉의 개발방향을 제시하고자 한다. 이 교과목은 비즈니스를 위한 사회인문학적 지식의 전달과 교육에 목적이 있는 것이 아니라 비즈니스 활동 전반에 대한 철학적·사회인문학적 성찰과 융합적 사고에 기초한 비즈니스 활동에 대한 새로운 인식의 전환을 기본 목적으로 한다.

(1) 〈비즈니스를 위한 사회인문학〉 교과목 개발의 의미와 필요성

〈비즈니스를 위한 사회인문학〉 교과목 개발은 성공적이며 의미 있는 비즈니즈를 위해 필요한 사회인문학적 소양을 기르는 데 목적이 있다. 성공적인 비즈니스 특히 국제 간 비즈니스 활동은 단순히 경제와 경영에 대한 지식과 노하우 및 실전경험의 축적만으로는 불가능하다. 위와 같은 사실은 국내 기업의 해외 진출의 실패사례나 성공사례들을 검토하다 보면 자연스럽게 얻어지는 결론이다. 결국 성공적이며 의미 있는 비즈니즈가 되기 위해서는 경제활동의 주체인 인간과 그를 둘러싼 사회문화 및 역사적 환경에 대한 이해, 문화적·사회적 커뮤니케이션 능력, 상호문화성에 대한 문해능력, 경제-사회-문화-인간-비즈니스 활동 전반에 대한 비즈니스적 관점과 사회인문학적 관점을 연결시킬 수 있는 통찰능력 그리고 경제정의와 사회정의적 차원의 비즈니스에 대한 규범의 자기조직화 역량과 그것에 대한 판단능력 등이 요구된다.

서울대에서 시작해 몇 대학으로 확산된 〈CEO를 위한 인문학〉 강좌나 〈인문예술 최고위 과정〉으로 불리는 강좌가 성황을 이루고 있지만, 학부과정에서 위에서 언급한 역량과 인재를 양성하는 교육 프로그램이나 교과목을 찾아보기가 쉽지 않은 것이 현실이다. 바로 이런 이유에서 〈비즈니스를 위한 사회인문학〉 교과목 개발의 의미와 필요성이 제기된다. 이 교과목은 비즈니스 활동에 대한 철학적 성찰을 포함하면서도 그것을 넘어서 사회학, 문화학과 같은 분과 학문적 접근을 포함하며 동시에 인간학적 기초소양을 신장시키는 데 목적이 있다. 여기서 말하는 사회인문학이란 비즈니스 활동을 위한 철학적·인문학적 소양교육이라는 측면에서 철학과 인문학의 응용성을 강조하기 위한 기술적 개념이다.

(2) 교육목표와 교육방법

〈비즈니스를 위한 사회인문학〉의 교양목표는 다음과 같이 설정한다.

① 비즈니스 활동의 주체인 인간에 대한 이해를 증진시킨다.
② 비즈니스 활동을 둘러싼 문화·사회·역사적 환경에 대한 사회인문학적 소양을 신장시킨다.
③ 비즈니스 활동과 관련된 개별 주제영역에 관한 융복합적 이해를 증진시킨다.
④ 경제-비즈니스 활동-성찰적 자본주의-사회정의의 내적 연관성을 이해한다.
⑤ 주체적이며 비판적인 비즈니스 마인드를 형성하도록 자극한다.

위와 같은 교육목표를 실현하기 위해서 다음과 같은 교육방법론 적용이 요구된다.

① 혼합학습(blended learning)

광의의 혼합학습이란 사실 전혀 새로운 교수-학습 방법은 아니다. 다양한 교수방법론을 다양한 차원에서 결합시킴으로써 학습효과를 극대화하는 것이 혼합학습이다.[25] 교육공학적 차원에서 혼합학습은 주로

25 혼합학습의 개념에 대한 다양한 이론적 논의는 김미영, 『대학수업 적용을 위한 처방적 혼합학습 설계모형에 관한 연구』, 충남대 박사학위, 2006, 9쪽 이하 참조.

온라인-오프라인의 혼합학습을 의미한다. 다시 말해 사전 동영상 강의를 수강하고 그것을 토대로 면대면 수업을 운영하는 것을 말한다. 〈비즈니스를 위한 사회인문학〉에서 혼합학습 방식은 E-Calss 수업게시판을 활용해 학습자들이 수업자료를 전달받아 수업 전에 사전학습하고, 학습자로 하여금 이해가 안 되는 부분의 기록, 3가지 질문 만들기, 반페이지 리뷰작성을 수업 하루 전까지 게시하게 하며, 그러한 사전이해에 기초해 수업을 운영하는 것을 의미한다. 교수자는 수업 전 3가지 내용을 체크하고 수업내용과 운영을 재조정하여 수업에 임한다.

② 문제중심학습(problem-based learning)

〈비즈니스를 위한 사회인문학〉에서 문제중심학습 방법론의 적용은 주별 학습주제와 관련된 사례나 비즈니스 상황을 제시하고 그것에 대한 비판적 사고와 문제해결 능력을 신장시키는 것을 의미한다. 가령 6주차 수업주제인 〈기업과 윤리경영〉 학습에서 비윤리 경영을 했던 기업들의 사례를 조사하게 하고, 그러한 기업이 사회적 책임을 다하는 윤리경영으로 나아가기 위한 문제해결 방안을 제시하도록 학습자 중심의 수업을 운영할 수 있다. 이러한 문제중심학습을 원활히 진행하기 위해서 교수자는 충분한 사례나 비즈니스 상황을 제시하며 학습자로 하여금 스마트폰을 실시간으로 활용해 유사사례를 찾아내도록 학습 분위기를 촉진시켜야 한다.

③ 프로젝트 수업(project learning)

〈비즈니스를 위한 사회인문학〉 교과목에서 시도할 수 있는 프로젝트 수업방식은 크게 두 가지 방식이다. 첫째는 12주에 해당되는 수업주제 중 조별로 각각 원하는 주제를 선택하거나 교과목 성격에 맞는 새로운 주제를 제안해 심화학습 프로젝트를 가동시키는 경우다. 이러한 방식의 '주제연구형 프로젝트'는 교수자의 관리가 매우 중요하다. 교수자는 프로젝트 주제 선정과 학습계획 수립, 학습 진행과정을 정기적으로 확인하며 조언을 해주어야 한다. 또한 조장으로 하여금 조원들의 역할과 역할 수행 기록물을 작성토록 하며 학습관리 체크리스트를 제공해야 한다. 마지막으로 교수자는 프로젝트 결과에 대하여 전체 조원과의 인터뷰 방식을 통해 평가 및 교수자 평가에 대한 학습자의 이의제기를 허용하여 종합평가 점수를 부여해야 한다.

두 번째 프로젝트 방식은 12주에 해당되는 수업주제 중 하나의 주제를 선정하게 하고 그 주제를 심화학습 시키기 위해 '관련 고전' 한 권을 선정해 각자 독서노트를 작성하게 한다. 또한 장별로 조별 토론한 내용을 기록하게 한다. 이러한 '관련 고전읽기 프로젝트' 역시 독서노트 작성에 대한 교수자의 가이드라인의 제시가 명확히 이루어져야 하며 주기적인 관리가 필수적이다. 장별 토론을 기록관리 하며 기록 역시 교수자가 주기적으로 확인해야 한다. 평가 방법은 개인 독서노트, 토론의 참여 및 기여도, 조별 집단 인터뷰로 나누어 총합한다. 평가에 대한 이의제기 역시 허용하되 논거가 빈약한 경우 정당한 점수부여를 적극 인지시킨다. 앞서 언급한 두 가지 방식의 프로젝트는 조별로 자유롭게 선택하게 하며 학습의 질 관리를 위해 총 평가점수 기준 20%를 배정한다.

④ 수업운영 교수전략

〈비즈니스를 위한 사회인문학〉에서 비즈니스 활동과 그것을 둘러싼 사회인문학적 성찰능력을 배양하고 융복합적 마인드를 형성시키기 위해서는 교수자 자신이 사회과학이나 경제경영 분야의 석사학위 수준의 안목과 함께 철학, 인문학과 비즈니스를 연계시키는 능력이 필수적으로 요구된다. 이러한 교수능력을 전제로 해서 교수전략은 80분의 강의중심형 수업을 진행하고 80분의 토론 중심 학습을 운영한다. 80분의 강의중심형 수업은 혼합학습 방식에서 제기된 문제들을 토대로 진행한다. 이때 중요한 것은 주제에 대한 흥미 유발을 위해 마인드맵(mindmap)을 활용한다. 또한 이론 중심이 아니라 이론-사례를 연계한 강의를 해야 하며 미디어와 같은 수업도구를 적절히 활용해야 한다. 이를 통해 학습자가 품고 있는 융복합적 주제의 난해함과 복잡함의 이미지를 불식시키고 학습동기를 촉진시킬 수 있다.

80분의 토론수업은 협동학습(조별 학습)에 의해 이루어진다. 토론주제는 강의내용과 관련된 사례를 제시하고 협동학습조가 임의로 사례를 선택하거나 발굴·제안하게 한다. 80분 토론수업에서 실제 토론 시간은 30분 내외로 하며 나머지 시간은 발표 및 동료 리뷰 시간을 갖는다. 30분의 집중토론 시간에 교수자는 협동학습을 순회하면서 협동학습이 잘 이루어지지 않는 조를 지도한다. 발표 및 동료 리뷰가 끝난 다음 교수자는 대략 10분간 해당 학습주제에 대한 명료한 요약정리와 토론에 대한 평가를 통해 학습자로 하여금 내용지식과 사례 문제해결 과정을 재인식시킨다.

⑤ 교과목 수강조건 및 선수과목

〈비즈니스를 위한 사회인문학〉 교과목은 철학과 인문학과 연계된 융복합 교과목이다. 따라서 강의의 질이 일반 교양강좌보다 상대적으로 높다. 또한 비즈니스와 철학과 인문학 일반에 대한 기초적인 지식이 있어야만 효과적인 교수-학습이 이루어질 수 있다. 따라서 수강자격을 대학 3, 4학년으로 제한할 필요가 있다. 집중적이고 질 높은 수업이 되기 위해서는 선수과목 이수를 전제해야 한다. 철학 관련 강좌를 1개 이상 수강한 학습자 그리고 경상계열 강좌를 1개 이상 수상한 자에 한하여 수강자격을 부여한다. 수업의 효율성과 교수-학습의 촉진을 위해 수강인원도 40명으로 제한할 필요가 있다.

(3) 주간교육 계획

주차	수업 주제	수업 내용
1주	오리엔테이션	'왜 비즈니스에 대한 철학적 · 인문학적 성찰이 필요한가' 설명, 협동학습 편성과 토론 및 프로젝트 진행방법, 참고자료 소개
2주	철학적 인간이해와 경영학적 인간이해	인간의 본질에 대한 서양철학의 다양한 논의들, 기독교, 불교, 유가적 인간이해와 경영학적 관점에서 전개된 인간이해를 비교검토, 연관성과 차이 발견
3주	화폐의 경제학과 화폐의 사회심리학	화폐의 역사 및 애덤 스미스, 케인즈 학파의 화폐경제이론과 짐멜의 '화폐의 철학'에서 논의된 화폐의 사회심리학 비교
4주	집의 철학과 집테크, 집 경제학	집이라는 건축물의 철학과 문학작품 속의 집의 개념, 집에 대한 의식의 변화, 아파트와 투기 심리, 주택경제와 주택정책의 방향 탐구
5주	땅, 대지의 인문학과 투기하는 사회	땅과 대지에 대한 의식, 문학 속의 땅과 대지의 개념, 땅의 경제학과 땅 투기의 사회상 분석
6주	기업과 윤리경영	기업의 정의와 종류, 기업에 대한 인식변화, 기업윤리와 윤리경영의 제 문제
7주	착한 기업(해외/국내 사례분석)	사회적 책임을 다하는 착한 기업의 국내외 사례분석
8주	중간고사	자유선택 주제1+교수자 출제주제2
9주	문화, 문화이론, 비즈니스 문화	문화에 대한 철학적 · 인류학적 · 사회학적 개념, 문화다원주의-횡단문화, 혼성문화론, 지역별 비즈니스 문화의 특성과 문화적 접근전략
10주	매너의 문화사와 비즈니스 매너	식사매너의 문화사 검토, 비즈니스 매너의 ABC, 비즈니스 식사문화
11주	공감이론과 공감을 위한 커뮤니케이션전략	공감의 개념과 중요성, 공감이론 비즈니스 상황에서 공감전략
12주	분배와 성장 그리고 경제정의	분배와 성장이론에 대한 철학적 경제이론적 관점 비교 및 경제정의와의 관련성 탐구

주차	수업 주제	수업 내용
13주	자본주의의 발전과 위기론	자본주의의 역사적 전개와 자본주의 위기담론 분석, 한국자본주의의 전개양상과 문제점
14주	대안적 자본주의의 탐색	SBS <최후의 제국> 동영상 감상, 대안적 자본주의 모델들의 실현 가능성과 지속 가능한 한국자본주의의 미래상 설명 및 토론
15주	종합토론	비즈니스의 사회인문학적 성찰에 대한 평가발제 2안에 대한 토론, 수어주제와 연성 있는 경제이슈에 대한 토론
16주	시험	자유선택 주제1+교수자 출제주제2

(4) 평가 및 피드백

평가항목은 수업 중 협동학습 평가 10%, 프로젝트 평가 20%, 중간 및 기말고사 평가 각각 30%, 출결평가 10%로 한다. 수업의 후반부에 해당되는 협동학습은 평가그룹을 세 그룹으로 나누어 평가한다. 혼합학습의 성공열쇠인 사전학습에 대한 평가는 상중하 세 그룹으로 나누어 평가하며 각각 보너스 점수 3, 2, 1점을 부여한다. 프로젝트 평가는 프로젝트 평가내용과 점수를 E-Class에 공지함으로써 평가의 투명성과 공정성을 확보한다. 출결평가는 학습내용의 난이도와 몰입도 있는 학습을 촉진시키기 위해 엄격하게 관리한다. 결석 시 -2점을 부여한다. 이 교과목의 성공적인 운영을 위해서는 교수자의 성실한 피드백이 무엇보다 중요하다. 피드백은 정기적인 피드백과 비정기적 피드백으로 나눈다. 정기적인 피드백은 프로젝트 각 단계별로 협동학습 단위로 진행한다. 개인별 학습 피드백은 비정기적이며 수시로 온-오프라인에서 실시한다. 16주 수업이 종료된 이후에는 원하는 개별 학습자나 협동학습 단위별로 종합적인 피드백을 실행한다. 종합적인 피드백을 하는 경우에 교수자는 학습자로 하여금 심층인터뷰를 통해 강의 전반에 대한 만족도를 검토하고 다음 학기 수업설계에 반영한다.

5) 융복합 교육 시대 철학의 새로운 역할 모색을 위하여

지금까지 살펴본 바와 같이 융복합 교육 시대에 철학은 글쓰기 교육, 창의성 교육, 로스쿨 교육, 공학인증교육과 같은 교양교육 영역에서 제 역할을 충분히 하고 있지 못하다. 융복합 교육 시대에 철학은 철학 전공자가 운영하는 융복합 교양선택 강좌들을 개설하는 데 그치고 있다. 철학과가 설치된 전국 대학에서 부분적으로 그와 같은 교양선택 강좌들을 찾아볼 수 있다. 논자의 입장에서는 융복합 교육 시대에 철학이 자기 위상을 분명하게 설정하기 위해서 또한 학제로서 철학이 한국 대학에 살아남기 위해서는 다음과 같은 인식의 전환과 대응이 필요하다고 본다.

첫째, 철학 전공자들의 인식의 전환이 새롭게 요구된다. 융복합 교육은 단순히 일시적인 교육 패러다임이 아니라 지속 가능한 교육 패러다임이다. 왜냐하면 융복합적 사유와 교육은 오늘날과 같은 지식사회에서 지식계의 복잡성의 문제, 창의적 실용적 지식을 추구하는 교육적·사회적 요구가 지속적으로 제기될 수밖에 없기 때문이다. 이러한 환경적 요인을 고려한다면 철학의 새로운 위상정립은 '전문주의'에서 탈피해야 한다. 둘째, 교양교육의 핵심교육 분야에서 철학이 제 역할을 하기 위해서는 철학 전공자 중심의 융복합 교과목의 개발에 그쳐서는 안 되며 융복합 교양교육에서 '적극적 행위자'로 변신해야 한다. '적극적 행위자'로의 변신의 전제조건은 융복합적 사고의 유연성, 개방성과 함께 교육적 요구에 부응하는 교육자로서의 자기의식의 형성이 중요하다.

셋째, 철학과 연계된 융복합 교육 프로그램을 개발하는 데 철학 전공자들이 적극 나서야 한다. 철학 전공자들이 '거리의 인문학'이나 'CEO 인문학' 특별 프로그램에 참여하는 것도 중요하지만, 그것 이상으로 융복합 관련 정규교육과정을 개설하는 데 역량을 집중할 필요가 있다. 철학 전공자들이 옥스퍼드 대학에서 실시하는 PPE(Philosophy, Politics, Economics) 과정이나 PPP(Philosophy, Politics, Psychology) 과정과 유사한 과정을 한국의 교육 현실에 맞게 재설계할 필요가 있다. 그 밖의 〈기술, 과학, 사회, 철학〉이나 〈예술, 철학, 경제〉와 같은 융복합 전공 교육과정을 신설하는 것도 생각해볼 수 있다. 넷째, 교육의 질적 관리와 연속성의 측면에서 철학과 전공교수가 융복합 교과목을 개설하고 운영해야 한다. 현재 교양선택 과목으로 운영되고 있는 융복합 개별 교과목의 상당부분이 초빙교수나 시간강사에 의해 운영되고 있다. 이 점이 개선된다면, 보다 의미 있는 교육효과를 기대할 수 있을 것이다.

다섯째, 국내 전국 규모의 철학회에 융복합 관련 연구위원회를 설치해 표준적인 교육과정을 개발할 필요가 있다. 아쉽게도 현재 전국 규모 철학회에서 그러한 위원회가 설치되어 운영되는 곳이 없다. 철학회 주도하에 철학과 연계한 융복합 교육과정이나 비교과 과정 특별교육 프로그램을 개발·보급한다면, 개별 대학 차원에서 그와 같은 교육과정을 도입하는 것보다 더 큰 공신력과 신뢰도를 확보할 수 있을 것이다. 철학의 위기담론 이후 도래한 융복합 교육이라는 한국대학의 교육 패러다임 하에서 철학은 그것을 지렛대로 삼아 철학의 위기를 넘어설 것인지, 아니면 또 다른 위기에 직면할 것인지 숙고해야 할 것이다.

제7장

교양을 위한 철학인가, 철학적 사유교육인가?

1

교양철학 교육의 돌봄윤리적 실천과 '철학함'의 교육

1) 교양철학을 바라보는 새로운 시각

인문학의 위기, 대학의 위기 시대에 오늘날 교양철학 교육은 무엇을 할 수 있는가? 상시적 구조조정기에 접어든 오늘날의 대학 현실에서 교양철학 교육의 교육과정상의 위상과 자기이해는 무엇인가? 수요자 중심의 대학교육을 당위적 차원에서 요구하게 된 작금의 대학 교양교육의 상황 속에서 교양철학 교육이 제 모습을 찾아간다는 것은 어떤 모습을 취할 수 있는가? 폐강이 속출하고 과목축소를 요구받는 교양철학이 살아남기 위한 해법은 무엇인가? 오늘날 교양철학 교육은 한편으로는 자유교육으로 대변되는 전통적인 교양교육에서 핵심적 역할을 여전히 수행하면서 다른 한편으로는 '변화된 대내외적 교육현실'에 적응할 것을 요구받고 있다.

이러한 교양철학을 둘러싼 대내외적 환경에 대응해 철학교육 및 교양철학 교육에 대한 논의가 지속적으로 있어왔다. 그러한 논의의 논점은 크게 ① 고대의 철학자들이 지적하는 철학함의 본래성 회복, ② 삶의 문제들에 대한 천착, ③ 이론적 논구에 매몰된 교양철학 교육에 대한 반성과 실천적 지혜의 강조, ④ 철학상담을 통한 철학교육 수요층의 실제적 요구에 대한 응답, ⑤ 교양철학 교육콘텐츠 및 각급 교육과정에서 교과서 분석 및 편성 방향 논의, ⑥ 신문 활용, 토론지도와 글쓰기를 매개로 한 교수방법론적 접근으로 분류될 수 있다.

위와 같은 철학 내부의 대응은 르 매리노프가 지적한 '이론적 통찰만이 존재하고 철학적 실천이 부재한 가분수로서의 철학'의 현재적 모습과 역할에 관한 자기인식에서[1] 출발한다. 이 논문은 앞서 제기한 철학적 대응과 다른 방식으로 위의 문제에 답하고자 한다. 이지애는 철학교육의 한 형태로 '철학적 돌봄'이란 개념을 제시하고 철학 이야기를 통한 돌봄 공동체를 제안했다. 그는 돌봄 공동체의 이론적 근거를 리프만의 돌봄적 사고(caring thinking)와 퍼스의 진화적 사랑 개념에 기초해 논의를 전개한다. 이지애의 논의는 철학적 돌봄의 이론적 근거의 상이성과 철학적 돌봄이 철학적 탐구를 제1목적으로 한다는 점, 철학적 돌봄 개념의 추상성이라는 논의 한계를 보여준다.[2]

논자는 이 논문에서 돌봄(caring)[3]의 윤리에 기초한 돌봄의 교육이라는 차원에서 교양철학 교육의 방향을 새롭게 제시하고자 한다. 다시 말해 교양철학 교육 담당자들의 '교육자적 태도'를 돌봄윤리, 돌봄의 교육론적 관점에서 재해석할 것이다. 돌봄의 윤리를 돌봄의 교육론으로 정립한 나딩스는 "돌봄이 모든 성공적인 교육의 태도가 되며 현대의 학교교육은 돌봄의 관점에서 다시 소생될 수 있다"[4]고 믿는다. 논자는 수용적 관점에서 나딩스의 논제를 재구성할 것이며 동시에 그 논제가 교양철학 교육에서 얼마 만큼 적용가능한지를 비판적으로 검토하고자 한다. 이를 위해 첫째, 돌봄의 윤리를 살펴보고, 둘째, 교양철학 교육 목적과 돌봄윤리의 접점을 검토할 것이다. 셋째, 돌봄의 윤리, 돌봄의 교육론적 관점에서 교양철학 교육의 재정의를 시도한다. 마지막으로 돌봄의 윤리, 돌봄 교육론적 관점에서 교양철학 교육이 갖는 실천적인 한계와 의

---

1 르 매리로프, 『철학으로 마음의 병을 치료한다』, 이종인 역, 해냄, 2000, 24쪽.

2 이지애, 「철학적 돌봄(philosophical care)으로서 철학교육」, 『철학윤리교육연구』 23권 38호, 2007, 79-95쪽 참조.

3 caring에 대한 번역어는 주로 '배려'나 '보살핌' 혹은 '돌봄'으로 번역된다. 이 논문에서는 돌봄으로 통일하여 사용한다.

4 나딩스, 『배려교육론』 추병완 외 역, 다른우리, 2002, 62쪽.

의에 대하여 따져볼 것이다.

2) 돌봄의 윤리

주지하다시피 돌봄의 윤리학(care ethics)은 1980년대 길리건(Gilligan)에 의해 제기되었다. 길리건은 생물학적 성차에서 남성과 여성이 다른 도덕을 형성한다고 말한다. 그에 따르면 남성은 정의, 권리, 규칙, 평등, 형식적 공정성, 자율성, 독립성을 강조하는 소위 정의의 윤리를, 여성은 돌봄, 애착, 책임, 관계성, 감정이입, 공감 등을 핵심가치로 삼는 도덕을 형성한다.[5] 길리건은 생물학적 성차에 따른 젠더 정체성(gender Identity)으로서의 다른 도덕[6]을 갖게 되지만, 정의의 윤리나 돌봄의 윤리가 동등한 가치를 갖는 것으로 간주한다. 길리건의 돌봄의 윤리는 여성주의적 입장에서 여성의 윤리를 특수윤리, 남성의 윤리를 보편윤리로 간주하는 데 기여했다는 본질주의 비판에서부터 돌봄의 윤리학을 보편적 윤리로 전개하려는 입장까지 다양한 논의지형을 보여준다.[7]

길리건에 이어 나딩스는 전통윤리학의 남성중심적 관점을 비판하고 돌봄의 윤리를 보편윤리로 격상시킨다. 길리건과 달리 나딩스는 돌봄을 명확히 정의하고자 시도했으며 돌봄을 3가지 차원에서 파악한다.

---

5 길리건, 『다른 목소리로: 심리이론과 여성의 발달』, 허란주 역, 동녘, 1997, 52, 59쪽 참조. 길리건은 생물학적 성에 따른 다른 도덕이 형성되는 근본 원인을 생물학적 성에 있는 것이 아니라 여성들이 아동 초기의 보육을 책임지는 데서 기인한다고 보고 있다. 이러한 현상이 인간의 역사에서 반복되기 때문에 젠더의 반복적 재생산이 나타난다는 입장이다. 여성적 정체성은 친밀성과 돌봄의 관계에 의해 형성된다.

6 같은 책, 292쪽 참조.

7 길리건에 대한 비판은 본질주의 비판말고도 윤리적 판단과 실천에서 양자의 경계가 명확하게 구분되지 않는다는 점이 콜버그(Kohlberg), 레빈(Levine), 휴어(Hewer)에 의해 제기되었다. 워커(Walker)는 108개의 성차 연구성과들을 검토한 후 8개의 연구결과만이 성차를 발견할 수 있었으며 그 8개의 연구성과들도 성차와 교육수준 및 지위와 연관되어 있었다고 말한다. 워커는 이를 토대로 윤리적 판단과 추론에 있어 성차가 분명히 존재한다는 길리건의 입장을 비판한다. 박병춘, 『배려윤리와 도덕 교육』, 울력, 2002, 55-88, 289쪽 참조.

돌봄이란 첫째, 어떤 대상에 대해 진심으로 걱정하고 염려한다는 것이다. 둘째, 돌봄이란 누군가에게 강한 욕구와 성향을 느끼고 그의 입장과 관심을 적극 고려하는 것이다. 셋째, 돌봄이란 타자의 복지나 건강에 대하여 책임감을 갖는 것을 말한다.[8] 중요한 것은 나딩스가 돌봄을 여성이나 특정 개인의 심리적 경향성이나 도덕적 탁월성의 차원에서 이해하는 것이 아니라 인간의 삶을 결정하는 근본적인 특성으로 이해한다는 점이다. 나딩스는 "돌봐주고 돌봄을 받는 것은 인간의 기본적인 욕구"[9]이며 인간의 관계는 "돌보는 자와 돌봄을 받는 자"의 관계성 속에 놓여 있다고 말한다. 단지 기회여부에 따라 돌보는 사람이나 돌봄을 받는 사람이 되는 것이다. 이런 의미에서 그는 돌봄을 "궁극적인 삶의 실재"[10]로 보고 전통윤리학의 정의의 보편윤리에 대항해 돌봄의 윤리를 보편윤리로 정초하고자 시도했다.

그렇다면 보편윤리로서 돌봄의 윤리는 정초 가능한가? 돌봄의 윤리는 배려, 희생, 헌신 등과 같은 중요한 여성적 가치를 전제로 논의를 전개한다. 그런데 이러한 여성적 가치는 오늘날 단순히 남성적 가치를 뛰어넘어 문화 간, 인종 간의 문제만이 아니라 환경문제와 같은 전 지구적 차원의 문제와 관련해 남성의 윤리만큼이나 혹은 더 많은 윤리적 중요성을 갖는다. 또한 돌봄의 윤리는 사회적 측면에서 사회적 약자를 위한 특수윤리에 머무르지 않고 인간의 상호관계의 규범적 원리로서 확장시키려는 움직임들이 있다. 나딩스의 논의를 수용한 헬드나 트론트는 정의의 윤리보다 돌봄의 윤리가 더 상위의 도덕적 가치임을 강조한다. 이들은 정의의 윤리가 도덕의 최소한의 기준을 다룬 것이라면 돌봄은 그것보다 더 높은 보편적인 가치를 다루는 것으로 보다 더 보편적인 것으로 간주한다. 트론트에게 돌봄은 인간 종이 살아가기 위해 행하는 활

---

8 N. Noddings, *Caring: Feminism Approach to Ethics and Moral Education*, University of California Press, 1984, p. 9 참조.

9 나딩스, 『배려교육론』, 추병완 외 역, 다른우리, 2002, 6쪽.

10 같은 책, 41쪽.

동 일반을 총칭한다.

> 가장 일반적인 수준에서 돌봄은 인간이 이 세계에서 더 잘 살아가기 위해 세계를 관리·유지하고 개선해 나아가는 모든 것을 포함하는 종의 활동이다. 이러한 세계 속에는 육체, 자아, 환경 및 집을 짓고 치료하는 행위들을 포함한다. 인간은 이 모든 것을 하나의 복합적이고 생존을 유지하는 망으로 엮으려 노력한다.[11]

돌봄의 윤리는 정의의 윤리에 비해 상대적으로 '인간 삶의 측면들을 더 많이' 함축하고 있다. 특히 실천적인 문제들, 정치사회적 영역에서의 '판단들'과 관련해서 그렇다. 도덕적 판단이나 정치적 판단이 항상 '정의의 원칙'과 같은 합리적 토대 위에 내려지지는 않는다. 사회복지 프로그램이나 사회서비스로서 각종 사회적 돌봄들이 제공된다. 제도적인 차원으로 표출된 돌봄의 윤리에는 제공자와 수혜자 관계가 성립된다. 그런데 인간 상호관계와 개인 삶의 전체성이라는 측면에서 살펴보면 나딩스와 마찬가지로 트론트 역시 모든 인간이 상호 돌봄의 활동과 돌봄의 관계 속에 있다고 본다.[12] 제도화된 것이든, 무의식적으로 실천된 것이든 인간의 복잡한 관계망 속에서 돌봄과 돌봄을 당하는 관계 맺기가 이루어진다.

돌봄의 관계 맺기 방식은 돌봄을 하기 위해 주의를 기울이는 단계, 돌봄을 책임으로 받아들이고 결정하는 단계, 돌봄을 실천하는 단계, 돌봄을 받은 사람이 수용하는 단계로 나누어진다. 각각의 단계에서 주의, 책임, 능력, 응답의 윤리적 태도가 요구된다. 돌봄의 윤리는 돌봄 관계

---

11 B. Fisher & J. C. Tronto, "Toword a Feminist Theory of Care", *Circle of Care: Work and identity in Women's Lives*, New York, 1981, p. 40. 트론트보다 한발 더 나아가 심리학자 테일러는 인간은 돌봄의 본능을 가진 존재이며 돌봄은 정서적인 연대와 사회통합에 기여한다고 강조한다. 테일러, 『보살핌』, 임지원 역, 사이언스북스, 2002.

12 J. C. Tronto, "Care as a basis for radical political judgement", *Hypatia*, Vol. 10, No. 2, 1995, p. 142 참조.

가 인간 상호관계에서 근본적이라는 인식, 인간 종의 활동성의 본질, 돌봄이 공동체적 삶과 인간적인 사회 형성을 위한 윤리적 토대를 제공한다는 점에서 보편윤리적 성격을 획득한다. 돌봄의 윤리가 특수윤리가 아니라 보편윤리적 성격을 획득할 때만이 교양철학 교육의 규범적 토대로서 그 가능성을 탐색할 수 있다.

3) 교양철학 교육에 대한 인식과 돌봄의 윤리

오늘날 한국사회와 대학의 현실에서 교양철학의 현주소를 한 교양철학 담당교수는 다음과 같이 진술한다.

> 나는 지금 현재의 우리 대학의 현실 속에서 '교양철학'은 거의 아무런 의미가 없을 것이라고 생각한다. 어차피 그런 범주의 과목들은 학생들에게는 학점관리과목일 뿐이다.[13]

장은주의 위와 같은 주장은 대학에서 교양철학 교육의 현주소의 일면만을 기술한다. 그는 교육콘텐츠 제공자의 관점에서 교양철학의 현실을 파악하고 있으며 자의적인 해석의 과잉을 보여준다. 장은주의 주장과 달리 실제로 많은 교양철학 수강자들은 철학에 대한 욕구와 교양철학 교육에 대한 기대를 가지고 있다. 본인이 2011년 수행한 교양철학에 관한 의식조사에서 학점취득 용이성이 수강동기로 작용한 경우는 5.5%에 불과했다. 지적 호기심과 삶의 고민을 해결하는 데 도움이 될 것이라는 응답률이 33.5%에 달했다. 적어도 전체 수강 인원의 1/3 정도는 교양철학 교육의 필요성과 자발적 학습의욕이 높다는 것을 확인할

---

13 장은주, 「학제간 융합교육을 통한 인문적 교양교육의 새로운 활로 찾기」, 『교양교육연구』 2권 2호, 2008, 130쪽.

수 있었다.[14]

교양철학 교육을 교육콘텐츠 제공자나 교수자의 입장에서 바라보는 관점은 하병학의 글에서도 읽힌다.

> 대학 교양교육과 철학과의 관계를 논함에 있어서 발견되는 입장들에는 여러 가지가 있다. 첫째, 교양교육에서 철학 교과목들을 많이 개설함으로써 현재 철학과에서 제공하는 철학 전공 교과목을 수강하는 학생들이 점차 감소하고 있는 현실을 극복하자는 것이다. 둘째, 원래 보편학문, 기초학문의 특성을 지닌 철학이 현대에 들어와 너무나 전문화됨에 따라 철학이라는 학문이 대학교육과 우리 사회에서 소외되는 현실을 직시하고 다시 철학을 보편학문, 기초학문으로 환원해야 한다는 입장이다. 셋째, 우리 사회와 교육계에서 기존의 철학과 전공교육 외에 다양한 분야에서 철학교육을 요구하는 현실에 대해 능동적으로 그 직무를 수행해야 한다는 입장이다. 대학입시의 논술교육, 대학 교양교육에서의 글쓰기 및 토론교육, 급속도로 발달하고 있는 공학 및 의학 등에서의 인성 및 윤리교육 등이 그 예가 된다.[15]

장은주나 하병학의 교양철학 교육과 관련된 전반적인 주장은 '실제적인 철학교육'을 강조하지만 위의 인용에서 보듯이 학생중심의 관점이 아니라 교수자 입장, 교육콘텐츠 제공자 관점에서 논의를 전개한다. 이러한 시각은 일찍이 소흥렬이 교양철학 교육의 목표가 첫째, "보편적이고 영원한 철학의 문제들을 이해하는 것"이며, 둘째, "철학하는 방법"[16]

---

14 김용환·이종하, 「교양철학 교육의 현실과 학습자중심 교양철학 교육」, 『동서철학연구』 60호, 2011, 354쪽. 수강생들의 교양철학 교육 만족도에 대한 응답률도 "만족한다" 40.1%, "보통이다" 40.9%로 교수자 입장에서 예상한 부정적 응답률을 벗어난 결과가 도출되었다.

15 하병학, 「대학교양교육에서 철학교육의 역할: 글쓰기 교육을 중심으로」, 『19차 한국철학자 대회 대회보』, 2006.

16 소흥렬, 「대학교양으로서의 철학교육」, 『철학』 20집, 1983, 20쪽.

을 가르치는 것이 되어야 한다고 주장하는 데에서도 확인된다. 소흥렬의 주장은 오늘날 변화된 사회와 변화된 대학교양 교육의 현실에서 그 타당성을 잃었으며 장은주가 지적하는 '성찰적 실용주의'의 관점에서 소위 철학과 인접학문 간의 융복합 연계교육이나 교양철학 수강생의 실제적 요구에 부응하는 철학교육의 방향을 찾는 데 노력을 경주하고 있는 실정이다.

흥미로운 점은 철학의 위기론이나 교양철학 교육과 관련해 철학교육의 내재적 방향으로 '철학의 생활화와 생활의 철학화'의 관점을 강조하면서도 교양철학 교육 수강생의 '실제적 요구'를 교육과정이나 교육방법에 적용하는 논의로 심화되지 않는다는 점이다. 글쓰기와 논술에 관련된 논의나 철학교육을 통한 비판적 사고와 관련된 논의, 철학 교재와 관련된 논의 등에서는 변화된 사회, 변화된 교육 현실에서 철학(교육)의 역할, 성찰적 실용성의 문제, 삶과 철학의 연계성에 관한 논의는 넘쳐난다. 그런데 교양철학 교육 대상자인 수강생의 '실제적 요구'에 대한 논의는 배제되어 있다. 그렇다 보니 대부분의 논의가 규범적·이론적·당위적 또는 교육공학적 관점에서 논의를 전개하는 데 그치고 있다. 게다가 교양철학 교육 담당자의 교육자적 태도와 덕목에 대한 논의는 완전히 배제되어 있다.

바로 이 지점에서 돌봄의 윤리가 교양철학의 교육목적[17]을 재정의하는 데 있어 하나의 의미 있는 규범적 전거를 제시한다고 평가된다. 철

---

17 배석원은 철학교육의 목적을 ① 논리적 사고, 합리적 비판능력과 대안제시 능력 함양, ② 가치관의 정립과 이상 추구, ③ 삶의 의미 추구, ④ 주체적 삶의 실현과 전체적 조망능력 함양, ⑤ 합리적 논변과 토론능력 함양, ⑥ 철학적 글쓰기와 표현으로 요약한다. 교양철학의 경우는 대학 사이트에서 명시적인 교육목적을 찾기 힘들다. 손동현은 교양교육의 이념으로 "올바른 세계관과 가치관", "비판적 창의적 사고능력", "자율적 삶의 주체"적 능력 배양을 제시한다. 손동현이 제시한 교양교육의 이념은 전통적인 의미의 인문교육의 방향을 크게 벗어나지 않은 것으로 평가할 수 있다. 전통적 의미의 인문교육 및 전공철학 교육과 구별되는 교양철학 교육의 목적에 대한 담론이 새롭게 제기되어야 한다. 배석원, 「학부제와 대학철학교육 고찰: 경상대의 사례를 중심으로」, 『철학윤리교육연구』 22권 37호, 2006, 232쪽; 손동현, 「인문교양교육의 의미와 과제」, 『인문학연구』, 성균관대 인문학연구소, 2006, 220쪽 참조.

학교육에 대한 교육콘텐츠 제공자의 관점이나 전공철학 교육목적과 교양철학 교육목적에 대한 천명들을 살펴보면 돌봄의 관점이 배제되어 있음을 알 수 있다. 철학적 지식을 매개로 한 교수-학습 관계, 교수자 중심의 교수-학습 모델을 전제하고 있다. 교수자 중심의 교수-학습 모델의 경우에도 교수자의 교육자로서의 태도에 대한 입장은 배제되어 있다.

논자는 교양철학 교육에서 돌봄의 윤리를 접목시킬 필요가 있으며 많은 대학에서 설정하고 있는 교양철학의 교육목적을 달성하는 데도 더 효과적일 것으로 보인다. 돌봄의 주체로서의 교양철학 교수자의 필요성은 교양철학 수강자들의 더 많은 내적 대화, 긴밀한 관계에 대한 요구에서도 확인된다. 교양철학 수강생들을 대상으로 한 의식조사에서도 수강생들은 소규모의 교양철학 수업과 직접적이고 긴밀한 철학적 돌봄을 요구했다.[18] 그렇다면 돌봄의 윤리를 교양철학 교육에 적용시키는 경우 교양철학 교육은 어떻게 재정의될 수 있는가? 다음 장에서는 이 점을 논의하고자 한다.

4) 돌봄의 윤리 관점에서의 교양철학 교육의 재정의

돌봄의 문제를 윤리학적 관점에서 최초로 파악한 메이어옵(Mayeroff)은 돌봄을 "다른 사람이 성장할 수 있도록 도와주는 것"[19]으로 간주했으며 그것의 대표적인 사례로 교사와 학생, 아버지와 자식, 의사와 환자의 관계를 들고 있다. 그레이엄(Graham)은 돌봄을 사랑의 노동(labour of love)으로 정의한다. 메이어옵과 그레이엄이 돌봄과 교육의 상호연관성을 구체적으로 언급하고 있지는 않지만 나딩스는 돌봄의 교육학을 전개했다. 나딩스는 교육이 돌봄의 중심들(centers of care)에 근거해야 함을 강조

18 김용환·이종하, 「교양철학 교육의 현실과 학습자중심 교양철학 교육」, 『동서철학연구』 60호, 2011, 365쪽 참조.

19 M, Mayeroff, *On Caring*, N.Y.: Harper&Row, 1971, p. 2.

한다. 즉 "교육이 자신에 대한 돌봄, 친근한 사람들을 위한 돌봄, 동료와 지인들을 위한 돌봄, 동물을 위한 돌봄, 사물과 자연환경을 위한 돌봄, 인간이 만든 대상과 도구를 위한 돌봄, 그리고 사상과 같은 돌봄의 중심들을 근거로 하여 다시 조직되어야 한다"[20]고 강조한다. 위와 같이 돌봄의 윤리학적 관점을 교양철학의 교육목적과 관련해 재정의한다면, 교양철학 교육은 수강생의 내적 성장, 인격적 성장을 그 목적으로 해야 한다. 성장을 돕는 교양철학 교육의 구체적인 하위목표는 다음과 같이 정리할 수 있다.

(1) 돌봄의 의식을 가져야 한다

돌봄의 의식을 나딩스는 전념(engrossment)이나 동기적 전치(motivational displacement) 개념을 통해 설명한다. 전념이란 돌봄을 받는 자에 대하여 완전한 개방성과 수용성을 의미한다. 그는 돌보는 이의 전념이 돌봄을 당하는 자에게 수용될 때 돌봄을 받는 자의 의식 상태를 감수(reception), 인지(recognition), 반응(response)으로 나타난다고 말한다.[21] 나딩스의 돌봄의 의식은 교양철학 교수자가 어떤 자세로 교양철학 교육에 임해야 하는지를 잘 말해준다. 교수자는 수강생들의 수강동기와 무관하게 개방성과 수용성의 자세를 가지고 가르쳐야 한다.

비선택적 수용성의 자세야말로 '직업적 철학교사'의 직무수행으로서의 수업운영을 버리고 '살아 있는 철학교사'로서 자기 역할을 요청하는 것이다. 이 점과 관련해 특히 나딩스가 말하는 윤리적 돌봄에 대한 자연적 돌봄의 우위론에 주목할 필요가 있다. 자연적 돌봄은 타자를 돌보려는 자연스러운 감정을 말한다. 윤리적 돌봄은 타자에 대한 의무감에서 나오는 돌봄을 의미한다. 그는 칸트의 의무윤리와 반대로 자연적 감정에서 나오는 돌봄의 윤리를 윤리적 돌봄보다 우위에 있다고 말한다.

---

20 나딩스, 『배려교육론』, 추병완 외 역, 다른우리, 2002, 9쪽.

21 같은 책, 42쪽 이하 참조.

자연적 돌봄에서 필요가 없었던 노력을 윤리적 돌봄에서 요구하고 있다고 해서 윤리적 돌봄을 자연적 돌봄보다 더 고양시켜야 할 필요는 없다. 칸트는 윤리적인 것을 사랑이 아니라 의무감에서 나온 것과 동일시했다. 이러한 구별 자체는 옳다. 그러나 윤리적 돌봄에 기초한 윤리는 돌봄의 태도를 유지하기 위해 노력해야 하기 때문에 자연적 돌봄에 의존한다. 따라서 윤리적 돌봄은 자연적 돌봄보다 우월하지 않다.[22]

이런 맥락에서 나딩스는 자연적 돌봄이 윤리적 돌봄의 근원임을 강조한다. 그렇다면 자연적 돌봄의 전형은 무엇인가? 나딩스는 모성애에 기초한 모자관계를 그 전형으로 삼는다. 모자관계란 돌보고 싶은 자연적 욕구와 그것에 바탕을 둔 의무감이 일치하는 경우다. 모자관계에서 오는 돌봄의 의무감은 강제적 도덕명령의 성격을 갖는 것이 아니라 어머니가 자식을 돌보기를 원하는 바와 자연스럽게 합치되는 경우를 의미한다. 교양철학 교수자는 돌봄의 의식 속에서 교사이자 '삶의 어머니'로서의 역할이 필요하다. 교양철학 교육이 단순히 철학적 지식의 전달과 암기로 달성될 수 없다는 것이 자명하기 때문이다. 관심과 열정이 없는 철학 수업은 죽은 수업이다.

본 주제와 관련해 조사한 "한남대 교양철학 수강생 의식조사"에서도 어머니의 역할에 대한 기대를 읽을 수 있다. "기회와 시간이 되면 교양철학 담당 교강사와 상담할 의사가 있는가"에 대한 질문에 ① "상담할 생각 없다" 21.3%, ② "상담을 적극 고려해보겠다" 65.4%, ③ "상담할 것이다" 13.3%로 나타났다. 게다가 "교양철학 담당 교강사와의 상담이 선후배나 친구 기타 상담자보다 더 많은 조언과 효과가 있을 것이라고 생각하는가"라는 질문에 긍정적인 답변("대체로 그렇다" 51.5%, "매우 그렇다" 4.8%)이 56.3%가 나왔다는 점에 주목할 필요가 있다.[23] 이것은

22 N. Noddings, *Caring: Feminism Approach to Ethics and Moral Education*, University of California Press, 1984, p. 80.

23 한남대 교양철학 수강생 의식조사는 2012년 5월 1~2주에 걸쳐 이루어졌으며 전체 360명 중 330명이 설문에 응했다.

학과 교수나 선후배, 친구, 부모님 그룹보다 더 많은 기대를 갖고 있다는 점이며 교양철학 교수자의 '어머니' 역할에 대한 요구의 강력한 논거가 될 수 있다.

2012년 조사 시점으로부터 약 9년이 지났으나 현재에도 교양철학 담당교수와의 대화나 상담기회가 주어지는 경우 상담의사가 있다는 의사는 심층면접에서 확인됐다.[24] 당시에 비해 취업상황이 취업전쟁으로 불릴 만큼 심각한 수준으로 취업에 대한 압박감과 불안감의 일시적 해소의 가능성을 확보할 수 있다는 측면에서 교양철학 교수자와 상담에 대한 긍정적 인식이 증가했을 것으로 판단된다. 게다가 전국대학에서 일반화된 개별학과 차원의 진로 및 취업 중심 상담의 식상함으로 인한 상담의 차별성을 기대하는 수강생들에게 교양철학 교수자와의 상담은 일종의 '인생상담', '정체성 상담'으로 인식되는 경우가 있다. 이 경우에 철학담당 교수와 수강생과의 상담은 사유과정을 통해 철학적 자기이해(philosophical- self-understanding)를 추구하는 넓은 의미의 철학상담의 성격을 갖게 된다.[25]

무한 취업전쟁과 취업의 성공과 실패가 삶의 열쇠 역할을 하는 전방위적 실존위기 상황에서 학생은 취업과 진로 문제가 아니라 인생 전반에 대한 항로와 가치지향, 옳은 삶에 대한 질문과 더불어 자기이해에 대한 목마름을 갖는 경향이 강하다. 이것은 강력한 외부상황으로 인한 실존적 위기상황에서의 인간의 자연적·심리적 반응이다. 심각한 실존적 위기상황으로 인한 일시적 심리내향화 현상과 함께 잠재해 있는 '실현성향'이 '배려적 청취자'와 '인생 상담가'의 역할을 기대하는 욕구를 산출한다. 급격하게 변화된 대학생의 취업 및 졸업 후의 사회적 생존과 관련된 인식의 불투명성과 급박성, 긴급성이 교양철학과 교양철학 담

---

24 2021년 2학기 〈철학입문〉 수강생 일부를 중심으로 한 비대면 개별 심층인터뷰에서 인터뷰에 응한 적극적 학습자의 경우에 교양철학 교수에 대한 기대와 면담이나 상담에 긍정적 반응을 보였다.

25 이하준, 「인간중심 상담과 철학상담의 친족성과 차이」, 『철학논총』 74집, 2013, 486쪽 참조.

당 교수자에 대한 기대의 변화를 가져왔다고 볼 수 있다. 다르게 말하면 '실존적 돌봄'에 대한 기대가 과거와 비교해 상황조건적으로 증가했다.

수강생들의 교양철학 교수자에 대한 기대와 내적 요구는 그들의 철학에 대한 막연한 관념에 근거해 자신의 실존적 상황과 입장에 대한 '무조건적 동의'를 기대하지는 않는다는 점과 심리치료에서 내방자와 상담자 간의 권위적·수직적 관계에 대한 철학교육자들이 공유하는 비판적 시각을 고려할 때 어느 때보다도 '어머니'로서의 교양철학의 돌봄의 역할에 대한 인식과 실천이 필요하다. '철학함'이 스스로 생각하는 힘과 자율적 행위능력을 추구하는 정신의 탄생 곧 주체의 형성을 본래적 성격으로 한다는 점에서 교양철학 교수자는 심리상담자의 권위적·지시적·치료적 상담태도는 거부한다. 이러한 태도는 사회적 삶의 가능성을 고민하고 현실적인 생존문제에 부딪힌 수강생의 문제를 인식하고 접근하는 조력자이자 동반하는 '삶의 어머니' 역할에 부합하는 실천적 태도라고 할 수 있다.

(2) 상호소통을 활성화해라

돌봄의 윤리는 상호소통을 강조한다. 관계윤리로서 돌봄의 윤리는 진정한 돌봄의 관계 유지를 위해 단절이 아닌 연결을 강조하며, 연결로서의 관계맺음은 상호소통을 전제로 한다. 상호소통은 기존의 교육과정과 교육방법론이 채택하는 인지주의적 목표를 추구하는 교수활동에서는 달성되기 어렵다. 위의 인식에 근거해 나딩스는 수업과정에서 소위 "5단계 혹은 7단계의 표준수업 절차"[26]를 사용하지 말고 수강생들의 목적이나 불안, 관계의 문제에 먼저 관심을 가지고 상호소통을 위해 대화할 것을 제안한다. 나딩스에게 대화는 "이해와 공감, 그리고 인식을 위한 공동의 탐색 활동"[27]이다.

---

26 나딩스, 『배려교육론』, 추병완 외 역, 다른우리, 2002, 30쪽.

27 같은 책, 55쪽.

위와 같이 돌봄의 윤리에서 강조하는 상호소통은 수강생의 관심, 흥미 및 교양철학 수강 동기를 파악하고 수강생에 대한 이해에 바탕을 둔 교양철학 수업이 되어야 함을 시사한다. 이것은 피교육자에 대한 이해가 전제되지 않은 교수활동이 원래 목표로 한 교육효과를 발휘하기 어렵다는 인식에 기초한다. 또한 대화라는 상호소통의 방식을 강조하는 데에는 교수-학습 활동이 일방적 활동이 아니라 교수자와 수강생의 '협동적 활동'이라는 이해에 바탕을 둔다. 이와 같은 공통 탐구활동의 협동적 성격은 교양철학 교육에서 '소크라테스적 교수방법'에 대한 요구와 더불어 수강생 개인의 삶의 문제에 대한 관심의 요구라고 해석할 수 있다. 철학적 돌봄 행위로서 공동의 협동적 활동에서 중요한 것은 교수와 학생이 본질적으로 '동등한 철학하는 인격체'이며 '반성적 성찰의 공동 수행자'라는 인식을 간과하지 말아야 한다는 점이다.

(3) 자기 목소리 찾게 하라

돌봄윤리의 중요한 전제는 관계의 문제이며 인간이 상호 애착의 관계로 연결(connection)되어 있다는 믿음이다. 특히 길리건은 돌봄의 윤리를 통해 '잃어버린 자신의 목소리'를 찾을 것을 요구한다. 길리건은 가부장적 질서가 여성의 자기 목소리를 잃어버리게 하는 중요한 요인이었다고 분석한다. 이러한 돌봄의 윤리를 젠더 정체성의 차원이 아니라 인간 일반의 차원에서 교양철학 교육에 적용시킬 필요가 있다. 이것은 교양철학 교육이 각각의 수강생의 정체성을 형성·강화하는 데 중요한 목적을 두어야 함을 시사한다.

물론 돌봄의 윤리적 관점이 아니라 하더라도 교양철학의 교육목적은 정체성 교육, 가치관과 세계관 형성에 기여해야 한다는 교육목적을 공유한다. 그런데 돌봄의 윤리는 이론적 자극과 합리적 논변의 구성능력 및 비판적 사고능력을 통한 방식보다 교수자의 '돌봄의 자세와 태도-수강생의 반응'이라는 관계적 맥락성 내에서 조력자 및 동행자로서 교수자의 역할을 강조한다. 돌봄 관계의 형성을 통한 '자기 목소리 찾기'는 교양철학 교육에서 주체적 삶을 살기 위한 다양한 형식의 동기부여와 교육적 보상 및 인간적인 격려를 포함하는 포괄적인 정서적 접근을 필요로 한다.

(4) 수강생들의 삶의 문제해결을 위해 힘써야 한다

돌봄의 윤리는 전통윤리의 추상적이고 사변적인 전통을 비판하고 삶의 관계적 문제, 삶의 구체적 상황과 조건에 천착한다. 이러한 돌봄윤리의 중요한 전제 중에 하나는 삶의 고유한 경험을 스스로 말하게 하고 그것을 통해서 자신의 목소리를 찾는 것이다. 이것을 달성하기 위해서 돌봄의 윤리는 개인이 기존의 합리적이고 자율적인 삶의 지평을 열어가는 방식이 아니라 관계 맺기 방식을 통한다. 돌봄과 돌봄을 받는 관계의 상호작용이 중요하다. 이러한 돌봄의 윤리를 교양철학 교육에 적용하면 교수자는 수강생들의 삶의 목소리를 경청하고 그들의 삶의 문제를 해결하는 데 돌봄의 관점에서 적극 개입해야 한다. 이러한 개입은 '곤경에 처한 사람을 외면하지 말라'는 돌봄윤리의 교육적 실천이라 말할 수 있다. 개입의 방식은 직접적인 방식이 아니라 철학적 상담이라는 간접적인 방식을 선택해야 할 것이다.

물론 이때 철학상담 개념은 내방자와 철학상담 전문가 사이의 상담치료라는 협의의 철학상담 개념을 의미하지 않는다. 수업 내 철학상담이란 수업 주제와 관련된 수강생과 교양철학 담당 교수자와의 '내적 대화'에서 이루어지는 주제중심의 해석학적 지평 내에서 이루어지는 수강자의 인식지평의 확장을 통한 주제 다시보기, 다르게 보기, 새롭게 생각하기, 잘못된 정보와 선입견 및 편견의 해소를 포함하는 포괄적인 교수행위이며, 수강자의 교수-학습 상황 전체를 포괄하는 넓은 의미의 철학상담을 의미한다. 이것이 기존의 소위 '설명지향적인 교양철학 수업'과 무엇이 다른가라는 질문에 대해서는 다음과 같은 대답이 가능하다. 설명지향적 교양철학 수업이 이론중심의 지식전달, 교사중심의 권위주의적 교사 모델에 근거하고 있다면, 포괄적 의미의 철학상담의 개념하에서 이루어지는 수업은 문제중심형, 학생중심적, 상호소통을 강조하는 학생중심의 교수-학습 모형에 근간을 두고 있다는 점이다. 교육목적이 실천적 삶의 문제를 해결하기 위한 실천적 탐구에 있는가 그렇지 않은가의 차이라고 볼 수 있다.

또한 포괄적 의미의 철학상담으로서 교양철학 교육은 수업의 연장으로서 실질적인 철학상담으로 나타나야 한다. 수업 내 교수행위를 통한 철학상담과 달리 특정 수강생의 구체적인 실존적 문제를 두고 공동의 해법을 모색하는 철학상담이 어떤 의미에서 철학적이고 어떤 의미에서 전통적인 의미의 상담인가에 대한 논의가 아직 해소되지 않았지만,[28] 철학상담이 기존의 전통적 의미의 상담과 다른 고유성과 특수성 및 고유한 방법론을 지향한다는 점은 틀림없다.[29] 교양철학 교수자는 삶의 실천적 문제에 대한 이론적 규명이라는 강단철학의 틀을 벗어나 삶의 구체적인 사례분석을 통해서 '다른 가능성'을 공동으로 모색하는 실천적 지혜를 수강생과 같이 모색하는 실천적 철학자가 되어야 한다. 삶의 문제란 박남희의 지적처럼 "이론의 적정성에서 다루어질 수 없는 실천적 적합성의 영역으로 그 어떤 이론의 틀 안으로도 담을 수 없는 심연의 바다이기 때문이다."[30] 실제로 수강생들은 구체적인 삶의 문제에 대한 상담을 요구한다.

> 학생들이 단지 심리적인 상담만을 요구하는 것이 아니라 가치관의 혼란, 성도덕과 관련된 문제, 인생관의 확립과 관련된 철학적 상담과 처방을 요구한다는 사실이다.[31]

---

28 피터 B 라베, 『철학상담의 이론과 실제』, 김수배 역, 시그마프레스, 2010, 1쪽.

29 방법론적 고유성에 대한 다양한 회의에도 불구하고 철학상담이 다른 정신의료 상담이나 심리상담과 다른 것은 규범과 관습, 정상과 비정상의 범주를 넘어서서 내방자의 문제에 천착한다는 점이다.

30 박남희, 「자기실현과 자기치유로서의 철학」, 『한국철학상담치료학회』 3호, 2010, 25쪽.

31 김영진, 「왜 철학적 상담과 치료가 필요한가?」, 『한국철학상담치료학회』 6호, 2009, 15쪽.

이러한 점은 '한남대 교양철학 수강생 의식조사'에서도 확인된다. "이론중심, 설명식 교양철학 수업이 아니라 실천적인 문제, 수강생들의 삶의 문제를 다루는 교양철학 수업이 개설되면 적극 참여할 것인가"에 대한 질문에 "그렇다" 60%, "매우 그렇다" 17.5%로 나타났다는 점은 교양철학 교육의 방향과 교재편성이 어떻게 이루어져야 하는가에 대한 대답을 제시한다고 평가된다.

(5) 철학교육에 대한 관점의 전환이 필요하다

길리건은 여성적 정체성을 이해하기 위해서는 여성의 입장에서에 여성의 경험과 관점을 이해해야 함을 강조하며 아울러 "더 많은 관심과 존중감"[32]이 필요하다고 말한다. 또한 교수자들은 민감성을 갖고 개방적인 태도로 학생들의 소리에 귀 기울일 것을 강조한다. 길리건의 돌봄의 윤리는 교양철학 교육에서 '수강생에 대한 더 많은 관심과 존중감 및 이해'가 매우 중요함을 말해준다. 교양철학 교수자는 수강생들의 실제적인 고민과 관심영역, 수강생의 일반적 특성, 수업에 대한 이해, 학습태도, 수업의 난이도, 학습자의 학습장애 요소 등 다양한 관점에서 이해해야 하며 그것에 민감하게 반응해야 한다.

교수-학습 모델도 설명식, 지식전달식 수업을 지양하고 소위 감성적 눈높이 교육, 학생중심적 교수-학습 모델을 지향하는 것이 돌봄의 교양철학 교육이 될 것이다. 오늘날 중단위, 대단위의 교양철학 교수자나 강의식 수업을 선호하는 상황에서 구조적이고 기술적인 문제를 넘어서 교양철학 교육에 대한 교수자와 학습자의 인식전환이 필요하다. 더 많은 공감과 존중에 기반을 둔 이해는 적절한 수강규모와 교육관점의 전환에서 비로소 가능한 것이다.

32 길리건, 『다른 목소리로: 심리이론과 여성의 발달』, 허란주 역, 동녘, 1997, 304쪽.

(6) 연속성을 가져라

돌봄의 윤리 관점에서 돌봄의 연속성은 매우 중요하다. 노딩스에 의하면 학생에게 학교는 돌봄의 중심으로서의 역할을 해야 한다. 이것은 학교가 돌봄을 아끼지 않고 격려를 받을 수 있는 공간이 되어야 하며 돌봄의 연속성을 확보해야 함을 의미한다. 돌봄의 연속성을 확보하기 위해 노딩스는 목적의 연속성, 장소의 연속성, 사람의 연속성, 교육과정의 연속성을 강조한다.[33] 돌봄과 배움의 공동체로서 학교는 위에서 열거한 연속성의 확보를 통해서 가능하다는 것이다. 노딩스의 주장이 비록 중등교육 과정에서 돌봄과 배움의 공동체를 염두하고 있지만 돌봄의 연속성의 확보는 교양철학 교육에서도 여전히 유효한 것으로 보인다. 목적의 연속성은 교육과정, 장소, 교수자에게도 나타나야 한다. 동일한 장소에서 동일한 교수자에 의한 동일한 교육과정의 연속성을 확보하는 것이 중요하다. 교양철학 교육의 반 이상이 비정규직 교수들에 의해 운영되고 그들의 강의 연속성이 확보되기 어려운 실정에서 돌봄의 연속성을 확보하는 것이 쉬운 일은 아니다. 그러나 최적화된 교양철학 교육의 효과를 산출하기 위해서도 연속성의 확보는 매우 긴요한 문제임이 틀림없다.

5) 돌봄윤리의 철학교육적 실천과 '철학함'의 교육을 위하여

앞에서 논자는 돌봄의 윤리 관점에서 교양철학 교육의 재정의를 시도했다. 엄밀히 말해 돌봄윤리의 철학적 실천을 위한 전제이자 방향을 제시했다. 여기서는 먼저 돌봄윤리의 교양철학 교육적 실천을 위해 교육현장에서 개선해야 할 점들을 구체적으로 제시할 것이다. 다음으로 돌봄윤리의 철학교육적 실천은 '철학함'에 있음을 밝히고자 한다. 돌봄윤리를 교양철학 교육에 적용시키기 위해서는 여러 가지 산적한 문제들

---

33 나딩스, 『배려교육론』, 추병완 외 역, 다른우리, 2002, 111쪽 이하 참조.

을 해결해야 한다.

가장 먼저 지적해야 할 사항이 적절한 수강생 규모다. 교양철학 교과목은 대부분이 교양선택 과목이며 중단위, 대단위 강좌로 운영되는 실정이다. 돌봄의 교육이 가능하기 위해서는 정서적·인간적 상호소통과 인격적 상호작용이 전제되어야 하는데 대단위 강좌의 문제를 해결하지 않고서는 교양철학 교육에서 돌봄의 교육은 요원하다. 최대 25명을 상한선으로 할 때 인격적 상호작용이 가능한 돌봄의 교양철학 교육이 될 것이다.

둘째, 교수자들의 직업안정성 문제다. 교양철학 교육 담당자들의 구성 비율을 보면 대학마다 차이가 있으나 50% 내외가 시간강사에 의존하고 있다. 생존과 연구 압박에 시달리는 시간강사 교수자들에게 돌봄의 교육을 요청하는 데는 현실적인 어려움이 있다. 적극적인 학생지도, 상담을 기대하기 위해서는 상담 및 학생지도에 대한 별도의 예산집행이 필수적이다. 이 점은 학교 당국의 교육적 이해를 전제로 한다는 점에서 '교육'에 대한 새로운 접근이 더더욱 요청된다고 말할 수 있다.

셋째, 현실적으로 존재하는 피교육자인 교양철학 수강생들과 교수자 사이의 정서적 괴리를 한 교수자의 '돌봄의 열정'만으로 극복하는 것이 쉽지 않다는 점이다. 정서적 괴리는 실제로 과거에 존재했던 사제지간의 특수한 관계정서의 해체에서만 발견되는 것이 아니다. 그 밖에 정서적 괴리를 유발하는 원인으로 학생들의 성적(평가)에 대한 과도한 민감성, 강좌수강의 일회성에서 연유하는 관계의 불연속성, 학생들의 강의평가의 객관성과 신뢰성에 대한 교수자의 믿음의 결핍 등을 들 수 있다. 이와 같은 요소들의 복합작용이 돌봄윤리의 철학교육적 실천을 어렵게 만든다. 교수자와 학생에 의해 촉발되는 돌봄의 열정을 제한하는 요소들은 '평가의 정교화'와 객관성 향상을 위한 체제적 동의과정을 구축하고 지속개선이 요구된다.

넷째, 교수자의 입장에서 돌봄의 교양철학 교육의 실천과 '현실적인 교육상황'과의 간극을 좁히는 데 어려움이 많다. 특히 수강생의 교양철학 수업에 대한 요구의 다양성을 돌봄의 관점에서 유기적으로 결합시키는 데 어려움이 있다. 분반이 개설된 교양철학 교과목의 경우에 수준별 교과운영을 요구하는 수강생들이 있는가 하면 쉽고 재미있는 수업만을 요구하는 수강생들이 있다. 교수방법론에 있어서도 하나의 수강생 그룹은 강의식 수업을 선호하고 다른 수강생 그룹은 토론이나 프로젝트와 같은 학생중심형 수업모델을 선호한다. 양자를 포괄하는 데는 지난한 '교육적 지혜'가 발휘되어야 한다.

다섯째, 교양철학 교육을 돌봄의 윤리 관점에서 돌봄의 교육으로 전환시키는 데 교수자의 개인역량에 맡기는 데는 일정한 한계에 부딪힐 수밖에 없다. 교양철학 교수자에 따라 철학관, 교양철학 교육에 대한 인식의 격차가 존재한다. 돌봄의 관점에서 교양철학 교육의 이념과 방향, 교수방법론에 대한 공동 워크숍이나 정기적인 세미나를 통해 인식의 편차를 줄이는 것이 필요하다. 여섯째, 삶의 문제를 함께 고민하는 철학적 대화나 넓은 의미의 인생 상담은 단순히 철학적 전문지식과 삶의 문제에 대한 해석능력 그리고 내방자 공감능력만으로 부족하다. 상담에 대한 최소한의 전문적인 기술과 상담의 기술에 대한 이해가 선행되어야 한다.

위에서 언급한 바가 개선된다면 교양철학 교육현장에서 '돌봄의 교양철학 교육'이 실현될 것이다. 그렇다면 돌봄의 교육철학은 궁극적으로 무엇을 지향하는가? 앞 장에서 살펴보았듯이 돌봄은 수강생의 실존적 상황과 학습상황에 대한 시혜적 차원 무조건적 공감과 동의, 수용을 의미하지 않는다. 돌봄의 교양철학 교육이 되려면 순수이론 학습에 매몰된 강단철학의 기초교육이 아니라 삶의 문제에 대한 반성적 성찰과 수강생의 자기이해를 위한 동행자의 역할을 수행해야 한다. 돌봄의 교양철학 교육은 생과 사, 행운과 불행, 욕망과 탈욕망, 선과 악, 가치지향, 개인과 세계의 다양성, 노동과 자아실현 등의 과정으로서의 삶의 부딪히는 문제의 이론적 소개와 지식전달을 벗어나야 한다. 돌봄의 교양철학 교육은 삶의 일반적 문제와 수강생의 실존적 경험 및 현재적 상황을 대결시켜야 하며 그러한 '내적 대화로서의 대결'에 동행자의 역할을 수행함을 수업운영 원칙으로 해야 한다.

이와 같은 수업운영 원칙의 준수는 삶의 일반적 문제에 관한 비판적 사유 활동을 통해 자신의 삶에 대한 성찰적 계기를 제공하며 학생들의 '자기이해'에 기여한다. 자기이해는 삶을 구성하는 제 요인들과 관계논리의 종합적 성찰의 시도에서 발생한다. 자기이해는 주관적이며 심리적인 자신에 대한 판단의 내용이 아니라는 점에서 '스스로 전개하는 자기 삶에 대한 비판적 사유 활동'을 전제하며 '과정'의 성격을 갖는다. 수강생들에게 삶의 문제와 지속적으로 대결하도록 하는 교양철학 교육의 돌봄윤리적 실천은 '~에 대한 철학지식의 전수'가 아니라 '스스로 전개하는 자기이해를 위한 성찰활동' 곧 '철학함'을 훈련시키는 것이다. 이러한 철학함은 소크라테스의 테제 '검토되지 않는 삶은 살 만한 가치가 없다'와 같은 의미를 갖는다. 논자는 이미 십여 년 전에 교양철학 수업의 교육목표가 '철학학의 기초교육'이 아니라 '철학함'에 두어야 하며 이에 기초해 학습자 중심 수업설계, 수업운영, 수업평가가 이루어져야 함을 강조했다.[34]

이런 점에서 교양철학 교육의 궁극적인 교육목적과 돌봄윤리적 철학교육의 목적은 일치한다. 돌봄윤리적 철학교육 실천은 스스로 생각함(Selbstdenken)의 능력을 키우는 동반자적 활동을 통해 지속적인 자기이해를 멈추지 않게 하는 철학적 사유교육이라 말할 수 있다.[35] 경계해야 하는 것은 교양철학 교육에 대한 이강서와 같은 생각이다. 그는 교양철학의 목적을 '철학적 사고' 교육으로 규정한다. 그는 철학적 사고를 전체적 사고, 근원적 사고, 개방적 사고, 실천적 사고라고 말한다. 엄밀히 말해 그가 말하는 '철학적 사고'는 철학을 전공으로 하는 철학전공 학부생

34 김용환·이종하, 「교양철학 교육의 현실과 학습자중심 교양철학교육: 한남대 교양철학 교육을 중심으로」, 『동서철학연구』 60호, 2011, 356쪽 참조; 변순용, 「대학 교육에서 철학적 멘토링의 의미」, 『교양교육연구』 8권 1호, 2014, 176쪽.

35 칸트적 의미에서 철학함은 스스로 생각하는 능력(Selbstdenken)으로 자율적 행위능력(Selbsthandeln)을 수반한다. 이성의 사용 측면에서 철학함은 공적 이성의 자유로운 사용을 의미한다. 계몽에 대한 논의에서 칸트는 철학함을 '자기계몽'과 '성숙(Mündigkeit)'과 같은 의미로 간주한다. 여기에 대해서는 Kant, "Was heißt sich im Denken orientieren?", in: W. Weischedel(Hg.) Kant Werke in 10 Bd, Darmstadt, 1983, Bd 5, p. 283 참조; Kant, "Beantwortung der Frage: Was ist Aufklärung?", in: W. Weischedel(Hg.) Kant Werke in 10 Bd, Darmstadt, 1983(a), Bd 9, p. 53 참조.

지도방침이라 할 수 있다. 1~2개의 교양철학 강좌를 수강하는 학생을 대상으로 한 수업목표로 지나치게 과도한 목적설정이다.

다르게 보면, 이강서가 제시한 교육목적은 교양철학 교과수업만이 아니라 초·중등 교육과정을 포함한 모든 교육과정의 피교육자, 학문연구자, 지식문화 생산자, 사회 지도그룹의 구성원들이 지향해야 할 인지적 태도다. 지나치게 일반적인 주장에 지나지 않으며 교양철학의 특수한 교육적 실천의 성격을 배제했다고 볼 수 있다. 그의 주장은 미래를 결정하고 직업준비를 통해 삶의 형식을 서서히 결정해야 할 20대 초반의 청년 시기, 자신의 가치지향이 있으나 아직 가치체계의 안전성과 체계성이 결여되어 있고 그것을 만들어가는 도정에 있는 특수한 시기를 고려하지 않았다는 약점이 있는 일반적 주장에 불과하다.[36] 교양철학 교육이 실천해야 할 '철학함의 교육'이란 단순한 사고훈련이나 사고의 기술과 덕목이 아니라 스스로 삶의 주인이 되는 자기이해를 위한 사유의 힘을 발아시키는 동반자 역할이다. 이러한 의미의 '철학함'의 교육이 배제된 교양철학 교육은 '돌봄윤리의 교양철학적 실천'이 될 수 없고, 좋은 철학교육도 될 수 없다. 결국 돌봄윤리적 교양철학의 실천은 '자기 삶에 대한 자기돌봄의 활동'이라는 열매를 지향하는 교육활동인 것이다.

---

36 이강서, 「다시 돌아보는 철학 교양교육: 철학 교양과목의 목표 설정과 연관하여」, 『철학과 현실』, 2005.12, 135쪽 이하 참조.

2

철학적 사유교육의 목적으로서 '철학함'을 위한 교수-학습모델

1) '철학함'을 위한 '철학적인' 철학교육을 위한 물음

대학의 교양철학이 어떻게 '철학적인 너무나 철학적인 방식'으로 이루어져야 하는가의 문제를 생각하다 보면, 학술연찬을 즐기는 소크라테스의 모습과 더불어 화이트헤드의 교양 개념에 대한 언급도 떠오른다. 화이트헤드는 『교육의 목적』에서 "교양이란 사고력의 활동이며, 아름다움과 인도적 감정에 민감한 감수성이다. 단편적인 지식은 교양과 아무런 관계가 없다"[1]고 말한다. 오늘날 교양철학 교육이 소위 '화이트헤드 원칙'을 실현하고 있는지 점검해볼 필요가 있다. 화이트헤드의 용어대로 '생기 없는 관념(inert ideas)'들로 철학적 지식의 단편을 주입식 교육방식으로 가르치고 배우고 있는지 물어야 한다.[2] 아무리 좋은 것이라도 그것이 잘못되었을 때는 가장 나쁜 것이 될 수 있다는(corruptio optimi, pessima) 격언처럼 교양철학 교육이 대학교육에서 반드시 필요하고 중요하다고 하더라도 잘못된 교육은 오히려 교양철학 교육의 기반을 무너뜨릴 위험이 있다.

애초에 이 글은 지금으로부터 10년 전에 썼다. 그런데 10년 후 지

1 A. N. 화이트헤드, 『교육의 목적』, 오영환 옮김, 궁리, 2004, 39쪽.

2 같은 책, 40쪽.

금도 이와 같은 문제의식은 여전히 유효하다. 철학과의 폐과 행렬은 지금도 계속되고 있고 교양철학 강좌들이 학생들에게 과거에 비해 더 환영받지 못하고 있다는 것이 거부할 수 없는 현실이다. 이 점에서 교양철학 교육은 위기의 시대에 살고 있다. 필요한 교과지만, 난이도와 학습의 어려움이라는 인식에 기인한 수요부족 현상에서 살아남는 방법을 모색해야 하는 것이 교육철학 교육이 봉착한 현실이다. 동시에 교양철학은 철학이 있는 철학적인 철학교육이라는 진지한 원칙과 자기 진실성을 포기할 수 없다. 죽은 철학교육이 아닌 철학함의 역동성이 살아있는 교양철학 교육이 존재의 정당성을 확보하는 유일한 원천이기 때문이다. 교양철학 교육의 자기정당성과 수강생과 대학 및 교양교육 환경 일반에 조응하는 접점을 찾을 수 있는가? 이것이 바로 오늘날 교양철학 교육의 근본 질문이다. 이 글은 위와 같은 문제의식하에서 철학적 사유훈련을 위한 교양철학수업이 '철학함'에 있으며 이를 구현하기 위한 교육모델로서 학습자 중심의 교양철학 교육의 가능성을 검토할 것이다.

2) 교양철학 교육의 목표로서 '철학함'

서론에서 언급한 화이트헤드의 '사유함'의 중요성에 대한 언급 이전에 '철학함이 무엇인가'에 대한 답변을 명료하게 보여준 인물이 칸트다. 칸트는 『논리학』과 「계몽이란 무엇인가의 문제에 대한 답변」 등에서 전개한 계몽(Aufklärung), 성숙(Mündigkeit), 스스로 생각함(Selbstdenken), 이성의 공적 사용(der öffentliche Gebrauch der Vernunft) 등을 통해 분명히 말한다. 칸트에게 철학함이란 '스스로 생각하는 것'을 말한다. 스스로 생각함은 자기 자신 안에서(자신의 고유한 이성 안에서) 스스로 최고 높은 단계의 시금석을 찾아내는 것"[3]이다. 다르게 표현하면 독립적이고 주체적인

3 Kant, "Was heißt sich im Denken orientieren?", in: W. Weischedel(Hg.) Kant Werke in 10 Bd, Darmstadt, 1983(b), Bd 5, p. 283.

사유를 의미하는 것이다. 철학함은 학자적 태도 곧 객관적인 관점을 갖고 정치사회적 이슈만이 아니라 공적인 사안들에 관한 자신의 입장을 자유롭게 표현하는 것을 의미한다. 이런 의미에서 철학함이란 사적 이해관심을 위해 이성을 도구적으로 사용하는 것이 아니라 공적으로 사용하는 것을 뜻한다. 그렇다면 어떻게 '철학함'을 실천할 수 있는가?

칸트의 답변은 명료하다. "철학함은 이성의 고유한 사용의 연습을 통해 배울 수 있다."[4] 이성의 고유한 사용은 자신의 이성을 사용하지 않고 의견, 입장 등을 타자의 권위에 전적으로 의존해 결정하거나, 외부의 정보나 지식의 타당성을 비판적으로 검토하지 않고 수용 및 활용하는 데서 찾을 수 있다. 또한 감정이나 관계 논리가 사유의 과정에 개입되고 판단을 결정하는 요인으로 작용하는 경우도 칸트가 말하는 이성의 고유한 사용에 반하는 경우에 해당된다.

이와 더불어 칸트는 '태도'의 문제를 강조한다. 생각을 스스로 하지 않고 외부의 권위에 의존하려는 생각함의 '게으른 태도', '자신의 생각에 책임을 지지 않으려는 비겁한 태도'를 버려야지 철학함을 실천할 수 있다고 강조한다. 철학함에 있어 게으름과 비겁함을 벗어나 철학하기 위해서는 "매 순간 스스로 생각하는"[5] 용기를 갖는 것이다. 칸트가 말하는 '철학함'의 정수를 볼 수 있는 장면이 있다. 주지하다시피 소크라테스와 그의 제자들의 철학적 논제를 둘러싼 담론의 현장이 바로 철학함의 향연 현장이다. 이 향연의 공간이 "철학은 가르칠 수 없는 것이며 철학함만을 가르칠 수 있다"는 칸트의 테제를 실증적으로 증명한다고 볼 수 있다.

그런데 소크라테스 시대에 그의 제자 플라톤이 '철학함'이 무엇인지를 보여주고자 했다. 철학함을 속류화시키며 '철학의 기술'로 전락시키는 소피스트들에 대한 플라톤의 격정적인 비판에서 그것을 확인할 수

4 Kant, "Logik", in: W. Weischedel(Hg.) Kant Werke in 10 Bd, Darmsyadt, 1983, Bd 5, p. 448.

5 Kant, "Was heißt sich im Denken orientieren?", in: W. Weischedel(Hg.) Kant Werke in 10 Bd, Darmstadt, 1983, Bd 5, p. 283.

있다. 플라톤은 '철학함'을 순수 논증술과 반대를 위한 논리 훈련, 사람을 희롱하는 수단을 잘 사용하는 것이라고 생각하지 않는다. 그는 그러한 생각을 가진 자를 논증기술자 혹은 논리기계라고 비판한다, 또한 그는 이와 같은 논증기술자를 양육하는 소피스트들을 '동물 사육사'에 비유했다. 철학하는 것은 말과 연설을 잘하거나 대중을 논리적으로 기만하는 궤변을 늘어놓는 것을 의미하지 않는다.[6] 플라톤에게 철학함은 절제된 자세로 진실을 배우고 탐구하는 태도를 전제로 해야 한다. 논쟁에서 이기는 것이 철학함의 목적이 아니다. 철학한다는 것은 진리를 사랑하고 진리를 탐구하는 것을 멈추지 않고 사유 활동을 지속적으로 하는 것을 의미한다. 이와 관련해 플라톤이 철학하는 것의 가장 좋은 방법으로 소크라테스가 했던 문답법을 제시한다.[7]

화이트헤드, 칸트, 플라톤이 말하는 철학함에 대한 사유가 우리의 교양철학 교육, 넓게는 철학교육에 주는 교훈은 무엇인가? 그것은 어떤 사람이나 그룹을 대상으로 하든 철학교육은 철학함을 위한 교육이어야 하며, 철학수업은 그것을 위해 설계되고 운영되어야 한다는 것을 시사한다. 답은 자명하다. 철학함이 없는 수업, 그것은 '죽은 철학수업'이다. 그와 같은 교수-학습은 반(反)철학적 수업이다. 완곡하게 표현하면, 철학학의 기초교육에 불과하다. 그렇다면 과연 '철학함'을 위한 가장 철학적인 수업방법은 무엇인가? 철학수업은 '어떻게 하면 스스로 생각하는 힘, 함께 사유하는 능력을 키우며 문제, 사건, 사태, 논제 등에 대한 명료한 인식과 구체성의 사유를 보여주는 힘을 기를 수 있는가'의 문제로부터 출발해야 한다. 이 문제는 철학교육이라는 이름으로 이루어지는 교육적 실천의 장(場)에서 결코 사라지지 않아야 할 실천적 과제이며 미래의 철학교육 현장에서도 철학교육의 강령으로 존재할 것이다. 이런 차원에서 오늘날 대학교육의 현실에 입각한 '철학함'을 기르는 철학교육 방법론에 대한 논의가 필요하며 그것은 철학교육 교수-학습방법론으로

---

6 플라톤, 『국가론』, 왕학수 역, 을유문화사, 2012, 311쪽 참조.

7 같은 책, 383쪽 이하 참조.

나타나게 된다.

3) 학습자 중심형 교양철학 교육 수업모델

'왜 교양철학 강좌에서 학습자 중심형 수업이 이루어져야 하는가'에 대한 질문의 대답은 이미 앞 장의 논의에서 철학적 사유교육에 가장 적합하다는 것을 밝혔다. 기존의 대부분의 철학수업은 한마디로 말해 '소크라테스주의'에 빠진 권위주의적 교육방법론이다. 권위주의적 철학수업 교수자 중심의 정보전달, 주입식 수업형태로 운영된다. 이러한 수업방식은 얼마나 효과적으로 철학지식을 전달할 것인가가 수업설계와 운영의 핵심적 지위를 차지한다. 교육공학주의, 방법론 환원주의에 빠질 수밖에 없다. 소피스트를 비판하는 플라톤의 시각에서 볼 때 권위주의적 교육모델, 교사중심형 수업은 현대판의 세련된 동물사육사의 교육에 불과하다. 동물사육사는 지식을 가지고 싸우는 기술, 지식을 활용해 최대의 이익을 확보하려는 실용성과 도구성의 무기를 갖게 해주는 교사다.

칸트적 입장에서 교사중심형 권위주의 수업은 학생이 독립적인 사유주체로 성장하고 자신의 공적 이성을 충분히 사용하지 못하도록 만든다. 권위주의적 수업모델은 학생들 '이성의 고유한 사용의 연습'을 하지 못하게 하는 수업인 것이다. 칸트의 관점에서 이러한 방식의 수업은 학생들을 영원한 미성숙 상태로 몰아넣는 결과를 산출하게 만든다. 주체적 사유능력을 기르는 철학수업이 아니라 철학자의 주장과 교수자의 표준적인 이해의 완전한 수용이 수업의 궁극적인 목표가 되기 때문이다. "우리 시대는 모든 것을 비판에 부치는 진정한 비판의 시대"[8]라는 칸트의 당대에 대한 인식은 교사 중심의 수업모델이 가지는 교육적 한계를 분명하게 인식시켜준다.

---

8 Kant, *Kritik der reien Vernunft*, in: W. Weischedel(Hg.) Kant Werke in 10 Bd, Darmstadt, 1983, Bd 3, A. XI.

수업시간에 다루어지는 주제들에 대한 자유로운 해석과 주장 및 토론이 허용되지 않고 표준적인 철학정보의 전달과 수용의 측정과 평가는 학생들의 '공적 이성'의 활발한 사용을 금지하는 것과 마찬가지다. 칸트의 입장에서 모든 주제와 문제에 학생들은 매 순간 말할 자유를 가져야 한다. 그럴 때 그가 그토록 주장한 '철학하는 것' 곧 주체적 사유교육의 가능성이 확보되는 것이다. 칸트는 교사의 텍스트 이해와 해석의 타당성을 자유롭게 문제 삼는 수업이 철학함의 사유능력을 촉진하는 수업방법이라 생각할 것이다. 그의 관점에서 수업은 교수자의 공적 이성과 학생의 공적 이성 사이의 대화 속에 사유주체가 태어나는 시간이 되는 것이다.

플라톤이 사육사 논증을 통해 소피스트의 교육방법론을 비판하며 문답법을 제시하는 것과 칸트의 공적 이성의 자유로운 사용이 가능하고 교육적 실천이 가능한 수업모델이 바로 학습자 중심형 교양철학 교육모델이다. 학습자 중심형 교양철학 교육모델은 '스스로 생각하고(Selbstdenken) 자율적으로 행위(Selbsthandeln)'하는 것이 철학함이며 그러한 존재를 '성숙한 사람'으로 간주하는 칸트의 주장에 기대지 않더라도 '주체적이며 책임감 있게 삶의 문제를 스스로 해결해 나아가는 태도'를 훈련시키는 데 유용한 교육모델이다. 학습자 중심형 교양철학 수업모델은 '학습자의 관점에서 학습자에 의해 학습자를 위한' 교육방법론을 추구하게 된다. 구체적으로 수업모델은 문제중심형, 토론중심형 프로젝트 수업으로 나눌 수 있다.

(1) 문제중심(PBL)형 교양철학 수업모델

논자는 교양철학 분야에서도 문제중심형 학습모형(Problem Based Learning)을 일정 부분 수용 및 응용해야 한다고 본다. 이는 교양철학이 단순한 철학적 지식의 전달과 학습이 아닌 개인의 정체성과 삶의 문제를 풀어나가는 단초를 제공하는 데 궁극적인 목적을 두어야 하기 때문이다. 이 점에서 교양철학 교육은 전공철학 교육보다도 오히려 '철학보다는 철학함', 다르게 표현하면 '사고하는 교양인'의 육성에 더 많은 교육적 가치를 부여해야 한다. 문제중심형 학습은 배로우즈(H. Barrows)가 제안한 교수-학습 방법론으로서 초기에는 의과대학이나 MBA 교육 프로그램, 교육행정가 교육 프로그램 등 주로 실용학문 분야에 적용되어 왔으나 교육의 전 분야에서 중요한 교수-학습 방법론으로 인정받고 있다. 문제중심형 교양철학 교육은 교수(teaching)에서 학습(learning)으로의 전환을 의미한다.[9] 이러한 교육방향에 부응하는 수업모형은 학습자 주도형 수업이라고 할 수 있다. 학습자 주도형 수업이란 학습자가 주어진 철학적 문제를 해결하는 전 과정에 주도적 역할을 수행하는 것을 의미한다. 이러한 자기주도적 학습을 "실존적 자기주도 학습" 혹은 "존재의 학습"[10]이라 하며, 교양철학의 교육은 '자기를 형성하는 교육적 경험'을 제공하고 학습자로 하여금 인생을 배우게 하는 데 있어야 한다.

그런데 여기서 제기되는 문제는 추상도가 높고 논리적 정합성을 요구하는 주어진 철학적 주제를 과연 철학 비전공자인 교양철학 수강생이 주도적으로 수행할 수 있는가다. 이와 같은 문제를 해결하기 위해서는 교양철학 담당 교수의 교육적 역할에 대한 재인식이 필요하다. 교양철학 교수의 역할은 기존의 철학적 지식 전달자에서 철학적 문제의 안내자, 조력자, 멘토로서의 역할을 수행해야한다. 철학적 문제의 안내자로서 교수는 먼저 제시된 철학이론의 설명에 그치지 않고 그것을 현실의 구체적 상황과 사회적·일상적 사건에 적용하고 분석해야 한다. 이를 통해 생활세계의 상황과 사건이 어떻게 철학적으로 성찰 가능한지를 분명하게 제시해야 한다. 이를 철학이론의 맥락화(contextualization)라 할 수 있다.

둘째, 문제중심형 교양철학 교육에서 교수는 팀(조)별 협동학습을 강화해야 한다. 협동학습은 주어진 철학적 주제나 문제를 다양한 지적·사회적·생애사적 배경을 가진 동료학생들 상호 간의 의사소통을 통해

9 이윤옥, 「문제중심 학습에 관한 연구검토 및 시행요소 분석」, 『교육문제연구』 19집, 2003, 137쪽 이하 참조.

10 구양미, 「대학의 혼합형 환경 학습에서 자기주도 학습의 유형에 대한 분석: 실존적 사회적 자기주도 학습의 가능성」, 『교육공학연구』, 22권 1호, 2006, 167쪽.

지식과 사고의 범주를 확장시키며 동시에 자신의 관점과 입장을 비판적으로 성찰할 계기를 부여한다. 또한 협동학습은 철학적 문제의 이해와 현실연관성, 현실이해에 도달하는 자율적 학습과 자기학습을 촉진시키며 궁극적으로 특정한 주어진 철학적 문제에 대한 자신의 고유한 관점을 명료화하는 데 도움이 된다. 문제중심형 교양철학 교육을 위해 필요한 교수역량은 크게 ① 수업설계자, ② 학습안내자, ③ 평가자의 차원을 생각할 수 있다. 이것을 표로 정리하면 다음과 같다.

교수자 역할	세부 역량	교수자 역할	세부 역량
수업설계자	수업계획능력 수업분석능력 학습 환경 조성능력	평가자	학습준비 관리능력 학습과정 모니터링 공정하고 일관된 평가수행
학습촉진자	학습능력 파악 전달력 학습 촉진능력 미디어 활용 능력 학습활동 정리능력		

PBL 교양철학 수업모형에서 교수자로서의 교수역량과 교수법에 대한 전문적인 지식과 응용능력은 사실 성공적인 수업의 필요조건 이상이라고 보기 어렵다. 좋은 수업이 그러하듯이 PBL 교양철학 수업모형이 성공적으로 정착되려면 학습자에 대한 강한 '애정과 신뢰' 및 교수자-학습자 간의 '인격적 만남'의 폭을 확대시켜야 한다. '칭찬과 같은 교육적 보상', '이름 기억하고 부르기', '휴식 시간을 이용해 무관심한 학습자와 대화하기', '학습자 자기소개하기', 학습 관련 외에 '상담을 포함한 다양한 형식의 학생지도'가 이루어져야 한다. 결국 PBL 교양철학 수업모형의 성공은 ① 학습자가 현실 속에서 알아들을 수 있는 구체적 사례와 문제를 중심으로 한 철학이론과 현실의 접목 능력, ② 전문적인 교

수법, ③ '눈높이를 맞추어 다가가는 따듯한 가슴을 가진 안내자로서의 교수자'의 유기적 결합에 달려있다.

(2) 토론중심형 교양철학 수업모델

토론중심형 교양철학 수업모델은 PBL 교양철학 수업모형보다 상대적으로 학생의 참여가 더 요구되는 수업모형이다. 그렇다고 해서 "기존의 토론 수업들은 전적으로 토론만을 하는 수업으로서 학생들의 역할에 수업의 성패가 달려 있다"[11]고 주장될 수 없다. 이러한 주장은 '방임형 학생 중심 토론 수업'에나 유효한 주장이다. 그렇다면 왜 토론 수업이 교양철학에서 필요한가? 토론중심형 수업모형은 단순히 "학습자의 토론 능력을 키우는 것이 목적일 수도 있고 또는 토론을 통해 지식과 정보를 얻거나 사고력을 배양"시키거나 "수업목적을 효과적으로 달성"[12]하기 위한 것만은 아니다. 토론중심형 수업모형은 이것보다는 좀 더 포괄적인 교육목적을 갖는다.

토론중심형 교양철학 수업의 주요 목적은 '비판적 사고'와 '의사결정 과정과 조정의 합리성' 그리고 '타자이해와 자기이해'를 핵심으로 한다. 토론중심형 수업에서 토론 참여자는 논제의 명료화, 찬반논거 분석, 대안논리의 산출 과정에서 먼저 자신의 이론적 입장과 다른 토론 참여자의 논리를 '비판적으로' 검토한다. 이러한 과정에서 소위 '비판과 자기비판'의 변증법적 운동논리가 작동하며 이러한 운동논리의 체화와 작동이 비판적 사고의 수행을 의미한다.

토론중심형 수업은 의사결정 과정과 경쟁하거나 대립하는 의견조정을 훈련함으로써 합리성과 합리적 삶을 연습한다. 이때 토론 참여자는 '상대논리를 격파하여 이기는 수사학'이나 '토론에 무조건 이기는

11 강순전, 「독일의 신교과 실천철학」, 『철학윤리교육연구』 제36호, 2006, 24쪽.

12 손철성, 「논술을 위한 토론수업의 운영방안」, 『윤리교육연구』 제13집, 2007, 248쪽 이하 참조.

법'을 학습하는 것이 아니라 다른 주장을 경청하고 '관용의 원리'에 입각해 다른 주장의 논거를 재구성하는 학습과 자기학습을 훈련한다. 이러한 과정에서 주장과 그 이면의 '배후적 맥락'을 파악한 후 '다른 주장 간의 합리적 조정'의 가능성을 파악한다. 토론중심형 수업은 반드시 '더 나은 논증의 힘'에 의한 결론도출을 목표로 하는 것이 아니라 합리성에 기반을 둔 의사결정 과정의 합리성과 조정의 합리성을 배우는 것을 최우선으로 해야 한다.

다음으로 토론중심형 수업모형은 타자이해와 자기이해를 궁극적인 목표로 삼아야 한다. 위에서 설명한 두 과정 속에서 자기이해와 타자이해는 일정 부분 도달하게 된다. 더불어 위의 두 과정의 수행 속에서 토론 참여자는 논리 구사력, 독창적 사고능력, 설득력, 포용력, 이해력, 논리 속의 의도파악 능력, 감성적 반응 억제능력, 순발력, 논리의 구사에 수반된 다른 참여자의 감정의 변화파악 능력, 지식의 폭과 깊이 등에 대한 자기점검과 다른 참여자 점검을 하게 된다. 토론을 통한 자기이해와 타자이해는 여기서 끝나지 않고 토론 이후의 토론 참여자의 학습과 삶에 대한 반성과 재인식의 계기를 촉발하게 만들도록 교수자의 교육적 역할과 지혜가 발휘되어야 한다.

토론중심형 수업모형의 교육적 목적이 아무리 교육적 지지를 받는다 하더라도 학습자가 현실적 필요성을 인식하지 못한다면 교수법과 같은 기술적 접근만으로는 그 교육목적을 달성시키는 데는 한계가 있다. 현실적 필요성을 인지시키기 위해서는 취업과의 연계성을 언급할 필요가 있다. 최근 기업의 채용방식의 변화는 교양철학을 토론식 수업모델로 해야 하는 합리적 근거를 제시해준다. 기업들은 기존의 1:1 면접 응시제도를 집단형 토론면접으로 전환했으며 이러한 면접방식은 주요 기업에서 일반화되었다. 기업 측은 집단토론 면접을 통해 응시자의 다양한 면에 대한 평가를 할 수 있다. 기업은 집단토론 면접에서 ① 주제와 관련된 지식과 이해력, ② 논리구사력, 판단력, ③ 의사전달력과 설득능력, ④ 대응능력, ⑤ 포용력과 협동능력, ⑥ 조정능력, ⑦ 대인관계 능력

등을 파악하고자 한다.[13]

토론중심형 교양철학 교육은 취업면접을 직접적인 목적으로 삼지는 않지만, 다양한 이슈를 통한 토론능력 향상뿐만 아니라 토론 참여자로 하여금 평가요소를 최적화하는 데 기여하며 취업면접에 실질적인 도움이 된다는 것을 인식시켜야 한다. 또한 지식기반 사회에서 필요한 창의적인 사고능력과 다문화, 국제화된 사회적 환경에서 필요한 배려와 공존능력을 배양하는 데 토론수업이 의미 있는 수업모델임을 인식시킬 필요가 있다. 대학생의 교수-학습 인식에 대한 경험연구들은 공통적으로 학생들이 '수업 중 궁금한 사항에 대해 교수자에게 질문하는 것을 기피하며 교수자의 질문에 대해서도 대답을 적극적으로 하지 않는 경향이 강하다는 결과를 보고한다. 이와 같은 경험적 사실은 토론수업을 통한 의사표현 능력과 자기개발이 왜 필요한지를 역설적으로 보여준다. 토론중심형 수업모델을 교양철학 수업에 적용해야 한다는 당위성에도 불구하고 토론중심형 수업이 쉽게 이루어지지 않고 있음은 주지의 사실이다. 여기서는 그 원인과 대책을 살펴보자. 토론수업이 잘 안 되는 원인으로는 대략 4가지 정도가 있을 수 있다.

첫째, 초등학교 입학 이후 지속된 주입식 교육이 가장 큰 원인이다. 한국적 학력사회의 특성상 초등, 중등, 대학의 역할이 효과적인 지식전수기관으로서의 역할을 수행하게 만들며 교수자-학습자-학부모-학원산업의 교육적 욕구와 현실적 필요성이 주입식 교육의 거대한 장벽을 넘어서지 못하게 하는 것이 사실이다. 둘째, 표면적 지표인 학생의 스펙(specification)을 중시하는 사회 풍토가 강의식 수업보다 학습량과 학습에너지를 더 필요로 하는 토론식 학습을 기피하게 만든다. 실제로 학생들은 강의식 수업을 가장 선호한다. 동국대생을 대상으로 조사한 연구결과에 따르면 가장 보편적이고 일반적인 수업방식으로 이해하고 선호하

13 집단토론 면접은 회사에 따라 토론주제, 형식, 시간, 면접관 수, 평가항목에 따라 약간의 차이를 보이고 있다. 여기에 대해서는 인터넷에서는 각종 기업별 집단토론 면접의 평가지표, 준비요령, 기출문제 등을 확인할 수 있다. http://blog.daum.net/ronghua/43 참조.

는 수업방식이 강의식 수업으로 나타났다.[14] 이와 같은 결과는 비단 동국대 학생들에 국한되지 않는다. 〈교양철학에 대한 학생인식 설문조사〉에서 나타난 바와 같이 한남대 교양철학 수강생들 역시 강의전달식, 교수자 중심의 가의와 질의·응답을 선호하는 것으로 나타났다. 이와 같은 학습자의 학습태도는 교양강좌를 포함한 교양철학 수업에 대한 학습의욕 감소와 열정부족으로 이어진다.

셋째, 두 번째 문제와 연관되어 학생들은 학점관리나 학점 따기 용이한 과목을 선호하며 이때 토론식 수업을 배제하는 경향을 강하게 보인다. 넷째, 학습환경과 조건에서 그 원인을 찾을 수 있다. 무엇보다도 현재 교양철학 강좌 수강인원이 너무 많다. 수강생이 많은 대단위 교양철학 수업에서 토론식 수업은 현실적으로 불가능하다. 게다가 중단위 및 대단위 교양철학 강좌들은 계단식 강의실을 사용하기 때문에 면대면 토론이 현실적으로 불가능하다. 논자가 시도하는 질의와 응답 릴레이를 통한 교양철학 수업 역시 이동식 마이크나 다수의 마이크가 필요한데 기자재 지원에 어려움이 있어 토론지향형 수업을 진행하는 데 어려움이 있다. 그러나 위와 같은 문제는 교양교육의 중요성이 강조되고 교양교육에서 교양철학이 차지하는 비중과 역할을 고려한다면 수강인원 제한 제도와 강의실 배정 운영규칙의 조정을 통해 충분히 해결할 수 있는 문제다.

중단위 교양철학에서 토론중심형 수업은 정말 불가능한가? 논자는 실제로 60여 명 내외의 교양철학 강좌에서 토론중심형 수업을 진행하고 있다. 〈현대사회의 삶과 윤리〉 교양철학 강좌 "동물의 권리" 주제에 대한 토론수업 운영방안을 예시하면 다음과 같다.

---

14 박명희, 「대학의 교수학습 개발에 대한 요구분석 연구II」, 『한국교육문제연구』 17집, 2005, 22쪽.

주제: 동물의 권리

1) 수강인원: 60명/12개 조로 편성
2) 수업방식: 강의+토론(학생중심형 토론과 교사중심형 토론방식 결합)
3) 수업시간 운영: 총 수업시간 3시간
4) 이론강의(주제와 관련된 예화로 시작/신문, 동영상 포함): 30분
5) 토론과제 예시 및 토론환경 조성: 10분
6) 토론 및 토론 지도: 30분
7) 휴식시간: 10분
8) 공개발표: 30분(발표 3팀 선정/우수팀 선정 2점 부여)
9) 발표에 대한 질의응답 30분(학생 지명 질문형식, 우수 질문자 2점 부여)
10) 수업 및 토론 쟁점 정리: 10분
11) 토론준비: 스마트폰을 활용해 정보수집 및 분석 권장

토론주제

1) 동물권을 부정하는 논거 중 동물의 도덕적 지위를 부정하는 논거가 있다. 특정한 인간의 행위를 '도덕적 행위'라고 판단할 때 그와 유사한 행위를 동물에게서 찾아보고 '타자의 고통에 민감한 태도'를 도덕성의 기준으로 삼을 수 있는지 토론해본다.
2) 유기동물의 실태와 유기동물 관련 법규, 유기동물 처리과정 및 동물보호센터의 역할을 조사하고 문제점과 구체적 개선안을 제시하라.
3) 멧돼지, 고라니에 의한 농작물 피해와 인명피해의 현황과 지자체별 대응실태와 대책의 적절성을 토론하고 동물과 농민의 상생의 조건을 제시하라.
4) '동물원'의 역사와 동물원 폐쇄운동의 찬반논거를 구성해보고 토론하라.
5) 동물해방론자는 청도소싸움, 투우, 투견과 같은 각종 상업용 동물싸움을 반대한다. 한국에서 시행되는 각종 동물싸움에 대한 반대논거와 찬성논거들의 문제점에 대해 토론하고 현실적인 접점을 찾아보라. 좋아하는 친구가 동물싸움 관람이 취미라면 어떻게 대처하는가?
6) 주요 모피용 동물 사냥의 실태와 모피반대 운동에 대해 조사하고 모피

산업의 논리를 비판적으로 검토하라. 동물 보호론자로서 지인에게 모피를 선물받는다면?

7) 동물실험 대체시장의 현황과 문제점, 국내의 실험용 동물 복지준수 실태와 관련 법규, 실험용 동물 복지 개선안을 토론하라. 동물실험 윤리위원으로 활동하려면 어떻게 해야 하나?

8) 인사를 하고 지내는 옆집 사람이 수시로 애완견을 학대하는 것을 보았다. 나는 어떻게 할 것인가? 동물학대 관련 법규를 알아보고 문제점과 개선안을 토론하라.[15]

중단위 교양철학 강좌에서 토론수업을 진행할 때 평가자로서 다음과 같은 문제를 해결해야 한다.

① 학습자의 검증되지 않은 자료들을 토론 자료로 활용하는 경우
② 특정 학습자를 중심으로 토론이 진행되거나 참여도의 편차가 큰 경우
③ 토론자 간의 지적 수준, 논리력, 표현능력, 커뮤니케이션 스킬의 편차가 심한 경우
④ 토론참여자 중에서 탁월한 학습자의 평가와 그룹평가의 균형 문제
⑤ 학습자의 학습의욕 부족과 학습능력 결여

토론 중심의 교양철학 수업을 활성화하기 위해서는 첫째, 학생중심형 토론방식을 취해서는 안 된다. 둘째, 교수자의 개입과 토론지도, 관련 주제에 대한 정보제공과 적절한 논거의 소개가 일부 제공되어야 한다. 셋째, 토론주제는 생활밀착형, 지역밀착형 주제로 제시되어 흥미와 관심을 유발해야 한다. 넷째, 해당되는 주제에 필요한 정보를 어디서 찾을 수 있는지 토론지도 시 확인해야 한다. 다섯째, 토론에 들어가기에 앞서 토론주제별 처리방식을 숙지시키고 토론계획서를 작성하게 한

---

15 이종하 외, 『삶·일상·윤리』, 문음사, 2008, 163쪽 참조.

다.[16]

여섯째, 토론지도 시 역할분담에 대한 확인과 토론참여자의 발언 내용을 기록하고 토론 마감 시 확인열람과 함께 서명을 하도록 한다. 일곱째, 토론 참여를 유도하기 위해 총점부여 시 수업참여도 점수를 20%로 상향 조정할 필요가 있다. 점수에 민감한 학생이 점수 때문에 수업에 적극성을 보이다가 점차 자기주도적 학습의 중요성을 인식하고 성공적인 수업에 이르는 사례가 있다. 여덟째, 적극적 참여의지가 부족한 학생들을 토론지도 시 관심과 토론과 관련된 개별질문을 통해 토론에 자연스럽게 참여하게 만든다. 아홉째, 토론이 제대로 이루어지지 않은 조에 적극 개입하여 토론을 주도한다.

(3) 프로젝트형 교양철학 수업모델

프로젝트 수업이 교육이론적 차원에서 체계적으로 연구되고 시행되기 시작한 것은 듀이(J. Dewey)에 의해서다. 듀이는 학습자의 흥미, 자발적 활동과 문제해결 능력, 반성적 사고능력, 교육에서 개인과 사회의 연계성을 강화할 목적으로 프로젝트 수업을 자신이 설립한 '실험학교'에 적용했다.[17] 듀이를 위시한 레이스(S. Leith)나 캇츠(L. G. Katz) 등이 제시하는 프로젝트 수업의 교육적 목표 중에서 가장 중요한 것은 학교의 지식학습과 생활의 통합에 있다. 프로젝트 수업모델의 교육적 효과는 첫째, 경험학습을 통해 팀워크 기술을 개발·증진하고, 둘째, 협력적 학습집단 조성 및 학습자 간 지식공유와 실제적인 교과학습에 기여한다.[18]

---

16 월러스는 토론 주제별 처리방식을 사실, 느낌, 의견, 행동으로 유형화하고 그 처리방식을 구체화했다. 토론계획서는 툴민의 논증유형에 기초해 주장, 근거, 추가증거, 예상반박, 재반박을 미리 작성하게 지도한다. 안경화, 「효율적인 토론수업의 설계: 내용과 방법을 중심으로」, 『언어와 문화』 5권 1호, 2009, 163, 165쪽 참조.

17 유승희, 「프로젝트 수업의 개발과 적용」, 『열린교육연구』 11집 2호, 2003, 261쪽 참조.

18 조일현, 「대학 프로젝트 수업 환경에서 분업화, 상호작용, 공유정신모형이 팀 수행성과 개인학습에 미치는 영향」, 『교육공학연구』 26권 3호, 2010, 2쪽 참조.

이 밖에도 프로젝트 수업은 강의식 수업과 비교해 문제해결 능력, 의사소통 능력, 프레젠테이션 기법 향상, 유연한 사고, 창의적 사고, 실무능력을 향상시킨다는 경험적 연구가 많이 보고되고 있다.[19] 이와 같은 프로젝트 수업의 교육목적은 철학적 지식의 전수가 목적인 아닌 '삶을 위한 교양철학', '자기이해, 자기형성을 위한 교육목적'에 부합되는 것이다.

그렇다면 교양철학 교육에서 어떻게 프로젝트 수업을 운영할 수 있는가가 논의의 중심이 되어야 한다. 프로젝트 수업준비 단계에서 교수자는 학생들의 탐구조사가 가능한 10개 이상의 주제 목록을 작성한다. 가능한 주제로는 ① 생명윤리-낙태, ② 생명윤리-안락사, ③ 자살, ④ 유전자 검사, 변형 및 조작, ⑤ 대리모 및 실험관 아기 문제, ⑥ 동물권리-동물학대 및 동물실험, ⑦ 유전자 변형 농산물 문제, ⑧ 환경윤리-환경문제, ⑨ 노동윤리-비정규직 문제, ⑩ 소수자 권리-이주노동자의 인권, ⑪ 성윤리-대학생 동거 문제, ⑫ 성윤리-성희롱과 성폭행 문제, ⑬ 소비의 윤리-윤리적 소비운동, ⑭ 연대의 윤리-지역 이기주의와 각종 님비 현상, ⑮ 연구윤리-가짜 학위 및 논문조작 문제 등이다. 팀 구성은 6명을 한 팀으로 하며 전공영역, 학년, 성비에 있어 다양성과 균형에 초점을 맞추어 교수자가 미리 정한다. 각 프로젝트 팀에게는 제안된 주제와 무관하게 임의로 주제를 제안할 수 있게 한다. 이러한 가정하에서 프로젝트 수업을 다음과 같은 일정으로 진행한다.

학기/강좌	주별	단계	비고
1학기/ 사회와 윤리	1	준비단계	• 프로젝트팀 수업공고 및 주제 제안 설명 및 주제 공모(하이클래스/인터넷 카페 개설) • 과제의 성격 및 수행 가능성 설명 • 프로젝트 수행을 위한 주간일지 작성요령안내

19 정명화·신경숙, 「프로젝트 수업이 대학생의 창의적 사고, 창의적 성격 및 문제해결 능력 향상에 미치는 효과」, 『교육심리연구』 18권 3호, 2004, 288쪽 참조.

학기/강좌	주별	단계	비고
1학기/ 사회와 윤리	2	준비단계	• 프로젝트팀 구성 • 교수자와 면담
	3	계획수립	팀별토의: 전체 계획, 세부계획 작성
	4	계획수립	팀별 미팅
	5	자료조사	문헌조사 피드백
	6	자료학습	자료학습 중간점검
	7	자료학습	자료학습 중간점검
	중간점검	자료학습	자료학습 결과 제출 및 피드백
	9	탐구단계	과제수행 내용 검토
	10	탐구단계	과제수행 내용 검토
	11	탐구단계	과제수행 내용 검토
	12	최종단계	최종보고서 시안 피드백
	13	최종단계	최종보고서 제출 및 평가(동료평가/교수자 평가)
	14	최종단계	• 최종보고서 제출 및 평가(동료평가/교수자 평가) • 프로젝트 수업 만족도에 대한 설문조사 실시
	기말고사	개인평가: 30	
		팀별평가: 70	

프로젝트 수업은 강의식 수업모델이나 토론중심형 혹은 문제해결형 수업모델보다 교수자의 수업준비와 상시적인 학습지도가 뒤따라야 한다. 따라서 교양철학을 담당하는 외래교수에게 강의를 맡기는 것은 현실적으로 과중한 수업부담을 주게 될 것이다. 앞서 언급했듯이 프로젝트 수업은 그 효과가 경험적으로 입증되었지만 가능한 조건이 형성되기 전에 쉽게 적용하기 어렵다. 실제로 교양철학 강좌를 프로젝트에 기반해 운영한 사례는 거의 알려지지 않은 것이 사실이다. 따라서 이러한 수업이 가능한 교양철학 강좌 중에서 시범적으로 실시한 후 재평가를

통해 점차 확대해나가야 할 것이다.

4) 철학함의 교육을 위한 제언

교양철학 운영 실태에 대한 인식조사를 토대로 좀 더 내실 있고 살아 있는 교양철학 교육을 위해 교수자의 입장과 제도적인 측면에서 다음과 같은 점이 고려되어야 한다.

첫째, 교양철학 교육의 방향과 효과적인 수업모형 및 교육콘텐츠 개발을 위한 노력이 무엇보다도 필요하다. 이를 위해 철학과와 소속 외래교수들 및 교양철학 학습자를 포함한 집중적인 논의와 결과산출이 요구되며 산출된 결과를 실제 교육에 적용하고 결과를 측정하고 재수정하는 일련의 과정이 필요하다. 최소 2년 단위의 교양철학 교육성과에 대한 평가와 개선에 대한 심의와 처방이 이루어져야 할 것이다.

둘째, 교양철학 담당교수의 교수역량 강화 차원에서 교양철학 강의 담당 선생님들을 위한 워크숍이 필요하다. 필요한 워크숍으로는 교양교육 패러다임의 변화에 교양철학 교육 방향에 대한 워크숍, 교수법 일반에 대한 워크숍, 토론 중심 수업방법에 대한 워크숍, 프로젝트 수업방법에 대한 워크숍, 발표 수업방법에 대한 워크숍, 강의 중심 수업방식에 대한 워크숍 등이 필요하다. 이러한 워크숍은 교수학습지원센터의 지원 하에 이루어질 수 있으며 교양철학 교육목적을 달성하는 데 이바지할 것이다.

셋째, 교양철학 담당선생님들을 대상으로 한 매체활용 교육이 이루어져야 한다. 파워포인트 작성이나 동영상 편집과 같은 미디어 기술을 익혀 수업에 적극 활용하도록 해야 한다. 이 밖에 제도적인 측면에서 교양철학 강좌 수강제한 제도가 절실히 요구된다. 대화와 담론이 중심이 되고 자기이해와 자기형성을 위한 살아 있는 교양철학 교육이 되기 위해서는 교수자와 학습자 간 면대면 접촉과 인격적 상호작용이 일어나야 한다. 이를 위해서는 수강정원 제한 제도가 필요하다. 교양철학 교육에 대한 인식조사에서 나타났듯이 교수자 입장은 대부분 60명 이하가 적절한 정원수로 간주하며 같은 조사에서 현재 수강생들의 상당수도 좀 더 긴밀한 교수자와의 관계를 원하고 있다. 이 점은 대학본부와 협의를 통해 가능한 범위 내에서 점차적으로 확대해 나아가야 할 것이다.

넷째, 제도적 측면에서 교양철학 교과과정의 개방성과 신축적 운영이 요구된다. 학생들의 요구에 부응하고 시대의 흐름을 반영하기 위해서는 교양철학 강좌의 질적 다양성의 확보가 필요하다. 이를 위해 외래교수와 학생에게 강의 개설 제안권을 부여해야 한다. 이와 같은 제도는 외래교수들의 동기부여와 학문적 성과를 십분 활용할 뿐만 아니라 학습자들에게 더 좋은 콘텐츠의 제공과 더 많은 학습 성취를 달성할 수 있다는 점에서 적극 고려해봐야 할 것이다.

다니엘 벨은 교양교육의 세 가지 목적을 다음과 같이 말하고 있다. "① 교양교육은 공통학습을 제공하는 것이며, ② 서양전통에 대한 포괄적인 이해의 기회를 제공하고, ③ 지적 단편들을 다학문 과정들과 연계시키기다."[20] 여기서 교양교육 대신에 교양철학 교육의 목적으로 말한다 해도 크게 의미가 달라지지 않는다. 교양철학은 교양교육의 핵심과목의 하나이기 때문이다. 따라서 교양철학은 공통학습(고전교육, 글쓰기, 논리 및 논술교육 등)의 제공자 역할과 동서양의 학문적 전통을 계승하는 역할은 이제까지 비교적 잘 수행해왔다는 평가를 할 수 있다. 그러나 셋째 목적인 다 학문 과정들과 연계시키는 일은 교양철학 교육에 새로운 과제를 던져주고 있다. 교양철학 교육이 곧바로 다른 전공교육과 연계될 수 있는 연결고리를 찾아내는 일은 오로지 철학을 가르치는 교수자들의 노력을 통해서만 가능한 일이다. 다른 학문들과 쉽게 연계될 수 있기 위해서는 교양철학의 새로운 프로그램이 앞으로 융·복합형으로 개발되어야 함을 의미한다.

---

20 다니엘 벨, 『교양교육의 개혁』, 송미숙 옮김, 민음사, 1994, 356쪽. 우리나라 대학들이 교양교육의 개혁을 추진하면서 심도 있는 사전 준비가 되어 있는지 의문스럽다. 1960년대 미국 컬럼비아 대학 교양교육 개혁을 위한 보고서(다니엘 벨 집필)는 비록 시간적인 간격이 있음에도 불구하고 참고할 만하다.

다섯째, '철학함'의 교육을 위해 논자가 위에 제안한 네 가지 개선 방안보다 더 결정적으로 중요한 것은 철학교육의 평가방식에 있다. 위의 네 가지 개선방안은 기존의 교양철학 교육 틀 내에서 부분적인 개선안이라 할 수 있다. 보다 근본적인 개혁, 다시 말해 일반교양 교과목 교육과 근본적인 차이를 발견하기 어려운 교양철학 교육에서 '철학함'의 교육으로 본격 이행하기 위해서는 학습평가 영역에서 근본적인 개혁이 필요하다. 논자는 기회가 있을 때마다 교양교육 정책입안자들이나 관련 학술 심포지엄에서 철학함의 교육을 위해 기존의 상대평가 체제를 폐기해야 한다고 주장해왔다. 또한 절대평가 방식으로의 이행도 근본적인 개혁이 되지 못한다고 역설했다. 그 이유는 간명하다. 철학함의 교육은 수업 참여자의 공적 이성을 스스로 개발하고 강화하는 자기학습의 장(場)이며, 철학함의 교실은 그러한 장(場)들 사이의 상호작용을 통해 수업 참여자의 가치체제 구성의 창작소 역할을 수행한다.

여기서 간과하지 말아야 하는 것은 '가치' 자체가 평가의 대상이 될 수 없으며 가치를 위계화, 서열화하지 말아야 한다는 점이다. 인종주의, 민족주의, 집단주의, 공동체주의, 자유주의 등 특정 가치에 우월한 지위를 부여하거나 특정한 가치교육을 지향하는 철학함의 교육은 죽은 철학교육이다. 그것은 철학함의 교육이 아니라 '이데올로기' 교육이다. 철학함의 교육은 수업참여자의 가치형성에 도움이 될 수 있다고 자체적으로 판단되는 교육소재와 재료를 임의로 결정하는 임의결정 금지원칙을 따라야 한다. 교수자의 판단 없는 중립 판단에 기초해 가능한 모든 가치형성의 소재와 재료를 제공하며 그것에 대한 '수업참여자 절대자유 선택권'을 보장해야 한다. 철학함의 교육을 가치교육의 중요한 통로라고 규정하는 한, 철학함의 교육은 수강생의 자발적 가치형성 보조자 역할을 수행해야지 가치형성 과정에 있는 학생의 '평가자' 역할을 하지 말아야 한다.

철학함의 교육이 평가를 전제로 한다면, 철학함의 교실에서 열린 사유에의 개방성, 이성의 자유로운 사용, 가치 다양성에 대한 배려적 시선과 차이의 개방성을 찾아보기 어렵게 된다. 평가에의 집착은 탐구의 정신을 놓지 않는 지성의 감각과 진리에의 뜨거운 시선이 아니라 '영혼 없는 논증 기술자', '능력 있는 철학지식 소유자', '가치 감별사', '규범 심판자' 등의 감각을 촉진시킬 뿐이다. 성찰적 지성을 갖춘 교양교육 정책결정자와 철학함의 정신을 소유한 교수자의 조우만이 철학함의 교육을 위한 평가폐기 개혁이 가능할 것이다. 철학함을 아는 자, 가치교육을 아는 이성에게 자명한 이것이 실현되기 위해서 필요한 것을 문학적으로 표현하면 다음과 같다. 플라톤적 의미의 태양을 보려는 영혼의 열정적 시선, 아리스토텔레스가 말하는 봄을 맞이하기 위한 인내와 노력, 계몽과 자기계몽의 표어여야 하는 칸트가 요청한 용기!

참고문헌

강선보 외 6명, 「21세기 인성교육의 방향설정을 위한 이론적 기초연구」, 『교육문제연구』 30, 2008.

강선보·김영래, 「니체 자유정신의 교육적 의미」, 『한국교육학연구』 19권 3호, 2012.

강신주, 『상처받지 않을 권리』, 프로네시스, 2009.

______, 『강신주의 다상담』, 동녘, 2013.

강옥희, 「창의성과 비판적인 사고능력 개발을 위한 고전읽기 수업방안 연구」, 『교양교육연구』 10권 4호, 2016.

경희대 후마니타스칼리지 글쓰기교과교재편찬위원회, 『나를 위한 글쓰기』, 경희대 출판문화원, 2012.

고규진, 「다문화 시대의 문학정전」, 『독일언어문학』 23집, 2004.

고인석, 「기술의 융합, 학문의 통합」, 『철학과 현실』, 2010.

______, 「생산적인 융합연구를 촉진하는 학제적 소통을 위한 방안」, 『과학철학』 13집 2호, 2010.

고혜원, 「성찰적 글쓰기의 과정과 효용성에 관한 연구」. 『어문론집』 60집, 2014.

곽덕주·서정은, 「'문화-예술-교육'의 의미와 그 개념적 관련성 고찰: 예술에 대한 탈근대적 이해 및 그 교육적 가치를 중심으로」, 『문화예술교육연구』 15권 5호, 2020.

교육과학기술부, 『개정 도덕과 교육과정 해설-공통교육과정 도덕』, 2011.

구제홍, 「정보사회의 기독교대학의 인성교육: 명지대학교 인성교육사례를 중심으로」, 『기독교교육정보』 18, 2007.

권경우, 「교수신문」, http://www.kyosu.net/news/articleView.html?idxno=28381

권미정, 『한나 아렌트 공적 영역의 시민교육적 함의』, 한국교원대 박사학위, 2020.

권상우, 「유학의 인성교육: 도덕적 치유」, 한국초등도덕교육학회 『춘계학술대회발표문』, 2013.

권영우, 「철학은 인문학인가? 철학, 과학의 본래적 이름」, 『동서철학연구』 73, 2014.

______, 「융복합 관점에서 본 자연과학과 형이상학의 관계와 철학의 미래에 대한 고

찰」, 『철학논총』 87, 2017.
권채린, 「'자기 성찰적 글쓰기'의 논증적 가능성 탐색을 위한 시론(試論)」, 『우리어문연구』 57집, 2017.
금교영, 「한국 인성교육의 사례분석과 인격주의 윤리학적 반성(I)」, 『철학논총』 32집, 2003.
길리건, 『다른 목소리로: 심리이론과 여성의 발달』, 허란주 역, 동녘, 1997.
김경미, 「인문예술융합 교양교과목을 통한 자기계발 가능성 모색」, 『교양교육연구』 10권 4호, 2016.
김경진·문성호, 「대학생의 독서활동과 창의융합역량의 관계에서 자기성찰의 매개효과」, 『청소년학연구』 26권 5호, 2019.
김경집, 『청춘의 고전』, 지식넘어, 2014.
김국현, 「예비교사의 시민교육 역량 강화 교육방안 연구」, 『윤리연구』 125호, 2019.
김남미, 「비판적사고 능력 확장을 위한 글쓰기 교수방안」, 『리터러시연구』 5, 2012.
김누리, 「아도르노의 교육담론」, 『독일언어문학』 78집, 2017.
김동일, 「문화복지 가능성 실현을 위한 제언」, 『사회과학논총』 18권, 2018.
김미영, 『대학수업 적용을 위한 처방적 혼합학습 설계모형에 관한 연구』, 충남대 박사학위, 2006.
김민수, 「실러의 인간학적 윤리학과 총체성: 시간 속의 인간과 이념 속의 인간의 통일을 중심으로」, 『윤리교육연구』 49집, 2018.
김민채·김영환, 「국내 독서교육 관련연구 동향에 대한 교육공학적 분석: 2011~2015년 국내 학술지 게재 논문을 중심으로」, 『독서연구』 41집, 2016.
김성연, 「대학 교양/기초 교육으로서의 독서교육 방향 탐색」, 『한어문교육』 38집, 2016.
김성원, 「교양교육과 인성교육의 연계방안」, 한국교양교육학회/대학교양교육협의회/한국교양기초교육원 추계전국학술대회, 2013.
김성호, 「새로운 온라인 공론장에서의 비전문가의 미술비평」, 『미학예술학 연구』 39집, 2013.
김수경, 「독서의 본질과 독서 프로그램 운영」, 『한국도서관정보학회지』 37권 3호, 2006.
김수정·박혜정, 「고전읽기를 통한 계열별 글쓰기의 실제: 이화여대 〈고전읽기와 글쓰기〉 공대 특성화반을 중심으로」, 『대학작문』 17호, 2016.
김영래, 『칸트의 교육이론』, 학지사, 2003.
김영정, 「창의성과 비판적 사고」, 『한국인지과학회 논문지』 13권 4호, 2002.
김영진, 「왜 철학적 상담과 치료가 필요한가?」, 『한국철학상담치료학회』 6호, 2009.

김영채, 『창의적 문제해결, 창의력 이론. 개발과 수업』, 교육과학사, 1999.
김용규, 『철학까페에서 문학읽기』, 웅진지식하우스, 2006a.
______, 『도덕을 위한 철학통조림』, 주니어김영사, 2006b.
______, 『지식을 위한 철학통조림』, 주니어김영사, 2006c.
______, 『철학까페에서 시 읽기』, 웅진지식하우스, 2011.
김용환·이종하, 「교양철학 교육의 현실과 학습자중심 교양철학 교육」, 『동서철학연구』 60호, 2011.
김우창, 「윤리, 도덕, 인성-대학의 인성교육」, 『서강인문논총』 5, 1996.
김은나·임영심, 「예비유아교사 대상 세계시민교육 모형 개발과 적용 효과」, 『열린유아교육연구』 25권 4호, 2020.
김은준, 「성찰적 글쓰기가 전문대 재학생들의 자존감에 미치는 영향」, 『교양교육연구』 13(3), 2019.
김응천·김재범, 「예술 공론장 개념을 통한 예술의 공공성에 대한 탐색적 연구」, 『예술경영연구』 29, 2014.
김이경·민수민·이세미·김해련, 「세계시민교육 대학 강좌개설 지원사업의 추진 성과와 과제」, 『국제이해교육연구』 15(1), 2020.
김재현, 「화이트헤드 철학과 교양교육」, 『한국교양교육학회 학술대회 자료집』, 한국교양교육학회, 2001.
김정수, 「행정학적 관점에서 본 예술과 공공성의 관계」, 『문화예술경영학연구』 2권 2호, 2009.
김주현, 「왜 성찰적 글쓰기인가?: 2016 이화 에크리 기행문 수상작을 중심으로」, 『수사학』 27집, 2016.
김지원·윤용득, 「인문도시지원사업의 현황 및 시사점: 한국연구재단 선정사업을 중심으로, 문화산업연구」, 『문화산업연구』 17권 2호, 2017.
김지혜, 「대학생의 세계시민의식 향상을 위한 해외봉사활동 사례 연구: H 대학을 중심으로」, 『문화산업연구』 15(3), 2015.
김진석, 「철학의 광신적 대중화-김용옥의 경우」, 『사회비평』 27, 2001.
김진희, 「Post 2015 맥락의 세계시민교육 담론 동향과 쟁점 분석」, 『시민교육연구』 47권 1호, 2015.
김창호 엮음, 『세상청바지, 정의로운 사회는 가능할까?』, 웅진지식하우스, 2007.
김하율, 「인성교육으로서의 실천적 봉사활동을 위한 방향성 고찰: 교육청 인성관련 정책 소개를 겸하여」, 『대학교양교육연구』 2권2호, 2017.
김현정, 「국내 주요 대학 글쓰기 교육의 목표와 내용」, 『리터러시연구』 9(1), 2018.
김혜영·유지현, 「대학의 시민교육 프로그램 개발 및 운영사례 연구」, 『시민인문학』

38호, 2020.
나딩스, 『배려교육론』, 추병완 외 역, 다른우리, 2002.
남경태, 『스토리 철학 18』, 들녘, 2007.
노르베르트 엘리아스, 『문명화 과정 I』, 박미애 역, 한길사, 1996.
노선희·오혜림, 「고등교육과정에 대한 지식사회학적 고찰: C-대학의 인성교육을 중심으로」, 『문화와 융합』 44권 2호, 2022.
노성숙, 「계몽과 신화의 변증법」, 『철학연구』 50집, 2000.
노희직, 「쉴러의 숭고함의 미학」, 『독일어문학』 26집, 한국독일어문학회, 2004.
니체, 『인간적인 너무나 인간적인』 I, 김미기 역, 책세상, 2002a.
______, 『인간적인 너무나 인간적인』 II, 김미기 역, 책세상, 2002b.
______, 『우상의 황혼』, 백승영 역, 책세상, 2012a.
______, 『차라투스트라는 이렇게 말했다』, 정동호 역, 책세상, 2012b.
______, 『아침놀』, 박찬국 역, 책세상, 2019a.
______, 『즐거운 학문』, 안성찬·홍사현 역, 책세상, 2019b.
데이브 로빈슨, 『하룻밤의 지식여행』, 김태영 역, 김영사, 2005.
도정일, 『문명전개의 지구적 문맥I, 인간의 가치탐색』, 경희대출판문화원, 2011a.
______, 『문명전개의 지구적 문맥II, 우리가 사는 세계』, 경희대출판문화원, 2011b.
디터 랑에비셰, 「독일 제2제정기의 대학과 근대화」, 『독일연구』 2집, 2001.
로즈마리 퍼트남 통, 『페미니즘 사상: 종합적 접근』, 이소영 역, 한신문화사, 1995.
르 매리로프, 『철학으로 마음의 병을 치료한다』, 이종인 역, 해냄, 2000.
마르크스, 엥겔스, 『공산당 선언』, 이진우 역, 책세상, 2010.
마사 C. 누스바움, 『세계시민주의 전통』, 강동혁 역, 2020.
마이클 샌델, 『정의란 무엇인가』, 이창신 역, 김영사, 2010.
문용린·김지영, 「국제비교를 통해 본 한국 대학의 민주시민교육」, 『대학교육』 124호, 2003.
민현정, 「대학교양교육에서 고전활용에 대한 연구」, 『동방학』 30집, 2014.
박남희, 「자기실현과 자기치유로서의 철학」, 『한국철학상담치료학회』 3호, 2010.
박병춘, 『배려윤리와 도덕 교육』, 울력, 2002.
박상철, 「니체의 학교교육론」, 『도덕교육연구』, 26권 1호, 2014.
박일우, 「대학에서 융·복합 교육의 실상과 그 해법」, 『교양교육연구』 10권 1호, 2015.
박춘성, 「창의인성교육의 특성과 학교에서의 발현을 위한 방안 탐색」, 『창의력 교육연구』 8집 2호, 2010.

박현승·김현철, 「예술가의 가치와 만족: 공연예술 종사자의 사회·경제적 특성과 예술활동 만족도 간의 관계 분석」, 『산업경제연구』 30권 2호, 2017.
박희제, 「위험사회에서 세계시민주의로: 울리히 벡의 (기술)위험 거버넌스 전망과 한국의 사회학」, 『사회사상과 문화』 30집, 2014.
방미영·이건웅, 「독서환경의 변화와 독서진흥 방안 연구: 대학생의 독서행동을 중심으로」, 『한국출판학연구』 46권 1호, 2020.
배석원, 「철학교육과 현실세계의 관계」, 『철학논총』, 41집, 2005.
______, 「학부제와 대학철학교육 고찰: 경상대의 사례를 중심으로」, 『철학윤리교육연구』 22권 37호, 2006.
______, 「대중 철학교육 실태 분석」, 『철학논총』 62집, 2010.
배영호, 「공화주의적 민주시민교육을 위한 사회과 통합적 교육 방안 탐색」, 『사회과교육』 60(1), 2021.
베블런, 『유한계급론』, 김성균 역, 우물이 있는 집, 2014.
변상출·박규준, 「'교양 키워드 읽기'를 활용한 《독서와 토론》의 수업내용 연구: 대구대학교 공통교양 《독서와 토론》강좌를 중심으로」, 『교양교육연구』 7권 5호, 2013.
부르디외, 『구별짓기-문화와 취향의 사회학 上』, 최종철 역, 새물결, 2006.
서강대학교 교양국어 교재편찬위원회 편, 『움직이는 글쓰기: 인문·사회 계열』, 서울: 서강대학교 출판부, 2011.
서기자, 「융복합 교양교과목 개발과 효과에 대한 고찰」, 『교양교육연구』 7집 3호, 2013.
서민규, 「비판적 사고와 창의적 문제해결」, 『교양교육연구』 6권 3호, 2012.
서영식, 「융복합교육을 위한 철학적 고찰」, 『철학논총』 67집, 2012.
서홍란·박정란, 「대학생 해외자원봉사 프로그램의 효과성에 관한 기초연구」, 『청소년학연구』 21(2), 2014.
소정화, 「배재대학교 융합적 교양예술수업의 사례: '예술과 리듬'」, 『한국교양교육학회 학술대회 자료집』, 2017.
손동현, 「인문교양교육의 의미와 과제」, 『인문학연구』, 성균관대 인문학연구소, 2006.
______, 「융복합 교육의 수요와 철학교육」, 『철학연구』 83, 2008.
______, 「교양교육의 새로운 위상과 그 강화 방책」, 『교양교육연구』 3권 2호, 2009.
손승남, 「대학설립 초기의 교양교육 전통과 그 창조적 재생」, 『교양교육연구』 7권 2호, 2013a.
______, 「대학인성교육의 교수학적 고찰」, 한국교양교육학회/대학교양교육협의회/

한국교양기초교육원, 추계전국학술대회 발표집, 2013b.

송선희, 「M.J. Adler의 교양교육론」, 『교육철학』 11집, 1993.

쇼펜하우어, 『쇼펜하우어의 문장론』, 김욱 역, 지훈출판사, 2020.

스노우, 『두 문화』, 오영환 역, 사이언스북스, 2001.

신희선, 「대학 교양교육에서 〈인문학 독서토론〉 수업사례」, 『사고와 표현』 5집 1호, 2012.

심광현, 『유비쿼터스 시대의 지식생산과 문화정치』, 문화과학사, 2009.

심선옥, 「대학 교양교육에서 자기표현적 글쓰기의 위상과 교육방법 연구」, 『泮橋語文硏究』 제43집, 2016.

아리스토텔레스, 『정치학』, 1권 4장, 김재홍 역, 길, 2018.

아서 단토, 『예술의 종말 이후』, 이성훈·김광우 역, 미술문화, 2004.

안범희, 「미국 학교에서의 인성교육 내용 및 특성 연구」, 『인문과학연구』 13집, 2005.

안상헌, 「사회생물학적 통섭(consilience)의 이데올로기적 성격」, 『인문학지』 38집, 2009.

안호영, 「융복합 학문과 두 질서의 문제」, 『철학논총』 87, 2017.

안호용·송현주, 「교양교육과 융합하는 글쓰기: 수업사례를 중심으로」, 『교양교육연구』 7권 1호, 2013.

양대종, 「교육적 욕망의 진위에 대하여」, 『철학연구』 44집, 2011.

엄인주·유재봉, 「교육과정으로서 고전교육의 재음미: 니체의 「우리교육기관의 미래에 대하여」를 중심으로」, 『교육철학연구』 39집 4호, 2017.

에드워드 윌슨, 『사회생물학 I- 사회적 진화와 메커니즘』, 이병훈 외 역, 민음사, 1992.

______, 『통섭-지식의 대통합』, 최재천 외 역, 사이언스북스, 2005.

여영서, 「법학적성시험(LEET)은 논리적 사고력의 측정인가」, 『대동철학』 43집, 2008.

오세영, 「학문적 글쓰기를 위한 비판적 읽기와 쓰기 과정의 분석 연구」, 『리터러시 연구』 20, 2017.

오용득, 「새로운 학문통합과 프로젝트로서의 통섭에 대한 철학적 반성」, 『철학연구』 122집, 2012.

우정규, 「형식논리와 기출예제 학습을 통한 비판적 사고력 함양」, 『교양논총』 5집, 2011.

울리히 벡, 『지구화의 길』, 조만영 역, 거름, 2000.

______, 『글로벌 위험사회』, 박미애·이진우 역, 길, 2010.

______, 『세계화 시대의 권력과 대항권력』, 홍찬숙 역, 길, 2011.
위기철, 『논리야 놀자』, 사계절, 1992.
유네스코아시아태평양 국제이해교육원 편, 『세계시민교육 정책 개발을 위한 가이드』, APCEIU, 2017.
유미향, 「대학 글쓰기 교재에 대한 교수자와 학습자의 인식 연구」, 『리터러시연구』 10(4), 2019.
윤병태, 「초기니체사유에서 속물교양비판」, 『인문언어』 12-1, 2010.
윤수영·허식, 「문화예술인의 예술근로 만족에 관한 연구: 스로스비의 근로선호모형 적용」, 『문화정책논총』 30집 2호, 2016.
______, 「철학의 대중화, 대중의 철학화」, 『철학과 현실』 49권 2001.
윤영돈, 「쉴러의 미적 교육론에서 의무와 경향성의 조화」, 『윤리연구』 76호, 한국윤리학회, 2010.
윤용택, 「인터넷 시대의 철학의 대중화」, 『철학과 현실』 53권, 2002.
윤용택·하순애, 「소외계층을 위한 대중철학 교육의 의미」, 『철학윤리교육연구』 24권 40호, 2008.
이경화·유경훈, 「창의·인성교육이 초중등 학생들의 창의성과 자아개념 향상에 미치는 효과」, 『창의력 교육연구』 14집 1호, 2014.
이국진, 「대학 교양교육으로서의 고전읽기와 독서교육」, 『동남어문논집』 43집, 2017.
이기용, 「국내 학술지에 게재된 대학의 인성교육에 대한 연구동향 분석」, 『학습지중심교과교육연구』, 21권 1호, 2021.
이상엽, 「니체, 대학과 교육」, 『한국문화융합학회 전국학술대회집』, 2016.
______, 「초기 니체의 청년교육론」, 『니체연구』 19집, 2007.
이영제·김윤철·윤종희, 「공동체와 민주주의 발전을 위한 시민교육: 시민교육의 원칙과 현재적 과제」, 한국민주주의연구소, 2016.
이윤빈, 「대학 글쓰기 교육 모형의 다양화 방안: 교육 대상·교육형식·교육내용의 다양화 방안을 중심으로」, 『작문연구』 39권 0호, 2018.
이재승, 「공학인증과 공학윤리」, 『윤리교육연구』 26집, 2011.
이재형, 「고전 독서 방법의 일기 교육적 재조명」, 『우리말글』 57집, 2013.
이정모, 「인지적 관점에서 본 학문의 융합」, 『철학과 현실』, 2010.
이종하, 「소외된 교육과 해방의 교육: 아도르노의 교육현실 비판」, 『시대와 철학』 16권 2호, 2005.
______, 「글쓰기의 철학과 좋은 글쓰기를 위한 전략: 아도르노의 비동일적 글쓰기를 중심으로」, 『범한철학』 58집, 2010.

______, 『호르크하이머의 비판이론』, 북코리아, 2011.

이지애, 「철학적 돌봄(philosophical care)으로서 철학교육」, 『철학윤리교육연구』, 23권 38호, 2007, 79-95.

이진경, 『철학과 굴뚝청소부』, 그린비, 2005.

이창훈, 「중등기술교육에서 공학기술윤리 교육의 탐색」, 『한국기술교육학회지』 13권 3호, 2013.

이충진, 「칸트 계몽사상의 현재성, 사유혁명과 그것의 정치적 조건」, 『소통과 인문학』 12집, 2011.

이태상, 「초등학생의 독서 환경과 창의적 인성의 관계 분석」, 『교육실천연구』 10권 2호, 2011.

이택휘·유병열, 『도덕교육론』, 양서원, 2000.

이하준, 「울리히 벡의 개인개념과 한국사회」, 『사회와 철학』 28집, 2014a.

______, 「융복합 시대의 철학의 역할과 과제」, 『철학논총』 77집, 2014b.

______, 「인성함양을 위한 고전교육의 방향탐색」, 『교양교육연구』 8권 5호, 2014c.

______, 『프롬, 사랑의 고수가 되다』, 탐, 2014d.

______, 「교양예술교육의 목적과 교육과정에 대한 재사유: 실러의 미적 교육론의 관점을 중심」, 『동서철학연구』 90호, 2018.

______, 「성숙과 계몽을 위한 고전교육: 칸트와 아도르노의 성숙개념의 고전교육적 의미」, 『동서철학연구』 87집, 2018.

______, 「예술 공공정책의 이념으로서 예술 민주주의와 예술의 공공성」, 『공공정책』 171호, 2020.

이호영·서우석, 「문화예술 교육 경험이 문화 불평등에 미치는 영향」, 『문화정책논총』 25(1), 2011.

이화식, 「쉴러(F. Schiller)의 미적 교육론 함의」, 『미술교육연구논총』 36집, 2013.

이황직, 「고전읽기를 통한 교양교육의 혁신」, 『독서연구』 26호, 2011.

이희용, 「융복합 교육 시대에 기초교양교육의 내실화와 제역할 모색」, 『교양논총』 4권, 2011.

______, 「지식융합교육을 위한 교과목 개발」, 『교양교육연구』 5권 2호, 2011.

인간학교육원 편저, 『사람과 사람』, 가톨릭대학교 출판부, 2007.

인성교육교재편찬위원회, 『우리들의 세상, 논어로 보다』, 사람과 무늬, 2014.

임미원, 「아렌트의 정치적 판단력 개념과 그 적용에 관한 일고찰: 아이히만 사례와 관련하여」, 『법학논총』 31집 3호, 2014.

장 자크 루소, 『학문과 예술에 대하여 외』, 김중현 역, 한길사, 2007.

장 폴 사르트르, 『문학이란 무엇인가?』, 정명환 역, 민음사, 1998.

장석류, 「문화행정의 공공성 가치충돌에 관한 실증연구: 행정인, 기획인, 예술인 집단 비교분석」, 『예술경영연구』 56집, 2020.
장은주, 「학제간 융합교육을 통한 인문적 교양교육의 새로운 활로찾기」, 『교양교육연구』 2권 2호, 2008.
장준호, 「세계위험사회와 국가의 대응전략 탐색: 울리히 벡의 세계시민적 현실주의를 중심으로」, 『세계지역연구논총』 28집 1호, 2010.
전일균, 「자유교양교육의 현대적 의미: 허친스의 교양교육론을 중심으로」, 『인문연구』 49집, 2005.
전종윤, 「콩도르세. 프랑스 시민교육과 민중이성의 역할」, 『대동철학』 84집, 2018.
정대현·김경남, 「핵심 역량 강화를 위한 독서 인증제 실시 방안 연구」, 『우리말교육현장연구』 10권 1호, 2016.
정영근, 「독일 신인본주의 교육사상과 인간 도야의 이념」, 『교육철학』 9호, 1991.
______, 「독일대학의 교양교육 이념과 현황」, 『대학교육』 63집, 1993.
______, 「훔볼트의 도야이론의 개념과 방법론에 관한 연구」, 『교육연구』 16집,1998.
정옥희, 「예술체험을 통한 대학 인문교양교육 활성화 사례연구」, 『조형교육』 64집, 2017.
정은해, 「문학과 독서에 대한 예술이론적 해석: 가다머를 중심으로」, 『현대유럽철학연구』 11집, 2005.
정인모, 「교양교육과 고전읽기」, 『독어교육』 39집, 2007.
정인모·허남영, 「고전읽기를 활용한 수업모형」, 『교양교육연구』 7권 1호, 2013.
정종진, 「창의성에 대한 다원적 접근과 그 교육적 시사」, 『초등교육연구논총』 18권 3호, 2003.
정철민, 「학문융복합 현상에 대한 교육학적 고찰」, 『교육철학』 54집, 2014.
조미숙, 「효과적 대학 독서 교육 방안 연구」, 『동남어문논집』 40집, 2015.
조상식, 「훔볼트의 'Bildung' 개념에 대한 교육학적 이해」, 『헤겔연구』 16집, 2004.
조아라·이윤선·황지영, 「동국대 경주캠퍼스 비교과 교육과정 프로그램 독서 멘토링의 운영사례 연구」, 『리터러시 연구』 10호, 2015.
조재형·고재석, 「코로나시대 고전기반 온라인 인성교육 교육효과성 분석: 성균관대 〈송균논어〉 교과교육을 중심으로」, 『한국철학논집』 71집, 2021.
조지아 원키, 『가다머』, 이한우 역, 민음사, 1999a.
______, 『가다머-해석학, 전통 그리고 이성』, 이한우 역, 민음사, 1999b.
조창오, 「현행 교양교육 이념과 실러와 헤겔의 예술교육」, 『철학논총』 92집, 2018.
존 듀이, 『경험으로서의 예술』, 윤형재 역, 샤론, 1986.
차봉준·성신형·한윤영, 「대학생 세계시민교육과 환경 담론: 교육과정 구성을 중심으로」, 『문학과환경』 19권 2호, 2020.
천정미·공영권, 「R. M. Hutchins의 교양교육론」, 『교육철학』 21권, 2002.
철학아카데미, 철학아카데미 창립선언문.
최종철, 「한국의 대학 교양교육에서 예술 실기체험형 교육과정을 어떻게 운영할 것인가?」, 『교양교육연구』 3권 2호, 2008.
최준환 외 9명, 「인성교육의 문제점 및 창의인성교육의 이론적 고찰」, 『창의력 교육연구』 9집 2호, 2009.
추병완, 「미국 도덕교육의 최근 동향」, 『인격교육과 덕교육-도덕교육의 새 방향』, 정세구 외 역, 배영사, 1996.
카시러, 『인간이란 무엇인가』, 최명관 역, 창, 2008.
칸트, 『윤리형이상학 정초』, 백종현 역, 아카넷, 2005.
켄 윌버, 『모든 것의 역사』, 조효남 역, 대원출판사, 2005.
콜버그, 『도덕발달의 철학』, 김민남 역, 교육과학사, 1985.
테일러, 『보살핌』, 임지원 역, 사이언스북스, 2002.
피터 B 라베, 『철학상담의 이론과 실제』, 김수배 역, 시그마프레스, 2010.
필립 페팃, 『신공화주의: 비지배 자유와 공화 주의 정부』, 곽준혁 역, 나남, 2012.
하대청, 「위로부터의 지구화와 위험담론의 역사적 구성」, 『ECO』 18(1), 2014.
하버마스, 『공론장의 구조변동』, 한승완 역, 나남, 2001.
하병학, 「논술능력 향상을 위한 비판적 사고와 비판적 사고능력 향상을 위한 논술」, 『철학과 현실』 76집, 2008.
한광택, 「4차 산업혁명과 인문학 교육의 미래」, 『비평과 이론』 23권 1호, 2018.
한국공학교육인증원, 『공학인증기준2005(KEC)』.
한국민주주의연구소, 『시민교육보고서. 시민사회의 시민교육 체계구축 과정 연구: 독일, 프랑스, 스웨덴, 미국, 영국을 중심으로』, 2016.
한국예술인복지재단, 『2021 한국예술인복지재단 사업안내』, 2020.
한나 아렌트, 『칸트 정치철학 강의』, 김선욱 역, 푸른숲, 2004a.
______, 『혁명론』, 홍원표 역, 한길사, 2004b.
______, 『인간의 조건』, 이진우·태정호 역, 한길사, 2007.
______, 『공화국의 위기』, 김선욱 역, 한길사, 2011a.
______, 『전체주의의 기원1』, 이진우·박미애 역, 한길사, 2011b.
______, 『예루살렘의 아이히만』, 김선욱 역, 한길사, 2015.
______, 『어두운 시대의 사람들』, 홍원표 역, 한길사, 2019a.
______, 『책임과 판단』, 제롬 콘 편집, 서유경 역, 필로소픽, 2019c.

______, 『한나 아렌트의 말』, 윤철희 역, 마음산책, 2020.

한스 게오르크 가다머, 『교육은 자기교육이다』, 손승남 역, 동문선, 2004.

______, 『과학시대의 이성』, 박남희 역, 책세상, 2017.

허치슨, 『위대한 대화: 교양교육의 본질』, 신득렬 역, 계명대학교 교육연구소, 1992.

홍사현, 「교육 속의 야만: 니체와 아도르노의 교육비판」, 『니체연구』 26집, 2014.

홍영준, 「해외자원봉사활동이 대학생의 세계시민의식과 다문화수용성에 미치는 영향」, 『시민청소년학연구』 6권 2호, 2015.

홍은영, 「아도르노(Adorno)의 '절반의 교육' 비판을 통해 본 교양교육」, 『교육의 이론과 실천』 20권 3호, 2015.

홍인숙, 「대학 글쓰기 심화과정에서 인문-교양중심의 읽기: 쓰기 연계과목의 효과와 의의」, 『어문논집』 51집, 2012.

화이트헤드, 『교육의 목적』, 오영환 역, 궁리, 2007.

황광우, 『철학콘서트』, 웅진지식하우스, 2006.

______, 『철학하라』, 생각정원, 2012.

황태연, 「칸트의 계몽개념과 정치사상」, 『계간 사상』 6, 1998.

Adorno, Th. W., Erziehung zur Mundigkeit, Vortraege und Gespraeche mit Hellmut Becker 1959-1969, Gerd Kadelbach(Hg), Frankfurt a. M., 1970.

______, "Etwas fehlt…, Ein Rundfunktgespräch mit Theodor Adorno", in: Bloch, Tendenz-Latenz-Utopie, Farnkfurt/M., 1996.

Adorno, Th. W., Gesammelte Schriften, Bd. 3, Dialektik der Aufklaerung, hrsg von R. Tiedemann, Frankfurt a. M., 1998a.

______, Gesammelte Schriften, Bd. 4, Minima Moralia, hrsg von R. Tiedemann, Frankfurt a. M., 1998b.

______, Gesammelte Schriften, Bd. 6, Negative Dialektik hrsg von R. Tiedemann, Frankfurt a. M., 1998c.

______, Gesammelte Schriften, Bd. 8, Soziologische Schriften I, hrsg von R. Tiedemann, Frankfurt a. M., 1998d.

______, Gesammelte Schriften, Bd. 10.2, Kulturkritik und Gesellschaft I, hrsg von R. Tiedemann, Frankfurt a. M., 1998e.

______, "Der Essay als Form", in: Noten zur Literatur, Gesammelte Schriften Bd 11, hrsg von R. Tiedemann, Frankfur a. M., 1998f.

______, Gesammelte Schriften, Bd. 20.1, Vermischte Schriften hrsg von R. Tiedemann, Frankfurt a. M., 1998g.

Ahlheim, K./Heyl, M.(Hg.), Adorno revisited. Erziehung nach Auschwitz und Erziehung zur Mündigkeit heute, Hannover, 2010.

Albrecht, C., Die Massenmedien und die Frankfurtrt Schule, in: Die intellektuelle Gruendung der Bundesrepublik. Eine Wirkungsgeschichte der Frankfurter Schule, Frankfurt a. M., 2000a.

_______, Im Schatten des Nationalsozialismus: Die politische Paedagogik der Frankfurter Schule, in: Die intellektuelle Gruendung der Bundesrepublik. Eine Wirkungsgeschichte der Frankfurter Schule, Frankfurt a. M., 2000b.

Beck, U., Risikogesellschaft Auf dem Weg in eine andere Moderne, Frankfurt a. M., 1996.

Behrens, R., "Zur Theorie der Halbbildung, heute", in: ders., Verstummen. Über Adorno, Laatzen, 2004.

Berghahn, K. L., "Aesthetische Reflexion als Utopie des Aestherischen", in: Utopieforschung. Interdisziplinaere Studien zur neuzeitlichen Utopie, Wilhelm Vosskamp(Hg), Stuttgart, 1985.

Birtsch, G., "Die Berliner Mittwochgesellschaft", in: H. E. Bödeker u. a.(Hg.). Über den Prozeß der Aufklärung in Deutschland im18.Jahrhundert, Göttingen, 1987.

Doerpinghaus, A., Poenitsch, A. & Wigger, L., Einführung in die Theorie der Bildung, Darmstadt, 2013.

Fennell, J., "Nitezsche contra 'Self-Reformulation'". Studies in Philosophy and Education Vol. 24, 2005.

Fisher, B. & Tronto, J., "Toword a Feminist Theory of Care", Circle of Care: Work and identity in Women's Lives, New York, 1981.

Foucault, M., Was ist Kritik?, Berlin, 1992.

Frei, N., Vergangenheitspolitik. Die Anfaenge der Bundesrepublik und der NS-Vergangenheit, München, 1996.

Gadamer, H. G., Wahrheit und Methode, Grundzüge einer philosophischen Hermeneutik, Gesammte Werk, Bd. 1., Tübingen, 1986.

Habermas, J., "Exkurs zu Schillers Briefen ueber die ästhetische Erziehung des Menschen", in: Der philosophische Diskurs der Moderne, Frankfuet a. M., 1983.

______, Einbeziehung des Anderen, Studien zur politischen Theorie, Frankfurt a. M., 1996.

Heyer, T., Nietzsche und Pädagogik. Werk, Biograhie und Rezeption, Würzburg,

2002.

Hinske, N., Was ist Aufklärung? Beitraege aud der Berlinischen Monatschrift, Darmstadt, 1981.

Horkheimer, M., "Die gegenwärtige Lage der Sozialphilosophie", Max Horkheimer, Gesammelte Schrifren, Bd. 3 herausgegeben von Alfred Schmidt Frankfurt a. M., 1988.

Hoyer, T., Nietzsche une die Pädagogik, Würzburg, 2002.

Humboldt, W., "Theorie der Bildung des Menschen", in: A. Flitner/ K. Giel(Hg.): Wilhelm von Humboldt. Werke in fünf Bänden. Bd.1. Darmstadt, 1960.

Hutter, A., "Kant und das Projekt einer Metaphysik der Aufklärung", in: Heiner Klemme (Hg.): Kant und die Zukunft der europäischen Aufklärung, Berlin/ New York, 2009.

Iseminger, G., "Aesthetic Experience", in: Jerrold Levinson (ed.), The Oxford Handbook of Aesthetics, Oxford University Press, 2003.

James, A., "The Re-Emergence of Character Education in British Education Policy", British journal of educational studies 53(3), 2005.

Kant, I., "Beantwortung der Frage: Was ist Aufklärung?", in: W. Weischedel(Hg.) Kant Werke in 10 Bd, Darmstadt, 1983a, Bd 9.

______, Kritik der reien Vernunft, in: W. Weischedel(Hg.) Kant Werke in 10 Bd, Darmstadt, 1983b, Bd 3.

_______, "Über Pädagogik", in: W. Weischedel(Hg.) Kant Werke in 10 Bd, Darmstadt, 1983c, Bd 10.

______, Anthropologie in pragmatischer Hinsicht, in: W. Weischedel(Hg.) Kant Werke in 10 Bd, Darmstadt, 1983d, Bd. 10.

______, "Logik", in: W. Weischedel(Hg.) Kant Werke in 10 Bd, Darmstadt, 1983e, Bd 5.

______, "Mutmasslicher Anfang der Menschengeschichte", in: W. Weischedel(Hg.) Kant Werke in 10 Bd, Darmstadt, 1983f, Bd 9.

______, "Was heißt sich im Denken orientieren?", in: W. Weischedel(Hg.) Kant Werke in 10 Bd, Darmstadt, 1983g, Bd 5.

Kubsda, M., Selbstreflexion und Emanzipation, Würzburg, 2014.

Liesner, A., "Die Bildung einer Ich-AG. Lehren und Lernen im Dienstleistungsbetrieb Universität", in: Bildung der Universität. Beiträge zum Reformdiskurs, A. Liesner/O. Sanders(Hg), Bielefeld, 2005.

Lynch, M. P., "Understanding and Coming to Understand", in: Stephen R.

Grimm (ed), Making sense of the world: New essays on the Philosophy of Understanding, Oxford University Press, 2017.

Meyer, T., Nietzsche und die Pädagogik, Würzburg, 2002.

Mayeroff, M., On Caring, New York, 1971.

Niemeyer, Ch, Nietzsche, die Jugend und die Pädagogik. Eine Einführung, Weinheim, 2002.

Nietzsche, F., "Über die Zukunft unserer Bildungsanstalten", in: Kritische Studienausgabe in 15 Einzelbaenden, Bd.1 G. Colli u. M. Montinari, Berlin/New York, 1988a.

______, Götzen- Dämmerung, in: Kritische Studienausgabe in 15 Einzelbaenden, Bd. 6 G. Colli u. M. Montinari, Berlin/New York, 1988b.

_______, Jenseits von Gut und Böse, in: Kritische Studienausgabe in 15 Einzelbaenden, Bd.5 G. Colli u. M. Montinari, Berlin/New York, 1988c.

Noddings, N. Caring: Feminism Approach to Ethics and Moral Education, University of California Press, 1984.

Nohl, H., Die pädagogische Bewegung in Deutschland and ihre Theorie, Frankfurt a. M., 1982.

Gamm, H. J., "Nietzsches Kritik der Bildung", in: G. Goedert/U. Nussbaumer-Benz(Hrsg.), Nietzsche und die Kultur-ein Beitrag zu Europa?, Hildesheim, 2002.

Oxfam, Education for Global Citizenship - A guide for schools, UK: Oxfam, 2015.

Oxley, L. & Morris, P., "Global Citizenship: A Typology for Distinguishing its Multiple Conceptions", British Journal of Educational Studies 61(3), 2013.

Röhrs, H.: Die Reformpädagogik, Ursprung und Verlauf in Europa, Hannover, 1980.

Saframski, R., Schiller oder die Erfindung des deutschen Idealismus, München/Wien, 2004.

Schiller, F., Über die ästhetische Erziehung des Menschen, Sämtliche Werke in 5 Ban. Gerhard Fricke und Herbert G. Göpfert(Hg), München, 1993.

Stojanov, K., Theodor w. Adorno - education as social critique, Theories of Bildung and Growth, Rotterdam, 2012.

The American Philosophical Association, "Critical Thinking: A Statement of Expert Consensus for Purposes of Educational Assessment and Instruction", The Delphi Report, ERIC Doc. No. ED 315-423, 1990.

Tronto, J., "Care as a basis for radical political judgement", Hypatia, Vol. 10, No. 2,

1995.

Tully, J., On Global Citizenship, London, UK and New York, USA: Bloomsbury Academic, 2014.

UNESCO, Declaration and Integrated Framework of Action on Education for Peace, Human Rights and Democracy, Paris, 1995.

______, Global Citizenship Education: Preparing learners for the challenges of the twenty-first century, Paris, 2014.

Wimmer, M. "Ruins of Bildung in a Knowledge Society: Commenting on the Debate about the Future of Bildung", in: Educational Philosophy and Theory 35, no. 2, 2003.

http://biz.khan.co.kr/khan_art_view.html?artid=202101242214015&code=920100http://hc.khu.ac.kr/v2/02/03_03.php

http://chec.skku.edu/chec/menu1/sub_01_02.jsp

http://culedu.pusan.ac.kr/

http://curriculum.kangwon.ac.kr/bbs/board.php?bo_table=sub2_2&page=1

http://dharma.dongguk.edu/?page_id=18242

http://gei.sookmyung.ac.kr/

http://generaledu.inha.ac.kr/curriculum/curr_020101.aspx

http://generaledu.inha.ac.kr/curriculum/curr_020101.aspx

http://generaledu.inha.ac.kr/curriculum/curr_020401.aspx

http://generaledu.inha.ac.kr/curriculum/curr_020403.aspx

http://glac.gachon.ac.kr/about/goal

http://glac.gachon.ac.kr/info/complete

http://glac.gachon.ac.kr/notice/notice_view?uid=102

http://hakbu.skku.edu/hakbu/menu_1/sub_01_02.jsp

http://hakbu.skku.edu/hakbu/menu_1/sub_01_02.jsp

http://hc.khu.ac.kr/v2/?pmi-sso-return2=none

http://hc.khu.ac.kr/v2/01/02.php

http://hc.khu.ac.kr/v2/01/02.php

http://hc.khu.ac.kr/v2/01/02.php

http://hc.khu.ac.kr/v2/02/03_02.php

http://hc.khu.ac.kr/v2/02/03_02.php

http://hokma.ewha.ac.kr/
http://hokma.ewha.ac.kr/
http://hokma.ewha.ac.kr/
http://hokma.ewha.ac.kr/
http://icon.skku.edu/icon/index.jsp
https://khupress.com/product/인간의-가치-탐색/233
http://konige.kr/sub02_08.php
http://konige.kr/sub02_08.php
http://latt.kumoh.ac.kr/facility/latt/page/subLocation.do?menu_no=30050305
http://liberal.uos.ac.kr/liberal/intro/target/target.do?loginCheck=false
http://liberalarts.mokwon.ac.kr/sub0203
http://liberaledu.snu.ac.kr/index.php?hCode=EDST_LIST&idx=140
http://liberaledu.snu.ac.kr/index.php?hCode=EDST_LIST&idx=141
http://liberaledu.snu.ac.kr/index.php?hCode=EDUCATION_02_01
http://liberaledu.snu.ac.kr/index.php?hCode=EDWD_LIST&idx=134
http://liberaledu.snu.ac.kr/index.php?hCode=INTRO_01_02&menuTitle2=비전과 목표
http://minerva-college.hufs.ac.kr/
http://minerva-college.hufs.ac.kr/
http://newclass.hanbat.ac.kr/ctnt/liberal/cms.php?mno=03.01.01
http://newclass.hanbat.ac.kr/ctnt/liberal/cms.php?mno=03.01.06
http://registrar.korea.ac.kr/registrar/registrar/establishment_subject3.do
http://seowon.seowon.ac.kr/cgi-bin/timetb821.pgm?ZZZ20182ACAC
http://tlac.hannam.ac.kr/contents/refinement/refinement_010000.html
http://tlac.hannam.ac.kr/contents/refinement/refinement_010000.html
http://tlac.hannam.ac.kr/contents/refinement/refinement_020000.html
http://tlac.hannam.ac.kr/contents/refinement/refinement_020000.html; https://intra.wku.ac.kr
http://uc.ajou.ac.kr/uc/intro/intro05.jsp
http://universitycollege.yonsei.ac.kr/fresh/refinement/course_selection06.do
http://www.abeek.or.kr/htmls_kr/contents.jsp?menu_l=2&menu_m=16
http://www.abeek.or.kr/htmls_kr/contents.jsp?menu_l=4&menu_m=24

http://www.bookreader.or.kr/index.html

http://www.catholic.ac.kr/~elp/

http://www.catholic.ac.kr/life/04_07_new2.html

http://www.dju.ac.kr/kor/html/sub.htm?page_code=01030100

http://www.duksung.ac.kr/academics/university/index.jsp?middleCode=C1001

http://www.ewha.ac.kr/ewha/intro/talent.do

http://www.guminews.co.kr/ArticleView.asp?ArticleId=57053&Section=02:28

http://www.hanbat.ac.kr/liberalarts/sub03_0102.do

http://www.hanbat.ac.kr/liberalarts/sub03_0103.do

http://www.hongik.ac.kr/front/hakkwainfoview.do?campusGubun=1&dept_code

http://www.hufs.ac.kr/index.html

http://www.kangwon.ac.kr/www/contents.do?key=5&

http://www.khu.ac.kr/education/hooma.do

http://www.khu.ac.kr/university/khumind/khspirit.do

http://www.kyobobook.co.kr/product/detailViewKor.laf?mallGb=KOR&ejkGb=KOR&linkClass=051301&barcode=9788937488351#

http://www.kyosu.net/news/articleView.html?idxno=28381

http://www.law.go.kr

http://www.mokpo.ac.kr/planweb/board/list.9is?boardUid=4b6a9cdf4459668d01445cd76e9300f

http://hc.khu.ac.kr/v2/02/03_02.php

http://www.naeilshot.co.kr/magazine-section/naeil-column/think/36480/

http://www.semyung.ac.kr/kor/sub01_03_03.do

http://www.sookmyung.ac.kr/sookmyungkr/1070/subview.do

http://www.swu.ac.kr/www/bahromedu_3.html

http://www.yonhapnews.co.kr/bulletin/2016/10/14/0200000000AKR20161014073700061.HTML?input=1179m

http://www.zweite-aufklaerung.de/kant-die-aufklaerung-und-ihre-folgen

http://yict.yonsei.ac.kr/

https://cms.dankook.ac.kr/web/liberalarts/-

https://cms3.koreatech.ac.kr/general/1631/subview.do

https://culedu.pusan.ac.kr/culedu/14992/subview.do

https://dict.naver.com/search.nhn?dicQuery=%
https://duuc.daegu.ac.kr/sub.php?Tid=331&Ctnum=383&Ctid=HM383
https://e-onestop.pusan.ac.kr/menu/curriculum/B03
https://fle.knu.ac.kr:446/course/co03_new4.php
https://gei.sookmyung.ac.kr/fro_end/html/dep_02/2210.php#modalSuccess
https://hakbu.skku.edu/hakbu/intro/objective.do
https://liberaledu.snu.ac.kr/node/69
https://liberaledu.snu.ac.kr/node/70
https://smgs.smu.ac.kr/user/indexSub.action?codyMenuSeq=
https://www.dju.ac.kr/education/cm/cntnts/cntntsView.do?mi=4545&cntntsId=2798
https://www.dju.ac.kr/education/cm/cntnts/cntntsView.do?mi=4548&cntntsId=2801
https://www.dju.ac.kr/kor/file/2017_DAEJEON_UNIVERSITY/2017_
https://www.dju.ac.kr/kor/file/2017_DAEJEON_UNIVERSITY/2017_
https://www.dongguk.edu/mbs/kr/images/sub/05_life/2018_course.pdf, 21.
https://www.dongguk.edu/mbs/kr/images/sub/05_life/2018_course.pdf, 31.
https://www.konyang.ac.kr/prog/curriculum/kor/sub03_11_03_03/lac/view.do
https://www.koreatech.ac.kr/kor/sub03_01_12_05.do
https://www.mokwon.ac.kr/stokes/html/sub03/030101.html
https://www.youngcitizens.org/importance-of-citizenship-education

이 책을 쓰는 데 기초가 된 글의 목록

"교양예술교육의 목적과 교육과정에 대한 재사유: 실러의 미적 교육론의 관점을 중심으로" (『동서철학연구』 90, 2018)

"교양철학 교육의 현실과 학습자중심 교양철학교육: 한남대 교양철학 교육을 중심으로" (『동서철학연구』 60, 2011. 김용환과 같이 씀)

"니체의 교양비판과 교양교육의 미래" (『철학논총』 94, 2018)

"돌봄으로서 교양철학 교육의 가능성과 한계" (『철학·사상·문화』 14, 2012)

"반(反)교육과 반(反)교양교육을 넘어서" (『현대유럽철학연구』 52, 2019)

"성숙과 계몽을 위한 고전교육: 칸트와 아도르노의 성숙개념의 고전교육적 의미" (『동서철학연구』 87, 2018)
"아렌트의 시민개념과 민주시민교육" (『동서철학연구』 101, 2021)
"울리히 벡의 방법론적 세계시민주의와 세계시민교육" (『교양기초교육연구』 2권 2호, 2021)
"융복합 시대의 철학의 역할과 과제" (『철학논총』 77, 2014)
"'예술교양'의 형성과 실천에 관한 비판적 이해 대체원고" (『현대유럽철학연구』 65집, 2022)
"인문학을 활용한 대학의 인성교육과정 분석과 개선방향" (『교양교육연구』 9(4), 2015. 이서인과 같이 씀)
"인성함양을 위한 고전교육의 방향 탐색" (『교양교육연구』 8(5), 2014)
"자기이해로서의 독서와 교양독서교육 비판" (『철학논총』 101, 2020)
"자신을 위한 글쓰기냐, 비판적 글쓰기냐?: 니체와 사르트르의 글쓰기 논제와 글쓰기 교육 (『동서철학연구』 97, 2020)
"철학과 융복합: 가깝고도 먼 당신 혹은 새로운 신화와 계몽" (『철학논총』 89, 2017)